教育强国基线行动丛书

丛书主编　吴景松

通情致和　达德立人

——通锦中学特色发展之路

谭六三　郝东升　杨　静　唐吉平　著
四川西部教育研究中心　策划

社会科学文献出版社
SOCIAL SCIENCES ACADEMIC PRESS (CHINA)

总　序

教育强国是当今时代强音，是当下多重复杂环境挑战下我国政府做出的重大战略选择。

教育强国战略的实施，恰是圆我中华民族之梦的科学选择。追本溯源，教育强国缘起于管仲“夫争天下者，必先争人”的治国思想，传承于荀子“一年之计，莫如树谷；十年之计，莫如树木；终身之计，莫如树人”的百年树人思想。行至当代，邓小平“一个十亿人口的大国，教育搞上去了，人才资源的巨大优势是任何国家比不了的”的讲话道出了教育强国的思想精髓；以江泽民为核心的第三代领导集体高举科教兴国旗帜，创造性地提出了“人才资源是第一资源”的思想，确立了教育优先发展的战略地位。

进入现代化，面临激烈的国际竞争，我国教育强国建设的步伐进一步加快。2010 年，胡锦涛指出，“强国必先强教”，“加快从教育大国向教育强国、从人力资源大国向人力资源强国迈进，为中华民族伟大复兴和人类文明进步做出更大贡献”，一种具有全方位和全域视野的教育强国战略思想形成。

教育强国的本质特征就是通过优先发展教育，建设一个教育综合实力和服务能力强大的国家，构建全体人民普遍享受优质基本公共教育服务的教育制度和具有世界先进水平的现代化教育，实现教育强国、教育富民，为建设一流国家提供强有力的支撑。

教育强国是世界潮流，为大多数学生提供优质教育保障；教育强国是国家意志，是经济、人才强国之基；教育强国是人民意愿，是富民之本；教育强国是践行中国梦、教育梦之方向。

教育强国基线行动丛书选题范畴涉及各级各类教育、校长与教师专业发展等领域，聚焦在优化教育“服务”与提高教育“效能”方面，参与者有教育行政领导、大中小学校长、科研院所领导和名优特教师等。

因此，我们既要领会宏观国家发展战略的精髓，又要及时总结提炼贯彻教育强国落实行动的经验教训，高举提高教育质量、提升效能和优化教育服务的旗帜，为具有不同背景、不同特质、不同条件的区域和学校的发展，乃至校长、教师群体素质的提升提供行动指南。

吴景松

二〇一三年八月

序　言

《国家中长期教育改革与发展规划纲要（2010—2020年）》明确提出："推动普通高中多样化发展，促进办学体制多样化，扩大优质资源。推进培养模式多样化，满足不同潜质学生的发展需要。探索发现和培养创新人才的途径。"近年来，国家对于普通高中特色发展的政策推动、科研院所对于"特色高中"的理论研究和实验驱动、地方或区域对于普通高中多样化发展试点的实践热情等发展实际，都为普通高中走特色发展之路提供了改革与发展的良好生态。

高中阶段教育是学生个性形成、自主发展的关键时期，对提高国民素质和培养创新人才具有特殊意义。普通高中多样化发展促使高中阶段教育本性的回归，也有助于打破"千校一面"的办学格局。此外，普通高中多样化发展顺应世界教育发展潮流，是对我国落实高中课改方向和促进高考改革的有益探索。探索过程中，普通高中多样化发展取得了很好的成果，诸如教育模式方面的走班制、学分制和导师制，多元功能拓展中融入职业教育课程，教育教学中引入国际课程体系，个性化人才培养中引进分层走班模式、个别教学、特色班级等。从普通高中的外延式规模扩展逐渐走向内涵式特色办学。

普通高中多样化发展是通过一个个独立的学校发展展现出来的，是由不同特性的学校个体组成的发展生态系统。每一所学校在教育生态系统中的功能都有所不同。有的学校地处经济、文化相对比较发达，居民素养整体较高，交通便利的地区，学校的设备设施、办学水平也相对较高，社会评价较好。这样的学校通常拥有一个良好的教育生态环境。也有一些学校的生态环境却相对较差，生态环境恶劣的学校是在夹缝中求生存，在困境中谋发展。

通锦中学的特色办学正是在顺应普通高中多样化发展的世界潮流中，努力从困境中寻求自身变革的一种行动。通锦中学从央企子弟校转为地方普通高中，再从普通高中转为地方特色校，终于从单向度的"铁色"办学转向"个性与多样"兼重的内涵发展，完成了"凤凰涅槃"式的蜕变，实现了"危校"变"强校"的目标。通锦中学立足于校情、教情和学情，在高考困局中大力抓好艺体培训，以文考为主，艺考为辅，为学生寻找更多的希望之路。在办学实践中，通锦中学形成了“通情致和　达德立人”的特色办学体系：（1）以“三生德育”为先导，树立发展观念。以学生的“生存—生活—人生”为中心线索，把学生的需求与学校的追求结合起来，让德育为学生的成长服务，增强学生自觉进行道德修养的内驱力，为学生的发展奠基。（2）以“通达课程”为核心，推进素质教育。通锦中学把社会教育、家庭教育对学生的影响全部纳入自己的课程内容体系之中，开发生存教育课程、习礼课程、隐形课程、国际课程，以及国家课程的校本化，涵盖了语言与文学、数学、人文与社会、科学、生命、生活、游学等十五个学生学习领域的课程，为学生提供了自主选择和不同层次选择的学习机会。（3）以“三心教学”为抓手，提高教学效益。通锦中学注重凝聚师生的重心、信心和耐心，打造体现“三心”的课堂，综合运用诱导参与、设置教学情境、整合课堂教学资源、指导学生自学或互助学习、设疑提问和追问、点拨导思、结课导悟、评价等教学策略，形成了适应“三心教学”理念的授课教学模型——“导学案先学后教”教学模型、“五导自主”教学模型、“问题导探”教学模型。（4）以“优化服务”为保障，提高特色水平。通锦中学的特色发展之路也是教师成功之路。通过不断强化教师的主人翁地位来增强教师的主人翁责任感；通过关心教师健康、关心教师生活、解决他们的实际困难，形成融洽、和谐的良好氛围，使教师产生强烈的集体归属感；通过加大教师专业发展的投入，为教师提供更多的进修、学习的机会，提高职业技能，为教师成功搭建平台，使教师获得成功的快乐；通过开展丰富多彩的文化活动，引导老师们追求高雅的生活情趣，建设精神家园，排除各种消极影响，保持健康向上的积极心态。

通锦中学的特色发展之路，是我国普通高中多样化发展进程中的一道风景，是普通高中“同质化”发展中的一种新变革的结晶。不同地区、不同校情的普通高中，只有坚守“和而不同，各美其美”“大家不同，大家都好”的特色办学理念，才能真正地回归教育的真谛，才能在实践中不断诠释出教育的生命力。

杨银付

二〇一四年七月二十四日

目 录

引 言

在中国，现代意义上的“办学”虽不过上百年，却得到了飞速发展；尤其是在新中国成立后，中国的教育事业取得了举世瞩目的成就。建立起了完整的教育体系，并且教育覆盖率不断增长、公民受教育程度不断提高，国民的文化水平和劳动技能基本适应现代经济社会发展的需要，为国家在各领域培养了众多的精英人才。

基础庞大、发展迅猛、成果丰硕是中国现代教育发展成就的显著特点。这些成绩的取得源自中国众多的各级各类学校，尤其是庞大的基础教育队伍中的各级学校。它们为国家培养各种人才和劳动者做出了巨大的不可磨灭的贡献。同时这些成就还源自我们国家的制度优势，社会主义制度的一大优势就是能够集中人力、物力办大事。在一个被列强欺凌了一百多年百孔千疮的旧中国基础上建设新中国，并期望它在较短的时间内快速发展起来，没有海量的建设人才显然是不行的。但是旧中国留给我们的家底实在太薄弱，办不起那么多学校，于是国家只能择“英才”而育之。“好钢用在刀刃上”，集中人力、物力、财力走精英教育的路子是当时国家的最优选择。

过去几十年的新中国基础教育，不论是教学理念还是学校体制建构，都是借鉴甚至照搬苏联的模式。这个模式与新中国成立时的国情相适应，因而使我们的教育获得了较大的发展。我们使用这个模式在取得巨大成就的同时，也暴露出基础教育学校办学效益低下的严重问题。这个问题不仅造成了大量人才资源的浪费，并且因为学不能致用而导致人力、财力和时间的巨大浪费。

在很长一段时间内，我们对优质教育的认识存在一个误区，以为精英教育才是优质教育。升学率成为社会大众评判学校的最主要依据，所谓“一白遮百丑”，似乎学校升学率上去了，其他存在的问题都可以被掩盖、被忽视、被原谅。

新中国经过六十年的发展，经济社会已经发生了巨大的变化，劳动力需求结构也随之改变。在这个大形势下，教育也应紧跟着进行转变。过去六十年，中国教育的目的是着力于提高教育的覆盖率，让所有的公民都能进入学校接受国家规定年限的教育。这个时期的教育追求的是量。而当前中国教育的目的，则是让所有的公民不仅能享有受教育的权利，而且能享受到优质的教育。教育开始由追求量转变为追求质。

那么，怎样的教育才是优质教育？特别是普通中小学的教育要怎样才是优质的？全国不同地域、不同层次的学校，尤其是众多的所谓“薄弱”学校要怎样才能脱“薄”变优？在当今时代背景下，社会应该以怎样的标准去评价一所学校是否优质？

近三十年来，西方的办学理念大量涌进中国，我们原有的教育评价标准受到强烈冲击，国人前所未有的开始反思我们自己的教育。一时之间，精英教育受到批评，大众教育被提高到相当的高度。在这场大反思中，“钱学森之问”变成了“钱学森之痛”，也变成了中国教育的一块心病——为什么我们的学校总是培养不出杰出人才？我们搞了几十年的精英教育，似乎对杰出人才的培养已具有深刻的理解和认识，有丰富的经验；但我们培养出的所谓“精英”为什么到了世界舞台上却只有“跑龙套”的份儿？这些现状恰好说明我们几十年的精英教育并不成功。那么，问题的症结在哪儿呢？从基础教育到高等教育，从整个教育体制到学校内部治理，从教学到教育，我们都必须深刻地反思，并且尽快地付诸行动。

俗话说：水涨船高。雄厚的根基才是产生杰出人才的基础。当前，我们必须抓好大众教育和优质教育：把中国的每一所学校都办好，把每一所学校都变成优质的学校，让中国的学生从小都能接受到优质的教育。

在中国社会急剧变革的特定时期，承载起整个中国教育大厦的基础教育到底应当怎样办学，才能让为数众多的学校在较短的时间内提高办学水平和办学效益，这不仅是政府需要思考的问题，更是每一所学校都必须自觉研究的课题。

《汉书》记载：“巴蜀好文雅，文翁之化也。”巴蜀大地，自文翁首创地方政府办公学以“诱进”“蛮夷风”以来，人才辈出，文化繁昌。2100年前的文翁在成都点燃了第一把教育之火，而今的成都学校林立，教育体系健全，我们需要做的已经不再是“有”足够多的学校以实现“有”教，而是实现“优”教，为每一个孩子提供最优质的教育。从“有”到“优”，跨越两千多年的时空，文翁事业在不断地传承着。在创设“优”教的洪流中，在文翁当年创业的大地上，一所普通的中学，执着地破译着教育的密码，把一所处于困难中的学校办成具有一定特色的学校，“优”教逐渐显现。这所学校就是成都市通锦中学。

作为中国数万所普通高中的一员，通锦中学在办学过程中，自觉地思考着、行动着。我们记录下通锦中学的发展历程，期望以此折射出整个中国教育变革时期的历史与趋势。

教育生态：危乎高哉

社会跟自然界一样，有一个生态系统。每一个社会组织都与其他社会组织存在千丝万缕的联系，它们之间相互影响、相互制约的联系构成社会组织的生态系统。在这个生态系统中，社会制度是社会组织存在的阳光、温度和湿度。

在教育越来越受到重视的今天，当我们越来越多地研究教育与社会的关系时，我们发现教育实际上也存在一个生态系统。这个系统同样需要我们像维护自然生态那样去维护和优化。

学校是社会组织中的一类，自然亦有其赖以存在的生态系统。每一所学校都处在一个特定的社区里，社区的经济、人文、交通、人口、建筑、制度等是重要的办学条件，对学校的存在和发展具有重大影响。学校自身的办学设备设施、师资水平、办学水平、社会评价等是学校设计发展方案的基本依据。这些因素共同作用于一所学校，构成一所学校的教育生态环境。

每一所学校所处的教育生态都有所不同。有的学校地处经济、文化相对比较发达、居民素养整体较高、交通便利的地区，学校自身的设备设施、办学水平也相对较高，社会评价较好。这样的学校通常拥有一个良好的教育生态环境，但也有一些学校的生态环境却相对较差。生态环境恶劣的学校是在夹缝中求生存，在困境中谋发展。

作为一所从央企子弟校移交地方的普通高中，通锦中学先天条件和所处教育生态环境有它的独特性。千年前李白曾慨叹“蜀道难，难于上青天”，通锦中学的谭校长对此也有他自身的感受。当年他刚刚到通锦中学接任校长，就任仅仅八天，在对学校情况尚未足够熟悉的情况下，就代表学校受到省教育厅的点名批评。这令他深切感受到处在危境险地的学校，情势是何等危急——省重点中学被摘牌不仅没法向学校的教职员工交代，更没法向社会交代。

一　教学质量

要唱好两首歌

2006年，区教育局在校长培训班结束前宣布了人事任免。谭六三被调到通锦中学任校长、党总支书记。散会后，时任局长找他谈话，对他说："你到了通锦中学后要唱好两首歌，一首是《国歌》，'……到了最危险的时候，每个人被迫着发出最后的吼声！起来！起来！起来！我们万众一心……'，你和你的团队要有充分的思想准备，通锦中学真是到了最危险的时刻了！你们要把全校教职工团结起来，凝聚起来，振奋起来，尽快摆脱学校困难局面。第二首歌是《国际歌》，'从来就没有什么救世主，也不靠神仙皇帝！要创造人类的幸福，全靠我们自己！'通锦中学要走出困境，要不等不靠，自力更生，主要靠你们班子带着全体教职工自救。"局长还语重心长地对他说："你还要告诉所有通锦中学的老师们——我们这一代人注定只能栽树，不能乘凉！"

省厅点名批评

2006年8月2日，谭六三拿着调任通知到通锦中学报到。

八天后，8月10日，刚刚履职的谭六三校长就奔赴都江堰翠月湖参加四川省普通高中工作研讨会。

第二天用过早餐后，他和金牛区几个校长赶早到会场，找了前排的座位坐下来。第一次参加这个会议，第一次与全省这么多省级以上示范高中的校长一起开会，研讨教育问题，让他多少有一些新鲜感，也有一点兴奋。他在心底里感激让他到通锦中学当校长的局领导。虽说通锦中学这几年的高考成绩着实狼狈，但它毕竟是四川省示范性普通高中，正是这块省级示范高中的牌子让他今天有了与会的机会。

在他思忖之间，会议开始了。会议高潮是由四川省教育厅副厅长掀起的。省厅领导的出席讲话中，常常透露出很多新的信息，对新学年的工作具有导航性。因此，与会的校长们都全神贯注地聆听着副厅长的讲话。

副厅长首先对高考做了全面、深刻的总结。他肯定了大家取得的成绩，指出校长们全心全意狠抓高三、分管干部聚精会神蹲点高三、一线教师勤勤恳恳奋战高三，肯定了优异的成绩正是有赖于全省各高完中学校的共同努力。领导的表扬让校长们备受鼓舞，决心在新的学年里再创佳绩，再立新功，扎扎实实办出让人民满意的教育。副厅长还点名表扬了一些在全省示范性高中排行榜上名次靠前的学校，对这些学校取得的成绩给予了充分肯定和高度赞扬。在这样的场合中得到点名表扬，让受表扬的学校校长们掩饰不住内心的喜悦，脸上无不露出激动的、光荣的神情，其他校长也对他们投去羡慕的目光。

正当大家沉浸在无比甜蜜的幸福中时，副厅长话锋一转，开始批评做得差的学校。谭校长感到心里一紧。正在他忧心的时候，副厅长果然点到了成都市通锦中学的大名。他批评说，作为一所老牌的省重点中学，高考升学率竟不到15%，只有14.96%！声名远播的“铁一中”竟然衰落到如此地步，简直令人难以想象。

在全省范围内被点名批评，通锦中学的校长谭六三坐不住了。领导的每一句话都犹如重锤猛烈地砸在谭校长的心上，让他如坐针毡，恨不得立即逃离会场。自他接手学校以来，在不断熟悉学校情况后，也觉得学校这几年教学质量存在很大问题。但他绝对没想到会引起省厅领导的高度关注并受到严厉的批评。

他认真地听着副厅长对本校评点的每一句话，然后陷入了深深的沉思之中。“通锦不能在我的手中倒下，做得差就应该挨批评，但通锦的精神和气质不能丢！”想到这里，他不仅没有低下头去，反而昂着头，将身板挺得更直。尽管他刚刚上任不到十天，但他现在作为学校的法人代表，必须承担一切责任。会议一结束他就想尽快赶回学校，他要重新全面地思考学校的问题。

出了会议大厅后，他没想到在路上遇到了有过数面之缘的副厅长，本想偷偷从旁边避开，但没想到副厅长喊住了他。副厅长对他说：“谭校长，我是专门来找你的，老朋友见面怎么能绕道走呢？今天我们以这种方式见面真不好意思啊，为了工作我不得不得罪你了！我也知道你刚刚上任不到十天，责任不在你呀。但我们肩头的担子不轻，谁叫我们是省级示范高中呢，省级示范高中的任务就是以升学预备教育为主嘛，升学率低了没法向群众交代呀！”

谭六三校长听了副厅长的话，心头涌起一阵暖意。他没想到学校工作没做好，领导反而担心他接受不了，特地来安慰他。他赶紧说道：“领导批评得好呀，不好意思的是我，工作是我们没做好，作为校长我必须承担所有的压力！请领导放心，铁一中虽然改名了，但它的精神不会垮，老二局一中的升学率这几年是很低，但‘铁一中’这块金字招牌我一定把它重新擦亮！”

狠话是说出去了，但这块已经锈迹斑斑的招牌，怎样才能让它早日去锈发光呢？告别了副厅长，谭六三校长又陷入了思索之中。

"神龙见首又见尾"

学校分管教学的范副校长和教务主任最害怕的是什么？是每次高三诊断性考试后到区教师培训中心开分析会。因为学校考试成绩相对落后，每次分析会都让他们感到抬不起头。他们几乎每次都有意识地坐在后排。教师培训中心领导尽管在会上分析数据时把话说得很含蓄，没有直接点名说通锦中学的成绩最差，但他们常常挂在嘴边的一句话是"在省示范性高中里，金牛区是'神龙见首又见尾'"。这个"尾"就是指通锦中学。通锦中学在每次诊断性考试中都排在成都市所有省级示范性普通高中的最后一名，而另一所金牛区的学校却排在第一名。

在成都市同类学校中，通锦中学就像营养不良、发育不好的树苗。在全部25所省级示范普通高中里，它在很长一段时间内市级统一考试的排名都处在最后一名。尽管通锦中学上下都很努力，但考试成绩上不去，就没有话语权。在金牛区范围内，通锦中学有两年甚至连区内一些一般高中都比不了。在金牛区普通高中办学规模收缩之前，全区共有高完中15所，其中国家级示范高中1所，省级示范高中5所，市级示范高中1所，民办学校2所。在这些学校中通锦中学的考试成绩也只能排到第10名左右，不仅在省级以上示范高中当中是老幺，而且还经常被其他学校"欺负"。在高考竞争白热化的教育生态中，通锦中学只能在夹缝中艰难地寻找生存的空间。2007～2009年，学校给高中年级阶段考试定的目标就是赶上市重点。

提出保底目标

有人说"升学率是学校的今天"，不抓好升学率就没有今天，更没有未来。谭六三领导的通锦中学要"起死回生"，就必须迈过这个坎。把提高升学率这件事做好，把握今天，开创明天。

谭六三非常清楚在现在的社会大背景下高考升学率对学校的重要性。14.96%！一个让谭六三深感耻辱的数字！深深地刺激着他那颗高傲的心。在很长一段时间里，他的脑海里经常浮现"14.96%"这个数据。省高中工作会议结束后，谭六三心里默默地下定决心：14.96%绝对只能成为一个历史！

根据他对学校情况的了解和调查，高中2007届、2008届的成绩比2006届还更差一些，2008届更是陷入最低谷。要保证今后两年升学率不低于14.96%，并且能够有所突破，当前最紧要的自然就是要抓好高中2007届的高考成绩了。谭校长认识到必须让每个年级、每个教师都明确一个奋斗目标！但是这个目标定多高才比较合适呢？他急切地想了解更多、更详细的情况。

谭校长在结束省高中工作会回学校的路上就打电话给行政办公室，要行办把几位副校长，高中各年级的分管行政和准高二、准高三两个年级组长召集起来开会。会上，两个年级组的相关成员在会上详细地介绍了具体情况：高中2007届有在校学生267人，除去外省户口学生12人，还有255人，当年中考视为上重点线的学生只有40人。高中2008届有在校学生254人，除去外省户口学生12人，还有242人，当年中考视为上重点线的学生仅有8人。谭六三听到这两组数据，心情异常沉重。他知道成都市五城区中考上重点线的学生高考升学率为60%～70%。按照这个比例来计算，2007届文考最好成绩将是28人，2008届则最多为8人。怎么办？他觉得自己必须要让大家充满信心。于是他跟大家说：“各位！这次我参加省高中工作会代表学校受到了省厅的点名批评，难道我们还想明年、后年再受批评吗？所以无论如何我们必须克服一切困难，摆脱目前的困境！我们要有这个信念和信心！”

参会的几名副校长和年级组长听到谭六三校长的一番话，一种使命感油然而生。大家都把希冀的目光投向谭校长，希望作为金牛区教育专家的他能给大家指点方向，为学校发展开出一剂妙方。

只听谭六三继续说道：“我分析了一下今年我们的高考上线结构，艺体考生只有4个。我们可以抓住艺体大做文章，弥补文考较弱的短板。刚才听了大家的发言，可以看出以前我们没把艺体考生放在心上。现在我们要两手抓，一手抓文考生，一手抓艺考生。在目前的过渡阶段，要把艺考生作为一个战略来抓。艺考生文化分一般要比文考线低70多分，会后请各年级把金牛区线以下70分到90分的学生人数统计一下，鼓励和引导这些学生去学艺体。我们争取在这一块上发力，以达到脱贫的基准线。”

通过对各种信息的认真分析，最后大家一致赞同把目标确定为升学率突破20%。对于实现这个目标，与会人员认为尽管有难度，但只要大家齐心协力，科学施教，还是有较大的可能性；同时依据学校目前面临的形势，也确实需要全校师生奋力一搏了！

当这个目标传达到高2007届教师时，引起了大家热烈的议论。很多老师觉得这个目标太高，绝对不能完成。但大家也觉得学校要发展又必须实现这个目标。在纠结和矛盾中，大家忐忑地接受了这个任务，振奋精神，重新思考自己的工作。

校长的赌约

学校的目标下达后，2008 届的老师觉得谭校长太保守，甚至认为校长过于悲观。老师们认为自己年级文考绝对不会只考 8 个。他们对抓艺体生培训不太感兴趣，觉得还是应该把抓文考生的成绩放在第一位，觉得那才是根本。

对于年级组抓文考生的热情，谭六三校长不能去打击，但他又必须让老师们清醒地认识到必须抓好艺体生培训才能平稳渡过学校最艰难的 2008 年。于是他跟年级组长打了个赌：如果 2008 年文考上线超过 8 人，就私人请年级组老师吃饭。

2008 年高考，通锦中学文考上线刚刚 8 人。

二　社区环境

学校转制

随着中国改革开放步伐的加快，国内改革从农村走向城市，从第一产业进入第二产业。到了 20 世纪 90 年代，国有大中型企业改革成为历史的必然。而计划经济体制下的中国企业，大多承载着沉重的社会负担。让这些背着沉重包袱的企业到市场经济的浪潮中去搏击，无异于让它们戴着沉重的枷锁舞蹈。给企业减负，使企业能轻装上阵，将企业原先承担的社会公共负担进行剥离，成为中国市场经济发展的必要行动。在这种大背景下，通锦中学的前身，原中铁二局一中移交地方被提到议事日程上。

移交过程并不仅仅只是办学主体的变更和学校经费供给渠道的变化那么简单，它更是一个利益重新分配的过程，并不一帆风顺。移交过程充满了诸多的曲折和冲突，不仅有利益上的冲突，更有观念上的冲突。企业的利益、学校的命运、教职工的去向选择和待遇对接、退休人员的安置等多种利害关系纠缠在一起，错综复杂。然而作为利益主体的企业，把利润和经济利益放在第一位。因而在国有大中型企业改革开始后，直到移交地方的十年间，企业没向学校投入一分钱（包括教师的工资和福利），使学校处在一个极其困难的境地。十年过去，原本在成都市比较先进的教育教学设备设施明显落后了许多。学校为了保生存，不得不放弃中考线上的学生而开始向社会招收“钱学生”。学校教职工更面临着如何选择的问题，是回二局机关或工地上班还是留在学校？这其中每个人都有自己的盘算和比较。很多人几十年作为二局职工，对二局有着浓厚的感情，移交地方感情上觉得难以割舍，特别是一部分退休教职工，认为在二局将来待遇或许要好些。教师也对原铁路系统评聘的职称和授予的表彰奖励是否会得到地方的认可抱有怀疑。学校的办学宗旨由原来的服务企业转向服务社会。不过这一切都在2005年那个寒冷的冬天变成孕育新生的种子。2006年元旦这所地处通锦路的学校有了新的名字：成都市通锦中学。

铁半城的学校

在成都有一个区域被老百姓称为“铁半城”，那就是从中铁二局所在的马家花园路、沙湾路往北直到成都火车北站，往东到老城墙根下这一大片街区。目前该区域内拥有轨道交通科研、施工单位10余家，相关高等院校2所，轨道交通产业国家级技术专利近50个项目；拥有博士后科研工作站、国家轨道交通电气化与自动化工程技术研究中心、牵引动力国家重点实验室、轨道交通国家实验室。轨道交通企业覆盖了整个产业链的上、中、下游，初步形成了较为完善的产业体系。这一片街区虽然地处一环路两侧，但很多房屋都修建于20世纪50～70年代，甚至还有很多筒子楼。时至今日已经破败不堪。通锦中学就处在铁半城区域内，尽管坐落在交通十分便捷的一环路内侧，十余路公交车在学校四周300米范围内有站点，且西面紧邻西南交大，北边靠着成都铁路局和成都火车北站。但学校本身是由中铁二局、中铁二院的子弟校合并而成，身处两家企业内部。社区面貌老旧、环境脏乱，周边的居民结构也发生了很大的变化，原住居民多数已在其他楼盘购置新居，把这里的房屋出租给新城市居民。

一所要给“买路钱”才能进的学校

作为一家中央企业，中铁二局有着比较完整的内部体系。在企业与地方的协调中，企业获得了不少的特殊权利。例如通锦路穿过中铁二局，成为企业的内部通道。中铁二局在一环路通锦路口修了一道门，这道门的造型酷似数学中的根号，因此通锦中学的师生都把这道门叫作“根号门”。这条路的两端都设置了收费路卡，出入的车辆需要交费。自从通锦中学移交地方后，学校师生及车辆必须通过这条通道才能进入校园，于是一个特殊的现象出现了，开车进入通锦中学必须交过路费，大家戏称为交“买路钱”。

一个到通锦中学调研的教育局领导不知道这个情况，在通锦路“根号门”

被路卡拦下了，工作人员要他交2元过路费，这位教育局领导告诉工作人员，他是教育局的，到通锦中学调研。边说边掏出工作证给收费员看。但收费员却告诉这位领导：“不管是谁，车辆从这里经过都必须交过路费。”听了收费员这番话，教育局领导不禁语塞，他不明白为啥进直属学校校门还要交过路费。不得已，他只好掏出2元过路费，才得以进入通锦中学。到了通锦中学后，他不解地向谭六三校长问起此事，谭校长笑着说：“领导，对不起了啊，我事先忘记提醒你，让你受了委屈。这就是我们这所学校的校情之一呀。”

盼新颜

一所十年不投入的学校是什么样子？2006年8月，到通锦中学履职的谭六三与教育局领导同行，亲自驾车绕道马家花园路，转西体路行驶数十米，直角转弯拐进通锦路。在中铁二局通锦路路口交了过路费后，他驾车在破败、拥挤和杂乱的小巷中连续两个直角转弯，当他准备进行第三个直角转弯时突然发现已经到了自己的“地盘”——他的右边就是成都市通锦中学的大门。此时，他深深理解了什么叫“曲径通幽”。

进入校门后，首先映入他眼帘的是离大门二十米左右的又一道围墙，围墙中间通道处是一个高耸的拱形门。围墙一端连着一幢老旧的水泥抹墙的俄式建筑，墙上挂着白底红字的校风、教风等标识。围墙另一端连着一幢用瓷砖贴墙的四层楼房，侧面墙上有五个镀铜字“科技实验楼”。拱门下是一条通往校园深处的6米左右宽的干道。干道的尽头还有一道围墙，围着的也是一幢老旧的俄式建筑。

校门的右边有一个小房间，一道围墙斜斜地伸向眼前的俄式建筑，围墙被用做学校的公布栏，用黄油漆分出几格，学校各部门各占一格。围墙和一排铁栅栏上方撑着一大片防雨篷布，紧靠铁栅栏的是一排比水桶还粗的高大水杉。

校门的右手边还有一个水景池，池中用片石组成了一个飞翔的造型，水池远端竖着三根旗杆，国旗在正中的旗杆上端迎风飘扬。水池两边各有一排绿荫廊，七里香郁郁葱葱地铺在顶上，像一个偌大的绿色盖子。运动场就在绿廊的那一端。他隐隐看到右后方的楼内有班牌，心想那应该就是教学楼了。也有人从眼前俄式建筑侧面的门进进出出，再加上外墙上那些校风、学风的宣传字样，他估计这就是办公楼。

谭六三觉得自己是校长，第一次进办公楼还是得从正门进去才好。于是他穿过拱门，往里走去找办公楼的正门。进入拱门的里面，没想到别有洞天，两排冬青排列在干道的两边，冬青的背后李树、桃树、樱花、梅花等繁茂的花木，挨挨挤挤的，似乎都拥着争着来看新校长。办公楼正面也有一排用水泥柱架设的七里香绿廊，两株高大的玉兰树在绿廊旁边默默地看护着它。绿廊的尽头那高大的竹子，更是枝繁叶茂。在办公楼前有两组成八字形、两米高的宣传墙，他估摸着大门应该就是在那儿了。来到办公楼的大门前，谭六三仔细地打量了一下这个门。只见门口两边分别用直径约五十厘米的大花盆种上了茂盛的吉祥草，在门口宣传栏的背后，有一株高大的枇杷树。四堵宣传墙里张贴着喜报、表彰、卫生资料、公示等。打量了一下大门口，谭六三又信步往干道的另一端走去。呈现在他眼前的是一幢和办公楼一模一样的俄式建筑，从窗外悬挂的衣物来看，应该是学校的住校部。住校部楼下是用围墙围起来的一个院子，院子里搭建了两个自行车棚。院门口左侧是一个垃圾房，右侧却空着。围墙外的楼里传出维修课桌椅的敲击声，那一定就是仅一墙之隔的铁二院学校的教学楼了。

沿院子向右走便到了两幢俄式建筑的背后，谭六三发现两幢都是工字形的小楼。办公楼后院是用植物隔成的两个羽毛球场。四米左右的一条通道可以通过学校的车辆。通道的一侧是一排平房，中间有一个植物花架和一个小锅炉房，还有一个 24 小时供应开水的开水站。后院的尽头是学校的食堂。

差不多走完了具有企业文化遗风的办公区，谭六三折身回来，来到操场。操场近端是一个铺上炭渣的小型足球场；操场远端是两个篮球场。操场的右侧围墙外是铁二院学校的教学楼，左侧就是通锦教学楼建筑群，教学楼建筑群由一个四层教学楼和一排两层楼高的建筑组成，走近细看这排建筑，从里向外分别是图书室、报告厅和舞蹈教室。楼的外侧有梯步上顶，但门上一把大铁锁阻断了上楼的通道。

谭六三在心里大致估算了一下，这个学校占地约 30 亩，共有四幢建筑，从建筑风格上看，两幢建于 20 世纪 50 年代，灰色的外墙色调倒很符合铁路企业的特点；两幢建于 20 世纪 80 年代前后，外墙瓷砖呈淡红色。它们在侧后方铁二局和铁二院新建的高大办公楼的映衬下显得那么的衰老、没有生气。一道又一道围墙，把校园分成了好几个院子，让人不由自主联想到“庭院深深深几许”的诗句，走进这里，会让人产生一种“关起门来成一统”的念头，也让人隐约感受到了企业内部人们内心深处那种条块分割、各自为政、自我封闭的心态。从办公楼外墙上悬挂着的相关标示牌来看，学校的办学理念是：团结奋进，求实创新；教风是：敬业修德，务实善诱；学风是：科学严谨，勤奋开拓。看得出来学校已经有了办学理念，只是这样的理念还没有突出自己的特色。

看到有些破败，但也还有几分生气的学校，谭六三心里感到有些沉重，知道这是一篇难做的文章。旧貌亟待换新颜。

政府的扶持

丁老师是通锦中学从外地招聘的一名数学骨干教师。这一天，他一大清早就起床，将一切准备妥当后就赶往教育局教师公招面试场。他已经顺利地通过了教师公招的前两关：笔试和业务考核。如果今天能够顺利通过面试这一关，那剩下的就只有办理调动手续了。像丁老师一样参加通锦中学公招面试的老师还有好几个。这两年来，金牛区教育局每年在招聘教师的指标数上都向通锦中学倾斜，指标数为全区最多。几年下来，通锦中学从外地招聘教师近二十人，从本区内调入教师二十多人。整个高中部新面孔的教师占到全部教师的70%。

在办学经费上，教育局也尽力给予了支持。除按省示范性学校的配备标准配足配齐应有的实验、图书、音体美、信息技术、通用技术等设备设施外，还安排了专门的资金给学校进行相关改造——在移交地方的前3年，安排校安工程资金300万元，改造操场160万元，改建学校住校部、食堂1000万元。目前还计划安排数百万元用于学校校园文化建设。

“三心”教学：救亡图存

有人说质量是学校的生命，这句话很有道理。质量不高，学校将难以生存。这里的质量是指学校的育人质量，包括学生在校期间获得的知识、能力和综合素养。但是这句话长期以来，被狭隘地理解了——质量被简单地理解为教学质量，理解为学生的分数。可怕的是，这种观念顽固地存在于很多人的头脑中。升学率成为当今中国每一个中学校长和教师身上的巨大压力。

对于广大的普通中学来讲，质量被简单地用教学质量代替，而教学质量通常都由高考和中考的结果来认定。中考、高考成绩不好，学校的生存空间就会被严重挤压。为了升学率，很多学校不惜采取种种非常手段。每年七月“生源大战”的硝烟在各地弥漫，所谓的名校想尽一切办法挖优质生源（成绩优异的学生）。某著名中学甚至向很多县派出招生组，通过非正常渠道拿到当地中考成绩，然后再以优厚的条件吸引这些优秀学生就读该校。一些著名的高考升学大户每年的外地生考试成为社会关注的焦点，在数万参考学生中选取数百人为3年后的优异成绩作保障。“减分母”是很多中学采取的另一个重要的提高升学率的措施。某些学校在高考报名前用种种方式把一些成绩较差的学生赶走，把参考总人数降下来，保留上线把握较大的学生，以求得一个好看一点的百分比。

通锦中学一度因高考升学率低而处于生死存亡的危急关头，教育局在思考校点布局时，一直对这所学校感到非常纠结。一方面，这是一所省级示范性普通高中，这块牌子来之不易，不管丢在哪一任手里，政府都不好向老百姓交代；另一方面，学校的高中教学质量又那么低。坊间曾一度传言教育局将把学校办成一所纯初中或者职业中学，也有过“通达”变“万达”，将学校高中部搬迁的说法。可以说从20世纪90年代中期以来，学校就在艰难中谋生存，在夹缝中求发展，走过了一条不寻常的发展道路。尽管传言四起，但通锦中学知道，学校的前途和命运最终还是要靠自己的努力来争取。最近几年通锦中学励精图治，狠抓教育和教学，苦练内功，努力寻找本校学生的教学重心，提高师生的教与学的信心，增强教师、学生、家长对于学生进步的耐心。潜心探索适合本校学生的课堂教学方法，归纳整理本校教学方式。几年来学生的考试成绩逐步提高。高考升学率从 2006 年的 14.96% 上升到近 60%，高考上线人数逐年增多，前 3 年，通锦中学每年分别有 51 个、53 个、53 个学生被本科院校录取，中 3 年每年分别有 85 个、84 个、108 个学生被本科院校录取，2013 年他们有 131 个学生文化硬上线。在成都市高考综合排名中，通锦中学也从当初的 25 所省级重点中学的最后一名上升到第 8、第 9 名。通锦中学没有"一夜暴富"式的发展，不是高考大战中的暴发户。但通锦中学一步一个脚印，靠着自身的积累，稳步前进。虽然现在与成都市高考"升学大户"相比还有较大差距，但这种差距却在迅速缩小。高考的不断成功，为学校的生存拓宽了一些生存的空间。

绝不做看摊守业的校长

干事业必须有强大的动力支撑，学校的精神和气质是一所学校发展的动力。针对学校的实际情况，谭六三和他的班子千方百计培养学校在逆境中拼搏的奋斗精神、在艰难中乐观的英雄气质。谭校长在第一次全校教职工大会上掷地有声地表态："绝不做看摊守业的校长！"他也希望全校教职工要敢吃苦，能吃苦，还要能吃大苦。谭校长还把局长"我们只能栽树，不能乘凉"的叮嘱告诉了老师们，同时提出了响亮的口号："求真务实铸通锦，励精图治捍品牌！"

功德无量

在成都市五城区，每年能够考入省级以上示范性普通高中的学生，3 年后他们中能够升入本科院校就读的只有 70% 左右。也就是说，能够考上所谓重点高中的学生并不是都能够进入本科院校学习的。而那些连重点高中线都上不了的广大学生，要考入本科院校的可能性就更小，困难相当大。但是通锦中学经过多年的实践探索，使中考重点线下 30 分段的学生获得了良好的发展。这些学生通过通锦中学的培养，3 年后绝大多数能够进入本科院校学习。通锦中学初升高重点线下 30 分段学生 2010 年的升学比例是 83.4%，2011 年的升学比例是 77.4%，2012 年升学比例达到了 84%，甚至比成都五城区重点线上学生的升学率还高。这一特殊的贡献，被金牛区教育局原局长肖剑书赞为"功德无量"。

小雪是通锦中学高 2011 届的一名女学生，初中阶段学习成绩非常差，中考成绩很不理想，她家的很多熟人和亲戚都觉得她只能读职业中学。但她的家长听说通锦中学教成绩差的学生很有一套，执意要把她送到通锦中学来就读，于是她成了通锦中学的一名“钱学生”。

进入高中后，虽然考试成绩不好，但小雪学习勤奋，经常受到老师的表扬和鼓励。她的学习成绩也在缓慢地提升着。

金牛区是成都市的基础教育高地，尤其在高中教育板块中，辖区内有 5 所公办高完中是省级以上示范性普通高中。从高一到高二每学期都会组织全区的统一调研考试或者参加全市的调研考试，并参考当年金牛区高考上线的人数和比例，划出教学工作参考线。这个工作参考线对各个学校具有重要的指导意义，它不仅是各个学校横向对比的重要参数，也是各个学校对教师进行业绩评估的基本依据，同时所有的任课教师也把这个数据作为日常教学标高的重要参考依据，学生也把这个数据作为自己的学习目标并检验自己上一个学习阶段学习效果的一个量标。小雪进入高中后，每次参加金牛区和成都市的统一考试，离金牛区划出的工作参考线都还差得很远，离考上本科也有着巨大的差距。尤其是在高三上学期末第一次诊断性考试前，她实在受不了期望值与现实之间巨大差距形成的压力，找到学校一位心理老师说出了自己心中的担心和忧虑，甚至当着老师的面哭了。为了鼓励小雪，老师首先肯定了她的学习状态，告诉她如果过程好了，结果也不会差到哪儿去，以此增强她的信心；然后又给她分析了诊断性考试的功能，引导她从紧张的情绪中走出来；最后还给她指出了如何根据考试的结果分析自己，调整学习的重点以及学习策略的方法。

有了心理老师的开导，小雪的心情轻松了一些，老师的分析和建议更是给了她鼓舞。她似乎看到了努力的方向和未来的希望。带着这种轻松和希望，她参加了一诊考试，结果她与金牛区划线仅差 24 分。又经过三个月的学习和调整，四月初她参加了成都市高三二诊考试，成绩出来后，她与金牛区划线仍差 24 分。五月上旬的三诊考试成绩出来后，小雪非常高兴地找到心理老师，她告诉老师自己是 3 年来第一次上金牛区的中线，并超了中线 3 分。心理老师在为她祝贺的同时，又指导了她在最后阶段应如何调节自己的心理压力和调整复习策略。

高考结束后的一天，心理老师遇到小雪，问她考得如何，估分没有。小雪笑着说自己不敢估分。高考成绩出来的那个晚上，心理老师接到小雪的电话，她兴奋地告诉老师自己上了三本线，高考成绩超三本线 13 分。

和小雪的勤奋不一样，小雯是一个贪玩的学生，班主任老师多次找她谈话，但她仍与另外两个女生长期混在一块儿疯玩。尽管在老师的心中她有一定的学习基础，人也还算聪明，应该是一个有希望的学生，但她就是屡教不改，我行我素，甚至屡次在课堂上睡觉。这些表现直接导致了老师对她的不信任。如果她某次考试成绩好一点，老师就会怀疑她成绩的真实性；某个时候她学习投入一点，老师也会认为她是在装模作样。

她的状况被政治老师看在眼里，急在心头。政治老师觉得如果不尽快挽救这个孩子，可能她就真的被耽误了。在高二下学期准备零诊期间，政治老师觉得时机基本成熟了，于是约她来谈一谈。政治老师对她说：“经过一年多的观察，我觉得你是一个思维能力和反应能力都比较强的学生，为什么成绩总是上不去呢？课堂上怎么还老睡觉？”小雯知道老师们对她的评价不太好，很羞涩地笑了一下说：“太贪玩了！”见她总算承认了自己的错误，政治老师觉得有戏，又趁机对她说：“你现在的成绩确实还有较大差距，但我认为只要你从现在开始调整状态，集中精力去学习，我相信你一定能成功。”小雯将信将疑地看了看政治老师，笑了笑，却没说话。看到她的表情，政治老师仔细分析了她的几次考试成绩，给她指出了暑假期间该如何调整和弥补弱势学科。谈话结束后，小雯接连向政治老师说了几次“谢谢老师！”

从那以后，政治老师发现小雯在自己课堂上的状态好了许多。很多次还发现她在自己安排复习。零诊考试下来，小雯的成绩依然离区中线差 30 多分，连离线下 20 分的踩线生线都差十多分，年级在安排踩线生的时候，大家反复研究，觉得她算是班上比较聪明的学生，尽管她的学习状态不好，但最后这十多天好像有进步，所以破例把她放入踩线生的范围之内。

零诊结束后，政治老师又找来小雯谈话：“尽管这次考试成绩不理想，但你的状态有进步，现在需要的是坚持。同时需要你充分利用假期的空档，选一科容易提高的弱势学科去抓。”小雯得到了肯定和鼓励，高兴地表示绝对会坚持下去，并向政治老师谈了自己在暑假中的一些打算。政治老师听了后，肯定了她的想法，并询问她现在还存在哪些困难。小雯想了想说：“其他倒没啥，就是最近几乎天天失眠。”政治老师听了这话，忙问她什么原因，看过医生没有。小雯告诉政治老师说：“没去医院，就跟家长说了，采取了一些方法，但效果并不太好。”政治老师将自己掌握的一些解决失眠的简便方法告诉了小雯，并告诉她晚上学习绝对不能太晚，会加重失眠，并要求她把解决这个问题作为头等大事来办，绝不要掉以轻心。

假期中，小雯接到了政治老师的电话，在电话中政治老师告诉小雯，说他在网上查找了一些治疗失眠症的方法，整理出来后已经发到她的 QQ 邮箱里了。同时向小雯提出了自己的治疗建议。小雯听到后非常感动，连连向老师表示感谢。

正式进入高三后，小雯的状态慢慢回来了，政治老师明显感受到了她的变化，高三第一学期，她的政治主观题总是回答得不好，最大的问题就是主干知识没记住。一诊考试成绩下来后，小雯不仅政治学科没有上区中线，而且总分距离区中线还差 28 分。政治老师再次主动找到她并帮她分析、想办法、出主意。但老师也发现，这孩子自己似乎并不太在意没上线的事，她觉得自己还是有很大希望。高三下学期的 4 月，成都市二诊考下来了，小雯有点坐不住了，因为她离区线仍然差了 22 分。她问政治老师，她这成绩水平，高考有多大希望。政治老师也感到形势不容乐观，但他为了鼓舞小雯的信心，告诉她有很大希望，但没绝对把握。小雯点点头，没说话就离开了。三诊考试下来了，她还是没能上区中线。政治老师对她说："高考不是以三诊为准，现在到高考还有二十天，打铁时淬火的功夫最重要，这二十多天你需要通过做套题来提升自己的解题能力，同时回归教材把知识体系中的漏点补上，要相信自己，凭你的机灵，运用好老师们平时教的答题和应试技巧，我估计你能够上本科线。"小雯认真地听着，不停地点头。

高考成绩下来后，政治老师看到了小雯的高考成绩，超本科线 3 分。

的确，通锦中学这些年让很多原本希望渺茫的学生成功实现了自己的大学梦，让很多家庭变得更加幸福。经过几年的探索，通锦中学在培养重点高中分数线下 30～80 分的学生方面积累了丰富的经验，培养此类学生的方法越来越娴熟，效果越来越显著。在夹缝中，通锦中学找到了生存的一席之地，生存空间变得越来越大。通锦中学把在中考重点中学分数线下 30 分以上的学生作为自己招生的重点。按照校长谭六三的说法就是：不怕吃不甜的"甘蔗"。

不怕吃不甜的"甘蔗"

谭校长这番话其实也是被逼出来的。因为那些年通锦中学虽然是重点中学，但却招不到重点线上的学生。

招生是每所学校必须要做的工作，在竞争激烈的地区更是一所学校春季的头等大事。新学年生源如何，对 3 年后的中高考有着巨大的影响。因此，每所学校都高度重视，尤其是像成都市区这种生源竞争达到白热化的地区，在招生季，大家几乎都使出浑身解数争抢着本地生源，也有不少学校把手伸向一些边远地区，利用成都的教育优势吸引一些外地生。通锦中学虽然有着省示范性普通高中的牌子，但由于多年来在高考竞争中处于落后的地位，因此在招生中处于极其弱势的地位。

成都市的高中招生分为志愿录取和调招录取。除此之外，实力相对较强的学校还有一部分择校学位。拥有成都市户口的学生可以参加志愿录取，其中包括各个学校自己培养的子弟兵——直升生。直升生根据各个学校本年度高中招生总人数按比例录取。分为校内直升生和校外直升生，校外直升生又被称为指标到校生。取得直升生资格的初中毕业生可以不参加中考而直接进入其取得资格的高中学校学习。其他上线的学生则需要填报志愿，通过志愿进入录取场录取。没有达到相应录取线的学生则可以择校。

通锦中学负责招生的人员进入招生现场后几乎都是最先完成工作的。因为每年几乎都没有多少上线学生填报通锦中学。没人愿意就读，这无疑使通锦中学的生存空间受到了极大的挤压。在众多实力强大的竞争对手的冲击下，通锦中学每年的招生效果总是不尽如人意。

招生工作不得不做。印制精美的招生宣传册，到各生源校设点咨询，进驻中招教育超市等工作也必须一一到位。尽管如此，重点线上的学生依然招不到，怎么办？只能往线下去招。对此校长谭六三也有他自己的盘算和理解。

谭六三校长认为，中考的考分虽然在一定程度上反映了学生在初中的学习水平，但它并没有完全准确地反映学生的思维水平和学习基础。在重点线边上的学生可能是发挥失常，也有可能是平时学习习惯不好，还有可能是其他一些因素导致他们在中考中没有考上重点线。线下二三十分段的学生按学科来计算，也就每个学科五分左右的差距，即一个小题的差距。这个差距在3年时间内会有很大变化。因此要有信心把这一截甘蔗的糖分充分地吸出来，要吃出味道来。同时，老百姓有就读的需求，办学的人就应该满足群众的需要。教育并不是只教育那部分好学生，而应“有教无类”，面向每一个需要受教育的人。

一　通锦学情之学习习惯

学情是教育教学的起点。要搞好教学工作，必须弄清学生的学习习惯、思维习惯、学习动力、学习能力、学业基本水平等学情。通过对学生的课堂学习状态、完成作业的时间消耗、学生学习成绩的分布情况等多种信息进行分析评估，通锦中学基本把握了本校的学情现状。通锦中学大多数学生的学习能力处于中下水平，绝大多数学生自主学习的能力很差并且思维惰性很严重，近一半的学生课堂状态存在严重问题。大部分学生不知道课堂学习应把笔记记在哪儿，应如何利用笔记、学案和课外资料，不知道作业和娱乐时间如何安排。

分化严重

新高一年级组长陈老师拿到新高一学生的入学成绩，除去所谓的 60 个“直升生”之外，部分外地来的学生有些只有等级，其余学生基本都有成绩。看到学生的成绩，让陈老师感到非常头疼的是学生的成绩悬殊实在太大了。学校录取线 585 分，实录学生总分最高 630 分，最低 373 分。最高分与最低分之间相差 257 分。600 分以上只有 2 人，达到学校分数线的学生只有 10 人，把外地参加当地中考上了当地重点高中线的学生加上，也只有 16 人。把校内直升生视为上重点线，也只有 76 人，占全部 209 名学生的 36.4%；重点线下 133 人，占 63.6%。500 分以下的 20 人，其中 400 分以下的还有 3 人。

课堂睡倒一片

张老师是学校引进的一名高中骨干教师。他刚刚来到通锦中学时，教研组的同事就提醒他对这里的学生要做好充分的思想准备：这里相当一部分学生上课的时候，需要老师帮他把书找出来，甚至再帮他把书翻到新课的位置。他们在学校的状态可以用一句生动的话来形容，“上课风吹得倒，下课狗撵不到”。

尽管事先得到了同事的提醒，但第一次进入通锦课堂的张老师仍然被学生的课堂状态吓了一跳。上课预备铃响起后，班主任老师就站在教室门口招呼大家尽快入座准备上课，站在一旁的张老师也踩着铃声走上了讲台，但此时却有几个男生向班主任请假要去上厕所。看到是新老师来上课，不少学生很快就坐下来安静地等待上课了，但正式上课铃响后张老师清点学生，却发现依然有十几个座位空着。见此情况，张老师不得不把自己的开场白拉得长些。直到六七分钟后，那些空位才陆续被迟到的学生填满。利用开场白自我介绍的时间，张老师观察着班上学生，只见 40 多个学生的一个班，2/3 的学生坐姿不规范，不少女生趴在课桌上，而男生要么侧倒在课桌上，要么就背靠着学生椅两腿向前，好像做伸展运动一样把自己拉成“一”字斜搁在椅子上。还好，可能是第一次跟老师见面，暂时还没有在课堂上睡觉的学生。

看到学生终于到齐了，张老师便在教室里一边走动一边讲着。他想看学生的反应，同时观察一下有多少学生把书打开放好了。在教室走道上来回走了两次，他看见仅有 16 个学生的桌子上放着翻开的教材。张老师不仅感到一阵心凉：一个班仅仅只有 1/3 的学生上课会把书拿出来，说明他们的学习动力非常低。他觉得，在课堂上摆出各种造型还算不得什么，最重要的是学生的学习欲望太弱，上课纯粹是应付，只图把这几十分钟混完。

他很理解这些学生的痛苦，知道他们坐在教室里上课若听不懂无异于坐牢。对于这样的学生他有着深深的同情，但是他不能让他们就这样在学校里混日子。有了初步的观察，张老师开始向学生释放一些试探性的信息：他要求学生们把书都找出来放到课桌上。他看到刚才没把书拿出来的学生纷纷开始翻动自己课桌上的书堆和椅子上的书包。他们东翻西找，费了好大一阵工夫，花了约六分钟的时间，终于把政治书翻出来放到课桌上。这些学生脸上露出了一种胜利的笑容，似乎自己能把书找到是一件了不起的事。但仍然有四五个学生的脸上露出无奈和郁闷的神色，不停翻动着自己课桌上那些书本和试卷。张老师知道，他们肯定是找不到了，于是他叫停了这项活动。

临近下课前两三分钟，张老师发现刚才还算秩序良好的教室里突然有些骚动不安，有些学生在相互交流着什么。由于初次见面，他也不太好批评，只是提醒大家要保持秩序。后来他才知道这些学生早就盼着下课，一看时间快到了，就开始倒计时。下课铃一响，这些学生突然变得精神抖擞，呼朋唤友，涌出教室，全然看不到此前在课堂上无精打采的模样。

滕老师是一个从外地引进的初中英语教师，来到通锦中学一个月后的一天他参加了年级组的会议，谈到了来到通锦中学的感受。他说：“从地方上来到成都这个大都市工作，一开始还有点怯生生的，特别是担心调皮学生让自己下不来台。但结果发现这儿的学生除成绩不好之外，绝大多数都很不错的，他们跟老师关系很融洽，对老师有礼貌，主动跟老师打招呼，见到老师很热情。特别喜欢帮老师做事，上课前跟课代表一起到办公室帮老师拿书、抱作业、拿电脑。敢与老师交流，很多时候还跟老师开点小玩笑。这些情况在我以前工作过的几个地方都是看不到的。在通锦中学，特别是在校园里，不管你是不是他们的任课老师，他们都会主动喊‘老师好！’，虽然这只是一个小小的行为，却让我觉得很感动，觉得这书没有白教。”

听到滕老师这番话，很多老师都笑了，他们告诉滕老师：“你说的都是事实，但有一点，你不能跟他们提读书，跟他们提起成绩就不亲热了。只要不跟他们提读书，都是乖娃娃。”

无声的早读

书声琅琅是学校，特别是中小学校特有的景象。但通锦中学的早读课却颇为安静。

谢老师是一名资深高中语文老师，她担任一个重点班和一个普通班的语文课教学任务，同时兼任重点班的班主任。在她看来，高中学生自主学习的能力应该达到相当的高度了，在早读课里他们应该能根据老师给定的任务，选择自己需要的进行自读。结果她发现，不论是重点班还是普通班的学生，如果课代表没有组织朗读，学生基本上就不会朗读。他们需要在课代表的带领下，整齐划一地读。但在读的过程中，不少学生甚至连书都不拿出来，只是机械地跟着别人张嘴，给人一种非常典型的滥竽充数的感觉。学生齐读的时候声音还算洪亮，但只要进入自读阶段，班上几乎没有声音。就算那些学习成绩很好、学习很勤奋的学生也是这样。

这一天的早读课，谢老师有意没有让课代表领着大家齐读，而是给学生们提供了几个任务选项，让学生自己选择适合自己的任务，在早读课期间完成背诵。她发现大部分学生看到任务后，就开始翻书看了起来，但没有出声读。也有几个学生把书东翻西翻，似乎不知从哪儿下手。还有一两个学生半天进入不了阅读状态，他们先是收拾了一会儿桌子，再整理了一会儿书包，搞了半天才从书堆里把书搜出来，然后盯着书开始心游天外——走起神了。尽管谢老师一再鼓动大家读出声音来，“声音大一点”，但不到两分钟，教室里就会变得非常安静，甚至比晚自习还安静。看着这样的情景谢老师感到十分无奈。

于是她向学生们讲了一个道理：“古人云，‘器大者声必宏’，所以希望同学们早读的时候亮开嗓门儿，放声朗诵；晨读要朗诵，所谓‘朗’就是指声音洪亮；晨读朗诵，有利于身体健康，通过朗读，我们可以更容易把夜间储存在肺泡中的二氧化碳排出去，交换到更新鲜的氧气；晨读朗诵，可以使阅读和记忆的效率更高，如果我们只用眼睛看文字，那么只是眼睛一种器官参与了阅读活动，但如果我们采用朗诵的方式就不一样了，朗诵需要眼睛、口舌、耳朵多个器官共同参与，这样通过多途径刺激大脑皮层自然要比单一器官刺激大脑皮层的效果要好得多；通过口舌参与阅读，还有利于使文字和语言结合得更加紧密，增强我们对语言和文字的理解和表达能力。”但不管她怎么跟学生讲道理，学生几乎都没什么转变。这让谢老师陷入一种困惑，难道是因为现在学生的学习能力提高了，导致他们改变了学习方式？

谢老师的困惑也是通锦中学所有“两语”（英语、语文）教师的困惑。学生为什么不愿意张嘴读书而只是习惯于看书呢？这只是通锦中学学生的特有表现还是这一代学生的共性？谢老师和另外几个“两语”学科的教师把它作为一个课题展开了研究。

做家庭作业干扰太多

现在的中学生应该是最辛苦的一群人了。他们一般每天在学校里要上十一个小时左右的课，回到家里还得继续学习，直到深夜十二点左右。特别是那些走读生，他们每天上学和放学要赶车，晚课回家之后利用吃夜宵的时间稍作休息，然后又要投入到紧张的学习之中去。但是通锦中学高中的学生一小部分回家会不背书包，他们跟父母的关系多半比较紧张，他们进入普通高中学习基本上都是父母强加给他们的。所以他们并不想好好读书，只想在学校里混时间。多数学生回家是要做作业的，但是他们中不少人自主学习能力不强，学习习惯比较差。在完成家庭作业的过程中，会出现这样那样的问题行为。

小彰是文科重点班的学生，学习成绩在班上不算最好，但也算过得去，是老师认为的升学重点对象之一。每天晚上回到家里，他都会享用妈妈为他准备的夜宵，借吃夜宵的时机看会儿电视，和爸妈聊聊天，交流交流。这个过程大约要半个小时，然后他进入自己的房间开始完成当天的家庭作业或者自己安排学习任务。

小彰坐到书桌前，打开书包，拿出一大摞书和作业本，放到桌上，选出地理作业本和教材。接着他拿出手机戴上耳机，把储存在手机里的音乐点开，一边听着音乐，一边登上 QQ，对以前初中、小学的老同学和其他朋友留下的信息一一地做了回复，然后把手机放到桌上，准备开始完成老师留下的家庭作业。没想到还没写几个字，手机短信提示音告诉他有人给他发消息了，他拿起手机看到原来初中的铁哥们儿约他明天晚上下晚课后一起聚一下，于是他跟哥们儿聊了一会儿，几分钟后他告别了哥们儿，继续做作业。正当他在音乐的陪伴中把心静下来沉浸到学习中的时候，手机 QQ 消息提示音再次打断了他的学习活动，他拿起手机一看，是同桌“金毛狮王”发过来的，说有一道数学题不会做，寻求援助来了。小彰先做的是地理作业，数学作业还没做，于是他又拿出数学作业研究起那道题来。他发现那道题确实有些难度，所以他就在 QQ 上同“金毛狮王”讨论起来，在讨论过程中，他们又把另外两个同学也卷进去一起讨论，直到把那道题弄清楚，这时发现时间已经过去 20 多分钟了。再回过头来重新做他的地理作业，刚才的感觉一下子又找不到了。没有办法，他只有硬着头皮慢慢恢复刚才的状态。把地理作业做完后，他看了一下时间，已经差不多十点半了，于是赶紧做数学作业。数学作业做起来就没有地理作业那么顺手了，似乎每道题都那么困难。数学是他最头疼的学科，他看到数学题就有一种本能的头疼感。一感到自己做不了，他就频繁地向同学们求援，请同学帮他讲一讲。在做数学作业的过程中，还不停地有短信、QQ 信息来打断他。一直没间断过的音乐也好像不再那么动听了，他的心情开始烦躁起来。他把作业本在桌上摔了两下，但无可奈何，还是只能拿起来摆好硬着头皮做下去。实在做不了的题他只好开着“天窗”，明天到学校找老师了。他好不容易把数学作业写完，已经十一点半了。他感到自己累得不行，于是闭上眼睛眯上一会儿。然后再拿出英语作业来，做完英语作业已经十二点了，必须睡觉，明天早上六点半还得起床，于是他去洗漱休息。

不得不抄

百度百科认为：思维惰性是因为主观依赖性严重，或者消极悲观的人生态度等，从而缺失了积极主动的主观思维能力，不积极主动地去思考。缺少积极主动的思维意识和思维心态是思维惰性的两种表现。通锦中学的学生有一个严重问题，就是他们思维惰性极其严重。他们遇到难题就不想做，不愿动脑去想，甚至一看到难题就会感到头疼。他们通常喜欢在作业中开“天窗”，一有问题就去问同学或老师，不愿意自己独立地去思考和解决问题。思维惰性的出现是多年不良的学习习惯导致的，也跟从小获得的“不懂就问”这一训词的暗示作用有关。

小军就有思维惰性。特别是数学，他从小学起对数学应用题就搞不清楚，抽象的数量关系让他实在头疼。于是他养成了“不懂就问”的“好习惯”。小学期间所有的作业都要家长批改签字，那时不懂的他就找爸爸妈妈解决，由于爸爸妈妈不是老师，不知道应该如何指导他解决学习上的困难，因此差不多都是爸爸妈妈把题做出来，然后他直接抄上去就算完成了。可进入中学后，爸爸妈妈也解决不了了，他就只有问同学和老师，有时干脆就抄作业。为了到学校抄作业，他还非常“恋学”，很早就到了学校。

其实小军的思维惰性还算比较轻的，还有不少学生一遇到难题头就疼，“被迫”完不成作业，要交作业就只有“抄”。在初中阶段很多学生是因为贪玩没有做作业而抄，而在高中很多学生真正是无可奈何，被迫抄作业了。

思维惰性是通锦中学大多数学生普遍存在的一个学习障碍，破解了这一障碍，就可以增强他们学习的兴趣，提高他们学习的动力。要让他们学得好，首先必须让他们听得懂课，做得完作业，考得理想。

通锦中学的老师破解学生思维惰性的方法很原始但比较实用，他们从易到难，教学生基本方法，让学生反复地练习某个题型，多做、多练，达到熟练掌握某个题型的程度。对于通锦中学来讲，绝大多数学生需要掌握的是基本的解题方法，破除学科思维惰性的障碍，而不是能够解答高难度的题目。通过多年的教学实践，通锦中学各个学科基本上找到了一条简便易行的基本训练方法。

不当“首”长当“厅”长

老师们常常自我解嘲说，刚到通锦中学的学生只会当“厅（听）长”，不会当“首（手）长”。意思是很多学生没有做笔记的习惯，在课堂他们只带着耳朵去听，不动手做笔记。更不知道怎样去记笔记才更方便自己复习和利用。也有不少学生记笔记，但他们总是随意地找一个本、一张纸来记。结果由于记得很零散，需要复习的时候却找不到了。

这些现象实际上是学生从小养成的不良学习习惯的表现，他们不仅在课堂上的习惯不规范，甚至似乎连学习的动力也没有，在学习过程中许多习惯都存在严重问题。

小莉是高中一年级的一个理科生。临近期末了，老师们一边上着新课，一边要求同学们自己着手复习。小莉按照老师的要求准备复习，但一周过去后，老师问她复习得如何了，她笑着说她的复习进度几乎还是零。老师问她为何，她说自己不知道到底怎么去复习，光看书吗？好像看了不起作用。看练习册吗？是看错题还是全部都做一遍？她知道应该复习，但却不知道要怎么去复习。这让她无所适从，在徘徊和犹豫中，时间悄悄地就过去了。不会安排自己的独立学习活动，没有自己的计划，学习完全依赖老师，是通锦学生的普遍状态。

和小莉一样，小海平时对学习资料的管理一塌糊涂，听到老师要求大家复习时，想看一下平时的作业本，却到处也找不到；想看一下练习过的卷子，却因平时随便乱叠乱扔破得拿不上手了。还有几个学科的作业本，也被他当作垃圾给丢了；老师发的期末复习资料也不完整了。他很懊恼自己太没章法，物品管理太乱。这时才知道妥善管理学习资料的重要性了。等他把那些资料重新找同学复印补齐，时间又过去了一大半。当他再看到同学作业的复印件时，他才发现自己快要疯了——那个同学作业的字迹实在太潦草，他根本就认不出来。

二　谋划高考

高考是每一所普通高中的命门。每一所普通高中都会竭尽所能去提高教学质量，以期在高考竞争中胜出。这不仅关系学校的生存，也关系每个教职工的荣辱。高考是普通中学的头等大事。通锦中学要谋生存，必须抓好高考这一学校龙头工作。根据学校学情的具体情况，学校大力抓好艺体培训，以文考为主，艺考为辅，不仅给学生找到了一条希望之路，在为学生谋发展的同时，也尽力抓好了学校的高考。

还应该有 C 层次

2008 年 1 月 24 日，通锦中学高三领导小组在会议室里召开高 2008 届一诊分析会。年级组长非常详细地分析了上线学生（A 层次）和踩线生（B 层次）的情况。并对这两个层次学生的个别辅导做了专门的安排。与会的老师们都觉得这个分析很透彻，安排容易落实，都感觉很有希望。

但大家没想到的是校长谭六三在讲话时，一方面充分肯定了年级组的分析和安排，但另一方面又指出这样的分析还应该有 C 层次。一时间大家还没有反应过来。看到大家的迷惑，谭校长接着说："我们的文考生大家都很清楚人数少，体量小。所以我们这一届必须把艺体生的培养放在第一位。如果没有艺体生来增大我们升学人数的总量，我们今年六月将会非常艰难。这学期开学初的时候，我们很多老师对学校大力动员学生参加艺体培训不理解，我现在还是要跟大家说，我们这一届，艺体生的升学人数将会大大超过我们文考生人数。不信，我们可以把这话搁在这儿！"看到有老师将信将疑，谭校长停了一下，喝了一口水，继续说："经过学期初大家的共同努力，现在我们参加艺体培训的人数不少。但这些学生的文化课如何，他们的专业集训周期是多长，哪些专业耽误的时间多，哪些专业耽误的时间少，最近几年这些专业的录取文化分数线是多少，我们的学生目前的水平是什么样，作为人生引领者的老师，需要对这些问题了如指掌。"

一席话让在座的不少老师感到有些坐不住了。谭校长又说道："年级组在分析一诊成绩的时候，不仅要关注文考生的两个层次，同时还应该关注艺体生这个层次，也就是 C 层次。有多少参加艺体培训的学生参加了一诊，他们这次考试的成绩如何，按照近几年高考艺体生分数线来对照，他们哪些人有把握，哪些人还需要加强，对这些我们一定要做到心中有数。文考生有踩线生，艺考生同样也应当有踩线生。请大家不要把他们忘记了。音乐、美术、舞蹈等专业的考生集训时间长，文化课耽误很多，他们的基础本身就非常差，年级组需要提前计划，做好师资、时间、场地等安排，等他们回到学校，就及时地为他们补习文化课。”

谭校长的这一番话及时地指出了年级组工作中存在的疏漏，也在很大程度上转变了老师们的观念。作为一所老牌的重点中学，一直以来，升学率都不错，大家只在乎文考生，对艺体生几乎不关注。谭校长知道本校高 2008 届基础异常薄弱，若不抓艺体生高考结果将非常不理想。所以在进入高三时，他要求年级组大力组织文考基本没有希望的学生都去学一个艺术专业。年级组各位班主任尽管对此有些不理解，但还是坚决执行。经过大家的努力，全年级共动员了 80 多名学生参加艺体培训。

2008 年高考成绩出来了，通锦中学文化上线 9 人，而艺体双上线 62 人，录取工作结束后，通锦中学艺体生三上线（专业上线、文化上线、最终被录取）44 人。正如谭校长所说，如果不狠抓艺体，通锦中学这一年将会死得很“难看”。

没有特长培养特长

2008 年的艺体培训让通锦中学尝到了甜头，所以在以后的几届，学校的艺体培训逐步走向规范化、体系化。

通锦中学学习艺体的学生和很多学校的艺体生不一样。这些学生很多人压根就没有学艺体的想法，而其他很多学校的大多数艺体生进入高中就抱定了走艺体的道路，即使个别学生一开始没有学习艺体专业，但他心里是有这种打算的——如果自己文化成绩不太好，就一定要走艺体的道路。

进入通锦中学高中学习的学生，有相当一部分人是在父母的强制下来就读的，他们的学习基础令他们的高中学习异常困难。父母望子成龙、望女成凤的强烈愿望使他们在人生的重要抉择点上没有选择权，心不甘情不愿地走进普通高中。而他们的父母对自己的子女情况又把握不准，期望值往往不符合实际。这些父母听到老师建议他们的子女选择学习艺体时，一方面总觉得老师低估了自己孩子的发展潜力；另一方面又会产生强烈的挫折感，觉得自己多年的努力和付出换回的却是巨大的失败。在家长对这种现实难以接受的情况下，要劝说家长同意孩子去学艺体是非常困难的。在动员学生参加艺体培训时，就有不少学生因为家长不同意而被迫走上文考独木桥。

小赵是2010届的一个理科学生，他高考学科的历次考试成绩都稳定在390分左右，平时很活跃，在班上是一个文艺积极分子，他表演的小品常常把同学们逗得乐不可支。眼看即将跨进高三，班主任李老师综合分析了他的情况，认为他有表演的天赋，于是动员他学习表演。小赵也觉得老师的建议很在理，于是回家跟父母商量，希望他们支持自己去学习表演。没想到小赵的爸爸非常坚决地否定了他的要求，还说："我送你去读普通高中，是让你考大学的，不是让你学表演的。"小赵的父亲认为：第一，学艺体有别于读大学；第二，他觉得小赵现在的成绩在390分左右，是因为孩子没有努力，只要高三努力学习了，那么考上大学没什么问题。所以他觉得班主任李老师建议小赵学艺体是绝对错误的。于是小赵爸爸找到了李老师，批评李老师对小赵不负责，错误地引导了孩子。跟着爸爸一同到年级组办公室的小赵听到爸爸的这番话，觉得爸爸实在太过分，就跟爸爸说："老师没有错，你不要错怪老师。"小赵爸爸沉着脸说："反正你不能学艺体。"见爸爸这么不近人情又态度坚决不容商量，小赵也来气了。父子俩各不相让，说话的语气越来越冲。即便李老师在一旁劝说，小赵爸爸还是冲出年级办公室，拂袖而去！

爸爸的这一不同寻常的举动，让小赵非常难堪，一下子愣在当场。等他反应过来后，赶紧给李老师道歉。

和小赵不同，还有一批学生和他们的家长虽然有心走艺体的路，但却缺乏兴趣爱好，也没有任何特长。这让他们和家长感到十分为难。对此，通锦中学校长谭六三指出："没有兴趣发展兴趣，没有特长培养特长。"

在这个思路下，通锦中学非毕业班的各种兴趣班蓬勃兴起。美术班、舞蹈班、管乐班等业余学习团队相继成立；与此同时，一批艺体类学生社团应运而生，篮球社、足球社、羽毛球社、播音社、舞蹈社、音乐社等社团活动红红火火。一大批学生被吸引到这些艺术自主学习队伍中去。很多学生的艺术兴趣被激发，艺体才能得以提高。这为他们参与高考竞争准备了更多的选择。

小莉就是这样一个学生，她是高2012届的文科生，不会画也不善唱更怯于舞。虽然她很用功地去学习，但文化成绩总是提不上去。为了给自己找条出路，她报名参加了编导专业的学习。经过一年的学习，在2012年的高考中，她顺利地考上了一所学校的传媒系。

在学校的大力倡导下，2008届的成功范例，让学校的老师们对艺体生有了更深刻的认识。2009届全年级日常参加艺体培训的学生人数突破一百人，最后参加艺体专业考试的学生达到132人。2010～2012届，每一届也有40～60人参加艺体专业考试，2013届为84人。

与此相适应，学校对学生参加艺体培训采取了有组织、有管理的方式，把参加艺体培训的学生纳入到学校教育教学的统一规划和管理之中，把艺体生的专业训练和文化课程紧密结合起来，大大提高了培训的效率和艺体生上线的比例。

“包产到户”

在文化考生上线有较大困难的情况下，通锦中学大力抓好艺体专业培训，保证了学校的升学率持续、稳步上升，增强了学校走出困境的信心，也为学校的发展积累了经验。艺体专业培训的大力发展，极大地改善了通锦中学的学风，增强了他们对学习和未来的信心，使绝大多数学生看到了发展的希望和自己的前途。

通锦中学每一届新生进校后，学校都会给年级组下达文化和艺体工作目标。让老师们在目标的牵引下，有针对性地工作，提高工作效率。

通锦中学的教学目标分为年级目标和班级目标两个层次。年级目标由学校根据各年级招生的具体情况制定，文考按照各年级大家都认同的比例来计算目标人数。艺体生的目标分为两个：一个是高三年级的升学任务目标，其他年级则是参加兴趣培养和专业培训人数的目标；另一个则是参加专业培训学生的文化目标。各年级根据本年级组的任务进行二次分解，把年级的任务分解到各班。

学校每学期都会召开一次目标工作会。在会上各年级组由分管行政和年级组长代表年级跟学校签订目标。

2013年3月26日下午，通锦中学在问天阁会议室召开本学期的目标工作会，高三年级组分管行政的杨主任和年级组长邓老师、诸老师参加了会议。会上学校解读了各年级组的任务构成。谭六三校长在讲话中再次谈到了目标的意义和作用。他要求各年级组要善于利用年级目标组织年级工作，把全体任课老师聚集到目标的大旗下。他告诉各年级：“目标是由年级情况、学校发展需要等综合因素共同作用而形成的，完成不会没有难度，这首先需要干部认同，然后再通过我们的工作让全年级的老师认可。只有认可的目标才会产生正能量，形成工作推动力。”

的确，各年级在签目标任务书时，大家心里都感到很大的压力。第一次参加这个会议的诸老师觉得，高三年级前面两次诊断性考试都与目标有一定的差距，而这个目标一头连着学校的整体利益，另一头连着年级组所有老师的个人利益，如果完不成，那么两边的利益都会受到损害。因此她感觉到自己手中握着的笔一下子变得非常沉重。她自我解嘲地笑着说：“怎么一下子有杨白劳按手印签卖女契的感觉了。”她的话引得与会者一阵哄笑。

也许正是这种适度的压力，让大家既感到压力，又认识到奋斗的重要性，进而有了工作的动力。

“盯人”战术

一天中午，生物老师陈老师再次请4名学生吃饭，这几个学生是他负责的踩线生。作为学校的行政干部，工作事务繁多，平时跟学生交流的时间相对较少。于是陈老师常利用中午就餐的时间，请这几个学生吃饭，不仅联络了感情，也是一次极好的交流机会。

所谓踩线生是指根据金牛区每一次统一考试后，全区划出的是否达到了基本工作目标的工作线。这个分数线既有总分线也有单科线。金牛区一般把工作线上下20分的学生确定为踩线生。

这一个分数区间的学生变化比较大，所以需要把他们的工作做得更加扎实有效。通锦中学的踩线生分为文考踩线生和艺考踩线生两大类。各单科也根据区划线，把线上下10分的学生确定为单科踩线生。采取“人盯人的导师制”是通锦中学踩线生工作的主要战术。

总分踩线生由班主任分配给六名任课老师，陈老师只教一个班，所以他要负责4名踩线生。其他教两个班的老师在每个班负责1~2名学生。老师们戏称自己是“研究生导师”，因为他们必须非常细致地研究清楚这几名学生。

其实陈老师每周都要和他带的“研究生”见一次面。了解他们在这一周里的学习情况、心理变化和本周的表现情况，再分析他们上周周考的情况，分别给他们提出改进的意见。同时还要把他们每次考试的成绩做一个统计，看他们各学科和总分有无变化。陈老师不仅要关注这4名学生的学习成绩，还要关注他们的生活、情绪和心理，重点关注他们弱势学科的提高程度。他要全面、全程照顾这几个学生，直到他们高考结束。

年级组在每次月考后都会对老师们的踩线生工作进行分析评估，线下生的提高情况，线上生的稳定情况，都要一一分析报告。踩线生是提高升学率的关键，如果线上生能够保持住，而线下生成活率很高，那么升学率就会大幅提高。所以踩线生工作一直是通锦中学高三工作的重点。老师们在抓紧全面教学的同时，对自己的确保生也丝毫不放松。通锦中学的学生通常都会有两门弱势学科，所以如何协助他们解决弱势学科，就成为踩线生工作的重要内容。踩线生导师根据学生的情况，及时与相关任课老师联系，分析试卷，探讨其涨分点在哪儿，下一个阶段应该怎么做。而各位任课教师也会把总分达到踩线生水平，而本学科却落后的学生作为工作的重点。这样，各种力量共同作用到一个点上，就增强了工作的有效性。

弥补短板

“偏科”是指学生各学科在学习发展过程中表现出的不平衡状态。普通高中的学生其基本学习活动目标都是奔着大学去的，而在中国进入大学一个极其重要的途径就是参加高考。四川的高考分文理科，六门学科参与高考，然后按总分确定是否录取。要想在高考中获胜，就必须把六门学科都学好。但通锦中学的一个重大学情就是学生各个学科发展不平衡，多数学生有两到三门学科的学习很困难。判定一个学生的学科学习是否困难，在通锦中学主要是看其成绩与学科本科基本线的差距有多大，如果差距在 20 分以上就算“困难户”。在高考工作中，通锦中学的老师主要就是同这样的困难做斗争。

小瀚是高中文科班的一个学生。刚进高一的时候，他的数学、英语仅仅只有 60 多分的水平，这两个学科的满分都是 150 分；而他的地理、政治最多也就 55 分；他的语文成绩略好一些，也不过就 90 分左右；历史 70 来分。六科总分在 400 分左右。像他这样有 4 个学科很困难，其他 2 个主要学科还绝对落后的学生，在通锦中学是很多的。高一结束的时候，导师对他说，他需要在数学和英语两个学科中尽快选择一个作为突破口，争取尽快把成绩提升并稳定在 80 多分的水平上，然后再抓下一门学科。地理和政治只要按照老师要求去落实，不打折扣，就能提升到 65 分的水平，若以总分 440 分的水平进入高三，升学就有希望了。

小瀚按照老师的指导认真去落实，利用暑假的机会把高一阶段的数学重新全面地巩固了一遍。第二学期开学后，在入学检测中他的数学成绩有了提高，终于突破了 70 分这一个大关。这让他信心大增。在数学课上他都尽力地去听老师讲课，认真做好听课笔记，课后有问题立即询问老师。慢慢地，他的课堂状态得到了极大的改善，不仅数学成绩稳步提高，而且其他学科的成绩也略有上升。他的学习状态终于出来了。各科老师看到他的进步，也都对他更加关注，指导也更加细致。政治老师是学校行政干部，平时和学生在一起的时间不多，因此对小瀚的作业批改极其细致，对他做错的每道题都做了认真分析，给他指出了做错的原因和找到正确答案的方法。老师的关爱让小瀚非常感激。渐渐地，他在政治学习上存在的困难逐步得到了解决，进入高三后，政治成绩基本上都稳定在65分的水平上，高三一轮复习结束后，更是达到了70分的水平。

进入高三后，小瀚把突击重点放到了英语和地理上，这两个学科的老师商量后，决定分配好时间，单独利用课余时间给他补习。经过半年多的努力，他的英语和地理成绩都有较大的提高。在2012年的高考中，他和他的家长都没想到他会上了二本线。

转移学生的闲聊内容

在成都有这样一种说法：在公交车上背书的，是某某学校的学生；在公交车上赶作业的，是某某学校的学生；在公交车上耍手机的，是某某学校的学生；在公交车上神吹海侃的，是某某学校的学生。这样的归纳虽然无意把学校分为三六九等，但是它或多或少反映了不同学生群体的行为特征，也一定程度上反映了学生的注意力和关注点。

也许对于很多重点中学的老师来讲，基本不需要关注学生课后做什么，玩什么，聊什么。但通锦中学的老师却需要关注这些问题。之所以把对学生的关注点放在“聊”的内容上，主要是因为通锦中学的学生一般来讲没有多大出格的问题行为，主要存在的问题是分心的游戏、分心的交往、分心的活动给学生的注意力带来了较大的障碍。

通锦中学学生的自主学习能力不强，学习习惯也不太好。他们中的多数人有上课异化的倾向，把上课、学习当作自己需要的学生并不占多数。所以通锦中学的老师们首先要做的工作并不是对学生进行学法的指导，而是要让学生愿意参与到学习活动中来。如果学生的课后话题集中在学习上，那么学生的注意力必然在学习的活动中，学生之间的这种良性的影响必然促进学风的好转。要形成良好的学习风气，就有必要干预和影响学生的课后活动，改善他们课后闲聊的话题。那么如何去干预和影响学生的课后生活呢？

老师们在实践中采用了三种方法：一是作业干预法。给学生布置他们可以完成的足够量的作业，用作业时间去填满他们的课后时间，同时也使学生能够在完成作业的过程中巩固和复习学习的内容。二是活动干预法。用积极、健康的活动去充实学生的课后时间。这种活动多数以研究性学习活动为主。三是时间控制法。就是班主任老师和家长一起把那部分有交往问题的学生放学回家的时间卡严，不让学生放学后呼朋唤友聚会生事。

我们一起努力

在通锦中学，老师们经常对学生这样讲：我们不怕你基础差，只要你勤奋，落实老师的要求，我们就有办法把你送进本科院校。

2011 届的小雪就是因为够勤奋，最终获得了成功。勤奋对于学生来讲，不仅仅可以提高学习成绩，更重要的是它能锤炼出人一生中最重要的品质。通锦中学的老师们认为眼中有事的学生将来一定会有出息。而在高中学习阶段眼中有学习任务的学生一定可以提高成绩。

勤奋教育不仅是通锦中学德育的重要内容，也是这几年通锦中学高考步步提高的秘诀之一。这个勤首先是老师勤。有人说，学生读书，智力起决定性因素；但通锦的老师却有另外的看法——智力在学习中固然很重要，但最终起决定性作用的还是勤奋的程度，人生也是一样。

小杨是一个文雅的语文老师，在同学们的眼中她就是一个才女。她不仅人长得漂亮，而且文学功底深厚，课堂语言非常有文采，不仅能讲，而且能写，深受同学们的喜爱，大家对她布置的作业也总是按时按量认真完成。但是小杨老师却依然不放松要求，每节课下课后，她的办公桌旁来背诵过关的学生都排起长队。要求学生背诵的文章，她都会一一亲自验收过关，对于个别记忆力差一些的学生，她会穷追不舍，时间可以用多点，但任务必须完成。对学生的作业，只要有机会她都会面批面改。

在同一个办公室里的高老师、蒋老师、陈老师、任老师、向老师等也都和小杨老师一样，因此年级办公室里每节课下课后都会显得异常拥挤。一位曾经在区内某国家级示范性普通高中工作多年的老师，见此情景不由得发出感慨：“通锦中学的高考成绩这样优异，全是靠老师们努力出来的！”

很多在名校工作过的老师对通锦的工作节奏很不习惯，因为这里的大多数学生对于同样的内容需要重复六七遍才能够明白和掌握。反复讲反复练，多次重复地劳动不仅消耗老师们的体力，更时刻考验着老师们的教学智慧和耐心。

老师需要反复多次地工作，学生需要反复多次地练习。因此勤之于通锦，之于通锦的师生有着极其重要的现实意义。

三 “三心”教学理念

教学理念是教学的行动指南，每一所学校都应当有适合本校学情的教学理念来指导全部教学工作。在教学实践中，通锦中学发现师生的重心、信心、耐心对教学效果产生了非常重大的影响，大家调适重心、增强信心、提高耐心，“三心”会聚，着力打造体现“三心”的课堂。“三心”教学理念是以学定教的深化，也是因材施教思想的具体落实。

我们理解的因材施教

因材施教是指教师在个体劳动过程中采用的教学方法符合学生个体的特征，从学生的实际情况、个别差异出发，有的放矢地进行有差别的教学，使每个学生都能扬长避短，获得最佳发展。

以学情为依据组织教育教学活动是因材施教的核心要义。通锦中学认为因材施教，不应当只是教师的事。在学校内部，从校方到教师个体，各个层面都有因材施教的工作要求。各层面有自己的责任，不能混为一谈，应各负其责，各司其职：从学校层面看，要给每一个学生的成长和发展创造更为有利的条件，开设各种课程，为有不同兴趣、特长和智力优势的学生提供相应的发展机会，配齐配足相应学科教师，在班级设置上满足学生求学的愿望，使学生在学校里能够获得个性发展的条件和机会；从年级组层面看，应该根据本年级组的学生在不同发展阶段表现出来的具体情况，做出教学进度、教学计划和教育内容的调整，并根据不同层次学生的发展水平组织相应的辅导活动；从教师个人层面看，应当根据每个学生在本学科里的不同接受能力设计教学方案，组织课堂教学，对学生加强个别辅导。

通锦中学的老师们知道，在刻石工作中，有些石材质地较松软，很容易刻画；而有一些石材质地坚硬，刻石的力度、工具便都应有所不同。同理，在教学工作中，面对不同学习习惯、学习动力和学习水平的学生，相同的知识点，对有的学生讲一遍，最多两遍就能够理解和掌握，有的学生则需要通过多次反复地练习、反复地讲解才能掌握。要做到因材施教，就必须用不同的方法和工具，在教学的节奏和进度上也要有所区别。

在课堂教学中，照顾到各个层次的学生是教师因材施教的重要工作，如何在集体教学中照顾到大多数学生，甚至每一个学生？这成为考验教师教学技能的重要方面。一线的教师都知道，在课堂上让每一个学生都参与到教学活动中去是课堂教学最基本的要求，但由于学生的学习动力水平、兴趣意志水平有所不同，课堂学习的参与水平也会不尽一致。通过什么方法引导全体学生深度参与学习，提高学生课堂上的学习效率，这就需要制定恰当的教学标高和选择适宜的教学策略，这也是教师因材施教的基本思路；在课堂教学进行中，通过变换不同的交谈方式、不同层次的提问、不同的训练时间来训练学生的学习能力，是课堂教学因材施教的基本方法；在课后对不同层次的学生进行个别辅导和根据本班学生学习能力的具体实际安排作业是因材施教的基本手段。

以学定教

我们在课堂教学中注重“以学定教”“以学评教”。“以学定教”是指教师在教学设计时，以学生的知识基础、生活经验、情感态度（动机水平）为依据，以学生认知和能力形成的规律为指导，在此基础上确定学生的学习目标（目前还不能做到由学生自己确定学习目标）并下达学习任务。以学生自主学习为基础，教师在课堂上观察学生的学习状态，根据实际情况，指导学生开展小组合作学习或者组织全班探究问题，并给予一定的思维引导。

高一政治郝老师在设计新课《揭开货币神秘的面纱》第二课时，首先对学情进行了分析：

1. 教学对象是两个偏理科的重点班，他们的学习习惯相对较好，但由于偏理科，绝大多数学生将来会选择理科，因此在政治课的学习上，动力显然不足，同时因刚刚开始高中的学习，还不知道应该怎样预习，学生对课后作业有应付的表现。

2. 通过第一课时的学习，学生基本了解了学习高中政治课在课前、课中、课后应该做什么事以及怎么做；了解了什么是商品、商品的基本属性、货币的产生与本质；对商品交换和货币有了更深刻的认知。

3. 通过课前自学，初步了解到货币在商品交换中起着不同的作用，大致了解了货币的演进过程，知道在经济生活中还会使用外汇。

4. 通过上节课的学习，学生知道了财富的根本所在，学生喜欢金钱，但对金钱与财富的关系还不十分明白。长期使用人民币，但对人民币缺少爱惜之情。

根据这一分析，他在课堂教学中，首先设计了一个预习环节：

一、阅读本课第一框中的材料，完成下列填空。

1. 从________中分离出来________充当一般等价物的商品就是________。货币的本质是________。

2. 货币执行价值尺度职能时，并不需要________，只需要________的货币；在执行流通手段职能时，必须用________的货币，不能用________货币。

3. 货币流通规律的公式是：________________。观察这个公式，看其中的货币与前面那个商品有什么关系？

二、在教材里勾画出下列问题的答案。

1. 货币的基本职能是什么？其他职能是什么？

2. 什么叫价格？

3. 什么是纸币？与金属货币相比，它有什么优越性？

4. 国家应怎么发行纸币？为什么？

5. 什么叫通货膨胀和通货紧缩？

三、写出自学中的问题。

本课题我感兴趣的问题：________________________。

本课题中我没弄明白的问题：____________________。

本课题中对我有启发的句子：____________________。

为进一步激发学生的学习兴趣，吸引更多的学生参与到政治课学习活动中来，在第二个环节设计了“问题交换—合作探究自学中产生的问题”。学生在小组讨论中对在自学中产生的问题互相探讨，相互启发，破解疑难。同学间热烈的讨论把一些本来对政治课不太感兴趣的学生也“卷”进了学习活动中，从而增强了学生学习活动的参与面和参与度。

在课堂讨论环节中，郝老师按四人一组把全班分为若干个小组，个别小组因为全班人数和座位编排的问题有五到六人的，但最多不超过六人。有一教学批评家认为课堂讨论场面看似热闹，却缺少实际效果，教学效益不高。对此，郝老师认为这是分组和问题设置以及教师的课堂控制问题，但至少这样的活动，对于学习动力水平不高的学生来说，还是效果明显的。在合作探究的过程中，探究首先立足于学生自己，让他们先用自己的语言来表达观点，然后逐步学会使用学科术语。遇到学生不能解决的问题时，老师适时出手点拨、引导，既激发了学生的思维，又顺利推进了学习活动。

针对学生对政治课学完后感觉比较零散的实际情况，郝老师在师生合作探究完成后设计了一个“自建体系”的环节，让学生把本堂课学习的知识，按一定的逻辑关系梳理出来，形成一个关系紧密的知识体系，以便学生记住它。

针对学生课后不容易完成本堂课学习内容的识记的问题，郝老师在课堂末，设计了一个“当堂识记”的环节，让学生在老师的监督下，把本节课所学内容读熟，争取背下来。

“以学评教”是指在评课时，把从教师活动的角度评课变为从学生活动的角度评课。从教师活动的角度评课是指从教师的仪表仪态、教学语言、情绪态度、组织活动等角度去评价课堂。而从学生的角度评课则通过听学生说话的声音，看学生的动作，观察学生的表情来看学生在课堂中的学习状态，评价学生参与广度和深度，看小组合作学习时是否每个人都发表了看法，小组学习时是否每个人都承担了任务，同时还要通过学生的表情来观察学生是否进入了深度学习的状态，最后通过检测看学生学习的效果。

在这堂课的评课阶段，观课的同组老师和督导组成员对这堂课给予了肯定。政治组的老师说：“这堂课自始至终围绕学生来展开，最难得的是，尽管一开始还有个别走神的学生，但随着学习活动的进行，这些学生也不由自主地参与到学习活动中去了。在我坐的位置前面第三排靠墙那个学生就是一个典型的例子。一开始可能是因为老师在巡视检查，他被迫完成了填空和勾画的自学任务后，就悄悄地拿出物理作业做了起来，是同组同学的讨论把他重新吸引到课堂学习中去的。我在教室里巡视了两圈，发现各小组的同学讨论得都很投入，而且有两个组的话题很深刻，这样的话题容易吸引学生参加。从学生在课堂结束时动手做的练习来看，这堂课的学习效果也很不错。第二个练习题的应用性很强，高三的不少学生都会出现错误，但从刚才学生报的答案来看，至少有80%的学生做正确了。这说明学生是真正理解了货币的职能。”

教学督导组组长在总结发言中说，郝老师这堂课充分地体现了“以学定教”的思想。教学要做到“因材施教”，在实际的操作中，就需要做到“以学定教”，这是我们对“因材施教”思想的深入探索。但是如何才能做到“以学定教”呢？郝老师这堂课给了我们很好的诠释：一是要以学情为依据。学情是什么？就是我们教学活动的出发点，是新课改要实现的三维目标的出发点。我们的教学只有先找到了出发点，才能为学生的学习活动进行正确的“导航”，否则就会把学生引入歧途，离我们要达到的目标越来越远。郝老师对学情分析得很细致也很全面。他不仅分析了学生的学习动力，分析了学生的知识基础，也分析了学生的生活经验以及情感、态度的起点。二是这堂课以学生学习过程中生成的问题为重点学习内容，赋予了课堂以活力。学生在初中学习政治课的经验，无非是理解课文，背课文，考课文，类似上语文课。但高中的政治课教给学生的是生活经验的理论概括。从生活中来，而既要概括生活，又不让学生茫然，是有难度的，因为生活与理论有较大的思维跨度，所以学生在其中迷惑、在其中困扰是在所难免的，他们需要运用归纳和演绎的科学思维方法，才能提炼得出来。课堂设计的问题并不是老师通过预设强加给学生的，而是学生根据自己的生活经验提出来的，这会激起学生的探究欲，从而提高学习的参与面和参与度。三是这堂课比较好地体现了学生作为学习主体的地位和作用，整堂课大多数时候是学生自主在学习，但老师的主导作用也没丢。老师作为学生学习的辅助，在学生需要的时候及时而恰当地出现在了学生面前。

“三心”教学

“三心”是指“重心、耐心和信心”。在“三心”中，“重心是技术、耐心是智慧、信心是保证”，其中“信心和耐心”是心理因素，“重心”是教学和学习活动中师生的关注点。

在教学过程中，面对不同学习能力、不同知识起点的学生，教师选取的教学标高应该是不同的，它会影响教师对课堂教学策略的制定和选择。学习能力强、知识起点高的学生，学习的进度自然会快一点；学习能力弱、知识起点低的学生学习进度有的会慢得多。在集体学习活动中，要让每个学生都有发展，教师确定教学进度时需要兼顾尽可能多的学生。学生个人在学习活动中，也需要根据自己的学习能力，确定个人的学习重心，求得学习效益的最大化。

高一年级分科后，重新进行了分班，年轻的数学教师小魏接到了三班和八班的教学任务。三班是理科班，八班是文科艺体班，小魏拿到新班学生上学期末的成绩单后，做了一个各分数段的人数统计（见下表）。

单位：分，人

分数段 班级	120 以上	110 ~ 119	100 ~ 109	90 ~ 99	80 ~ 89	70 ~ 79	60 ~ 69	50 ~ 59
三班	13	14	18	6	3	1	0	0
八班	0	0	2	10	6	9	12	6

他发现三班学生的数学成绩主要集中在100分以上，而八班学生的数学成绩主要集中在50~99分。三班90分以下的学生只有4人，而八班90分以下的学生是33人。三班平均分108.4分，八班平均分69.4分。如此巨大的差距，又一文一理，让小魏感到很棘手。虽然使用相同的教材，但他必须设计两个教案、两份作业，因为两个班的教学重点是不同的。对于三班来讲，他需要把学生的成绩往上再提高10分，而对于八班却需要把40多分的学生的成绩都提高到70分以上。

因此小魏每节课在确定教育目标和课堂切入点的时候，都会有所区别，在学生课堂学习内容上也有不同要求。对于三班的学生，他在要求学生在打牢基础的同时，以中等难度为主，更多的教学生掌握数学的方法和思想。而对八班的学生则以加强概念的理解和掌握解题的基本方法为主。

张老师中途接手八班的英语教学任务，这对于一个初职教师来说，没有横向的比较，她只能根据班上学生的成绩来确定自己的教学标高和进度的快慢。当她看到学生的英语成绩以40~70分段为主体时，不得不先停下新课进度，拿出一段时间给学生补上初中的内容后，再学习新的内容。

"信心"是教学和学习的强大内动力。教师的"信心"主要来自对学生的积极评价、对学生发展的信任、对自己教学过程的认可，信心对教师的教学行为起到积极的暗示作用，能增强其工作的积极性和主动性，信心不足则会削弱教师的工作动力。在学生成长过程中，信心是第一因素。信心不足会引起学生对学习内容的反应障碍。没有自信的学生是绝对不能取得理想学习成绩的。学生的自信心通常在人际交往、集体活动、完成作业三种情景下表现出来。

高三（七）班每天早读课时都没有读书声，虽然班主任潘老师不断地提醒学生要放开声音朗读，但依然不奏效。语文早读情况还好一点，英语早读简直就是悄无声息。这让潘老师百思不得其解，她找来学生干部了解情况，学生却以三个字"不想读"来搪塞。最后有学生说了实话："因为单词不认识，口语也差，不好意思读出声音，所以干脆就不读了。"潘老师认识到这是学生信心严重不足的表现。因此，她跟英语老师沟通，先让学生过好单词关，先让他们会读，再让他们读得好。在"听说读写"教学中重点突出"读"。经过一个学期的艰苦努力，这个班集体信心有所增强，早读课终于有了改善，英语考试成绩也有所提高。

小菲是一个大方开朗的女生，但是学习成绩一直不太理想。作为一个"钱学生"，她对自己高考没抱什么希望，所以平时对学习总有些不上心。在学期期中考试后，小菲的政治成绩及格了，这让她感到非常高兴。她对政治老师说，这是她进入高中以来，第一次政治考试及格。一次小小的成功，让小菲找到了学习政治学科的感觉，信心得以增强。政治老师发现了她在课堂上的进步，加强了对她的辅导，班主任也及时找她进行了谈话，还向所有任课老师做了通报。老师们的鼓励，让她受到了鼓舞，她课堂上更加投入，作业更加认真。到期末时，小菲的所有成绩都有提高。高一年级结束分科时，她选择了文科。两年后，如愿考上了川内的一所本科院校。

“耐心”是指教师对学生发展进程的冷静等待。中下水平的学生在对知识的理解、建构上反应慢，自主学习的能力不足，常常出现“老师反复讲、学生反复错”的情况。这就要求教师要有足够的耐心，诲人不倦。对学生来说，需要能经受得住挫折的打击和压力的折磨，不能轻易言弃。

张老师是一个从外地引进的骨干教师，由于长期教的都是非常优秀的学生，所以刚开始的时候他按照自己习惯的教学方法进行教学。第一次上新课，他就发现这些学生的学科基础很薄弱，学科思维能力差，跟不上自己的课堂教学节奏。从第二节课开始，他逐渐减慢了节奏。经过一周多的磨合，适宜学生接受的节奏虽然是找到了，但教学进度却落下了一大截，他不免有些着急。

课后他在办公室里谈到这种情况，说出了自己的担忧。其他老师纷纷劝慰他，数学李老师说：“这很正常，我们这儿的学生跟你原先教的大不一样。就我们数学来说，昨天我们做的一个题，是以前做过三次的原题，仅仅改了数字。现在第四次做这道题仍然有1/3的学生做不来。要想让90%以上的学生都会做，起码还要重复两次。而在普通班能够有90%的正确率就已经很不错了。”

学校领导听说了他的困惑，给他支招来了。领导让他先不要着急，对学生要有耐心，如果在这个时候发急，就会前功尽弃。虽然进度是慢了一点，但学生学得有感觉，有了学习信心，他们在学习上的投入会更多一些，效果反而会好；同时，对于这个层次的学生，在教学上要有所取舍，学生能力水准达不到的难题，可以放弃。某些教学内容我们可以根据教学的实际来进行改造，这样也可以节省一部分时间。要充分利用高中的整个时间长度来设计教学进度，不贪图一时的速度，把学生的基础打牢了，今后还可以加快进度。与之相反，只抓进度，学生学得不扎实，将来复习就要“热冷饭”，进度会更慢。

听到了老师们的议论，再得到了领导的指点，张老师对通锦中学的学情有了更深刻的了解和认识。他的脑海中冒出了两个字“耐心”！他知道，在今后的工作中自己必须耐心、耐心，再耐心。此时，他对“诲人不倦”也有了更加深刻而全面的理解。

谢老师班上的小蒲是个性格内向的女生，她的性情和身体都非常弱，在市里组织的几次诊断性考试中，她都没上线。谢老师没有放弃她，每次考试后，都主动找她谈心，但不管谢老师态度如何恳切，她都一言不发。于是谢老师就以书面的形式和她交流，在周记中鼓励她，给她讲依米小花的故事，相信她的默默坚韧最终能够绽放。功夫不负有心人，在高考中，小蒲以较优异的成绩被一所二本院校的医学专业录取。

谢老师班上的另一名学生晓晓心理素质特别差，成绩考差了后她要么大哭，要么狂奔。这个时候，本身是急性子的谢老师耐着性子听她一一倾诉心中的烦闷：家庭经济条件不好，学习刻苦不见成效，甚至有同学嘲笑她的努力白费……听她说完后，谢老师也冷静了。谢老师先稳定晓晓的情绪，再和她一起找原因——太易受外界干扰了！谢老师送给晓晓一本励志的书，还教给她一些心理调节的方法，并督促她多锻炼。渐渐地，单纯美好的笑容回到了晓晓的脸上，她学习的劲头更足了。

文静的文科生小欣一直在学美术，尽管她学得比较认真，但学习效果还是不理想。她好不容易在高二零诊复习时找到了地理学科的感觉，零诊考试地理学科也有了较大进步，但高二暑假开始她就要到北京参加美术专业集训，这让地理老师感到非常惋惜，刚刚找到了一点点学习的感觉，却马上要中断文化学习半年。那年十二月，小欣参加完美术联考回到班上，参加了一次地理测验，只得了 20 多分。地理老师怕她担心、焦虑，专门为他们这一批学美术的同学做了一个复习方案。并对他们说：“现在差一点很正常，我们按照计划复习，一定会好起来的。”在老师的帮助下，小欣和其他美术生的地理成绩在第四次测验时终于得了 40 分。到了 5 月三诊考试时小欣地理得了 50 分，但这个成绩还是不高。三诊后，几次综合训练使她终于有及格的分数出现了。2012 年高考结束，小欣考上了一所大学的美术学院。

四 “三心”教学策略

教师在教学过程中需要运用一定的方法和策略，以实现教学目标。教学活动是师生的双边活动，在这一活动中，教师的角色是一个组织者和协调者，是学生学习的顾问。课堂每个阶段和环节都有不同的功能，因此教师在这些阶段和环节中的活动也有相应的技术要领，这些在教学过程中教师组织和实施教学活动的技术要领，我们称为课堂教学策略。三心教学中教师必须完成的技术动作有诱导参与、设置教学情境、整合课堂教学资源、指导学生自学或互助学习、设疑提问和追问、点拨导思、结课导悟、评价。

诱导参与

学习行为是一个知识信息处理过程，即知识信息的输入、编码、加工储存、提取和使用的过程。学生在新的学习内容面前，会对学习内容进行选择性注意、加工、保持，最后决定自己是否接受这一内容，或者在多大程度上接受这一内容。学习活动正是一个学生接收、处理知识信息的过程，但学生是否能够参与，是否能够积极、持续地参与学习活动，与教师的诱导策略有很大关系。如果教师诱导成功，充分地激发起了学生的参与热情，那么学生的学习活动将有一个良好的开始。否则，对于一些学生来说，这堂课的学习活动就一定是低效甚至是无效的。

通锦中学的老师们知道通锦中学的学生学习动机水平不高，课堂参与热情较低。有些班级的学生在课堂上能保持清醒不睡觉就算不错了。另有一些学生虽然有参与的需求，但如果老师的课堂不足以吸引他们，他们就有可能把这堂课作为调整课，偷偷做其他学科的作业。因此通锦中学的老师们非常重视教学设计，想尽办法在课前给学生点燃一把学习之火，在课中掀起高潮，在课尾克服学生的疲劳。让自己的课堂能从课前、课中到课尾全程都吸引学生。

午休结束，历史董老师早早来到教室，她看到学生依然“前仆后继”沉睡着，就没有惊动大家，而是自己轻声地做着上课的准备工作。预备铃响后，她才把大家叫醒，让同学们跟她一起做“找反义词”的游戏——老师念到什么人体器官，大家就用它的反义词做动作。学生一听说做游戏，也觉得很有趣，于是就来劲了。董老师开始慢慢地唱道：“如果感到幸福你就拍拍手。”听到这句话，班上很多同学立即跺脚，还有的同学跺脚的同时做痛苦状。看到同学们五花八门的反应，董老师和班上的同学们都乐了。董老师停了一下，说：“现在大家都知道这个游戏怎么玩了，那我等会儿要逐渐加快节奏了。看大家是否能反应过来。”听董老师说完，大家都摩拳擦掌准备接招。只听董老师又唱道：“如果感到幸福你就点点头。”于是大家纷纷摇屁股，董老师继续唱道：“如果感到幸福你就拍拍手啊点点头，拍拍手啊点点头，点点头啊拍拍手，拍拍手啊点点头。”跟着董老师的唱词做动作的同学们开始还能跟得上节奏，但随着速度逐渐加快，大家被颠三倒四的唱词搞晕了，终于手忙脚乱，跟不上了。看到同学们那种疯舞乱动的样子，全班同学一阵大笑，乐翻了。看到大家都终于精神了，董老师也就停止了游戏进入新课的讲授。

学生的课堂参与分为课前参与和过程参与两种。课前参与主要是学生参与新的学习内容和活动的注意程度，是让学生尽快从课外进入到课堂。过程参与是指学生在课堂进行过程中的参与。随着课堂教学进程的推进，一般情况下，学生会产生一定程度的疲劳，注意力会有所降低，如果教师诱导参与的策略得当，学生的学习疲劳程度会降低，学习效率会因此提高。

通锦中学的老师认为课堂参与有三个维度：一是广度，参与广度是指集体教学中参与学习活动的比例和参与的持续时间的多少。参与人数占总人数的比例越高，说明广度越高，参与的持续时间越长，说明广度越高。二是深度，参与深度是指学生学习活动中的状态表现。进入深度学习状态的学生才会获得更大的收获。三是均衡度，参与学习的学生主动性与积极性是有差异的，均衡就是要提高积极性不高的学生的学习主动性，使班级学生的学习达到一种良好的均衡状态。

影响学生课堂参与的因素一般来讲有内因和外因两类，具体来讲有：兴趣、情感、学习任务、教学呈现方式、教学情境趣味性。

学习兴趣是指学习者对学习的一种积极的认识倾向与情绪状态。是可以推动人们求知的一种内在力量。学习兴趣既是学习的原因，又是学习的结果。学生对某一学科有兴趣，就会持续地专心致志地钻研它，从而提高学习效果。激发学生的学习兴趣对提高学生的学习参与非常重要。兴趣分为三个层次，初级层次是有趣，中级层次是兴趣，高级层次是志趣。“有趣”有三个特征：直观性、盲目性和广泛性。在课堂教学过程中，教师引发学生的学习兴趣通常有两种选择：一是设置教学情境，二是设置问题。教师要通过问题引发学生对学习内容和活动产生“有趣”感需要注意四点：一是问题要小而具体；二是问题要新而有趣；三是问题要有适当的难度；四是问题要富有启发性。

情感因素是影响学生学习参与的又一重要因素。影响学习参与的情感因素主要是学生与老师的情感、同学之间的情感以及对学校的情感。一般情况下，在公开课及借班上课时，学生的参与度都比较高，这正是情感因素起作用的结果。学生与教师、学校、同学的情感越深厚，学习参与度越高。

学习任务是驱动学生参与学习活动的重要因素。任务驱动是通过“任务”

来诱发、加强和维持学习者的成就动机。学习任务最初是一种外动力，当学生有了奋斗的志向以后，会把学习任务变成一种内动力。适当的学习任务能够调动起学生的学习参与。

教育心理学认为，当习惯性刺激使被刺激者的反应能力减弱时，被刺激者会对非习惯性刺激产生更强的反应。学生在课堂学习的过程中，随着时间的推移，产生疲劳，课堂学习参与的热情会降低。在教学过程中，目前还有不少教师喜欢一讲到底，这样更会加剧学生的疲劳度。因此，在这个时候变更教学的呈现方式，改变对学生的刺激形式，能再次调动学生重新参与到学习活动中来。教师在教学的过程中，不能期望学生仅凭自己的内动力支撑整整一个学时的高度参与，那样对学生是不公平的。

新课程追求将学习和生活紧密联系在一起，让学生在学习中体验生活，在生活中去感悟。设计教学情境就是运用多种教学技术将生活场景艺术化后移置课堂，激发学生的学习兴趣，调动学生的学习参与热情。

刘老师是一位年轻的语文老师，她在上《老人与海》一课时，给学生设计了一个曲折波动的情感体验来提高学生的学习参与度。在进入新课后，她首先介绍课文的作者海明威，让学生通过她的介绍得出海明威是一个硬汉的结论，等大家在内心深处对海明威产生了一种崇敬之情后，她却突然提到了海明威结束生命的方式——自杀。“硬汉”和“自杀”构成了强烈的矛盾冲突。在激起学生的这种矛盾心理后，刘老师才告诉学生要想知道海明威选择自杀的原因，需要在《老人与海》中去寻找答案。让学生带着为自己心中偶像辩解的心理去学习这篇文章，自然会提高学生的学习参与面和参与度。

而周老师则在语文课上经常采用变换语速语调等方法来集中学生的注意力，提高学生的学习参与。他在讲授《声声慢》一课时，照样采用他一贯使用的普通话讲课，当他与学生一起学习到“满地黄花堆积，憔悴损，如今有谁堪摘?”一句时，他发现有的学生注意力开始分散了，于是他不用普通话而用加重语气的四川话讲道：“如果说上面的黄花是飘零、消瘦，但毕竟还是盛开的，还是绽放的，还能让人有一丝怜爱之心，而这里的黄花是‘黄花堆积’，已经惹不起任何人的怜爱，所以作者说，‘如今有谁堪摘’？更写出了自己的悲情。”听惯了周老师普通话的学生，突然听到周老师用四川话讲课，注意力一下子又被吸引到学习活动中来。

教学情境设置

知识是不能脱离具体的情境抽象地存在的，而学生学习的出发点是已经有的生活经验和知识基础，正如夸美纽斯说：“一切知识都是从感官开始的。”同时，去情境化的教学又会使学生难以灵活运用知识解决现实中的实际问题。创设教学情境对于实现必要的教学目标，提高课堂教学的有效性非常重要。

教学情境是以直观的方式再现书本知识所表征的客观实际以及与客观实际相关联的背景。创设教学情境的方法可以从生活与学科的结合点上去创设，从社会与学科的结合点上去创设，利用问题探究去创设情境，利用认知矛盾去创设。

生活是教学赖以生存和发展的源泉。教学必须从抽象、枯燥的形式中解放出来，走向生活，使教学生活化。强调情境创设的生活性，其实质是要解决生活世界与科学世界的关系，新课程也呼唤科学世界向生活世界的回归。创设教学情境，第一要注重联系学生的现实生活，在学生鲜活的日常生活环境中发现、挖掘学习情境的资源。设计的问题应当是学生日常生活中经常会遭遇的一些问题，只有在生活化的学习情境中，学生才能切实弄明白知识的价值。第二要挖掘和利用学生的经验。陶行知先生有过一个精辟的比喻：“接知如接枝。”他说：“我们要以自己的经验做根，以这经验所发生的知识做枝，然后别人的知识方才可以接得上去，别人的知识方才成为我们知识的一个有机部分。”任何有效的教学都开始于对学生已有经验的充分挖掘和利用。学生的经验包括认知经验和生活经验。

社会性是人的本质属性，人都是生活在社会之中的，挖掘学科与社会的关联点，尤其是具体学习内容与社会的关联点，再现社会生活场景，不仅容易让学生贴近社会、贴近实际，更能让学生增强社会意识、责任意识。一般情况下，在没有自身利益的情境中，学生的公平意识会被激发，在涉及国家利益的情境中，学生的国家意识会被激发，爱国热情不用努力就会被点燃。

问题是引导学生进行思考和学习的手段。在设置情境时，可以根据学习内容，通过先提出学生探究的问题（探究该问题需要运用本堂课所学习的内容），再围绕问题来设置情境。这种情境加强了探究与即将学习内容的关联度，能够提高学生学习的兴趣和学习的主动性、积极性。唐老师在教学《新时代的劳动者》一课中“依法保护劳动者权益”的内容时，将教材中“签订劳动合同”物化，设计了一份求职者与企业签订的劳动合同，在合同文本中罗列了一些劳动者的权益，最后设计了一个问题探究情境：该员工参加工作后，与企业发生了劳动争议，问该员工应怎么办？这个情境，不仅将学生需要掌握的课本知识有机地结合进了“合同”，而且学生要回答这一问题，必须先把课本知识学到手。

认知矛盾是疑问的起点，充分利用认知矛盾创设情境，引起学生的探究欲，无疑能收到良好的效果。学生的认知矛盾来源于三个方面，一是生活习惯与科学知识之间的矛盾，如生活经验告诉学生，沸腾的液体无疑是温度很高的，但物理学知识却告诉学生有些液体的沸点却很低，它的温度是不高的。二是学生的知识结构之间的矛盾，如无神论的观点与目前尚未认识现象之间的矛盾。三是学生和学生之间的观点冲突。这些认知矛盾冲突很容易引起学生的探究冲动。认知矛盾情境，一般都会造成悬念，从而诱发学生的学习兴趣，提高学生学习活动的参与度。

创设教学情境需要遵循一些原则：一是诱发性原则。创设教学情境一定要保证新设情境能激起学生的认知冲突，激起学生的积极思考。二是真实性原则。创设情境一定要尽量使情境真实或接近真实，在现实生活中能找到，让学生“眼见为实”。三是邻近性原则。教师创设的情境要符合接近学生的“最邻近发展区”的要求。问题的难度要稍高于学习者原有的知识经验水平，具有一定的思维容量和思维强度，需要学生经过努力思考才能解决问题。四是合作性原则。创设情境要考虑充分利用小组合作学习，让小组成员之间愉快地交流、协作，并共同克服学习中出现的困难。五是统一性原则。一堂课不是只有一个情境，而是由多个情境组成的。这些不同知识点上的情境，需要具有统一性，应该有一根主线来贯穿整个学习内容。

唐老师上《新时代的劳动者》一课，用2012年上半年电视台热播的《杜拉拉升职记》为素材创设了一个珍珠链情境。“杜拉拉同学大学毕业的求职难题”、“招聘广告”引起的职业竞争和选择、应聘成功签订劳动合同、三年后杜拉拉维权等情境，都是杜拉拉求职的过程，这一过程是一个有机的整体。每个情境各有不同，但又互相联结，统一于整个学习活动的全过程。

邓老师在教学“How do you make banana milkshake?”时，带领学生在课堂上亲手制作奶昔。为学生学习这部分内容创设了真实的情景。具体的步骤如下：

第一步，让每位学生准备一份水果和牛奶。并让学生利用网络平台先查阅制作奶昔的流程。

第二步，把学生分成几个小组，讨论分享他们查阅的有关制作奶昔的流程。

第三步，老师协助一个小组演示制作奶昔的流程。并用英语介绍其流程。

第四步，每个小组自己制作不同的奶昔（banana milkshake/apple milkshake/orange milkshake and so on）并用英语介绍过程。让学生适当地进行发挥。

第五步，学生互相品尝他们亲手制作的奶昔。

这堂课通过师生互动、生生互动一系列活动，生成新的知识。同时学生通过学习，找到了能解决生活实际问题的办法。这就大大地激发了学生的学习热情。教师在整个过程中，适时地指点学生去关注生活的细微之处，加强学生关注生活的意识，使学生探寻生活，学会在生活中观察、分析、解决问题。情景设计只有让学生好奇、愿意了解、愿意探究，让学生感到学有所用，不学不行，才能增强教学信度，提高教学效度，使课堂真正成为学生学习的乐园。

自学指导

通过“教”达到无须教、不用教——自主学习，这是一种目标要求，更是一种境界。中学生经过6~9年的学习，很多人基本习惯于被动式学习。这给中学阶段特别是高中阶段推行自主式学习带来障碍，教师在指导学生自学时需要付出更多的努力。培养学生自学能力，要循序渐进，逐步进行，我们赞同邱学华先生指导学生自学的步骤法：“扶着走”“领着走”和“自己走”。

扶着走：在实行学生自学的最初阶段，老师要给学生的自学提供一个借力点，不能完全放手让学生自己独立地自学。在这一阶段要给学生指明自学的内容、自学的时间、自学的目标、自学的步骤、自学参考资料的获取途径。帮助学生组建资源共享小组，并开展活动。对学生自学不能解决的问题，进行集中点拨。

历史王老师在组织学生学习《专制集权的不断加强》时，采用了自主学习的方式。她知道学生还不会自学，于是她在给学生制作自学学案时，把自学的一些基本方法也附在了上面。她要求学生在独立阅读时一定要把笔拿在手上；遇到知识性的段落和句子要善于做好标记，她把阅读标记通用符号教给了学生，还告诉学生读书时既不能一点标记都不做，也不能把所有文字都画上横杠；对不理解的句子要立即打上问号，并在旁边写出自己不理解的问题是什么；如果自己对文本有不同看法和观点，要在相应位置处做好旁批，这些地方可能就是创新突破的地方，是我们人类智慧发生发展的地方；如何去整理文本的逻辑体系等。

同时，她将学生分成了若干学习小组，指导各小组进行分工。分组时首先考虑了学生之间的情谊，即学生间的亲疏关系。尽量让关系密切的学生在一个小组，同时尽量考虑到思维能力和知识水平等因素。道理很简单，虽然说同学间都比较熟悉，但是在关系不够密切的同学面前随心所欲地表达自己的观点是非常困难的。而小组里有自己的亲密伙伴就大不一样了，学生从心里感觉踏实，有一种安全感，仿佛自己表达错了，也有朋友给自己“扎起”。这样学生在课堂上进行分组讨论学习的时候都能够带着极大的热情参与其中。一方面保证了参与率，另一方面又保证学生带着积极的情绪进入学习状态。这样就真正调动了各层次学生特别是落后生参与讨论学习，基本上每个学生都能够畅所欲言。

领着走：学生基本能够自学时，给学生充分的机会自己锻炼自学的能力。教师给定学生自学的内容、指明自学的方向即可。

自己走：是自学的高级水平。学生完全可以脱离老师自主安排学习时间、学习进度，进行学习检测。

学生的自学一定是对教材的深度解读，吃透教材。学生要吃透教材就需要一定的参考资料。目前学生手里的参考资料不多，因此开发自学资源是有必要的。教师备课使用的资料多半来自网络，部分来自过去的资源积累。学生自学的资源可靠的有三个：一是统一发放的教辅用书，二是同学之间的资源共享，三是教师。另外，学生的手机也可以作为一个电脑终端予以开发和利用。

在指导学生自学时，教师需要加强巡视，以掌握学生自学过程中的进度、状态，让学生自学不等于放任。在学生自学过程中，不仅要教给学生如何做好自学标记，而且还需要在学生容易忽略的地方提醒学生“砸开核桃”吃到“核桃仁”。易错易混点更是要特别提醒学生区分清楚。

合作学习指导

俗话说：独学而无友，则孤陋而寡闻。学生在学习的过程中，通过同伴的互相启发来获得对知识的理解和掌握也是学习的重要方式。教师在指导学生学习的过程中，应当教会学生如何开展互助学习。

部老师从指导学生组织合作学习小组开始教导学生去合作学习。她的合作有组内合作和组际合作两种形式。她以同桌二人为小组或前后四人为小组进行合作学习。每组有一个组长，一个发言记录，发言人由小组成员轮流担任。这几个学习伙伴，不仅在课堂上是互助学习小组，而且也是研究性学习小组，从组建到初中毕业都是一个整体。

在学生合作学习过程中她要求互助小组不能一遇到困难就展开讨论，必须是三个以上小组成员遇到困难超过二十分钟才可以组织讨论；要求小组成员在学习中要帮助有困难的同学一起提高；要求他们每个学期开展一个课题的研究性学习。

提问、设疑、追问

“提问”就是“提出问题”，它是教师课堂教学实施过程中必不可少的教学行为，也是教学设计中不可或缺的教学环节。教师设计提问要关注两点：一是根据自己的教学内容、教学需要去设计；二是根据教师的教学进程，安排一些需要学生回答的问题，也可以安排一些不需要学生回答，起到引发学生思考，引起学生产生疑问的作用。无论是哪种问题，都需要教师在课前精心设计，课堂上随机变化。提问本身既是教师与学生进行的语言交流，同时也是教师与学生思维碰撞的契机，教师的提问不仅是为完成教学任务、实现教学目标服务，而且能够起到调动学生思维、启发学生智慧的作用。

提问的类型一般有激发兴趣的提问、发散性的提问、启发性的提问、悬念猜想的提问、铺垫性的提问、设疑性的提问。

合理巧妙的课堂提问，是培养学生学习能力的重要手段，它能充分调动学生的学习积极性，激发学生的求知参与，促进学生的思维发展，从而提高教学的有效性。

设疑是指在教学过程中，教师有意识地给学生的思维设置疑难，引起学生的困惑、矛盾和思想冲突的行为。它是教师在教学中常用的一个教学策略，它和一般性的提问稍有区别。设疑能更好地转变教师的教学方式和学生的学习方式，激发学生的兴趣，诱导参与，促进思维，发展智力；通过课堂设疑还可以迅速捕捉到学生对知识的理解程度以及教学目标实现与否的信息。

设疑应当注意以下几点：一是需要把握好设疑的机会和节点，要明确在什么时候设疑，在什么状态下设疑。二是要把握好在哪些知识点上去设疑。三是要有明确的目的和目标指向。所谓目的是指设疑起什么作用，目标指向则是指问谁，主要给哪部分学生提出问题，应达到什么预期。

设疑在机会选择上，一是可以选在导入阶段，可以设置成探究课题，起到激发兴趣的作用。二是在学习进程中，在转换内容衔接时，用设疑的方式引出一个新的话题。

“追问”，顾名思义是追根究底地问。《教学方法与艺术全书》是这样给“追问”下定义的：“追问，是指对某一内容或某一问题，为了使学生弄懂弄通，往往在一问之后又再次提问，穷追不舍，直到学生能正确解答为止。”它是课堂教学中对话策略的组成部分。在动态的课堂教学过程中，需要教师根据答问、讨论等学习活动的情况，对学生思维行为作即时的疏导、点拨，“追问”无疑是促进学生学习，实现“有效学习”的重要教学指导策略。有效的“追问”源于正确的教学理念、灵活的教学机制。研究表明，高成效的教师更倾向于对正确回答了一个问题的学生提出另一个问题，以鼓励他进一步思考。因而对于一个成熟的教师而言，必须常常实施“追问”策略，以对学生学习过程进行有效控制，努力实现既定的教学目标。

“追问”可以探寻学生的思维路径，追问激疑可以发展学生的思维，追问能提升学生的思维水平，培养学生的反思能力，帮助学生建构知识网络。

每一堂课，教师都会提出大量的问题，但一定要对每个问题进行反复推敲。有效提问才能调动学生去积极思考，使教师的提问产生最佳的追问效果，真正地为本节教学内容服务。提高提问的有效性，则需要依据教学内容选择问题类型，依据教学目标确定问题的难度，掌握提问方法、时机选择的一般规律，并根据学生的差异进行有效的提问与追问。

陈老师在讲授《愚公移山》一课时，从标题入手提出了“移什么山”“谁移山”“为什么要移山”“对移山有几种不同的态度”等问题。使前一个问题成为后一个问题的铺垫，环环相扣。她在讲《拿来主义》一课时，根据议论文的文体特点，抓住学生容易理解的中心论点，从中间入手，扣紧“所以我们运用脑髓，放出眼光，自己来拿!”设计提问“怎样来拿?”，并借助“所以”来推断“为什么拿?”，学生有了容易理解的“怎样拿”作为自己的知识铺垫，“为什么拿”的部分也就容易理解了。

喻老师在学生观点的冲突点和学生生活经验的模糊点上提问。他在讲“便民利民的政府”时，很多学生对此观点不接受不承认。他首先问学生：“你对成都市政府的工作满意吗?”很多学生都摇头表示不满意。他再问：“人有完人吗？好人一切都好吗？永远都好吗?”在提问后他向学生介绍 NBA 球星马布里因个性张狂，在纽约曾经引起过公愤，被纽约扫地出门，但在北京队却被球迷亲昵地称为“马政委”。让学生认识到“人无完人”，接着他又追问：“政府有完美的政府吗?”学生在“人无完人”的认识背景下，承认“世界上不可能有完美的政府”。他顺势引导学生应当正确看待政府的不足，然后给学生呈现了中国台湾台风灾害后当地政府的处置方案，以及大陆发生洪灾后政府的处置方案，并问学生：“你认为哪个对灾民做得更周到?”“为什么大陆做得更周到？"学生经过对比、分析，寻找原因，最后承认中国政府从性质上、机制上保证了它是一个便民、利民、为民的政府。然后喻老师再问学生："为什么我们对身边政府的好处却感受不到呢？"学生戏答："只缘身在此山中。"通过这一问强化了学生对我国政府的认同。

唐老师在教学高中思想政治课必修2第二课第三框《民主管理：共创幸福生活》一课中，学生对村委会、居委会、街道办的身份认识是模糊的。在日常生活中学生听说过"村干部"，但并不知道村委会和居委会成员的身份性质到底是什么。为了让他们准确掌握我国的政治制度，唐老师在学习完基层群众自治组织后给学生设置了两个问题：村委会和居委会是我国的国家机关吗？村委会主任和居委会主任是官吗？最初学生几乎异口同声回答"是"，很快就有学生意识到不对，改口说"不是"，于是他立即追问："为什么不是？大家用刚才学过的内容分析一下。"一下子学生热闹起来，纷纷运用刚刚学过的知识进行分析，澄清了模糊的认识。

点拨导思

在学生学习过程中，尤其是在学生自主学习过程中，他们分析问题容易云遮雾绕，争论激烈却难分对错，仅靠学生的自学难以达到教学目标。此时，就需要老师及时出手，给予必要的提醒、引导和点拨，帮助学生迈过思维障碍，顺利完成学习任务。

需要注意的是，"点"是"点到为止"，"拨"是"四两拨千斤"，而不是老师包办代替。虽然在学生出现这些疑难之时，老师出手帮助学生解决问题会受到学生的欢迎，但对学生思维能力的提高，思维品质的训练却并不利。老师在"点拨"时要掌握好分寸，这就要求教师在教学过程中对学生进行点拨时，做到"适时、适量、适度"。

适时就是教师在课堂上注意观察，发现学生思维的疑难点，掌握点拨的时机，给学生的思维搭建桥梁，把学生发散的思维引导向正确的方向。适量是指对学生的疑难要有选择，有些问题通过学生小组互助活动可以解决，就不需要老师出手。同时不是对所有的知识都需要点拨，有些学生一看就明白的知识，老师出手就有点"侮辱学生的智商"了。适度是指老师在点拨时要掌握程度，不能讲得太多，只把最困难的点突破即可（这要视学生的学习水平而定），讲得太多，学生会失去提升思维品质的机会。

罗教师在讲《事物是普遍联系的》一课时，他发现学生对"联系的客观性与人的活动之间的关系”理解起来困难很大，于是他在投影上打出“事物联系具有客观性”后提出铺垫性问题“什么是客观性？”，在获得学生回答后，他又追问：“那什么是联系的客观性？”在把联系的客观性的含义总结出来后，他再问：“想想你们在生活中，有没有过‘无能为力’的感觉？为什么会产生这样的感觉？”然后他给学生讲述了“小男孩、大石头、父亲的故事”。

一位父亲和他7岁的儿子整理后花园，他们遇到了一块埋在土中的大石头。父亲觉得这是一个教育孩子的好机会，于是他要孩子将大石头移开。

孩子推了半天，石头仍然不动，就聪明地在旁边挖了个洞，找来一根木头插进洞中，把另一块小石头垫在底下，使劲地往上撬，但大石头仍纹丝不动。显而易见，以他的力气是不足以搬动大石头的。

孩子告诉父亲，说他实在搬不动，父亲却冷冷地说：“你要尽全力。”

孩子无奈又回去努力，这一次孩子用尽了全身的力气，小脸都憋得通红，到后来将整个身体的重量都压在木头上了，石头仍纹丝不动。孩子大喘着气，颓然坐下。无能为力的孩子望着石头咧开嘴大哭起来。

父亲和蔼地走到他身边，问道：“你确定你真的用尽全力了吗？”孩子说当然用尽了。

这时父亲温柔地拉起孩子的小手说：“不，儿子，你还没有用尽全力。我就在你旁边，可你没有向我求援啊！”

讲完这则故事，罗老师提出了一个问题诱导学生思考：“小男孩的‘无能为力’就源于联系的客观性。父亲为什么说小男孩没有尽全力？”有了这个故事的铺垫，学生很快就得出了结论：“个人的无能为力不等于他人或集体没有能力，人可以通过自己的活动运用他人或集体的力量来克服个人能力的不足。”于是他水到渠成点出主题：这就是联系客观性与人类活动的关系。

罗老师在学生集体遇到困难的时候出手相助，是谓适时；通过一个故事来引导学生集中精力突破一个问题，是谓适量；用问题引导学生思考，从而得出结论达到教学目的，是谓适度。

结课导悟

在常态课中，结课常常被老师们忽略，认为没有多大必要。其实结课往往是一节课的“点睛之笔”，是一节课的最高潮处。这个环节不仅是对教学内容的总结、提升，更是引导学生对所学内容进一步深刻领悟的环节。虽然时间短，但却很重要。

要保证课堂完美“收官”，需要做到“精”，结束语要少而精、高度浓缩、言简意赅、干净利落；同时要结构完整，首尾呼应，深化主题；要“短”，结束语耗时不能长，根据学科特点、教学内容、学习状态，在下课前一分钟，最多二分钟用来结课；要“妙”，要能在下课后留给学生一些启发；要“悬”，要能激发学生进一步探究的欲望，保持深入学习的兴趣，最好能促使学生产生对下一节课学习的渴望和期盼。

胥老师在上完《揭开货币神秘的面纱》一课后有一段精彩的结课：同学们，君子爱财，取之有道。货币能够换到社会财富，它是社会财富的象征。我们渴望拥有它，提高自己和家人的生活水平，但我们更应该做的是用勤劳和智慧创造更多的财富，这才是提高我们生活水平的根本。我相信，通过我们的共同努力，我们的物质财富和精神财富都会不断地增加，我们所拥有的财富将越来越多，我们的生活将越来越好！学生听了这段话以后，不仅加深了对本节课所学内容的理解，而且在思想、情感和价值观上都深受启发。

课堂资源整合

进入课堂或能够进入课堂的一切资源都是教育资源，不论是积极的还是消极的，都应该被教师利用和整合。

我们首先重视和整合了学生的手机。手机确实给学校的教学管理带来了很多的消极影响，所以目前在很多学校，手机被禁止带入课堂。不过我们对学生使用手机实行了有弹性的管理，这给老师们在课堂上发挥其积极作用带来了方便。现在学生手中的手机绝大部分是智能手机，无异于一台电脑。在课堂上利用手机可以查阅大量的资料，这样不仅教会了学生如何正确利用网络，发挥了网络和手机的积极作用，而且大大丰富和活跃了课堂。

其次，整合学生中的教育资源。在课堂上通过合作学习，实现了“兵教兵”，学生们互相启发，互相学习，形成了庞大的教育资源库。

最后，把社会教育资源整合进学校课堂。一是通过引进来合作的办法整合各类社会教育机构的资源；二是通过家长委员会来整合“家长教师”群中潜藏的资源；三是通过开展研究性学习来整合本校教职工中非本专业的教育资源和社会教育资源；四是通过组织学生参加社团活动来整合学生群体中的教育资源。

谭老师今天要上的课是《电影艺术》，她做了导入后，把学生分成了几个组，让他们分别开展小组合作学习。第二节课由各小组轮流主讲。于是有学生小心翼翼地向谭老师申请："可不可以用手机上网查资料?"谭老师看到学生那胆怯的样子，觉得有些好笑。想了一下说："可以，只要不做与学习无关的事或玩游戏。"于是同一小组的学生们迅速分好工，使用手机上网查找电影发展史、电影艺术流派及代表作等相关资料，有的把查找到的资料做成PPT，有的编写讲课稿，既分工负责又密切协作。

第二节课，谭老师便安排各小组到讲台讲课。让谭老师没想到的是短短的一节课学生居然把资料查找得这么丰富完整，而且还把PPT都做出来了，虽然略显粗糙，但已经很不错了。这让她由衷地感觉到学生中潜藏着很多人才。从那以后，她就充分利用学生中丰富的人才资源设计教学。让学生在动手的过程中既学到知识还锻炼了协作的精神，增长了才干。

课堂评价

在课堂评价方面，我们从五个方面来评价课堂，而我们的关注点不在教师，在学生。

第一，学生自学的课是好课的首要条件。新课改倡导"学生主体"，要把课堂的时间和空间还给学生，如果教师将教材讲得淋漓尽致，而学生只是听众、观众，这样的课堂算不上好课。

第二，动静结合的课才是好课。"动"是指学生主动地思考和积极地展示，教师根据学生的学习情况积极引导。"静"是学生的静读、静思、静练、静悟等，也指教师静静地倾听。

第三，注重课堂展示，课堂因展示而生动精彩。

第四，有"自学、展示、反馈"的流程。自学是展示的前提，是提出疑问、归纳整理、接受新知的重要途径，是学生主体作用的生动体现。展示中，师生互动、生生互动。但仅有展示还不够，一堂好课应该有针对性的反馈，查漏补缺，总结提升。

第五，情感的课堂。"以生为本"是新课程的核心理念，关注学生的快乐、给学生以快乐是每个老师都应该做到的。课堂不仅要传递知识，也要交融情感。一堂有感情的课才是有生命的课，才是一堂真正的好课。

所以通锦中学观课有五观：一观学生状态，好教育都写在学生脸上。二观学生参与度（广度和深度）。三观流程（规定动作是否有）。四观效果。五观师生情感互动。

五 “三心”教学实验

无论多么先进的教学方式，都必须适合本校学生的学情，同时也必须与教师有机结合。只有适合自己学情并被教师熟练掌握的教学方式，才是属于本校的教学方式，也才是教学效果最好的教学方式，最有利于提高自己学生的学习能力的教学方式。这是每一个教师都孜孜以求的，也是每一所学校在不断地总结提炼的。近年来，各地相继推出了一些很有特色的教学方式，这些听起来很诱人的教学方式适合本校学生吗？于是我们对这些教学方式一一进行了实证研究，在研究中加进自己的理解，保留合理的部分，逐步形成本校教师普遍采用的讲授课教学方式、“导学案先学后教”教学方式、“五导自主”教学方式、“问题导探”教学方式。教师在教学过程中根据不同的教学内容和教学目标选择最适宜的使用。

牟老师的实验

杜郎口中学，一个很不起眼的乡镇初中，却在中国的教育界刮起了一阵强烈的风暴。他们一个无奈之举却吸引了举国基础教育界的人士慕名参观并纷纷效仿，甚至要进入该校参观还必须购买价格不菲的门票。通锦中学的处境与杜郎口中学有几分相似，盛传的山东杜郎口中学经验让深陷泥潭的通锦中学非常动心，他们非常期望自己在贫瘠的土地上创造出瓜果飘香的蜀中奇迹，于是一个由分管教学的副校长带队的学习组被派到了山东去认真学习杜郎口中学的“三三六”教学模式。

学习回校以后，以为找到了破解教学密码的学习小组在“通达论坛”上对杜郎口的“三三六”教学模式做了全面、细致的交流和分享：“自主学习三模块：预习、展示、反馈；课堂展示六环节：预习交流、明确目标、分组合作、展现提升、穿插巩固、达标测评。”担任高中理科班班主任的牟老师，被他们的介绍点燃了改革的热情。牟老师觉得自己的班在年级里处于最落后的地位，反正是个差，不如试一把。带着这种心态，在学校领导的鼓励下，牟老师在自己的班上开始做试验。他从服务部找来了好几块黑板，像杜郎口中学一样装在教室的四周，每个学习小组拥有一块专用的黑板，在自己的数学课堂上做起了试验。由于担心学生的数学基础较差，不能一下子适应完全自主的学习方式，他用学案导学进行过渡，逐步放手，最后才把课堂完全教给学生。经过一个月的准备，他认为时机已经成熟了，于是他开始了为期一周的初试。他的计划是先进行一周的初试，如果效果实在太差，也不至于耽误学生，如果初试结果没有太大的问题，也可以看成基本成功，那就继续试验下去。

第一周，牟老师非常小心地只选择了三个学习任务，分别是：

2.2　函数的表示法

2.3　函数的单调性

2.4　反函数

第一节课，他先给学生呈现了本部分学习的目标：

（一）知识点

1. 函数的表示方法；

2. 初等函数的图像；

3. 分段函数的意义；

4. 函数的应用。

（二）能力训练要求

1. 掌握函数的三种常用表示方法；

2. 了解初等函数图像的几种情形；

3. 理解分段函数的意义；

4. 初步学会用函数的知识解决具体问题的方法。

他让学生先看教材，完成教辅资料上关于本部分基础知识的填空内容。然后再独立看考点解析。在看的过程中，把自己不懂的地方勾画出来或者写出来，二十分钟后在小组共学环节里寻求组内同学的帮助。各小组分好工，确定展示课发言的顺序，并负责展示课讲课稿的编写。

在前二十分钟里，学生都能自己对着书完成自己的填写任务，看到绝大多数学生一下子都很投入，牟老师心里很是高兴。他想虽然这是简单的机械劳动，但毕竟让更多的人投入进去了。扫视了一下全班学生，他估计参与面应该有80%左右。他开始在教室里巡视，很快就发现有些学生是貌似看书，其实连数学书都没拿出来，桌子上摆的是其他书本。一圈走下来，他发现有这种情况的学生居然还有六七个。他的心不免一阵收紧。在他的一番催促之后，这些学生才东翻西找把数学书和教辅资料找出来。同时他还发现，还有三个学生书虽然找出来了，但还在慢腾腾地收拾课桌，摸索了半天才把笔拿出来，开始看书，根本没有进入到深度的学习状态之中去。牟老师看了一下时间，都已经过去四分钟了。看到这些情景，他不禁暗暗叹了一口气，摇摇头。

预计的时间到了，牟老师发现还有1/3的学生没有完成预习任务，于是只得把时间往后延五分钟。

进入小组互助学习环节后。牟老师发现虽然一部分小组讨论起来了，但更多的小组学生围坐在一起，却没有人发言。牟老师逐一询问了一下这些小组，学生的回答要么就是“马上讨论”，要么就是“还没想好怎么说”。学生们在几分钟问题交流之后，围绕本组明天要展示的话题开始设计起来。十五分钟的小组互学时间很快到了，在各小组间巡回回答疑难的牟老师发现，还是有一两个小组讨论参与很不好，他的心里隐隐地感到一丝凉意。

第二天的数学课是一堂展示课，牟老师在实验日记里写道：

> 我先给学生布置了今天的任务，再次呈现了学习目标，然后安排学生用十分钟时间对昨天自主学习的内容进行了复习和小组交流。然后各小组依次在本组黑板上展示。在展示的环节中，第一次各小组都选派出本组数学成绩最好的学生。但展示的效果由于准备的充分程度不同和学生的性格特点不一样，展示的效果差异非常大。总体上看，学生讲课的表达水平都不高，有一半的小组甚至都没有讲清楚问题。也许是第一次上台讲课的缘故，也许是学生表达能力不足的原因，总之今天的效果很不理想。看来想省掉的反馈课还必须上，权当一节习题课。

为了第二天的反馈课，牟老师给学生准备了两套题型类似却不相同的题。他的实验日记这样写着：

> 按照杜郎口的经验，我把两套不同的题分发给学生，使相邻的同学完成不一样的题。这种方法看起来不错，学生相互之间在老师在场的情况下，没办法抄作业。但二十分钟的作业，学生又超时了，这逼迫我压缩点评的时间。在各小组小组长点评环节，因为讲解水平不足，学困学生听得非常吃力。看起来，别人的东西不是一下子就能学到的，校本化过程还很漫长啊。

两周后，牟老师的实验被迫终止了。他在实验总结中说：

> 杜郎口的经验听起来非常诱人，但经过两周的实验，我发现有几个问题至少目前还没有找到合适的办法来解决：第一，“三三六”模式所需要

的课时量很大，一个学习内容要三节课才能完成，这需要我们把现有的教学课时再增加二至三倍，显然这不可能办到。如果我们压缩三个模块，最少也得两节课，效果又没有那么显著。这让我对杜郎口的课程设置产生了很大的怀疑。第二，学生的展示活动，和小组长的点评看起来很民主，发挥了学生的主体作用，但由于学生的数学专业知识积累不够，同时表达能力又明显不足，讲解的效果很不理想。第三，由于高初中的差异，初中阶段的数学难度较低，也许让学生自主学习起来难度不大，但在高中阶段由于相当一部分学生学习基础差，加上他们养成了很严重的不良习惯，在自主学习活动过程中基本上只能“打酱油”。第四，由于能力差异的问题，不少小组的学生推让展示主讲的资格，有的小组甚至让一个人担当主讲。长期一个人担负一个小组的工作，让这些基础较好的学生也产生了习惯性疲劳，丧失了一开始的新鲜感之后，反而失去了学习的乐趣。第五，沉重的高考压力，使我们教师在实验过程中会产生患得患失的心理，担心出现邯郸学步的恶果。

王老师的融洽小组

王老师在高中历史学科教学中进行了选择先学后教的实验，为了避免“全员参与”成为“假参与”，有些思维懒惰和知识基础相对较差的学生会成为“东郭先生”，她对学习小组的组建进行了研究。在实验中，她利用同学情谊，构建融洽小组。首先考虑学生之间的情谊，即学生间的亲疏关系。尽量让关系密切的学生在一个小组，同时尽量考虑到思维能力和知识水平的差异等因素。这样学生在课堂上进行分组讨论学习的时候都能够带着极大的热情参与其中。一方面保证了参与率，同时又保证学生带着积极的情绪进入学习状态。这样就真正调动了各层次学生特别是差生参与讨论学习，基本上每个学生都能够畅所欲言。她还适时进行小组调整，防止讨论模式僵化。在教学过程中 4 周对小组成员进行一次调整，保持成员间有一种新鲜感。课堂讨论学习中不断出现思维的碰撞，让学生保持饱满的热情参与其中。

郜老师的合作学习试验

郜老师在 2009 年 5 月参加了学校赴山东的学习组，她觉得无论是杜郎口中学的“三三六”自主学习模式还是洋思中学的“先学后教当堂训练”都注重了有效甚至高效的课堂教学，还教育的本质——把课堂还给学生，发挥学生自主学习的能力，老师起到引导、指导的作用。学习之后她暗自高兴，自认为找到了灵丹妙药。回来后她又认真研读了各个学校的资料，却发现每个学校的方法都有不同的教育背景：洋思中学的“堂堂清”，每天的数学课时要两节才可操作；而杜郎口中学的“三三六”教学模式则以学生全部上晚自习做基础。她思来想去觉得这些经验均与我们的情况不同，操作难度较大。后来她从网上看到山东省青岛市即墨二十八中和谐互助教学策略，感到很有实效。“和谐互助”简单说就是学生同桌两人为一个单元组，学习优秀的做“师傅”，学习较弱的当“学友”，课堂上，如果学友遇到不会的问题，师傅就负责把学友教会，如果师傅也不会，先向其他师傅请教，再教会自己的学友，如果其他师傅都不会，就由老师讲解。通过学生帮助学生，兵教兵，亦师亦友，实现师友双赢。不仅如此，此方法操作性也很强，考虑成熟之后，郜老师便踌躇满志地与她所教两个班的班主任商量，两位班主任都非常支持她的想法，调座位，选小师傅，结师徒对子……一切就绪，开始执行，一个多月下来，她觉得课堂效果很不错，再也找不到跟不上老师的讲解而无精打采的学生了，每个学生都在积极地看书解题，不会的问师傅，师傅给徒弟尽力地讲解，师傅不会的互相讨论，讨论还解决不了或讲了几遍也听不懂的向老师求助。看着课堂上和谐互助的学习气氛，郜老师心里特别欣慰，觉得总算找到了一个提高课堂教学效率的好办法。

一个月以后期末考试来了，检验成效的时间到了。考试成绩下来，结果喜忧参半：优生的人数没有提升，与其他班级相比较持平，这是她没有想到的；学困生人数较期中考试略有下降。她觉得试验还是收到了一定的效果。

王老师的互助学习实验

语文老师王老师从2009年10月开始尝试在语文教学中开展自主互助学习，他的语文课“自主互助学习”有六个环节：自主学习、组内交流、组际交流（班内展示）、拓展提升、知识巩固、检测反馈。

一、自主学习环节

1. 默读课文一遍感知大意。

2. 再读：勾画重点字词，弄清读音、词义、写法；给每个段标序号。

3. 三读：初步分析层次、表现手法、表达技巧、语言特点、句意理解、发现问题。

4. 组际交叉检查。

二、组内交流环节

小组交流是在学生对所学知识有参与并独立思考后的交流，没有思考的交流是没有实效的。有些问题能独立解决的，就自己解决；可以两人解决的，就两人解决；能在小组内解决的不在班上解决。小组交流解决在预习中没有解决的问题，对一些小组内不能解决的问题提出来在小组间交流。

三、组际交流（班内展示）环节

组际交流采用学生问答为主的交流形式，让学生提出在小组交流中存在的问题，在班级中发挥大家的智慧集体探究解决。对于重要的问题，教师要及时地引导、点拨，进行拓展与变化，要在课堂中引起讨论，展现学生的思维，让学生从本质上解决问题。课堂上的交流是一个归纳、发展与提升的过程。

以《社戏》为例学生在组际交流环节中讨论了以下问题：

1. 准确详细地分层次。

2. 1 ~ 3 段与写看社戏有什么关系？

3. 为什么说平桥村是我的乐土？

4. 段一的层次、层义。

5. 段一最后一句使用的修辞手法。

6. 概括 4 ~ 7 段各段的意思。

7. 段 7 中的“一个”有何用意？

8. 段 10 一系列开船的动作有何作用？

9. 11 段写景的角度、作用。

10. 12 段写声音从哪些方面写，有何作用。

11. 那夜的戏好看吗？从哪儿可以看出来？

12. 最后一段作者为何会有那样的感觉？

13. 有哪些值得借鉴？

四、拓展提升环节

拓展提升环节是将《社戏》的知识、技巧、情感，进行价值延伸、扩展、提高、升华。例如在《社戏》教学中拓展提升环节是品读席慕蓉的《燕子》，引导学生品味“思乡”的心理根源，加深学生对课文的深层次思索、理解。

五、知识巩固环节

这个环节是学生以小组为单位，组内成员间互相督促、相互帮助、相互检测，共同协作完成对本课知识的复习与巩固。

六、检测反馈环节

本环节是对整个自主互助学习过程的检测，常常以书面的形式体现。

在这三年的教法改革的探索中，王老师感到有收获也有不少的困惑。令他欣慰的是：学生参与学习的积极性、主动性大大增强，学生思路更加活跃；课堂学习氛围浓厚，师生关系更加融洽，很多学生积极发言；教学成绩稳步提升；他的主要困惑是：如何在语文教学中更全面、更科学、更高效地开展自主互助学习？何时在所有学科中全面开展自主互助学习以形成强大的合力？

胡老师的问题与创新

胡老师作为一个教龄 15 年的老教师，对初中生物教材已经烂熟于胸，也形成了自己的教学风格。这次的组内教研活动，她要上一节研究课，课题内容是七年级（下）第 9 章第 2 节“血液循环”中的第一课时，其核心内容是动脉、静脉和毛细血管的形态、结构和功能，及其结构与功能相适应的特点。她以为自己能够很好地驾驭。因此，在课前根据以往的经验，进行了教学设计，并制作了多媒体课件。

带着精心设计的教案和课件，她满怀自信地步入教室，并且很快地将学生引入到了新知识的学习中。按照既定的教学流程，一步一步地完成了教学设计中的各项任务，将历年期末考试的重要考点也讲解清楚，学生也将“三种血管的比较”认真地作了笔记。整堂课中，除了在进行实验“观察小鱼尾鳍内血液的流动”时，学生因观察到了现象比较兴奋外，其余时间都表现得十分安静，甚至有些“无精打采”的样子。而在下课后，却有一部分学生围着她问一些有关血管的问题，例如“输液时针刺的是什么血管?”“为什么输液时常用一根橡胶带绑紧胳膊?”“为什么能够在手腕处摸到脉搏?”等。显然，这些学生感兴趣的问题在课堂上都没有得到解决。她的心中顿时产生了疑问：“我的课堂里是不是少了些什么呢?”于是，她重新审视自己的教案，发现和其他老师的教案大同小异。她回想起课堂上的情况，渐渐意识到学生们的发言不多是因为整堂课几乎是按教师的思路在行进，很多学生并没有真正参与到课堂中，只是一味地在课堂上做倾听者。

教研组的老师们在议课时建议她按照学校正在推动的“先学后教”思想去试验一下，于是她重新研究教材，结合学生课后的反应，重新设计了《血管》一课的教学设计。没想到课堂形式的变化激活了学生，很多学生甚至提出了老师想都想不到的问题，她感觉到学生的思维的火被点燃了。这给了她巨大的鼓舞。

附：两次教学设计

教学目标：

1. 知识：观察血管，区别动脉、静脉和毛细血管，说明不同类型血管的功能，及其与功能相适应的结构特点。

2. 能力：尝试用显微镜观察小鱼尾鳍内血液的流动，训练实验操作能力。

3. 情感：体验生物学知识与人类生活的关系。

教学重点：

血管的结构与功能；“观察小鱼尾鳍内血液的流动”的活动。

教学难点：

不同血管的结构与功能相适应的特点；“观察小鱼尾鳍内血液的流动”的活动的组织教学。

教学准备：

多媒体课件、实验材料（小鱼）和器材、显微投影装置。

教学过程设计：

教学内容		教师活动	学生活动
一、创设情境		播放人体内血液循环的影像资料，引导学生思考： 什么是血液循环？血液为什么能按照一定方向不停地流动？血管的结构是如何与其功能相适应的？	观看，并思考问题，对本课内容产生兴趣。
二、新课内容	1. 血管的类型及其结构特点	①问：血管分哪三种类型？（引导学生阅读）	回答，对三种血管的名称有初步认识。
		②多媒体展示显微镜下三种血管的横切图和立体结构图，并在观察方法上对学生予以指导（如管壁厚薄、管腔大小等）。 归纳并板书。	观察并分小组讨论：三种血管的形态、结构和功能有什么区别？ 交流讨论结果。
		③指导学生阅读教材。 归纳并板书。	阅读教材，说出三种血管还有哪些区别（分布、血流速度）。
	2. 三种血管的功能	结合多媒体影像资料，简介三种血管的功能和血流方向。	观看。
		问：三种血管的结构是如何与其功能相适应的？	思考并分组讨论交流。

续表

教学内容		教师活动	学生活动
	3. 活动：观察小鱼尾鳍内血液的流动	①讲解目的要求； ②利用多媒体图片资料，讲解方法、步骤和注意事项； ③着重指导观察的方法： 通过管壁、管腔、血流方向、血流速度等区分三种血管； ④巡视、指导。	分组实验，并在观察过程中辨认三种血管。
三、课堂小结		结合表格式的板书，回顾本课重要知识点。	

改进后的“血管”一节教学设计

教学目标：

1. 知识：观察血管，区别动脉、静脉和毛细血管，说明不同类型血管的功能，及其与功能相适应的结构特点。

2. 能力：尝试用显微镜观察小鱼尾鳍内血液的流动，训练实验操作能力。

3. 情感：体验生物学知识与人类生活的关系。

教学重点：

血管的结构与功能；“观察小鱼尾鳍内血液的流动”的活动。

教学难点：

不同血管的结构与功能相适应的特点；“观察小鱼尾鳍内血液的流动”的活动的组织教学。

教学准备：

多媒体课件、实验材料（小鱼）和器材、显微投影装置。

教学过程设计：

教学内容	教师活动	学生活动
一、创设情境	播放人体内血液循环的影像资料。	观看，对本课内容产生兴趣。
二、布置讨论任务	问：①血管分哪三种类型？这三种血管有哪些区别？ ②在体表能看到的血管是什么血管？ ③输液时针刺的是什么血管？针尖的方向是怎样的？为什么？	学生分小组阅读教材；讨论问题，并进行记录；

续表

教学内容	教师活动	学生活动
	④输液时为什么常常用一橡胶带绑紧胳膊？ ⑤我们能感受到动脉的存在吗？如何感受？ ⑥冬天天冷的时候，为什么不适宜戴很紧的手套或者穿很紧的鞋子？	分小组完成教材第42页的表格（约15分钟）。
三、课堂交流	组织学生各小组展示自己的讨论结果，并对各小组的讨论进行评价。	利用投影展示。
四、归纳总结	①利用图片资料，补充讲解学生讨论过程中的不足之处； ②讲解实验“观察小鱼尾鳍内血液的流动”，以及在显微镜下如何区分三种血管。	利用三种血管的区别的知识，说出几种区分的方法。
五、学生实验（约10分钟）		分组实验，并在观察过程中辨认三种血管。

郝老师的自主学习实验

好长一段时间，郝老师都在思考着他和另一个老师交流时谈到的话题：我们老师是不是为学生承担得太多了，反而让学生产生一种严重的依赖心理，缺乏责任感。

是的，学生才是学习的主体，是应该把学习的权利和责任交给学生。但我们的学生却好像已经习惯于被动学习。怎样才能让他们主动地学习呢？在政治课教学中，他进行了学生自主学习的试验。

接手七班后，郝老师就开始在班上推动新的教学方式。他以导学案为教学的辅助工具，在导入课后给学生设置问题，点燃学生的探究热情，再接着指导学生研读教材文本，让学生在课堂上用十分钟独立阅读教材并完成导学案上面的填空和指定的问题，然后分组交流学习中遇到的问题。各小组把本组交流的问题向全班公开，就本组不能解决的问题向全班征集答案。如果班上的学生都不能回答，则由老师点拨引导。难点、重点由老师集中讲授。在这个教学流程中，学生独立阅读教材，通过完成填空的任务驱动，能够让每一个学生把教材文本读一遍，使他们对教材有一个基本的把握。小组分组活动运用了同伴的力量把学习动力水平很低的学生拉进学习活动中。小组明确的分工保证了小组内每个学生都能够参与进去。他把自己的课堂流程总结为：诱导参与——指导自学——问题导探——点拨导思——启智导悟。

刚开始的时候，学生对这种教学方式感到很不适应，他们不知道怎么去看书，怎样在教材上做标记，也读不懂课文中的很多句子。为了扫除学生自学过程中的一些障碍，郝老师就把自学时如何做标记、旁批、眉批、注释等方法教给学生，还指导大家利用手机上网查询有关名词和资料。经过几周的自学，学生逐步适应了自学阅读，感觉阅读没有以前那么大的困难了。再加上在问题交流环节，大家发现有些同学提出的问题水平超出想象，不仅深刻而且专业性还很强。任务驱动再加上思维自由地碰撞，激发了学生的学习兴趣，让学生乐于参与学习活动。班上的学生渐渐接受了这种教学方式，在分组发言时，患有严重小儿麻痹症的"小汪"也积极主动要求代表小组发言，虽然他说话很吃力，语速很慢，口齿也不清，但全班同学都耐心地、静静地听着，没有一个人说话，等他说完后，全班同学自发地给他热烈的掌声。

经过两个月的试验，七班学生学习的能力有了一定的提高。

附：《价格变动的影响》导学案

学习目标

1. 知识目标：识记替代品、互补品等概念；理解价格变动对消费需求、对生产的影响；运用有关知识说明价格变动前后商品供应量和需求量会发生什么变化。

2. 能力目标：培养在日常生活中进行正确消费选择的能力；提高他们理解和参与经济生活的能力；掌握价值规律的作用。

3. 情感、态度与价值观目标：增强学生竞争意识和科学态度，尊重客观规律，按价值规律办事。

学习重点：价格变动对生活、生产的影响。

学习难点：价格与供求的相互影响关系。

学习步骤

[预习感知]

一、阅读教材第一框的内容，完成下列填空。

1. 价格变动的影响有两方面：一是对________的影响，二是对________的影响。

2. 价格变动会引起需求量的变化，某商品价格上升时，人们会________对它的购买，当它价格下降时，人们会________对它的购买，但不同商品的需求量对价格变动的反应程度不同。

3. 消费者对既定商品的需求，不仅受该商品价格变动的影响，而且还受到________的影响。在可以相互替代的两种商品中，一种商品价格上升，会导致另一种商品需求量的________。

在有互补关系的商品中，一种商品价格上升，也会使另一种商品的需求量________。

4 价格变动对生产的影响集中表现为：________、________、________。

二、在教材里勾画出下列问题的答案。

1. 替代品的含义及需求量变化特点。

2. 互补品的含义及需求量变化特点。

3. 价格变动对生产经营的影响。

三、写出自学中的问题。

本课题我感兴趣的问题：________________________________。

本课题中我没弄明白的问题：____________________________。

本课题中对我有启发的句子：____________________________。

[合作探究]

一、问题交换：合作探究自学中产生的问题。

二、聆听师说：

（1）价格变动对生活的影响（提示：联系实际生活中的具体实例加深对价格变动的理解。通过读书和听教师讲解了解和掌握替代品、互补品）。

（2）价格变动对生产经营的影响（提示：回顾价值规律，把二者联系起来学习）。

三、自建体系（提示：把今天学习的知识画成树状图）。

四、牢记主干（当堂记住今天所学知识）。

1. 价格变动对人们生活的影响。

2. 价格变动对生产经营的影响。

五、解题学习（提示：学习运用所学知识解题的技巧，注意审题方法）。

[学而习之]

1. 在商场里，我们可以看到一些商品的陈列是很讲究的。例如：在鸡翅旁边陈列炸鸡调料，在香皂旁边陈列皂盒或者在剃须刀架旁摆放剃须泡沫等。上述陈列的几组商品是 （ ）

A. 互补商品 B. 替代商品 C. 价值量相同的商品 D. 使用价值相同的商品

2.（2010·北京文综）某商品的价格 p 变化 Δp 会引起其相关商品的需求量 x 变化 Δx，这种变化可表现为两种关系：①$\Delta x\Delta p<0$，②$\Delta x\Delta p>0$。在其他条件不变的情况下，下列描述正确的是（　　）

A. 汽油价格变化和柴油需求量变化之间的关系符合①

B. 汽油价格变化和原油需求量变化之间的关系符合②

C. 煤炭价格变化和原油需求量变化之间的关系符合①

D. 煤炭价格变化和天然气需求量变化之间的关系符合②

3. 人们的消费受相关商品价格变动的影响，如果 A 商品和 B 商品的关系如下表，则 B 商品中①②的需求量应分别是________、________，生产者、经营者应对这种变化最有效的措施是________。（　　）

关　系	A 商品	B 商品	
互为替代品	价格下跌	需求量增加	①
互 补 商 品	价格上涨	需求量减少	②

A. 增加　减少　调节生产　　B. 减少　减少　提高劳动生产率

C. 增加　增加　提高诚信意识　　D. 减少　增加　改善经营管理

在市场经济条件下，生产经营者就是靠时刻观察市场价格的变动来安排自己的生产经营活动的。价格变动对生产也会产生重要影响。据此回答 4 ~ 5 题。

4. 国务院决定，2010 年小麦各品种最低收购价每市斤平均提高 3 分钱，同时适当提高稻谷特别是优质稻最低收购价格。国家这样做的经济学依据是（　　）

A. 粮食价格是由国家规定的　　B. 价格变动能调节生产规模

C. 我国的粮食生产供不应求　　D. 价格是实现资源配置的唯一手段

5. “三八二十三，人人说我憨，我的卖完了，你的往回担。”这首打油诗说的是一个精明的小商贩在街上卖韭菜，一斤八分，二斤一毛六，三斤二毛三。就这一分的让利，使他的生意每天都特别好。小商贩的精明做法给我们的启示是，做生意应该（　　）

①不断降低商品价格　②善于运用经营策略　③懂得价格影响供求的道理　④千方百计提高产品质量

A. ①②　　B. ①④　　C. ②③　　D. ①③

六　“三心”教学的四种教学模型

经过不断的研究和打磨，通锦中学根据教师和学生在课堂上的不同行为方式，把课堂分为讲授教学、导学案先学后教、五导自主、问题导探四种类型。

（一）讲授教学模型

讲授教学模型是指通过教师的系统讲解使学生获得大量知识的教学方式。它偏重于教师的活动，是一种比较被动的方式，其功能是使学生在短时间内掌握大量知识。这是一种历史悠久的传统教学方式，是教师向学生传授知识的重要手段，也可以说是一种使用最广泛的教学方式。尽管我国新课程改革已经推行了十年，但目前讲授教学方式仍是很多教师最擅长的。因此，有研究者认为：“讲授法不是万能的，但没有讲授法是万万不能的，至少迄今为止。”

理论依据

“心理语言学的实验揭示出，人的听话过程包含着极其复杂的心理活动，他必须快速地将一连串声音转变为可以理解的信息。在从声音到语义的各个层次上，听话人都参与了从无意义的声音中建立意义单位的活动，可以说，言语的理解是一系列积极的、在经验知识指导下的操作活动。”“听话人是在他了解语言规则的基础上对言语声音分配它的感知结构的，这一过程是积极主动的，听话人甚至在句子结束之前就试图确定结构成分的界限，并对句子做出可能的说明。”“听话人的任务是把这些原始信息转变为可以理解的信息，因此他必须透过语音层次和句法结构层次达到语义层次。”“每个人都有这样的经验：在我们听懂并记住一段话的意思后，我们总不能用原来的措辞和结构来复述这段话。这表明，当我们记住这些话时，原始信息已经发生了变化。句子的形式似乎只能保留在短时记忆中，只有句子的意思才能进入长时记忆……”“显然，人们在理解了句子的意思之后，对句子又进行了加工处理。如果把说话人产生句子的过程看作是第一次编码，把听话人获得句子意思的过程看作是解码的话，那么到了储存阶段，听话人就需要对获得的信息进行第二次编码。”

美国心理学家奥苏贝尔认为：“有意义的接受学习是学生在教师的指导和

传授下获得知识的最经济、最快捷、最有效的学习方式。学生正是用这种既省时、又省力的方式在较短的时间里获得大量有用的知识。”“接受学习虽然从现象方面看比发现学习简单一些，但令人奇怪的是，它在发展上出现较晚，尤其是它的高级的和纯言语的形式更是如此，它需要较高的认知的成熟水平。在这种场合下，智力越成熟，就越有可能采取较简单而更有效的认知活动方式来获得知识。”“讲授法从来就是任何教学法体系的核心，看来以后也有可能是这样，因为它是传授大量知识唯一可行和有效的方法。”

奥苏贝尔认为，接受学习的心理基础是比发现学习更高级的认知水平，儿童在进入学校后，发现学习的优先地位逐渐让位于接受学习，随着他们心理、智力和语言的成熟，接受学习的地位也就日益强化。

在课堂讲授法教学中，教师的职能是详细规定学习的内容，向学生提供学习材料，并力图使这些材料在速度和内容上适合于每一个学生。同时，教师还要负责诊断学习者的困难，为他们提供适当的补救。课堂讲授法的优点：一是便于教师直接向学生呈现学科内容，根据学生的接受能力控制教学进度；二是课堂讲授法有助于展示教师的人格魅力，教师以他渊博的知识、清晰的思路、流畅的语言，感染学生，鼓励学生的学习热情；三是课堂讲授法能够给予学生更多的学习指导，尤其是对于刚入校的学生。

功能目标

要在短时间内让学生掌握大量的知识信息，依靠学生体验获得是不现实的。因此在教学容量大，而教学时间又有限的情况下，采用讲授教学模式将是一种不错的选择。如果学习内容与学生的生活经验相距较远，学生在学习中会遇到很大的困难和阻力，这就需要教师给学生的理解和思考搭建桥梁，使学生的思维能够顺利地达到预期的目的地。教材的概念较多，而这些概念对学生来讲又非常陌生，在课堂教学中学生不可能带着大量的工具书或者拥有方便的查询工具，就需要教师给学生一一讲解剖析。

教学条件

老话说：“要给学生一碗水，教师必须有一桶水。”因此，含有大量的知识信息是采用讲授教学模式的必备条件。在教学活动开始之前，教师必须对教学内容进行深入的、精细的研读，以期掌握学生学习内容所涉及的知识信息，以备学生询问时回答。讲授法不等于满堂灌。讲授时，照本宣科、呆板生硬地向学生灌输，而且是一灌到底的，就是满堂灌，效果不好。教师讲授的内容要富有启发性，有时要穿插使用一点其他教学方法。教师讲授的仪态要端庄自然，这样教师的感染力就会给学生以重要影响。仪态既不可举止生硬，也不宜手舞足蹈，要自然大方。教师讲述的声音要清晰，音量适当，有抑扬顿挫，并富有情趣，语速要适当。语速太快，学生没有思考的时间，不易理解消化；速度过慢，学生则容易倦怠，分散注意力。讲解重要问题时要稍做停顿，给学生思考或记笔记的时间，简易的问题可以讲得快些。对一堂课速度快慢和时间利用常需预先统筹、安排。讲授使用的语言，要能被学生所接受。要适合学生既有的实践经验和已有的知识基础，对新出现的术语，要先做好解释。讲述要有系统，有条理，逻辑严密，用词准确、恰当。

教学程序

苏联教育学家根据教育理论提出了比较完整的结构。他们提出了两种程序结构：诱导学习动机—领会新教材（感知、理解）—巩固知识—运用知识—检查；组织教学—导入新课—讲授新课—巩固新课—布置作业。新中国成立以后，我国课堂教学基本上沿用苏联程式，教育界将这个程式的简称“组复新巩布”戏称为“祖父心口痛”，即组织教学—复习旧知—讲授新课—巩固新课—布置作业。

（二）“导学案先学后教”教学模型

“导学案先学后教”是指以《导学案》为载体，以导学为方法，以教师的指导为主导，学生的自主学习为主体，师生共同合作完成教学任务的一种教学方式。它是以学生自学成果为基本学情依据进行的教学。其中，学生按照《导学案》完成任务属于“先学”，教师根据学生自学情况而展开的引导、点拨和评价属于“后教”。运用“导学案先学后教”教学方式，有利于学生的自学能力不断增强，良好的思维习惯和学习品质逐步形成；有利于学生的分析问题、解决问题能力不断提高。它充分体现了以人为本的理念，是全面推进素质教育，培养学生的创新能力，提高课堂教学质量的有效途径。

理论基础

马克思主义的内外因理论和认识规律理论是“导学案先学后教”教学方式的哲学依据。

“学习迁移理论”和“最近发展区理论”是“导学案先学后教”的心理学理论。邱学华先生说：“所谓‘迁移’，是已经学得的东西在新的环境中的应用，也就是已有的经验对新课题学习的影响。”“导学案先学后教”教学模式，使学生学到了自主学习、合作学习、探究学习的方法，获得成功感和自信心，从而形成的正迁移将对学生学习新知识产生积极的影响，并促进学生良好学习习惯的养成。维果茨基认为学生在教学过程中的发展有两个水平，一个是现有水平，另一个是潜在发展水平。两个水平之间，就是学生的最近发展区。维果茨基提出“教学应当是在发展的前面”，“教学创造着最近发展区”。在学生的学习过程中，教师应当为学生“搭脚手架”，帮助学生由现有水平，达到最近发展水平，并将最近发展水平转化为现有水平。

现代教学论和生本理念是“导学案先学后教”教学方式的两大教育学理论。现代教学论要求在教学过程中充分体现“学生主体、因材施教、分层教学、循序渐进、反馈矫正”的原则。生本理念则要求在教学过程中让“学生成为学习的主人”，教学要“为学生好学而设计”。“导学案先学后教”教学方式在设计《导学案》的过程中，教师根据不同基础和学习水平的学生，提出不同的学习目标和引领学生深入到学习过程中的自学提纲，学生就可以根据自己的实际状况在不同的进度、不同的目标要求下展开自己的独特的学习过程，最终达到各有所得，全面发展的目的。教师的主导作用体现在设计《导学案》和巡查指导上，它将教师从传统的知识讲解中解放出来，真正成为学生学习的引导者；学生的主体地位则体现在沿着《导学案》引领的具体自学过程中，学生在课堂上获得了充足的自学时间和空间，真正成为认知知识、理解知识、感悟知识、体验获取知识乐趣的第一主人。

功能目标

“导学案先学后教”教学方式一方面要增强学生在学习上的主动性、自主性，同时还要体现教师的主导作用。学生通过使用《导学案》，完成《导学案》指定的学习任务，在学习过程中和同伴一起解决遇到的困难，同时在合作学习也解决不了问题的情况下寻求老师的指导，充分体现了学生的自主性，这将有利于增强学生的学习能力。有《导学案》作为自学的“拐杖”，也能使教师掌握学生的学习效果和进度，同时也给学生的自学提供一个基本的范式，为学生完全自主学习奠定基础。《导学案》比较好地处理了教学与考试的对接。普通中学承担着中考、高考的压力，既要让学生自主地学习，又要保证学生能够获取足够多的学科知识。学生自主学习毕竟受到参考资料不多、自身学科知识较少和知识建构薄弱的限制，某些知识板块很难达到中考和高考的要求。因此，教师的影响是必须的。教师通过《导学案》把自己对学科知识的理解和建构贯穿于《导学案》之中，有利于这一问题的解决。

实现条件

“导学案先学后教”教学需要两个基本的条件：第一是教师要事先编定《导学案》，并将其提前发放到学生手中。《导学案》应当包括学习目标、高考考点、学法指导、预习任务、疑问记录、探究记录和当堂练习。《导学案》是体现教师教学意图的文本，因此它应当把教师需要传达给学生的信息呈现在里边。不过它不是讲义，而是指导学生自主学习，建构知识的路线图。因此不能太细致，很多问题需要学生通过自主探究和与同伴合作才能解决。在课堂教学中，教师也并不是只当看客，而是需要观察和发现学生学习的情况，对遇到困难的学生要给予个别的指导和帮助。第二个基本条件是学生先完成自主学习任务。掌握基本的观点，获得进一步探究的基本概念体系。学习活动作为一种思维活动，必需的概念体系是进行思维的工具，因此在合作探究之前就获得这些学科术语是先学后教的必备条件。

教学程序

“先学后教”教学方式以《导学案》为基础，《导学案》是学生自主学习的“扶手”和“拐杖”，学生利用《导学案》阅读教材文本获得必要的认知基础是起点，在自学过程中产生疑问是学习活动进一步深入的动力。因此在这一过程中，学生的学习过程是“明确目标—自主学习—合作解疑—寻师问道—当堂训练”。与此学生活动相对应教师的活动应当是“检查自学—指导合作—点拨导思—效果评价”。

（三）“五导自主”教学模型

理论基础

新课程背景下，课堂教学要解决的核心问题是如何调动学生参与学习的主动性、积极性，需要拓展学生参与学习的广度和深度。要把学习的权利和责任交给学生，就必须改变传统课堂教学都以教师为中心的状况。

传统的课堂教学方式是与机器大工业时代的“标准件”生产方式相适应的，在那个时代，传媒不发达，信息传播的渠道单一，知识的占有量是衡量一个教师水平高低的重要指数，所以人们常说“要给学生一碗水，教师必须有一桶水”。占有知识的老师要把自己所掌握的知识和信息传递给学生，受信息传递技术条件的限制，主要依靠自己的讲授来进行，因而在学习活动中处于绝对统治地位。学习方式则主要以阅读和理解为主。课堂要素参与教学时，自然形成了师生的结合是以教师为中心，教师为主，学生为辅的教学模式。当今知识经济时代，通信技术的迅猛发展，导致了全球化趋势加剧，人口流动的自由度空前增大，信息传播的途径增多、速度加快。当年“秀才不出门，便知天下事”的优越已经不再，教师从当初作为学生获取知识、信息第一来源的地位发生了变化，人们学习的方式和途径也发生了巨大的变化，“e网在手，网尽天下”，掌中图书馆、空中课堂等的出现，使学习变得更加轻松、随意。坐在教室能学习，宅在家中也读书，自主学习方式成为时代的主旋律。教师和学生在学习过程中的地位悄然发生了变化。

马克思关于人的全面发展学说是“五导自主教学方式”的哲学基础。人的成才规律、心理特点是五导自主教学方式的科学基础，系统论、顶层设计理念是教学设计的操作指导。“五导”教学方式的核心是以学生的自主学习过程为线索，以学生在自主学习过程中需要得到老师的帮助为着眼点。教学过程是以学生自主学习为主线，教师活动为辅线，充分发挥学生的主体作用，让学习真正成为学生自己的事。教师的导和学生的学都以“学习目标”为索引。教学的终极目的是为了让学生离开教师后也能独立地学习，即学会学习，以达到叶圣陶先生所期望的“教是为了达到不需要教”的境界。

功能目标

任何教学方式都指向特定的功能目标。传统的教学方式大部分把功能目标定位在引导学生掌握知识上，突出的是单一的智育目标。新课程改革的目标是“使学生具有爱国主义、集体主义精神，热爱社会主义，继承和发扬中华民族的优秀传统和革命传统；具有社会主义民主法制意识，遵守国家法律和社会公德；逐步形成正确的世界观、人生观、价值观；具有社会责任感，努力为人民服务；具有初步的创新精神、实践能力、科学和人文素养以及环境意识；具有适应终身学习的基础知识、基本技能和方法；具有健壮的体魄和良好的心理素质，养成健康的审美情趣和生活方式，成为有理想、有道德、有文化、有纪律全面发展的一代新人”。“强调形成积极主动的学习态度，使获得基础知识与基本技能的过程同时成为学会学习和形成正确价值观的过程。”“倡导学生主动参与、乐于探究、勤于动手，培养学生搜集和处理信息的能力、获取新知识的能力、分析和解决问题的能力以及交流与合作的能力。”把教学的目标定位于学生的全面发展、和谐发展。

在新课程的大背景下，不同的教学模型有不同的目标定位，“五导自主”教学模型以学生自主的学习方式为基础，以知情建构任务的实现为主线，培养学生搜集和处理信息的能力、获取新知识的能力、分析和解决问题的能力以及交流与合作的能力。引导学生主动参与，实现学生自学能力、协作能力共同提高的功能目标。

实现条件

“实现”是指教学模型功能目标的实现。要实现五导自主教学方式的功能目标，需要按照有利原则整合各种课堂参与因素。课堂参与因素包括教师、学生、教材、技术手段、时间、空间、信息、情绪等。课堂自主学习要得以实现，课堂参与因素必须为“自主”服务。对于教师和学生，我们认为，学生主观上都是愿意参与到学习活动中去的人，都有发展自己的需求、愿望和潜能，学习最终还是学生自己的事，只能由学生自己完成，谁也不能替代，学生必须担负起学习的责任，他不能期望从老师那儿得到现成的答案。教师是学生学习活动的设计者、组织者、指导者、“资源库”。教材只是提供给师生展开教学活动的材料，不等同于教学内容；教学内容也不仅仅只是知识点、考点，还应该包括过程与方法、情感态度与价值观；教材也不仅仅只是以文本形式出现，还可以有非线性的超文本形式教材；课本不再是被老师注解的经典，而是成为学生获取知识的一块跳板，一个工具。教学媒体技术是给学习活动创造的一个条件，可以给学生的学习创造更加生动的学习环境，也可以给学生自主学习提供更加便捷的信息库。对于学习形式的选择，自主学习虽然突出了独立自学，但古人云：“独学而无友，则孤陋而寡闻焉。”所以我们更主张班级集体学习、小组合作学习、独立自学三种形式有机结合，尤其是合作学习，学生之间的合作学习更容易激发学生的参与动机和参与热情，提高学生学习的参与面和参与度。对于学习环境，教师应该是学生学习热情的激发者，营造和谐、民主、愉快的学习氛围是教师作为教学组织者的责任。

教学程序

教学程序是教学方式的操作程序。它是处理师生与教学内容的关系及其在时间顺序上的安排。它是综合处理教材展开顺序和师生内在心理活动顺序而提出的教学活动的基本阶段及逻辑顺序。

基于学生课堂自主学习进程的一般性发展阶段，我们认为，对学习内容产生学习的动机和愿望是进入学习的首要环节，只有学生主观上有了参与学习的愿望才会真正进入学习活动中去，接受学习任务，在学习过程中，学生必然会有一些不明白、不清楚的问题，因此组织学生进行合作学习就十分必要。对重大的、拓展性的疑难问题则需要调动更多的资源参与到学习活动中去。在班级内集体通过展示活动与老师和其他同学进行互动，可以在更高的水平上整合认知。因此，学生在课堂中的学习顺序一般是：强化动机—自学生疑—合作探疑—互动展示成果—知情整合。与学生的学习阶段相对应的是教师在课堂上的活动顺序：诱导参与—指导自学—问题导探—点拨导思—启智导悟。

（四）“问题导探”教学模型

理论基础

马克思主义认识论是“问题导探教学方式”的哲学依据。实践是认识的基础，人的知识发展过程是“实践—理论—实践”的过程，让学生在实践过程中主动去探索、发现问题并用所学的知识去研究、解决问题。不断实现从感性认识到理性认识，从现象到本质的认识。

对“问题导探”教学影响重大的是建构主义学习理论。建构主义认为，学习是一个积极主动的建构过程，学习者不是被动地接收外在信息，而是根据先前认知结构主动地和有选择地建构当前事物的意义。由于事物存在复杂多样性，对事物意义的建构将是不同的。所以应努力创造一个适宜的学习环境，使学生能积极主动地构建他们的知识，实现新旧知识的有机结合，培养学生分析问题、解决问题和创造性思维的能力。

人本主义心理学认为，人是主动的、理性的。以罗杰斯为代表的人本主义教育学家提出以“学习者为中心”的教育观点，认为教育的根本目的是发展学生个性，实现其潜能。教育应把自我实现的抉择权留给学生，以学生自主探究，自我发展为目标。教学要培养学生的自我概念，高度重视学生的个性培养和个人价值观。

科学知识社会学认为所有知识，不论是经验的科学知识，还是数学知识，都应该进行彻底的研究，没有什么限制固存于科学知识“绝对的、先验的、客观的”本质之中。“问题导探”教学通过学生的质疑探究，就是对已有的知识进行再研究。

功能目标

科学知识是需要进一步反思、追问、批判和发展的。学生在质疑探究过程中，敢于对教师说不，敢于对教材说不，树立起真正的科学态度，而不是盲从过去的认识。通过大胆质疑、积极主动探索，在老师的指导下进行小课题研究，学会收集材料、选择材料、论证观点、表述观点，形成研究的能力。同时，在论证的过程中，运用归纳的思维方法总结观点，运用演绎的方法分析问题，能达到训练思维品质的作用。通过课堂质疑还能让学生获得敢于向困难挑战的勇气，克服思维惰性，这是解决很多学生学习困难的有效方法。学习困难的产生原因很多，但他们自身的思维惰性是非常重要的因素：看到难题就头疼，感到头疼就退缩；不愿多思考，不能深入思考，久而久之就产生了思维上的惰性，学习也就慢慢变得困难了。哲学家波普尔曾说过：“科学知识的增长总是始于问题和终结于问题——甚至是不断增加深度的问题，以及不断产生那些能够启示出新问题的问题。”“问题导探”教学能帮助学生树立起新的知识观，在学校和社会生活中，重新审视和反思各种知识，为产生创新性的问题打下基础。探究教学注重问题的发现、提出、分析和解决的过程，启发学生对新知识、新方法的发现和探究，使学生亲身体验研究的过程和方法，从而有效提高学生的科学素质。

实现条件

恰当的问题是“问题导探”教学方式的“抓手”和“牛鼻子”。教师能否设计出充分引起学生探究欲、而又能把需要学习的知识内容都包含进去的问题是教学成败的关键。这需要教师在深入研究教材的基础上高度概括出一个能打开认知活动钥匙的问题来，然后再根据这一问题创设一个情境，让学生从这一情境中“自然”地产生这个质疑，生成“问题”。这个“问题”应当是指学生迫切希望获得解答的关于学习内容或生活中的疑问，这种疑问主要是学生原有认知结构和经验与新知识、新问题之间的矛盾与冲突，这些矛盾和冲突导致学生的原有认知平衡的失调，从而激发起学生产生新的同化与顺应的欲望。这个情境应该具有开放性，要能够在后面的学习活动中继续发展和深化。使整个课堂教学活动都被置于一个大的情境之中。只是这个情境的发展分成了几个阶段，在每个问题解决之后又出现一个新的问题，把学生的探究引向深入。在这一过程中，教师设疑的能力和创设情境的能力无疑是完成教学的重要条件。当然，教师也可以不预设问题，而是将课堂完全放开，让学生自己去发现问题。探究活动需要小组的合作，在课堂教学中材料收集的途径受到限制，这需要教师在课前为学生做一些准备，适当提示学生获取信息资料的方法和手段。在小组合作探究遇到困难时，教师必须在探究方法和思维方法上及时指导，但不能“越俎代庖”。而应引导学生通过观察、分析、类比、猜想、联想、推理、判断等方法自己去发现结论。学生可能探究的问题很多，探究的方式方法也很灵活，教师必须给学生提供足够的探究时间。只有教师给学生探究的权利和机会，每个学生才能在探究中显示自己的才华。

教学程序

“问题导探”教学方式是基于探究性学习方式而构建的一种教学模式。学生在学习过程中，一直围绕着问题开展学习活动，“问题”引着学生去准备知识、论证观点。生成疑问是整个学习活动的起点，解决问题是动力。教师在学生的学习过程中，主要是引导学习进程，参与学生讨论，为学生解决问题提供资料供应。学生在课堂上的先后活动是：入情生问题—合作探疑—论证解疑—发现新问题。与学生的学习过程相对应，教师要激其趣、引其疑、导其思、育其能，教学活动也有四个环节：设置情境—指导探疑—引导深入—过程评价。

七　教学质量控制

较高的教学质量不仅表现为教学成绩达到了相当的高度，更表现为取得的这些成绩具有稳定性和连续性。偶尔取得好成绩，并不是真正的质量高。因此，如何使学校的教学质量达到应有的高度，而且保持较高的连续性是通锦中学近年来一直努力破解的密码。有些人认为教学质量有起伏是正常的，因为每一届的生源情况会有不同，但教学质量却是可以“破除”生源制约，成为必然的。

肖老师的赞叹

肖老师是一名资深的物理教师，曾在一所国家级示范学校里当过年级组长和教务主任。对教学质量管理有着自己独到的见解。在2011年7月7日，学校放暑假开教职工大会那天，他在会上听到谭校长跟全校教职工介绍学校的新三年规划，觉得这所学校虽然现在还很困难，但未来的蓝图已经画好，前途一片光明。尤其让他震惊的是谭校长在介绍学校当年高考成绩后，对学校未来两年的高考进行了分析，非常大胆地向所有教职工预测了2012年和2013年的高考上线人数将会大幅度上升，而且还给出了明确的数据。

会议结束后，肖老师跟谭校长说："你太大胆了，敢在全校教职工大会上预测明后两年的高考成绩，如果到时达不到，你怎么跟大家解释？"谭校长笑笑说："教学质量是可以控制的。到时我们的数据会非常接近，不会有问题的，请放心。"看到谭校长信心满满的样子，肖老师一方面为谭校长捏了一把汗，另一方面又不禁十分感佩通锦中学的这种胆气。

2012年和2013年高考数据完全印证了当年矩阵图的预测。

通锦中学目标矩阵图

时间 目标 部门	2011年	2012年	2013年	2014年	2015年
学校办公室	1. 培养区学科带头人； 2. 创"四好"班子； 3. 教职工研究生学历（学位）达5%；4. 国际部工作完善； 5. 省校长协会成员单位。	1. 市学科带头人培养； 2. 教职工研究生学历（学位）达6%； 3. 市文明单位。	1. 创全国100所特色学校； 2. 市优秀文明单位； 3. 市示范校； 4. 教职工研究生学历（学位）达7%。	1. 市特级教师培养；2. 教职工研究生学历（学位）达10%；3. 进一步完善档案省级达标。	1. 省特级教师培养；2. 省文明单位；3. 教职工研究生学历（学位）达15%。
德育工作部	1. 完善常规德育体系； 2. 人生教育特色基本确立；组建通锦艺术团，组建击剑队和三大球队； 3. 定向越野及无线电测向在市内领先。	1. 建立和完善常规德育制度； 2. 打磨和改进部分特色项目，提高艺体队伍水平。	1. 坚持和改进常规德育管理； 2. 部分特色项目出成果，艺术团和体育代表队在区内有突破。	1. 常规初显特色；2. 艺术团能独立举办音乐会，体育代表队在区内的名次靠前。	1. 常规特色显现常态化； 2. 艺术团在市内有一定影响，体育代表队个别项目在市内有一定影响，在省内领先。

续表

部门 \ 目标 \ 时间		2011 年	2012 年	2013 年	2014 年	2015 年
教学工作部		1. 新课程框架建构；2. 通锦导学规范化；3. 通达课题深入；4. 省学习学会集体会员单位；5. 名师工作室创立。	1. 教学模型初显（互助式、合作式、探究式）；2. 通达特色课题结题。	1. 教学模型巩固；2. 四川省学习学会常务理事单位。	1. 教学模型形成；2. 名师工作室辐射及影响，省实验校示范校。	1. 教学模型初步完善常态化；2. 教育教学质量在区域内有较大影响。
教辅服务部		1. 折旧：行政楼；2. 维新：新建食堂、住校部、多功能室；3. 现初中楼内外粉刷。	1. 撤旧住校部建后花园；2. 创区市实验示范校；3. 区信息技术示范校。	1. 新建学校大门（北门）；2. 装修行政楼（通锦楼）；3. 市实验示范校。	1. 改建艺体楼；2. 改建实验室和通用技术室；3. 创市信息技术示范校。	1. 学校整体规划初步完成；2. 创省信息技术示范校。
初中部	初一	10 个班 500 人 30% 区划工作线	10 个班 500 人 30% 上区划工作线	10 个班 500 人 30% 上区划工作线	10 个班 500 人 35% 上区划工作线	10 个班 500 人 35% 上区划工作线
	初二	10 个班 500 人 30% 区划工作线	10 个班 500 人 30% 上区划工作线	10 个班 500 人 30% 上区划工作线	10 个班 500 人 35% 上区划工作线	10 个班 500 人 35% 上区划工作线
	初三	12 个班 570 人 20% 上重点（含直升生）	10 个班 500 人 22% 上重点（含直升生）	10 个班 500 人 24% 上重点（含直升生）	10 个班 570 人 28% 上重点（含直升生）	10 个班 500 人 30% 上重点（含直升生）
高中部	高一	6 个班 300 人 60% 区划工作线	6 个班 300 人 60% 区划工作线	6 个班 300 人 60% 区划工作线	6 个班 300 人 60% 区划工作线	6 个班 300 人 60% 区划工作线
	高二	6 个班 200 人 60% 区划工作线	6 个班 300 人 60% 区划工作线	6 个班 300 人 60% 区划工作线	6 个班 300 人 60% 区划工作线	6 个班 300 人 60% 区划工作线
	高三	5 个班 142 人 55% 三本上线率（40% +15%）	6 个班 200 人 55%	6 个班 300 人 55%	6 个班 300 人 55%	6 个班 300 人 55%

返　工

在 2011 年 7 月 7 日那天教职工大会上，学校下发了通锦中学教学质量标准。人手一份纸质文本，电子文档上传到学校教师 QQ 群共享文档里。学校要求每个一线老师在开学前要写好第一周的教案，教案必须按照《通锦中学教学质量标准》的规定来写，否则将要返工。2011 年暑假刚过，跟往期一样，召开教职工大会后各学科组开始检查教案，各联系学科行政人员认真按照质量标准中的教案标准进行检查，教学工作部在汇总情况时发现有三分之一的老师并没有按照新标准来写教案。于是下达通知请这些老师依照学校标准重新编写教案，并于第二天上午下班前交学科联系行政复查。

有一个资深教师的教案没有按标准写出学情分析被要求返工，学科联系行政人员担心他不能接受，专门找到他交流。他不好意思地说："不好意思了，作为一个老教师应该给年轻人做出表率。可我却忘记要按标准写教案。这事怪我！"也有个别教师觉得教案应该个性化，没有必要弄得这样整齐划一的。谭六三校长把他们召集起来开了一个座谈会，向他们专门剖析了什么叫教学的个性化和标准化。他对老师们讲："教学的个性化是因教师个体能力、性格上的优势不同而做出的不同的教学设计，是方案的个性化并不是教案文本的简单化。学校强调教案的规范性是从学校的整体来考虑，目前学校不少老师不太重视学情分析，就好像给一个初到成都的人导航，没有考虑到需要导航的人所处的位置，而只管从自己知道的路径来指导人家，当然导航效果就会非常差。运用标准来规范一个学校的教学是教育工作特殊性的要求，大家都知道教育是典型的个体劳动集体成果，这就需要我们的工作中强调工作纪律，为了教育教学合力更加强大，成为集体可以控制的活动，就必须讲究规范和统一。有了我们的工作标准，才会确保我们的工作质量。"

谭校长的一席话，让在座的老师们深表认同。有几个老师后来还多次劝导年轻教师一定要按标准做事。

第一次月考的时间快来了，年级组通知各备课组命制月考题，并把试题难度系数、试卷格式标准等告知了各备课组组长。张老师是一个新到学校的教师，担任年级学科备课组组长。经过学科组商议，这次月考题就由张老师来命制。张老师接受任务以后，就迅速地查找资料，开始命题。三天后的上午，他把考题和试题说明交给学科组长审查签字。没想到下午要下班时，学科组长找到他，要求他调整一下试题，原因是张老师觉得年级组通知的试题难度不够，所以他自己把难度系数调高了一点。结果被发回调整，张老师最后按照年级组要求的难度系数重新更换试题。

晒　课

上课的预备铃响了，高三年级四班门口来了四五个人。他们提着凳子，拿着听课本。他们跟正在教室里做着上课准备的宋老师说“我们来听听课”。便径直走进教室里找地方坐了下来。

课堂上，当宋老师讲课时，他们边做着记录，一边观察着教室里的学生表现。当学生们在讨论和练习时，他们中的个别人还在教室里巡视。

下课后，他们没有和宋老师交流，又奔向其他教室。

这就是通锦中学推行的全员参与的“晒课”活动。

通锦中学的晒课活动是教学监督中的一种过程监督。教学质量的落实不仅要有质量标准，更要有监督机制。通锦中学对课堂实行三级四类监督制：三级是指学校、年级和班级。四类指学校行政管理部门的监督——督导室监督和课程管理部检查、年级组日常监督、班主任监督和学生监督、家长监督。

学校行政管理通过教学巡视并用状态记录法、课堂执行随机抽样分析来进行管理和监督，状态记录法是指通过巡视期间看学生的课堂状态来评价课堂整体的有效性，课堂执行随机抽样分析是指课程管理部门随机深入课堂，记载课堂实录，来分析评估教师整体的课堂教学效果。年级组则负责对各班教师到位情况的监督和检查；班主任则负责收集班级学生对任课教师的总体反映和评价，学生信息收集员负责填报教学日志。学校课堂随时对家长委员会成员开放，学校给每一位家长发放家长教师证，凭证进入校园并随时可以进入教室听课。

为提高课堂教学质量，保证更多的课堂都是高水平、高质量的课堂，通锦中学除开展了全员“赛”课外，还每学期开展“晒”课活动。“晒”课也是全员参与，每学期总课时数三分之一的课堂要向全校开放，接受“推门”检阅。“晒课”不仅可以进一步提高教师的业务水平，而且可以促进学科组内的交流和互相学习。

在教学管理中，最难的管理就是教师的课堂执行管理。牵住了这个“牛鼻子”，教学质量就容易控制了。通锦中学通过这两种方式，将学校教师每学期70%以上的课堂纳入了可控范围之内。再加上常规的教案检查和其他方式管理，基本上达到了课堂管理的全覆盖。

为保证学校教学质量稳步上升，学校按照教学质量标准，对全校所有学科教学进行督导。教学督导包括教学计划的审定、教学过程的监控、教学效果的考核三个方面。

教学计划的审定主要是对各学科组、备课组教学计划的科学性、可能性和目标进行审查确认。如果计划不周、实施随意，教学质量也就没有可控性。

教学过程的督导分为三个方面，一是对全校教学秩序的监督管理，主要对上课迟到、提前下课、随意调课等现象予以制止。二是对所有学科教师教学准备情况的督导，主要是对每个教学内容的教学设计进行检查落实。三是对课堂教学实施的督导。

通达课程：素质教育

从人与社会互动的角度讲，人的一生大致可以划分为三个阶段：学习进入社会所必需的规范和才能的学习阶段；进入社会成为社会主角专门为社会做贡献的工作阶段；退出主流社会享受社会回报的退休阶段。其中，学习阶段是人生的起始阶段，也是社会造就接班人的阶段。社会按照自己对未来接班人的期望培养自己的下一代，并把培养下一代的具体工作交给学校，学校代表社会实施培养下一代的责任，但这个培养工作并不只是学校的责任，整个社会给处在学习阶段的人施加的所有影响都是教育的一部分。

学校教育者要实现预期的教育培养目的，开设相应的课程是不可缺少的手段。课程是为实现教育目的而有目的、有计划、有意识地选择和实施的教育内容及其进程的总和。国家作为社会的代表把对学习者的期望通过国家课程体现出来，各地方政府也会通过地方课程来强调本地区对未来社会成员的要求。对教育的不同理解，影响着教育的组织者——学校对教育内容的选择及其进程的安排。

对于学校而言，如何贯彻和落实国家课程、地方课程体现出学校领导者的政治水平。对教育的理解和对国家、社会的认识程度极大地影响着学校领导者对于校本课程的选择和安排。当然影响校本课程开发的因素还有学校教师的能力结构和学校所处社区的自然环境、社会环境。

通锦中学认为，对学生的所有影响都是教育，作为学校有义务把这些影响全部整合起来。尽管有不少教育者认为社会教育的功能不该由学校来包揽，但通锦中学作为专门的教育机构有必要围绕学校教育，把社会教育、家庭教育进行适当的整合。社会对学生的影响看起来很无序，但我们仍然可以把整个社会对学生的影响全部纳入自己的课程内容体系之中，把学生在社会生活中通过无意识注意受到的影响都作为课程资源来进行开发和利用，对积极的社会影响进行强化，对消极的影响则予以分析和解读，使学生对社会有一个客观、正确的理解和认识，让学生在学习阶段积聚更多的正能量。

在这一课程理念的指导下，通锦中学一方面加大力度整合校外教育力量，同时强力挖掘学校管理、专任教师、职员工人等各种教育资源和因素。以学生的发展为目的，把这些资源和因素有机地整合起来，推动学生的素质和能力提高。通锦中学以学生的未来生存和生活所必需的素养、能力为课程建构的基本依据，以学校教育为主，以社会、家庭教育为辅，来建构学校的课程体系。开发出的一系列校本课程，不仅弥补了国家课程和地方课程的不足，而且使素质教育落到了实处。

通锦中学校本课程建设虽然起步比较晚，走得也艰辛，但步伐却很坚定！

我们理解的素质教育

近三十年来，中国大力推进素质教育，但哪些素质是每个人都必备的，哪些素质是可以有差异的，在实施素质教育的今天，我们似乎还没有完全弄清楚。这让我们的素质教育陷入困难的认识盲区。

马克思主义认为，人的活动都是有目的、有计划的能动性活动。教育作为人的高级活动，更应当有计划、有目的。而要做到这一点，就必须使我们的教育有一个总体的计划和安排，更有系统性。

从内容上看，首先，我们要弄清楚哪些技能、能力和意识是当今人们必须具备的，作为教育者，这些技能、能力和意识就是我们在教育中必须让学生形成的。这些素质应当是我们素质教育中最核心、最基本的素质。其次，哪些素养是我们这个社会所倡导的，有了这些能力将会使我们的社会更加美好，也能使后代在社会生活中的竞争力更强，生活更加幸福。这也是我们每所学校在完成基本素质教育培养的基础上努力追求的目标。

从素质教育的主体看，实施素质教育不仅仅是学校的任务，在素质教育的工作体系中，地方政府、学校、家庭、社会和学生自己都是实施素质教育的重要主体。他们应当各尽其责。各地方政府应当根据当地经济社会发展的需要和人才流动的具体实际，调整本地教育结构。在劳动密集型产业较多的地区，劳动力主要依靠当地地方，职业学校的比例就应当适当提高一些；需要传承地方特色文化的，则应开设相应的地方课程；对人的道德素养也应根据学校当地的文明程度和传统习惯，提出适宜当地社会发展的目标，不能盲目向别人看齐。同时，政府还应当为后代的成长创造一个良好的社会环境。学校在素质教育中，一方面，一定要在人的生存需要最基本的内容中选择学生所处阶段所欠缺的方面加以培养和提高。因为不同学段的人，其生存方式和能力需要是不同的；另一方面，学校必须满足地方的要求，培养出地方所需要的人才和人的素养，为形成和优化良好的社会风气做出自己应有的贡献；此外，还需要培养人在社会生活和生活竞争中的特殊能力，使这些技能、能力和意识通过学校的课程来完成。学校教育不是万能的，更不是全责的，素质教育的实施离不开家庭和社会的共同努力，尤其是家庭教育，在孩子对家庭具有生存依赖的时期，家庭教育的作用是极其强大的。素质的形成离不开学生本人的经历和经验，“经一事长一智”，多一个经历就多一笔人生财富。在人生的经历中，孩子们自己也应当努力多反思和总结。

在实施素质教育中，通锦中学自觉地把学校教育和社会发展结合起来，把学校教育和人的幸福结合起来。从学生的人生幸福着眼，设计学生的素质结构，并在此基础上构建自己的课程体系，为形成自己的办学特色做好最基础的工作。在通锦，课程是学校一切工作开展的轴心。

一　校本课程的开发

校本素质达标标准引起的讨论

2009 年 4 月的一个上午，通锦中学召开了一个德育专题会议，讨论德育部提出的《通锦中学学生校本素质达标标准》。与会人员手里都拿到了一份讨论稿。标题是“通锦中学学生校本素质达标标准——达德学生素质结构”，副标题为“走向社会的通行证——生存、生活”。

一、能做三菜一汤的家庭简餐。

二、会游泳，会三种以上逃生及救护方法。

三、初会一种以上简单的劳动技能（可以此谋生）。了解一种具有四川地方特色的手工工艺（如蜀绣）。

四、熟练掌握一种球类运动。

五、至少参加一个学生社团。

六、参加 100 学时志愿者活动。参加社会实践活动 60 学时（20 次，每次 3 学时）。

七、完成精品文化营养配餐（读 200 万字的课外经典名著、背 100 首课外古典诗词、听 100 首经典乐曲、看 100 部经典名片、赏 100 幅经典字画）。

八、会行学校规定的基本礼仪。

九、操行（仪容仪表、孝敬父母、尊敬师长、和睦同学、学习习惯、卫生习惯、行为习惯、遵章守纪、政治信念等）评定为“优”。

会议由分管德育的副校长陈浪主持，他向与会者介绍了这次会议的内容、目的，还谈了学校创建特色德育的一些想法。在德育主任解读了这份标准之后，他还请大家针对创建学校特色德育和这一份文稿提出自己的意见。

德育主任详细地向与会者解读了这一份讨论稿。他说这份“标准”包含三个方面的内容，一是生存能力，二是生活能力，三是道德素质。煮饭做菜、游泳逃生、劳动技能属于最基本的生存技能，这些能力是针对目前学生普遍欠缺生存能力提出的。例如很多学生不会煮饭做菜，更不会去买菜，离开父母独立生活时要么吃方便面，要么下馆子；汶川大地震也给了我们惨痛的教训，它警示我们在灾难发生时逃生能力有非常重要的作用，而目前学校教育中还没有专门的相关课程，因此我们必须率先把这门课开起来；运动能力是将来人们生活中必不可少的一种能力，我们必须为人们的将来做准备，这项素质教育需要学校体育组的大力支持和配合；发动学生组建学生社团是为了给学生创建一个自主学习、自主管理、自主教育的情境，让他们在开展社团的活动中，学习如何结社、如何去宣传发动，去经历矛盾冲突和经受挫折打击；习礼是为了提高个人素质，克服人际交往中不知所措的交往障碍，增强生存竞争力；文化精品配餐和志愿者活动、社会实践活动是处理人与社会关系的重要形式，能树立“在社会中生存，为社会做贡献”的意识。“标准”的最后一条则是道德方面的素质要求。德育主任说：“这份标准是一次探索尝试，还很不成熟，因此请大家给我们智力支持，使我们能够不断地完善，把德育工作真正落到实处。”

分管教学的副校长首先发言。他说：“这个标准我个人觉得非常有价值，姑且不论它科学不科学，可行性有多大，能够去想、去创新就是非常难得的。前几天我们拿着它去一些中小学进行招生宣传，家长们对我们这个东西非常感兴趣，家长会结束后向我们咨询这个标准的家长特别多，甚至抢了一些名校的风头，可以说，如果做成了那一定是我们学校的重大亮点。这里面涉及的内容很多，现在关键是如何落实。这些不同的课程谁来教，用什么时间来教，如何考核。这都需要确定下来，这些东西说起来也跟我们的课程有关系，用课程来管理，就需要有教材，有课程标准，有具体的实施方案。”

德育副校长接过话说道：“范校长的建议非常好，我们对此有一个初步的实施方案：一是德育部派出专人负责这些课程的统筹协调；二是对我们学校已有的每日劳动班进行改造，以生存课、习礼课、烹饪课和法制课为主要内容，再把原有的劳动班内容加上去，用一天的时间来完成；三是我们安排了专门的授课人员，生存课由校医担任，习礼课我们请音乐老师担任，烹饪课我们请食堂师傅来教，法制课由德育部的专人来负责。教材的问题我们正在编写，打算从下学期开始正式推行。”

与会者纷纷发表意见，有的老师认为学校目前高考成绩很疲软，把德育先做成亮点应该是一个不错的选择。有的老师说方案很有创意，关键还是在于落实和实效性。他们建议由德育部试验一段时间后，再把成熟的方案交给课管部来统一安排进课表。不过有一点是大家事先都没想到的，几乎所有人都希望课管部以这次德育部的活动为契机开始加强校本课程的研发。

谭六三校长最后总结发言，他充分肯定了今天会议讨论的成果，要求德育部把今天大家的意见综合后，进一步完善方案，把生存教育、生活教育做成学校的亮点工程，尽早物色统筹好相关工作人员，并建议把每日劳动班叫作“综合实践班”，把对学生行为习惯的管理也放进去，由实践班的学生参与管理，把这种管理叫作“文明体现岗”。他还要求课管部以这次会议为契机，广泛地开发校本课程。争取在下学期开学前有一批校本课程趋于成熟。

一个德育专题研究会产生了一个校本课程开发的结果。这是事前大家都没想到的。

生存教育课程的开发

2008 年 8 月的一天，金牛区教育局邀请汶川地震救援队的相关专家对全区各中小学的德育干部进行了一次安全培训。在会上专家们从不同角度讲述了急救的重要性和在中国开展急救技能培训的必要性和紧迫性。其中一个专家的话，让参加会议的通锦中学德育主任非常震惊。专家曾说，汶川地震后，我们有很多志愿者因为没有急救的基本技能，而非常好心地“救”死了一些原本可能生存下来的伤员，造成了不少遗憾。这个信息让德育主任当时就下决心一定要想办法在学校里开展急救常识普及，让全校师生都掌握基本的急救技能，以备不时之需。

回到学校后，德育主任向分管副校长汇报了培训会的精神，并建议想尽办法开展急救课程。分管副校长听了汇报后，认为这个建议很好，要求他写一份报告交校长办公会研究。得到领导支持的德育主任开始思考急救课的开设问题。他在网上查阅了关于急救技能培训的有关资料，在查阅过程中他发现，急救技能在发达国家是每一个公民必备的。这一个信息，更加坚定了他在通锦中学开设急救课的决心。

新学期开学后他找到学校的校医，跟校医讲了自己的想法，校医非常支持这一决定，表示愿意承担授课任务。校医接受了开课任务后，很快就设计好授课提纲，德育主任拿到最初的急救课方案和校医一起找到分管副校长。他们经过仔细的研究，觉得这门课需要分年级开设不同的内容。于是确定了把止血术、包扎术、伤员搬运术、徒手心肺复苏术分别列为初一、初二、高一、高二的学习内容。由校医编写授课讲义和制作课件，由分管副校长负责向学校申请练习徒手心肺复苏术的模拟器械。

经过两个多月的准备，急救课在2008年秋季终于在各班相继推广，这门课受到了广大学生和家长的欢迎。2009年H1N1蔓延，学校防甲流工作全面推开，校医在回收的学生体温监测单中发现了许多学生甚至家长、老师对体温有着常识性的无知。她及时把这一情况向德育部做了汇报，并建议急救课里把生命体征的识别、到医院就医的常识、常见流行病的预防、常见的校园运动伤害等内容也加进去。这样，急救课就开始全面化和学校化。

根据校医的建议，分管副校长召集德育干部进一步研究，认为有必要借助社会教育力量，开展逃生技能训练。于是通锦中学初中年级开始接受逃生训练和户外生存训练。2011年起，又添加了校园紧急疏散演练。至此，通锦中学的生存教育课程就包括了三个板块：急救技能、逃生技能、烹饪技能。

2009年12月，《成都日报》对通锦中学的生存教育课进行了题为《通锦中学开设生存能力课程，其“特色”思路引起教育部关注》的报道。

本报讯（记者　周波）　我市金牛区所属的通锦中学创造性地设立了包括烹饪、求生和劳动技能等在内的“生存能力课”，其极具特色的发展思路引起了教育部的关注。记者昨日获悉，全国教育科学规划领导小组办公室已经发文立项，委托通锦中学展开教育部规划的全国教育科学“十一五”规划课题——“从‘铁’色提升到‘通达’的办学特色实践研究”。

通锦中学原系铁二局一中，是我省首批省级重点中学之一。据通锦中学校长谭六三介绍，按照“从‘铁色’提升到‘通达’的办学特色实践研究”计划，通锦中学将在2011年前打造成全新的特色学校，实现这所老牌“省重”学校的再次腾飞，并为推动全国中小学特色发展提供一定的理论借鉴。据了解，该校近年来围绕“通达”特色教育模式，展开了一系列实践，在校本课程资源开发、“通达”德育、“通达”智育、“通达”科研和“通达”校园环境建设等方面取得了一定成效。

通锦中学创造性地设立了极具特色的生存能力课程，包括烹饪、求生和劳动技能等。他们选派校医等兼任逃生救护课程的指导老师，教学生学会包扎、心脏复苏、人工呼吸等急救技能，还邀请专业人员在专门的训练场所，配合学校开设火灾逃生、高楼逃生等基本逃生互救技能。

通锦中学的孩子都是“烹饪高手”，因为他们在学校有一门必修课就是烹饪。该校将学生食堂作为实践基地，并邀请这方面有特长的家长作为兼职教师，教学生学习“煎炒烹炸”。据了解，在该校的课程要求中，初中学生不仅必须学会煮饭，还要学会烧一菜一汤；高中学生则必须学会做好三口之家的家庭简餐。

谭六三介绍，之所以开设烹饪课，主要目的是想向学生传递一种思想：每个人都应该拥有最基本的生存和生活技能，并在此基础上求得发展。

习礼课的开发

中国自古就有“礼仪之邦”的美誉，但近代以来，我国遭受列强欺凌，国力衰减，西方文化的强势进入，使传统礼仪在与西方礼仪的竞争中被边缘化甚至被抛弃。在相当长的一段时间内，我国西方礼仪与民族传统礼仪混织在一起。加上教育的不完善，使人们即使有“礼”的意识，却也不熟悉“礼”的规范。国人不知礼、不讲礼的现象不胜枚举。通锦中学的学生中无礼无状的情况也非常严重。德育分管副校长陈浪和德育主任在思考打造学校特色德育的过程中，发现了“礼”不仅是一种文明的行为规范，也对学校的风气有着重大的导向作用。于是他们决定把习礼教育作为通锦中学德育的一个重要抓手。

他们认为，礼仪不仅是一种认知，它更是一种行为，它需要人们能够规范地用肢体和语言来表达。所以既要明礼更要会行礼。他们希望通锦从一个“习礼”的学校，能够在将来成为一个“有礼”的学校。

2009 年春季，根据德育规划，通锦中学拟定了《通锦中学学生样本素质达标标准》，经过充分的讨论，决定以当年五月四日的高三成人礼为节点启动习礼教育，并于当年九月正式开设习礼课。习礼课由音乐教师周老师承担授课任务，教材由两位老师共同编写。

两位老师利用暑假收集整理了有关礼仪的知识，进行修改后编成了校本教材《通锦习礼》十二讲。从“头”开始，然后从着装、仪表、站、走、表情、手势、说话、握手、鞠躬等方面逐一规范行为礼仪。秋季开学后，周老师以这个教材为蓝本开始教授学生规范的礼仪。

经过在教学实践中的不断探索和改进，现在的《通锦习礼》包括上、下两篇：上篇是公共礼仪，包括社会公共礼仪和通锦集体礼仪；下篇是个人礼仪，分为举止礼仪、仪表礼仪、交谈礼仪、交际礼节四个部分。

国家课程的改造

国家课程是面向全国的统一的课程，但学校却各有具体的实际情况，因此通锦中学加强了国家课程的校本化改造。

2008 年秋的一个周三上午，高中数学组组长杨老师开完学科组长会回到办公室后陷入了沉思。作为学校引进的骨干教师，他一直在思考着国家课程的校本化改造问题，今天学校课管部和研培部联合召开的会议，让他有一些兴奋，他高兴的是他的愿望可以变成现实了，因为国家课程的校本化改造是一个大工程，只靠一个人的力量无疑非常困难。现在有全组老师一起出谋划策，全力践行。但同时他又感到有一些棘手，因为今天学校给大家的任务就是要各学科组组织教师编写《导学案》。经过思考后，杨老师认为通过《导学案》可以把国家课程校本化。国家课程要实现校本化，就必须符合学校的学情，再根据学情对教材进行校本化的处理。哪些教材可以弱化处理，哪些教材则需要加强，各年级组的老师们应该最清楚。于是他决定让老师们先把《导学案》编出来，通过编写《导学案》，进一步研究学情，吃透教材，把一些重复的教材内容删除，把一些难度较大不适合本校学生的予以弱化处理，把那些常考点、高热点给予必要的强化。

有了这样的想法后，他把三个年级的备课组组长找来，同他们进一步研究《导学案》的编写进度，任务分工。他请三个备课组组长在与组上老师们讲的时候务必强调学情和教材要吃透。

经过两个月的努力，杨老师领导的高中数学组《导学案》初稿如期完成。经过多次修订，如今通锦中学各个学科的《导学案》基本成熟，成为一线教师非常倚重的一份辅导资料。

隐性课程的开发

通锦中学十分重视学校隐性课程的开发和利用。在谭六三校长的校园观里，校园本身就是一本让学生永远也读不厌的好书，它应该具有“六化”，即净化、绿化、美化、香化、文化、教化。教化是前面五化的目的和归宿。

近几年来，通锦中学着力打造洁净校园，就是要把卫生打扫、保洁、学生行为习惯养成等因素整合到教育中去，形成丰富的德育课程资源；通过绿化，让校园充满生机和活力，提升学校的精神面貌；通过美化，让学生亲近美，在美的环境中享受美、向往美，养成美德；通过香化，让清新的、飘荡着花香的空气洗涤人的心肺；从学校的环境建设品位角度打造文化景观，最大限度地展示学校的文化特质，使这些特质成为学生学习的资源。通过“六化”，把整个校园建设成一个随处都可以开发研究性学习资源的学园，同时又是一个可以进行游戏性学习的乐园。

国际课程的开发

未来中国人的生活方式是什么样子？有人说，早上在澳大利亚吃早点，中午在美国谈生意，晚上在欧洲跳探戈。这个说法虽然目前看还有些夸张，但中国人融入越来越开放的世界，则是必然的趋势。未来的中国人必须要有中国灵魂、世界眼光。目前已经有越来越多的中国人成为“空中飞人”，当起“世界公民”了。通锦中学根据社会和学生的需求，开展了国际理解教育，开发了国际课程。

在“铁一中”时代的法国南锡大学项目基础上，开办了法语选修课和五洲文化选修课，促进文化交流；扩大对外交流的范围，与新西兰、澳大利亚、加拿大、美国等国家的中学结成友好学校，接纳友好学校的学生来校交换学习；与韩国等国家的大学建立了合作关系；组织学生赴新西兰、澳大利亚等国开展冬令营活动；组织教师到法国、英国、新西兰、美国、澳大利亚等国家游学，开阔视野，启迪教育智慧。

二　校本课程管理

通锦中学课程开发

把学校办出特色，办出个性，不仅需要开发校本课程，而且还需要加大力度对具有普遍性的国家课程、地方课程进行校本改造，使其更适应本校学生的实际。

通锦中学根据自己的育人目标，立足人本、关注生命，为创立自己的品牌，把学校所有的人、财、物、时、空、活动都作为教育资源来进行开发，都纳入到课程资源中去研究、整合、利用，充分发挥其育人功能。

通达校本课程分为必修和选修两类。学校把国家倡导的学生生存、生活及生命历程必需的内容设定为校本必修课程，主要有生存能力课程和生活品质课程。

为抓好校本课程的开发，成立了由校长任主任委员，校级干部、主要中层干部、部分骨干教师为成员的校本课程开发委员会。委员会下设办公室，办公室设在教务处，由教务主任负责办公。委员会每学期放假前两周审查学校教师开设校本课程的申请，凡符合学校育人目标，有利于补充、完善学校课程体系，且不与国家地方课程雷同和矛盾的均可批准。

每学期期末结束工作前一个月，教师可以向校本课程审查委员会递交下学期将要开设的课程或改造国家课程的审查申请。教师在申请时必须同时提交《课程纲要》。《课程纲要》包括：课程标准、课程目标、内容简介、课程教材、课程进度计划、课程评价方案、选报（人数）要求等。教务主任将收到的申请集中后交审查委员会相关专家审阅。专家团队审阅后，写出自己的意见和建议，交课程审查委员会集体开会讨论，两周后，校本课程审批委员会集体开会讨论决定是否通过。

校本课程开发委员会批准设立的校本课程由教学管理部发通知给申请教师，期末考试结束后，在相应的年级组织学生选课。各年级将选课情况汇总上报到教学管理部。教学管理部依据选课学生的情况，最后决定哪些课程进入下学期学校课程表。如果选课学生人数不足 10 人，则不进入下学期学校课程表，这样的课程下学期可以不再申报，直接组织学生选课。学生所选课程因选课人数等因素未能开课的，教学管理部需在开学时通知学生重新选择。

新学期开学前，教学管理部认真排出校本课程开课课表，确定上课场所，在情况允许的前提下尽量满足教师对教室或设备的要求。同时编制学生名单和考勤登记册，交到上课教师手中。开课教师和学生应按通知要求到指定地点上课。开课教师要做好学生出勤登记、学生成绩考核工作，在校本课程结束后把学生考勤登记册、学生成绩册交到课管部归档。

教学管理部还要做好日常教学检查，负责处理调课、代课、师生请假等事宜，并收集校本课程的课程讲义。把学生成绩计入学生学业档案，同时计算教师的工作量，充分发挥教学督导室的职能作用，定期对校本课程进行教学效果调查、督导，对运行中存在的问题要及时向任课教师反馈，以期改进。

采用四级质量评估机制。一是教师自评，教师按百分制给自己的课程打分；二是生评，学生对本课程的重要程度和老师的上课质量来决定自己是否对该课程满意；三是班主任和家长评，班主任和家长通过与学生的交流以及学生在学习、生活中运用相关课程知识的多少来确定对该课程的满意度；四是通过任课教师提交工作总结、学生和家长及班主任满意度调查和督导室提交的质量评估报告来进行管理和评估。对综合满意度低于70%的课程发整改通知，对满意度低于50%的课程予以停止，并和工作业绩挂钩，纳入教师年度考核。

通过分班设置课程来进行国家和地方课程的校本改造。高中艺体班、初中艺趣班和职教班的课程设置，打破常规，一方面，增加了职业教育、音乐、体育、美术等学科的课时数量；另一方面，各学科根据学生的文化课基础，在教学内容和讲授深度上进行增删取舍，大胆改造，把那些艺体班的学生容易学懂、能够学懂的内容加强，那些学不懂的尽量少讲、甚至不讲，不讲那么深、不讲那么多，让学生学得更轻松、更有效。各学科组把学校的育人目标分解到各年级的学科教学中去，对那些与实现学校总体育人目标作用不大的课程予以删除，增加育人性更强的课程。

全校教师全员动员，实验员、工勤人员等教辅人员也积极参与进来。以“通达讲坛”为抓手，开发了学科延伸选修课程13门；以家政、交往、自救为重点开发出了“烹饪”“习礼”“急救”等生存能力课程8门；以文化节为主线，开发了“音乐会”“成人礼”“咏诗赛”“孝敬节”“阅书节”“远足”“万卷书万里行”等文化活动课程19门；以传统科技体育项目为中心，开发了“击剑”“无线电测向”“定向越野”“航模”为龙头的科技活动课程；以校园环境、文化设施为主的环境隐性课程。

通达课程体系

围绕培养“智、仁、勇三德兼备的达德公民”的育人目标，结合国家新课程改革，通锦中学在国家课程语言与文学、数学、人文与社会、科学、技术、体育与健康、艺术、综合实践活动八个学习领域的基础上增加了道德与理想、生命、生活、社团、游学、活动、游戏七个校本学习领域，为学生提供了十五个学习领域的课程。不仅进一步落实了素质教育，而且还在学生的能力结构上深深地烙下了通锦中学的印记。

以语言和文学、人文与社会学习领域为依托，开展中外经典名篇选读、成都一日游、环境保护、社区实践活动，培养学生的人文情怀及和谐共生意识，塑造学生“仁”的品质。

以艺术、体育学习领域为主，开展音乐会、运动会、书法绘画展等活动，培养学生阳光、乐观的生活态度并强健体魄，熏陶学生“智”“勇”的品格。

以数学、科学和技术学习领域为主，开展科技创造、园艺栽培、网络技术、机器人等科技活动，培养学生的科学态度及战胜困难、顽强拼搏的精神，培养学生“智”“勇”的品格。

通过研究性学习等综合实践活动，开展研究活动，教学生学会学习，培养学生勇于探索的精神，开启学生的“智”。

开设道德与理想课程。把《中学德育大纲》规定的“马克思主义教育、爱国主义教育和国际主义、理想教育、道德教育、劳动教育、法纪教育、身心卫生和个性教育”七大德育内容与2001年国家颁布的《公民道德实施纲要》规定的“爱国守法、明礼诚信、团结友善、勤俭自强、敬业奉献”20字公民道德规范以及中华民族传统的“四维”“八德”道德规范进行了有机整合，再结合本校的办学理念，着眼于学生未来生命的发展，确定十大常规德育主题：一是以保障生命为目的的健康教育，二是以谋生为指向的劳动教育，三是以读书活动为重要载体的明理教育，四是以提升个人修养为目的的习礼教育，五是善良感恩的孝道教育，六是培养科学态度的科学教育，七是以获得自由的法纪教育，八是尽忠职守的责任教育，九是树立国家意识的爱国教育，十是灌输马克思主义思想的理想教育。为学生立“仁爱”之心。

开发生命教育系列课程。开设珍爱生命课堂、逃生训练课、急救技能课、独立生存课、心理健康课、谋生技能课等。让学生增强移情能力以修“仁”。

开发生活品质系列课程。开设了习礼课、家政课、健康休闲课（特长运动和艺术修养）等。使学生礼数周全、情趣高雅，开启学生的生活“智慧”。

发动学生组建社团。开展社团活动，在独立的、自主的社团实践活动中，增加人际关系的复杂性，创造更多的生活情景，在其中锻炼自己的宣传发动能力、组织管理能力、矛盾协调能力、发展人际关系能力、创业能力以及敬业精神和廉洁公正的品质。社团课是学校教育中的特殊课程，学生几乎完全处在自主学习的状态，随机地进入学习状态中，是进行素质教育的重要形式和途径。

精心打造环境课程。学校的物化环境是构成教育的重要资源，通过校园环境建设，对学生进行审美、和谐及人文情怀教育。使学生常怀“仁”敬物。

开发游学课程。“读万卷书，行万里路”，建立国内外友好学校，以交换学习为主体，开发小语种课程和长江黄河游、丝路行、欧美澳洲行等游学课程，让学生走出成都、走出盆地、走出国门，见世面以“广智”。

打造通达文化系列活动课程。根据学校工作的规律，每个学年度开展十大教育活动：颁奖典礼、音乐会、读书节、成人礼、咏诗赛、学生节、运动会、创造节、合唱节、达人秀。

在初一、初二年级每天安排一节游戏课程。学生轮流设计组织游戏活动，让孩子们充分享受集体游戏的乐趣。

“三生”德育：着眼明天

简单地说，德育就是培养道德品质的教育。对于学校而言，就是使学生能够自觉践行社会公认的道德规范的教育活动。作为“礼仪之邦”的中国历来都非常重视道德教育。中国古代就有“国无德不兴”“道德衰亡，诚亡国灭种之根基”的说法，把道德提升到立国兴邦的重要地位。中国共产党坚持把“以德治国”与“依法治国”相结合，把“以德治国”提高到空前的高度，以充分发挥道德教育在政治生活和文化生活中的重要作用。教育是塑造灵魂的工作，是“立心”的活动。可以这样说，没有德育的教育不是完整的教育，不是真正的教育。虽然教育也离不开育“才”，但司马光说过“才者，德之资也；德者，才之帅也”。在学校教育“德、智、体、美、劳”五育中“德育”居于“首位”。

在通锦中学看来，学校整体工作的推进，不仅要抓教学质量，谋划高考，更要抓好德育工作。一方面德育工作能够为教学工作提供有力的保障，另一方面对于一所处于低谷的学校来说，德育工作是迅速扭转学校面貌，改善社会评价的最快捷途径。通锦中学把德育工作作为一门课程来进行开发，把它纳入学校课程建设体系中，恰当地解决了德育与智育的关系。使德育不再“被首位”，不再只是“说起来重要，做起来次要，忙起来不要”的装点门面的“面子工程”。

尽管如此，关键的问题是当今的德育工作确实不容易落到实、见实效。因为现在很多青少年对成人社会有一种近乎本能的叛逆，他们常常以自己处在叛逆期自居，甚至以此威胁家长和老师。特别是他们会对自认为跟自己没啥关系或者关系不大的东西百般抵制。他们的自我意识远远强于他们的前辈。尤其是不少独生子女从小在家庭中处于绝对中心地位，自我意识极度膨胀。现实社会中不少阴暗面的存在，也让他们抵触来自政治和道德的说教。同时，很多学校的德育工作没有遵循道德品质形成的客观规律，也不符合学生的心理特征，这使学校德育工作空洞虚假、枯燥乏味、苍白无力，让学生厌倦。

通锦中学在德育实践中，努力破解这一难题，从“无意识注意”和“有意识注意”两个方面去寻找德育的切入点。把学生的道德修养从“无意识”向“有意识”、从“自发”向“自觉”引导，逐步提高道德修养的自觉性和学校德育的有效性。

“大教无痕”，道德教育更多地需要浸润和熏陶，让学生在潜移默化中受到教育，形成道德认识和行为。大力建设学校文化，给学生的道德修养营造良好的文化环境，开展丰富多彩的文化活动。让学生在校园里耳濡目染，在快乐的活动中体验、理解、接受、纠正、提高，使学生在不知不觉中受到影响，获得启发，最终形成良好的道德品质。

把学生的需求与学校的追求结合起来。寻根究源，从“教育为人的发展服务”这一教育的原始本义出发，把德育切入点确定在“人”上，重视学生个人的需求，使德育真正做到“以人为本”。学生作为一个生命体在社会中生存是要发展、要成长的，因此我们把德育与学生的成长、发展结合起来，让德育为学生的成长服务，成为学生发展的推力。为学生的生存和生活服务，让学生觉得这些道德规范是生活所必需的、有用的，增强学生自觉进行道德修养的内驱力，变被动德育为主动德育。以学生的“生存——生活——人生”为中心线索，实施“三生德育”。“三生”就是指生存、生活、人生。我们提出了“让生命更坚强、让生活更精彩、让人生更幸福”的德育理想。生存是人生命体的存在和延续。学习的最终目的从个人来讲还是为了获得生存所必需的能力。生存能力的强弱，并不取决于考分的高低，而与个人的品行修养、目标选择、政治倾向等德育因素密不可分。生活品质的高低，一方面跟生存能力相关，同时还跟一个人的学养、涵养、兴趣爱好紧密相连，这些既需要课堂教学去培养，更需要德育活动去锻造。生存能力强、生活品质高的人生一定是幸福的。学校能够做的只能是为学生的“明天”奠基。

为了让德育工作既有特色，又更有针对性，既适应学生的心理特征，也符合社会的需要，我们加大了传统德育和公民道德的整合力度，加强德育方法的改进。以发展学生的生存能力为出发地，以提高学生的生活品质为中转站，以实现学生的人生幸福为落脚点。

在实施步骤上，我们从端正校风、强化习惯养成入手，修养道德品质。在途径上，以营造良好的校园环境和开展丰富多彩的德育活动为主要途径，

道德教育的最高境界是能够给学生寻找一个精神的安身之所，中央人民广播电台的丁文奎先生说：“正确的信仰是道德的灵魂，而法制完善则是道德的最低保障，政风清廉是道德的生态屏障。”要让学生心有所寄，情有所托。我们提出“为国成才”，把国家的共同理想作为学生共有的精神追求，把国家民族作为学生精神世界稳定的安身之所、放“心”之地。

廖大爷守候一个月

2009 年 6 月的一天，通锦中学招生办公室来了一位姓廖的大爷，他跟招生办公室负责的老师说，他要让他的孙子择校到通锦中学来读书。他把他孙子的情况跟负责登记的老师说了后，登记的老师跟他讲："你孙子的户口是成都金牛区的，可以参加微机摇号就读初中。"但廖大爷非常肯定地说："我已经在你们学校外边那幢楼上考察一个月了，我就要选择你们学校！"

原来，廖大爷的家在成都西门车站，他家附近有好几所重点中学。他的孙子 2009 年 6 月就要小升初了，尽管周边几乎都是重点中学，随便选一所都可以，但也正是因为这样，他觉得有点难以取舍，于是他想亲自考察一下这些学校的校风。为了给孙子选一所校风好一点的学校，他从三月下旬起就开始到附近几所中学去"侦察"。通锦中学是离他家最近的学校，但他听说这所学校的教学质量不太高，所以他选择了先从其他学校开始"侦察"。等他把那些学校都考察完了，最后他才考察通锦中学。

他每天都到紧邻通锦中学操场的一幢居民楼楼顶上去悄悄观察通锦中学校园里的情况，从学校早读开始直到晚课结束。他原来打算看两三天就可以了，因为其他几所学校的升学率都比通锦中学高，通锦中学尽陪末座。但是他发现了一些通锦中学跟其他学校不一样的现象，这让他颇难选择。于是他把对通锦中学的"考察期"延长到一周，一周结束后，他觉得通锦中学虽然升学率不高，但是他们的校园里好像比其他学校有更特别的东西，学生更阳光些，精神面貌更好些。这让他更加陷入矛盾之中，思量之余，他觉得自己不能匆忙做决定，还是决定再看看。于是他连续在那楼上观察了一个月。

一　通锦学情之行为习惯

行为习惯是一个人道德品质形成的基础。在中学阶段，学生的思想道德品质并没有完全形成，他们的行为表现还处于行为习惯的层次上。这就要求在教育过程中，教师不能把学生的不良习惯上升到道德品质的高度，动不动就认为学生道德品质差。行为习惯是可以改变的。学生是发展中的学生，习惯不良的学生需要教师去教育和校正。学生的行为习惯现状正是我们道德养成教育的基本学情之一，是我们设计教育方案、开展教育活动的依据。

赌气剃光头

2006年8月，新高一的学生参加军训。进入部队前，学校对学生进行了军训动员，要求学生听从教官指挥，遵守部队纪律。进入部队后，部队对学生的发型、穿着、打扮等都提出了具体的要求。按部队要求，留有长发的男生需要把头发理成浅平头，头发不长的学生如果得到教官认可，就可以不再理发，学生理发时需要自己将2元理发费交给理发师。可是有8个男学生不愿意自己一头长长的秀发被“毁”，他们去找教官提出不剪发的要求，教官见他们的头发实在太长，不符合规定，就没有答应他们。见保“发”无望，他们几个一商量，就统一行动，在轮到他们理发时要求理发师把自己的那头秀发全部剃掉，剃成光头。

剃光头发后，那几个学生拨打了成都某媒体的新闻热线报料：军训期间，学校强行要求100多名男生剃成光头或浅平头，只能留0.5厘米长的头发，还要交5~10元费用，大家不愿意，但学校说如果不剃，开学时就不能上学。

媒体记者闻讯赶到军训点对那几个学生进行了采访，在记者采访他们时，其中一个学生还跟记者说：“我们寝室的7个学生全部都剃成了光头，有些留长发的男生对此深感委屈，在理发时都哭了。一共有近30个男生被剃成了光头!”

事后，这家媒体在既没有充分核实该起事件，也没有与学校取得联系的情况下，就对仅从学生渠道获取的信息进行了报道。第二天，这个“新闻”被多家媒体转载，一时间这件事被炒得沸沸扬扬，把学校置于风口浪尖之上。直到教育局介入此事，调查出了事实的真相，才澄清了是非。

学生的发型与学生的行为习惯紧密相连。发型怪异的学生似乎是想通过这种方式来排解内心的空虚，或者引起老师和同学的注意。他们用拖、辩、抗等多种手段来对付学校关于仪容仪表的规定。他们因染发、烫发或头发过长被老师要求整改时，通常情况下会态度非常端正地说：“老师，我错了，现在上课没空，等周末一定去改过来!”可等周末过了再检查时，他们还会用同样的话来搪塞。另外一些学生会向老师辩解：“我的头发哪儿长了嘛？我爸妈觉得合适啊。”还有些学生则采用“拖”字诀，邓老师发现班上有七八个学生发型不规范，把他们找到办公室讲道理，然后要求他们放学后务必去把头发按学校规定剪短，几个学生都表示坚决按邓老师的指示办。第二天早读课前，邓老师就到班上去检查验收，邓老师一看就有些生气了，那些学生昨天痛快地表示要去把头发剪短，而且还特别强调了按学校规定剪，但现在看上去这些学生根本就没有剪。邓老师责问这几个学生答应的事为什么没做，几个学生异口同声地回答："剪了的呀！"并且还说他们几个是一起去校门外某理发店剪的，不信可以去理发店问。听到他们这样说，邓老师决定先到理发店去了解一下情况。他估计理发店开门的时间到了后，就去找到店主。店主告诉他，昨天晚上七点多确实有七八个学生来这里理过发，他们头发比较长，但他们要求尽最大可能少剪点。听到店主的解释，邓老师明白了这几个学生是对他采用了软抗战术，所谓的理发只是敷衍了一下。

王老师班上的几个男生比邓老师班上几个学生"聪明"一些。他们用半剃来对付老师，他们知道教育部制定的《中学生守则》里有明文规定："男生不得留长发"，所以他们的头发是要理的，绝对没有长发，但他们把两边鬓角部分理得特别短使头顶部分的头发显得特别长，甚至还在头枕部留出一条尾巴。钻规定的空子，打擦边球，总之要达到惹人注目、显示"个性"的目的。

只要不上课，怎么处置都行

通锦中学的老师们对自己的学生有这样一个评价可以算是一语中的——想上学但不想上课。虽然不是所有学生都这样，但一个年级中多多少少都会有几十号这样的学生。小杰可以说就是这样的典型。班主任要求每节课上课都不要迟到，但是小杰找到班主任，说他肠胃问题很严重，拉肚子很厉害，每节课下课都要去上厕所，所以每节课都要迟到一会儿。其实老师们都知道小杰这样的学生一方面是不想上课，能多耽误一会儿算一会儿，另一方面还有一些人是想利用这点时间在厕所里抽烟。

一天上午大课间活动结束第四节课上课后，班主任发现小杰还没有到教室，就在教室门口等了五分钟，但还是没有看到他，于是就到厕所去找。在厕所外边就听到里面有人说话，班主任进去后发现里面每一个蹲位都蹲着一个学生，虽然没有抽烟，但几乎每个人手里都拿着手机，手指在手机屏幕上不停地拨动着，有人看到有老师进来了，于是立即不说话了。班主任在厕所最靠里面的蹲位看到了小杰跟其他学生一样在愉快地玩着手机，好像全然忘记了他此时此刻应该坐在教室里听课。找到了小杰，看到他是安全的，班主任的心里稍微踏实了一点，于是就到厕所外面等着他。很快，小杰从厕所里出来了。班主任问小杰："现在上课多长时间了？你忘了规矩了吗？"小杰不语，班主任又问："你说这件事怎么处置才合适？"小杰想了想说："只要不上课，怎么处罚都行！"

小刺猬

在通锦中学的校园里、课堂上还会遇到这样的学生，他们人数不多，但破坏力极强。

暑假的一天，新初一的学生在校园里军训，火辣辣的太阳烤得操场卷起阵阵热浪，于是教官们纷纷把学生组织到阴凉的地方训练。在参加军训的新生中，有一个特别不安分的学生，教官多次提醒他要认真训练，他却总是管不住自己，在一旁协助军训的几个班主任也纷纷上去帮忙教育，但那个学生根本不服管教。组织军训的德育部老师听到老师们的反映后，就去找那个学生单独谈话，让德育部老师没想到的是，那个学生居然一副“老油条”的架势，他翻着白眼跟德育部老师说：“你又不是教官，也不是我的老师，我凭啥要听你的？”听到这话，在一旁的班主任们大声笑道：“他是管我们班主任的，怎么不是你的老师？这所学校的所有教职工都是你的老师！都有教育和管理你的权力。”大家没想到的是那个学生不仅不认错，他沉默了一下，反而开口说道：“那你打我嘛！”听到他这样说，老师们感到非常诧异，还没等老师们回过神来，他张嘴又说了一句话：“你打了我，我就到教育局去告你！”

像这样典型的“刺猬”在通锦中学绝对不止一个。秋季期中考试后的一天课间，初一年级的分管行政在年级各班巡视，听到一个学生在教室里大声地说着脏话，于是他走进教室去制止。他问那个学生：“你为什么骂脏话？”没想到那个学生不仅不认错，反而振振有词地说：“我爸爸说的，别人骂我，我就要骂回来，别人打我，我要打回来。”老师又问：“你叫什么名字？”那学生头也不抬说道：“我爸爸叫我不要把名字告诉陌生人。”几句话呛得老师无语。因为刚刚期中考试结束，于是老师想根据他的学习成绩来旁敲侧击地教育他，就问他期中考试考了多少分。学生回答说：“零分！”“为啥得零分呢？”“不想做，做不来。”

像这样对老师无礼的行为在高中学生中也存在。一天，督导组在高二年级的一个班级听课，其中一个听课的老师发现有一个学生趴在课桌上睡觉，于是走上前去轻轻地敲了敲课桌，把他惊醒。这个学生醒来后，睁开睡意朦胧的眼睛看了一眼提醒他的老师，又偏过头去继续睡。看到这种情形，站在他旁边的老师轻轻地推了他一下，低低地说：“不要再睡了！”但这个老师万万没想到的是，那个学生怒气冲天地站起来，吼道：“啥子！关你啥事！”全班学生和在场的所有老师们都被他的这一举动惊呆了。

厕所门口有个放哨的

刚来成都的吴老师课间去上厕所，来到男厕所门口，发现有一个男生站在厕所门口玩，他正准备问他为什么喜欢在这个地方玩，那个学生却抢先笑着大声跟他打招呼："吴老师好！"吴老师觉得这个学生还不错，尽管嗓门大了一点儿，但还知道主动跟自己打招呼，于是高兴地跟那个学生打了个招呼就往厕所里走，进去后他发现厕所里烟雾弥漫，几个学生站在厕所里无所事事，一看就知道是到厕所里来抽烟的烟民。吴老师见此情景，立即责问："你们怎么在这儿抽烟？"没想到几个学生异口同声："没抽啊！"还有人假意道："谁在抽烟？怎么这么不自觉？"吴老师见他们手里确实没有烟，地上也没烟头，没有拿到证据，也不好多说，只好作罢。吴老师回到办公室跟年级组长反映这件事时，年级组长告诉他："门口那个男生就是放哨的，见到你大声招呼实际上是在向里面的人通风报信，里面抽烟的学生听到后，全部把烟头丢进下水道，这样你就拿不到证据。"

不爱穿校服

校服是现代学校文化的重要内容，通锦中学的学生虽然大多数还是能够按照学校的要求穿校服到校上课，但也有不少学生不太爱穿校服。一是他们觉得校服难看；二是他们觉得学校名气小，穿着通锦的校服没面子；三是学生的逆反心理作怪，他们对于成人社会强加给他们的东西似乎有一种天生的反抗。因此，他们千方百计不穿校服或者私自对校服进行一些改动。

徐老师在巡察中看到有一个初二男生没穿校服，徐老师问他为啥不穿校服，他告诉徐老师，自己的校服昨晚才洗，还没干！徐老师说："每个学生都有两套校服，不会都洗了吧。"那学生说："就是都洗了，星期六换的衣服，我妈没及时洗，昨天那件在吃饭的时候弄脏了。"徐老师无语。

华子是一个特殊体型的学生，长得胖，170 厘米的个子，体重 85 千克。所以他长期以校服太小穿不上为由拒绝穿校服。班主任亲自带着华子去找校服厂的工作人员，按他的体型订制校裤，但拿到校裤后的华子总是会很无奈地告诉班主任：校裤的裤裆又被崩坏了。

爱美的女生则悄悄地把校裤裤腿改造成笔筒裤样式，还有一批学生则是经常故意拉扯自己的校服，把校服拉扯得奇奇怪怪的，然后告诉老师说，校服太丑了，不好看。

更多的学生则是不愿意穿戴整齐。不少学生不喜欢拉上胸前的拉链，甚至在冬天也会把里外几层衣服全都敞开，理由是太热。但到了夏天，无论多热的天气，学生中也有很多人不愿穿夏季短袖校服，而要穿着秋季校服到校，一到学校就脱掉校服穿上自己的服装，理由是穿校服实在太热了。

校园里偶尔也会有几个扮酷追求时尚的学生，他们穿校服，但戴着牛仔帽，看起来十分怪异。

习惯无理辩解

学校里也有不少这样的学生，他们自己错了，却要强词夺理，为自己辩解。他们的表现一般是首先不承认，但实在推脱不了，就会找理由推卸责任。

贺老师这天课间到教室里去，看到有个学生在讲台上和另一个同学嬉闹时拿起粉笔头砸向一个站在座位上的同学。贺老师看到他这个举动，立即制止，并要求他不要再扔粉笔头了。贺老师没有想到这个学生极其无礼，恼怒地向贺老师吼道：“想干啥子嘛！我跟他开玩笑！”

本来心平气和的贺老师一下子被这个“浑小子”惹火了，自己只是想提醒一下他不要再扔，并没有打算追究这件事的。看到学生这个情形，他说：“我本来没想干啥子，但现在要请你到办公室来一下。”那个“浑小子”牛劲上来了：“我要上课，不去！”

贺老师把这件事反映给班主任，班主任找到那个学生小军，小军的表情是自己受了委屈，而不是他有错。他强词夺理跟班主任说：“我下课在休息，哪个要他管嘛！课间是我们正当的休息时间，耍一会儿也错了吗？”

有人说“错误都是别人的”是很多中国人从小就形成的观念，孩子摔跤了，家长为了哄孩子不哭，责骂“肇事”的桌椅甚至地板。这样的教育必然会造就这些“有错不认，蛮横无理”的学生。

5·12 地震后

2008 年 5 月 12 日下午 2 点 28 分，郝老师坐在底楼办公室正准备到会议室去开行政会，突然，他听到楼上的木楼板发出了剧烈的响声，好像是有人在楼板上挪动沉重的桌子或柜子，弄出很大的动静。而且这声音持续不断，他第一反应是：坐在自己头上“作威作福”的这几个家伙没事把办公桌搬来搬去干啥？正当他纳闷的时候，突然听到有人大喊：“地震了！”随即整个校园也像炸开了锅一样沸腾起来。郝老师立即往教学楼赶，准备前去协助疏散师生，他刚来到办公楼前的干道上，看到一群学生从实验楼上冲下来，聚集到办公楼和实验楼之间狭窄的干道上来，见此情景他着急地大声向学生呼喊："这里并不安全，赶快到大操场集中！"他担心其他学生还会笨笨地以为下了楼就安全了，依然在此聚集，所以就站在实验楼下的通道口组织疏散。

事后，郝老师回想起那天学生纷纷往狭窄空间跑的情景，觉得学生的防震常识太欠缺了！逃生能力、生存能力亟待提高！后来发生的一件事更加强化了他的这个判断。

那是地震复课后的第一天。一进校，郝老师就到了年级组。他发现人生第一次遇到如此强震的学生们带着有惊无险的几分庆幸，热议着这次大地震期间的见闻，特别是那些偷偷跑进灾区去当志愿者的男生更是成为大家话题的焦点。他发现这些有点劫后余生感觉的学生们再次见到同学和老师时都显得特别兴奋和亲切，而且好像对人生有了新的认识和看法，他们好像对人和气多了。就连年级里那几个"极品"学生也都温顺了，平常老挂在脸上的傲慢与偏执神情似乎突然之间都没有了。这让他的脑海中迅速跳出了温家宝总理写下的那几个字：灾难兴邦！

那一伙叽叽喳喳的女生抢着说话，她们的话题跟男生不同，说的都是一些生活中的琐事，她们述说着那几天在家里抢水（成都谣传水源被污染引起的抢水潮）的经历，父母上班后，自己在家里吃方便面的狼狈窘态。听到这些学生说吃方便面，郝老师心里动了一下，顺便问了一下，为什么只吃方便面，好些学生有些害羞又有几分得意地说，自己不会煮饭做菜。这样的回答让郝老师的心情有些沉重。

二　转变校风

面对这样的学情，应该怎么办？通锦中学的全体教职工经过认真的分析，认为要让通锦中学这样一个处在极其困难境地的重点中学迅速改变面貌，德育才是突破口！应当实实在在地把德育放在首位。首先，教育并不等于升学，教育的本质最终在于促进人的发展。同时，改变学校在社会上的形象和面貌也并不只有通过提高升学率这一条途径，尽管当今社会非常看重一个学校的升学率，但短时间内要想大幅度提高升学率，并追上区域内的同类学校，难度非常大。因此，通锦中学选择德育为学校工作的突破口。抓德育至少有三个好处：一是可以迅速改变师生的精神面貌；二是可以为教学工作提供支持和保障，改变多数教师在课堂上怕管学生的状况；三是可以探索特色学校文化活动和特色项目，在短时间内转变校风，使学校形象得到一定程度的改善，赢得社会好评。当前最紧要的是要规范学生在课堂上的行为，给教师对学生的管教提供强有力的校规校纪支持！

校风是一所学校外在的面貌和风气，直接反映一所学校的管理水平、教育水平和师生的素养。因此，校风建设历来为教育工作者所重视。校风最主要的又是从学生的言行举止等行为习惯表现出来，转变校风，就必须改变校园里学生的不良行为习惯。

中学生表现出来的言行举止，一部分是他们长期以来形成的习惯，少部分是随着年龄的增长，在社会生活中盲目模仿学来的。习惯是一种顽固的力量，一下子不可能改变过来。不少有不良习惯的学生并不认为自己的习惯不好，特别是他们在社会中模仿来的那些所谓新潮的东西，如果受到家长和老师的批评，他们会认为是老师和家长都"老土"，跟不上时代的发展，对老师和家长的要求产生强烈的抵触。这要求学校和教师在养成学生良好行为习惯的过程中一定要采用"道德"的方法、和气的态度。如果使用的方法不尽合理，教育态度霸道，更容易让学生产生对立情绪。

通锦中学在学生行为习惯的养成上努力地避免简单粗暴，用"道德"的方法进行道德养成。给学生设置道德底线，允许学生犯一些小错，把学生犯错作为一种教育的机会和资源进行开发。在工作内容上把学生行为习惯养成与校容校貌的改善结合起来，以学生未来生活所需要的基本素养为重点。

加强校风建设

2007 年 10 月，通锦中学一行人由副校长带队前往重庆儿所重点中学参观学习，这次考察收获的一个重要成果是：严明纪律，盛世用重典。这坚定了通锦中学加强校风建设的决心，也给通锦中学加强校风建设提供了一个借鉴。经过认真的研究和讨论，决定以制度建设为抓手，以校正行为习惯为重点，以转变校风为目标，进行为期八个月的校风建设，时间周期从 2007 年 11 月至 2008 年 6 月。通锦希望通过校风建设快速整治学校的不良风气，特别是学生中蛮横霸道的作风，改变社会对学校的不良评价。把建设的重点放到课堂学习行为和师生关系上。把学生在课堂上的坐姿、课堂上玩游戏、课后作业、严重影响课堂秩序等行为纳入纪律教育的范围，目的是把在课堂上"神游"的学生"召回"课堂，参与学习活动。

他们还给学生设置了六条高压红线，对违反者加大教育的力度：无礼顶撞老师和学校工勤人员者；强闯校门出校者；与校外人员斗殴、为他人强出头、帮人打架者或持械打架者；男女学生在公共场所勾肩搭背和搂抱者；考试作弊者；携带攻击性器械及破坏学校安全设施者。

在正式实施前全校教师共同努力，在学生和家长中广泛宣传，取得了广泛的共识，形成了强大的舆论压力，通锦中学的校风建设第一步整肃恶习取得了非常好的效果。不仅教师欢迎、家长支持，而且学生也表示早应该这样了。有学生说："如果早就这样抓，我们也不至于像现在这个样子。"

建设无比洁净的校园

金牛区语文教研活动在通锦中学举行，全区各中学的语文教师齐聚通锦，活动结束后，几个和陈老师相熟的兄弟学校老师对她说："你们学校现在好干净啊！"陈老师说："现在是比以前干净些。我们学校搞了一段时间的校风建设，清洁卫生打扫比以前更彻底，保洁维护比以前更到位一些了。不过跟你们学校比起来还是有很大差距哈！"那几个老师说："哪里哦，就是看到你们学校干净，跟我们学校形成的反差大，我们才感觉强烈，不然感觉不出来哈。"

是的，经过持续不断的努力工作，通锦中学学生的不良习气得到了有效的治理，教师的教育权益得到了有力的维护，学生的学生气质渐渐地回归。于是，德育领导小组开始策划第二波校风建设的动作——建设无比洁净的校园。通锦相信一句教育格言："教育就是校园的无比洁净。"他们要向理想的教育努力。

活动从2008年五一节后开始展开。德育部、服务部协同配合，德育部管教室和公共区域的卫生，服务部负责室外公共区域的保洁和维护。德育部专门召开年级组长和班主任会议发动和布置，再次明确和重申学校的清洁卫生标准：地面无垃圾、无积水，光洁；门、窗台无灰尘、无张贴物；黑板、讲台干净无粉笔灰；讲台下无粉笔头；桌椅、卫生洁具摆放整齐。同时加强了教室清洁卫生的检查力度，在原有的教师上、下午两次检查的基础上，增加了学生的检查，检查结果同标兵班集体的评选挂钩。

对清洁卫生的检查不仅针对教室和公共区域，而且还专门组织学生对教师办公室和各行政办公室进行检查评比，并在全校校会上公布检查结果。

经过强力推动，师生的卫生意识不断增强，特别是在后来防甲流活动中，通锦中学顺势提高教室卫生标准。把以前的地面"无垃圾、无积水，光洁"

的标准改为"无污痕、现本色，光亮"。德育部还专门对全校教师做了一次"教室卫生打扫和保洁"的培训。

通锦要求卫生打扫的时间和流程统一：每周五下午大扫除，德育部于周一早晨检查。周五放学前所有学生把课桌上的物品全部清理干净，再把自己的座椅放到课桌上后才离开，负责大扫除的学生先将全班的课桌移到教室一边，教室里的灰尘用条帚清扫干净，用兑过洗洁济的水清洗地面后，再用拖布把水拖干，然后再将课桌移到另一边，用同样的方法打扫好另一半地面。完全处理干净后，最后将课桌移到原来的位置。在摆放桌椅的时候要求全班桌腿必须横竖一条线。

讲台下面一般容易成为卫生死角，通锦要求每周大扫除时必须把讲台下拖干净，讲台下除必要的电源线和插座外不得有其他物品。教室门、窗台和站在地上就能擦得到的窗玻璃必须擦干净，做到一尘不染。饮水机必须用干净的毛巾擦拭干净。

对于保洁，通锦要求教室内不得放置盛装垃圾的器具，所有垃圾由学生放到课桌一角，下课后自行带出丢进公共垃圾桶，以保证教室内垃圾不下地。讲桌和黑板每节课下课后用湿布擦干净，做到彻底干净。教室的走道、讲台、门口走廊每天三次用不滴水的湿润拖布拖走灰尘和污痕，如果用了滴水拖布拖地，拖完后必须用干拖布把水拖干。因为，"干净干净，干了才净！"

向学生学什么

周老师一向与学生的关系比较对立，他总是看不惯学生，只要学生有一点异常的表现，他就会认为是在干坏事。一个学生因为纠正班上另一个同学吃饭时总吧唧嘴的习惯，引起了另外一些同学的攻击，最后还引起冲突。他看到好几个学生都在说那个学生不对，所以就认为肯定是那个学生犯错，并且固执地坚持自己的意见，狠狠地批评了那个学生，让那个学生感到非常委屈。正因为这样，他总是和学生搞不好关系，他看不惯学生，学生也有点"恨"他。这天他参加了学校的一个活动——"我向学生学什么"的沙龙式讨论，引起了他的深思。他觉得今天的几个老师讲得非常好，在我们的学生中确实有许多是需要我们学习的，虽然自己是老师，专业知识比学生强，但其他方面却不一定，有很多方面学生可以当自己的老师。所以自己首先应该谦虚一些，同时还应该包容一些，学生毕竟是学生，无论是心理、思维方法、为人处世等各方面能力都不能和老师比，他们需要的是老师的提醒和引导，而不是简单的责骂和批评。

想到这里，他找到那个被他错怪的学生，跟他道歉，承认自己的错误。他原以为因为自己跟那个学生及学生家长都闹得很不愉快，那个学生可能不会一下子原谅自己，但没想到那个学生对他此举却表示了敬佩之情。周老师的这个举动对学生影响非常大，后来这个学生的家长跟学校一位副校长谈起了这件事，对他称赞有加。说孩子回去后跟家长谈起时还很佩服，从那以后，孩子也不像以前那样得理不饶人，变得更加宽容和大度了。

黄平被同学们评价为典型的自私狭隘的人，大家说他生活在“以自己的鼻尖为圆心，以鼻子长为半径画圆”的自我空间里，谁靠近他的空间都会引起他的攻击。老师们发现黄平的表现是从小不正确的家庭教育的结果。家里人从小担心他被人欺负，就教他要防着别人，不要相信别人。学校在教师中开展“我向学生学什么、我向同事学什么”反思活动，同时在学生中也开展了“我向老师学什么、我向同学学什么”的讨论活动。在这次活动中，班主任老师专门把黄平安排到几个比较大方的学生组里。大家在讨论的时候都互相谈到老师和同学的优点，同时也分析了自己的缺点和不足，其中有几个学生还谈到了自己不会处理人际关系，特别是在与同学产生矛盾后不会处理。大家说得热火朝天，但黄平却一直没有发言。

没过几天，黄平又和同学发生了矛盾，这个同学正是曾和他同组讨论过的。班主任老师把他俩找到办公室，对他俩说：“那天你们小组的讨论记录我看过，你们好几个同学都说过不善于协调矛盾，尤其是××同学你自己也发表了相同的意见，现在好了，产生了矛盾，这正好给了你们机会，现在我暂时不参与意见，我让你们俩自己先商量解决一下好吗?”××同学立即答应，黄平犹豫了好一阵，终于说了个“好”。于是班主任把空间留给他们，并告诉他俩如果解决好了，就回教室。

大约过了二十分钟，黄平和那个同学一起回教室了。班主任看到他们回来了，就到教室外面迎接他们，问他们解决得如何。××同学说：“我们处理好了!”班主任让××同学先进去，然后问黄平是怎么解决的?黄平说：“××跟我道了歉，我也跟他道了歉，就这样解决了。”班主任笑笑说：“这么简单啊。”黄平说：“是啊，就这么简单。”班主任说：“你好像是进初中以来第一次跟同学道歉吧。”黄平不说话。班主任继续问：“你今天是怎么想的?为啥今天愿意跟他道歉?”黄平迟疑了一会儿说：“上一周那次讨论对我触动很大的，那次讨论大家说得都很诚恳，我也想发言，可我放不下面子，所以干脆没说话。今天这件事我也想控制，但我不知道怎么回事，没控制住就冲动了，当时就后悔了，但没勇气说出来。你把我们叫到办公室，让我们自己单独处理，只面对同学的时候我胆子要大些，敢承认自己的不对。今天这件事本来是我错在先，结果他还先跟我道歉，我实在不好意思，就跟他道歉了。”听到黄平这样分析自己，班主任很高兴，于是顺势引导他：“那你觉得如果今后再遇到今天这种情况，你会怎么处理呢?”黄平想了想说：“首先，肯定要控制自己的情绪，我这人太冲动了些；其次，要跟他们多交流，让他们多理解一点，在关键时刻让我一下，争取不让事态升级；最后，就是要敢承认自己的不对。不能再像以前那样遇事只看到别人的错，要先看到自己的错。”看到黄平有这种认识，班主任很欣慰，对黄平说：“是啊，人都是会犯错的，但我们犯了错要敢于认错，和同学产生矛盾也不可怕，可怕的是不能正确地对待和处理矛盾。社会上真正能干的人是最善于处理矛盾的人。”

正衣冠，端举止

提高学生的个人修养是校风建设的最终目的，也是校风建设的治本之策，当然也是最难的工作。通锦中学在校风基本好转后，就开始加强学生个人修养建设。在校门口挂出了规范个人仪表的标语：冠必正、发必理、脸必净、衣必洁。对学生的仪容仪表做出了细致具体的规定和要求，加大巡查力度、检查记录追踪学生的仪容仪表。把学生的仪容仪表和言谈举止作为学生教养状况记录到《学生成长记录》中去，并将其与操行评定和班级评估挂钩。为配合这个教育活动，通锦将国学教育与学生的仪容仪表教育相结合，对传统蒙学读物《弟子规》进行了改造，编写了《通锦中学学生行为规范三字经》。

通锦中学学生仪容仪表规定

头发：学生不得染发、烫发，男生不得留长发和怪异发型，女生前额头发不得遮住眉毛；保持头发顺直、自然、无异味；不得蓬乱。

着装：学生着装应符合中学生年龄特征，做到适时适宜；上学期间应着校服，包括上学、放学途中；在校园运动区可着运动服参加运动；学生必须爱护校服，不得在校服上涂画，更不得损毁；寒冬时节从冬至节一九开始至七九期间，学生可以在校服外穿着自己厚实的防寒服装，但外套脖颈下应能够看到学校的校服；校服做外套里面穿无扣毛衣时可以将拉链全部拉开，但如果校服里面着衬衫等有扣服装时应至少将拉链拉至校标下端。

脸手：学生必须保持脸手干净，不得画生活妆；应及时剪修手指甲和脚指甲，不得涂染指甲；不得佩戴首饰。

学生不得将电子游戏设备带进校园，也不得在上学、放学途中使用；进入校园后，手机应关机并妥善保管，不得外露。

通锦中学学生行为规范三字经

通锦人　首孝顺　重诚信　明事理　讲和谐　有骨气　强体魄　勤学习

〈孝〉

身有伤　贻亲忧　德有伤　贻亲羞　父母呼　应勿缓　父母命　行勿懒
父母教　须敬听　亲所望　尽力为　亲反对　谨慎为　出必告　准时归
亲有疾　劝就医　勤问候　多宽慰　亲有错　讲道理　劝亲改　和颜色
有礼貌　不任性　不顶撞　学理财　节开支　尚俭朴　不奢华　体父母
劳作辛　学生活　勤家务　做卫生　理衣物　洗餐具　整房间　学习事
多交流　有疑难　常请教　事叔伯　如事父　尊兄姐　爱弟妹　睦家人
亲欢喜　尊师长　面问好　行请先

〈行〉

朝起早　惜此时　脸洗净　洁齿牙　便溺回　必洗手　冠必正　纽必结
鞋与袜　俱整齐　不异发　不化妆　不佩饰　着校服　遵规范　讲卫生
不乱丢　不乱吐　步从容　立端正　行路稳　不踩门　不追逐　不狂奔
不斜倚　不箕踞　不摇髀　缓揭帘　勿有声　行转弯　勿触棱　入虚室
如有人　将入门　问孰存　未经许　不入门　人问谁　答己名　答问题
声必宏　不畏难　不轻略　不骂人　语文明　普通话　受欢迎　听人谈
不打断　脸微笑　集精神　尊长话　要记清　有条件　笔记准　不打架
尚智慧　不赌博　不迷信　拒毒品　陶性灵　放物品　有专位　勿乱放
致污秽　衣贵洁　不贵华　对饮食　不挑拣　食适可　不过量　年方少
不饮酒　不吸烟　烟酒态　最为丑　用人物　须明求　若不问　即为偷
借人物　及时还

〈信〉

凡出言　信为先　诈与妄　不可权　奸巧语　秽污词　市井气　切戒之
见未真　勿轻言　知未清　勿轻传　事非宜　勿轻诺　见人善　即思齐
见人恶　即内省　有则改　无加警　唯德学　唯才艺　不如人　当自砺
若衣服　若饮食　不如人　勿生戚　闻过怒　闻誉乐　损友来　益友却
闻誉恐　闻过欣　直谅士　渐相亲　无心非　是为错　有心非　则为恶
错能改　归于无　倘掩饰　变为恶

〈和〉

天同覆　地同载　天下人　皆博爱　行高者　人所重　才大者　人所服
己有能　勿自私　人所能　不嫉妒　不谄富　不骄贫　不厌故　不喜新
人不闲　勿事扰　人不安　勿话扰　人有短　切莫揭　道人善　即是善
扬人恶　既是恶　善相劝　德皆建　过不规　道两亏　凡取与　贵分晓
与宜多　取宜少　将加人　先问己　己不欲　不施人　恩发报　怨须忘
抱怨短　报恩长　身虽贵　慈而宽　势服人　心不然　理服人　方无言

〈志〉

欲立事　先立志　有骨气　格自高

〈学〉

读书法　有三到　心眼口　信皆要　方读此　勿慕彼　此未终　彼勿起
宽为限　紧用功　工夫到　滞塞通　心有疑　随札记　就人问　求确义
教室清　墙壁净　课桌洁　文具正　听讲课　身坐端　注意听　做笔记
须仔细　不错漏　不随意　听剖析　读课文　进度齐　善探究　勤练习
字不敬　心先病　借阅书　有定处　读看毕　还原处　虽有急　书本齐
长探究　不践行　易浮华　不成人　仅践行　不探究　固己见　不求真
非宜书　绝勿视　敝聪明　坏心志　勿自暴　勿自弃　凌云志　皆可成

三　德育改进

有人说，德育是一杯温凉的中药，我知道它对我有好处，但我就是不喜欢。这句话反映出目前我们的德育工作存在着一些严重问题，它告诉我们对德育工作需要在内容上、形式上都加以改进。使德育内容更贴近学生生存、生活和人生发展的需要，而不再是大话、空话和废话。要不断地创新德育形式，不再是老套路和空洞乏味的说教，要充分发挥学生作为德育主体的作用，让学生的生活和实践成为育德的主要途径。让学生在各种生活体验中逐步感悟，提高道德认识，增进道德情感，坚定道德意志，形成道德行为习惯。

近三十年来，中国先后出台了一批与中学德育内容有关的官方文件，如《公民道德实施纲要》《中学德育大纲》《中小学生守则》《中学生日常行为规范》，近年来《八荣八耻》又成为中国道德教育的重要德目，国学热的兴起使中国传统道德规范再次成为国人热捧的对象。这么多道德条目，中学德育是全部“照单抓药”还是需要整合？答案是非常明确的。作为道德教育的具体实施单位，学校必须把这些道德规范进行整合，要明确地告知未来的国家主人，他们必须具备哪些道德认知和道德能力。

通锦中学以社会主义核心价值体系为依据，以学生将来在社会中生存和发展的需要为目标，围绕着“生存——生活——人生”的德育主线，把《中学德育大纲》规定的“马克思主义教育、爱国主义教育和国际主义、理想教育、道德教育、劳动教育、法纪教育、身心卫生和个性教育”七大德育内容和2001年《公民道德实施纲要》规定的“爱国守法、明礼诚信、团结友善、勤俭自强、敬业奉献”20字公民基本道德规范与中国传统“四维”“八德”进行整合，挑选了十个德目作为常规道德认知教育内容：一是以保障生命为目的的健康教育；二是以谋生为指向的劳动教育；三是以读书活动为重要载体的明理教育；四是以提升个人修养为目的的习礼教育；五是教导善良感恩的孝道教育；六是培养科学态度的科学教育；七是以获得自由的法纪教育；八是尽忠职守的责任教育；九是树立国家意识的爱国教育；十是以灌输马克思主义思想为重点的理想教育。

近几年来，通锦中学还对本校的德育工作进行了大胆的改进和建构。形成了以“党总支”为核心的德育领导体系，成立了学校德育领导小组、学校未成年人权益保护领导小组等一系列德育领导机构；形成了行政、工会、团队参与的德育管理体系；由德育部牵头的，年级组、班级具体实施的德育工作体系；由校团委、学生会、少先队干部为骨干的学生自我教育体系；以家委会工作和社区参与、心理辅导为主要内容的德育辅助体系。

通锦把学校德育工作分解为常规德育和特色德育两大德育工作板块。常规德育包括十大常规认知教育、十大常规活动、六大常规养成、五大德育帮扶、四大德育阵地、三大德育管理。十大常规认知教育主题：健康教育、劳动教育、明理教育、习礼教育、孝道教育、科学教育、法纪教育、责任教育、爱国教育、理想教育；十大常规活动：颁奖典礼、音乐会、成人礼、咏诗赛、离校课、学生节、运动会、创造节、合唱节、通锦达人秀；六大常规养成：安全习惯、仪表习惯、言谈举止习惯、卫生习惯、爱惜公共财物习惯、集会习惯；五大德育帮扶：教育资助、心理咨询、青春课堂、学生奖惩、家校合作；四大德育阵地：校会、宣传栏、广电台站、实践基地；三大德育管理：班主任队伍建设及管理、学生干部队伍建设及管理、班级评估。

改进德育评价

德育评价是教育的重要内容，如何对学生进行全面的、客观的、综合的评价，反映了一所学校的教育理念。通锦中学致力于学生一生的生命历程，非常强调能够为学生一生服务的能力。他们从两个方面对德育评价进行了改进。

一方面，改进评价的内容。把过去的《通知书》改为《学生成长记录》，把《通知书》中的“学习成绩”栏目保留了下来，增加了“特色素养”，将以前的“教师评语”改成了“教养记录”。“特色素养”包括生存能力、生活能力、交往能力和活动能力四类，还包括获奖情况记录和参加社会工作记录，它由相关的教师填写。初二（三）班的张权同学的特色记录里依次填上了这样的内容：参加了户外生存训练，在急救课中学习了伤员搬运的三种方法，是班级志愿急救队队员，参加了3次法制讲座；参加了乒乓球学习，会烧糖醋排骨；进行了规范的微笑、握手、站姿训练；参加了国球社社团，并担任国球社活动部部长一职。2012年3月获得学校“三好”学生称号，并获得“人缘奖”。“教养记录”由同学、家长、老师共同参与评价，最后由班主任合成。班主任对周密同学的教养记录是这样写的：该同学能够坚持着校服进校，穿着比较得体，长期留着小平头，如果能够按时换洗鞋子就更好了；在户外见到长辈会主动打招呼，但进出家门却很少跟爸妈招呼；课桌上的书本经常放得比较乱。

另一方面，对表彰进行了改进。表彰奖励是学校的文化活动，它必须与学校文化相结合。通锦中学一方面保留了原有的评先表优的称号和机制，另一方面又跟学校文化对接，从引领孩子的人生出发，加进了许多校本的内容。把原来的“三好学生”称为“达德学生”，“三好学生”称号和“达德学生”称号并用；“道德进步奖”改为“修身奖”。

通锦中学认为人生成功有三大必备的条件：目标、勤奋、人脉。因此，他们送给学生三个人生礼包，对学生实施了“志”教育、“勤”教育和“礼”教育。为配合这三大教育，增设了“勤奋奖”“人缘奖”“顽强奖”“孝顺奖”“公德奖”“守纪奖”“雅行奖”“气质奖”八个奖项，引导学生积累人生的资本。其中，顽强奖是专为暂时落后却顽强拼搏者设立的奖项。

妈妈，参加我们的成人礼要多带点纸巾！

5月4日青年节，学校要为高三年级学生举办成人礼，翔宇在五一节前就早早地打电话给妈妈，要她从攀枝花到成都来参加自己的成人礼。五一节，妈妈来到成都，还按照学校的通知准备了儿子成人礼上需要的东西。

5月4日这天早上上学前，翔宇特意告诉妈妈，下午到学校时要多带点纸巾。翔宇妈妈不明白儿子什么意思，问他为啥，翔宇说反正多带点就行了嘛。揣着狐疑的翔宇妈妈也没多想。下午，翔宇妈妈提前来到学校，她先在操场逛了一下，看到操场上已经搭好了主席台，主席台背后的墙壁上，四幅红底黄字的超长条幅悬挂在屋顶到二楼的四根柱子上，条幅上面写的是中国的古人经典语录。主席台前摆放了许多椅子和小凳子，一条宽约二米的红地毯从这些椅子中间穿过，把座位区分成了两块。红地毯从主席台前一直延伸到座位区的后面。在右座位区的旁边还摆放了一些小圆凳，和一排会议桌、会议椅，估计是给重要来宾提供的。左顾右盼间，下课铃响了，随即有学生搬着椅子来到操场，翔宇妈妈赶紧来到儿子的教学楼下，等翔宇从教室里下来后，母子俩就一起来到集合区和其他同学及家长一起整队集合。翔宇妈妈看到儿子裤子口袋里装得鼓鼓的，看起来很怪异，就问他揣的啥，翔宇笑笑说，等会儿就知道了。说话间，成人礼活动正式开始了。

母子俩和其他学生及家长一样手牵手通过红地毯，来到座位区指定位置坐下来，在这段行进的过程中，伴着音乐声，一男一女两个学生动情地朗诵着，讲述着从小到大，爸爸妈妈给予自己的种种关心和爱护。听到这些朗诵，翔宇妈妈心里涌起一阵阵感慨，十多年来养育翔宇的往事也一幕幕涌上了心头，她看着身边的儿子，听到学生那很动情的倾诉，禁不住觉得喉头发哽，眼眶发热，眼泪有点控制不住地往外涌，她想极力忍住不让眼泪掉下来，但那一声声“爸爸”“妈妈”深情的呼喊，一段段往事的回忆，像刺人的芥末，让她的眼泪不争气地溢了出来，她赶紧从包里掏出纸巾擦了擦，但十八年的岁月光阴，两个学生哪能几句话就说完？朗诵在继续，她的眼泪也不断地往外涌，她悄悄看了看周围的家长，不少人跟她一样也在擦眼睛。受到他们的感染，翔宇妈妈怕自己控制不住，干脆用手捂住了自己的嘴。翔宇看到妈妈的样子，早有准备似的从裤袋里掏出两包纸巾塞到妈妈的手里。

随着仪式程序的进行，翔宇妈妈发现整个仪式是传统和现代的结合体，她感觉到既新鲜又感动。校长的文告用骈体文写成，成人礼按三诵经典三次加礼的程序来推进。三诵的经典就悬挂在主席台背后的墙上，全校师生都能够看得到。所有参加成人礼的学生有韵味地整齐诵读，让人仿佛回到了一百多年前的私塾。

翔宇妈妈没想到一诵经典后，真正的催泪弹才正式发射出来：主持人让全体高三学生起立站到家长的面前，给家长行深鞠躬礼，看到儿子恭恭敬敬地站在自己面前给自己行鞠躬礼，她感慨万千，眼泪又一下子涌了出来，这时，两个学生又朗诵起来，全场都非常安静，旁边不知是哪位家长控制不住抽泣起来，一些学生也在轻轻地抽着鼻子，显然这个特殊的场景让他们被亲情感动了，也让他们对自己的人生有了更多的感悟。翔宇妈妈突然看到儿子的眼泪也在往下掉，母子俩静静地流着泪，享受着这人生难得的亲情交融，难得的心灵感动。

成人礼结束后好长一段时间，翔宇妈妈心里都一直在回味着那天的场景和感觉。她很感谢通锦中学为孩子们设计的这次活动，她觉得这样的教育对孩子真是起作用。后来她问翔宇为什么要准备两袋纸巾？翔宇说：“我去年参加了上一届的成人礼，真的被感动了，我看到很多家长哭得稀里哗啦，像你这样感性的人，容易动情，还不多准备点纸巾！”

快乐的学生节

学生节，顾名思义就是学生的节日。这学期一开学，就听到有同学在说这学期学校要搞一个学生节，我是一个习惯随大流的普通学生，对这些事不是太热心。但我还是第一次听说有个什么学生节，出于好奇，我到网上去百度了一下，想知道学生节究竟是怎么回事，没想到网上基本上是大学生节，中学生搞学生节的几乎没有，于是我对学生节产生了一些期待。

期中考试后，盼望已久的学生节终于到了。虽然我并没有想去参加哪项活动，算是一个在学生节里打酱油的角色，但有这么一段时间可以不上课，我还是感到非常轻松惬意，只是想到处看看，感受一下学生节。这次活动是由学校德育部发起的，但完全是由学生会和校团委的学生干部设计的方案。今天下午的活动组织也全部由学生自己负责，老师们只是旁观者和游戏的参加者。活动的方案曾拿到班上征求过同学们的意见，也让同学们选择参加活动的意向，但我却始终没有决定参加某项活动。对学校的这个决定我既欢迎，又有一些担忧，怕的是有些不自觉的同学惹出事来，让老师们觉得以后不能再开展这样的活动。但我发现今天下午整个校园就是一个乐园！到处洋溢着兴奋，到处沸腾着欢笑。同学们的表现比我想象中好多了，这不仅让我为自己是一名通锦中学的学生而感到自豪和骄傲。

学生会主席宣布学生节开幕后，同学们争先恐后地奔向早已选中的活动场地。初中的小同学们甚至在奔跑中跌倒了，惹得大家哈哈大笑。一开始我并不知道他们那样狂奔是干啥，于是也跟在他们后面想过去看个究竟。他们来到了初中部楼下的操场右侧，热热闹闹地在那儿笑着挨着挤着排队，我绕到队伍前面去一看，原来这儿是棋牌竞赛场地。在安全警戒布带围成的区域外有一两百人在排队，在他们面前用安全警戒布带隔离出来的区域内用学生课桌拼成十多个棋牌台，上面摆放着中国象棋、五子棋，还有一张特大的桌子，细数一下是由 6 张课桌拼成的，上面摆着一副“三国杀”。一群戴着红袖标的学生，在一旁维持着秩序。看着准备参赛同学们期待和兴奋的脸，我的心头也不禁荡起了一阵快乐。项目负责人似乎没料到会有这么多人来参加这项活动，想检查登记，看来是没那么多时间了，只好先活动起来再说，于是他打开警戒线放参加活动的同学进去，前面的同学几乎是冲进场地，找个座位坐了下来。裁判到位宣布比赛开始，参赛选手立即厮杀起来。给我印象最深的是一个个头很矮的小同学，我觉得他是一个十足的机灵鬼，他一进去，外边就有不少同学开他的玩笑，这说明他是一个很有人缘，而且还很调皮的人。他一边调侃着外边还在等候的同学，一边炫耀似的夸张地扭着屁股往前走。到了座位上，与他对阵的是一个细高个儿，这一高一矮两个人形成了鲜明的对比。那个小同学看来很喜欢表现自己，他居然向对方行了一个抱拳礼，才大马金刀地坐下，还把腰挺得笔直。看到他的模样，我不禁感到好笑。我对桌游的兴趣不大，于是就转移到旁边喝彩声不断的篮球场去。

旁边的篮球场上早已是欢声雷动。初中部楼下两个篮球场上正在进行三对三半场篮球赛，一个老师当裁判，场上 6 个队员，一方穿着训练背心，另一方则没穿背心。看队员模样应该是初中部的学生。场下围观的人、等待比赛的人，围成一个大圈，给自己的好友加油，也给每一个进球喝彩。队员每球必争，拼抢激烈。虽然只是游戏性质，但大家都非常认真。

看了一会儿，我准备穿过劝学厅，到大操场上去看看。没想到劝学厅里更是人满为患，很多人在那儿排队，我凑过去一看，原来是各个社团在纳新。不过，却是几家欢乐几家愁，有些社团摊位前排起了长队，甚至队伍还延伸到了大操场上；但有些社团宣传桌前只有几个人在排队。音乐社有一个歌手弄了一个小蜜蜂扩音器来演唱，歌声在大厅里回荡着，感染着每一个人。唱完一曲，一支小号接着吹奏起来，悠扬的旋律，渲染着节日的气氛。最酷的应当是动漫社和跆拳道社。两个社团的成员都全副武装，好像在有意比拼似的。动漫社的几个人在那儿表演着，酷毙的动漫造型引来一阵喝彩和羡慕的目光，也吸引了很多人去报名。他们的摊位前排队的人实在太多了，长长的队伍像回形针似的打了两个来回。跆拳道社的队员穿着白色的练功服，也颇吸人眼球。他们穿着练功服，在校园里跑来跑去，像是一个活动的宣传广告。我看了一下，最惨的应该是“车技社”，也许这是一项技术活儿吧，对车技要求比较高。他们那儿只有 4 个人登记报名。

我信步来到大操场，正举目四望时，被班上一个闺密逮住了，她叫我去参加“八人九足”赛，说正差一个人。我跟她来到我们班参赛准备区，还没到场，她就大声叫嚷，说人齐了，快准备训练。看到我来了，大家好像突然松了一口气似的轻松和高兴。人家排队把脚绑起来，我抽空隙向四周张望了一下，看到足球场地上正在进行着“八人九足”赛。赛场中间有一个裁判模样的同学手里拿着信号旗，脖子上挂着一个口哨。在操场的远端，有几个人好像手里拿着秒表。也有一个同学手拿信号旗，脖子上挂着口哨。

我们准备停当，开始练习起来。大家都把手搭在旁边同学的肩上，把八个人连成一个整体。我们的队长讲了一些要领后就开始练习了起来，大家一齐喊着“一二”“一二”“一二”，步调一致往前跑。感觉还不错，在这个集体中，我感觉到跑起来很轻松。可能是有人在相互传递消息，不一会儿，我们身边聚拢了一堆本班的同学。练习了几次，我们就停下来放松休息。没过多久，就轮到我们班上场了。大家按刚才的位置站好，把脚再次绑在一起。手紧紧地扶着旁边同学的肩，站到了起跑线上。远端的裁判通过信号旗表示已做好准备后，近端裁判吹响口哨，我们八个人大声地喊着号子“一二”“一二”“一二”向前跑着，后面的同学大声地给我们加油。我们比较稳健地向前跑，看到我们比几个班落后，后面观战同学的加油声更响了。但我们并没有因此加快速度，跑动期间，有两个跑在我们前面的队伍摔倒在场地上。我们后来居上，第二个冲到终点，大家摔倒在终点的体操垫上，看到我们取得好成绩，班上的其他同学们在另一端欢呼，我们八个参赛队员也非常高兴，大家起身后，把手叠放在一起大喊了一声“加油”以示庆祝。这是我们班体育比赛的固定模式，每次比赛都会这样做。根据以往的经验，我们完全有可能进入最后的决赛，看着离初赛结束还比较早，我拉着闺密到报告厅去看那儿正在进行的汉字听写大赛。

我们来到报告厅，往里一看，只见里面黑压压地坐满了学生。主席台上主持人正在对一组同学念汉字，有 6 个同学在那儿写。评委席上坐着两个老师。我看过好几场中央电视台的汉字听写大赛，很喜欢这个节目，本来这次也想报名参加，但又怕自己水平不高，所以想先看看再说，下一次学生节，我再参加这个项目。主持人念的字好多我都不会写，参加比赛的同学也有不少人不会，第一轮下来，两百多人就只剩80个人了。第二轮较量后，只有40个人进入第三轮。最后有12名同学进入决赛。我自己比较了一下，如果自己参加比较有可能进入第三轮，但还是不能进入最后决赛。我想幸好没参赛，不然多没面子。以后好好准备一下，明年参加汉字听写比赛，争取进入决赛。在决赛中高二有一个女生真是厉害，几乎每一个字都是只听了一遍就写了出来，而且全部正确。她让全场的同学佩服不已，不少同学感慨地说："学霸呀！"

决赛结束后，两个评委老师给进入前四十名的同学颁了奖。虽然奖品并不丰厚，但我还是很向往，但愿明年我也能得到一份荣耀。

看完汉字听写大赛我又回到足球场，那儿的初赛还没完。我无所事事，就想去人多的地方看热闹，但这时又不能跑得太远，只能在大操场上找。我环顾四周，看到除了"八人九足"赛场人多外，还有3个地方人特别多，一个是社团纳新场地旁边，有不少同学和老师在围观，一个是篮球场有很多人，还有就是我们背后的羽毛球场地也有一些人在看。我想去社团那儿看看，但我的闺密却想去篮球场看帅哥，我们俩意见没统一，于是就分开走了。

我快速来到劝学厅旁边的空地上，只看见穿着跆拳道训练服的几个人在那儿表演，他们站成两排，两人一组，表演对摔，他们干净利落摔倒对手的表演赢得了围观同学的阵阵掌声。接着只见他们又拎出了一个装有方木板的塑料袋，我想他们是不是要表演硬功夫了。果然，只见他们依然两人一组，一人手里拿着一块木板，另一人去踢木板。先是前踢，拿木板的同学双手拿住木板两侧，踢木板的同学跳起来，从下往上把木板踢断。看到木板被踢破飞出，人群中爆出一声："好！"然后他们还表演了侧踢，踢的同学旋转身体后踢向木板，这显然加大了难度。他们表演的难度一次比一次大，起跳后双脚先后踢破两块木板和起跳后双脚同时踢向身体两侧的木板。这种踢法，不仅要求弹跳好，起跳的高度要够，而且力度要大，同时还对准确度有更高的要求。如果踢不准，就会伤到人。看到他们一次又一次加大难度，我心惊肉跳，生怕踢伤了拿木板的同学。可能其他围观的老师和同学跟我的感受一样，所以看到他们表演成功，大家都热烈地鼓掌、叫好。

正看到热闹处，我的同学跑过来叫我过去参加"八人九足"决赛了。我赶紧跑过去。非常可惜的是在决赛中，从一开始我们队两侧的两个男生就跑快了一些，使我们整个队伍没有形成一致，快跑到终点时，我们摔倒了。虽然大家感到非常惋惜，但也没有什么压力，也没有怎么在乎，我们满足于获得的快乐。

参加完决赛，看到旁边篮球场上的比赛还在进行着。闺密一个劲地鼓动我去看看。于是我陪着她来到篮球场，我的闺密老远就喊叫着她心仪的一个男生的名字，还眉飞色舞地指着场上的一个队员给我看，问我他是不是特别帅。我笑她是“花痴”，不过那个男生确实挺帅气的。这场比赛比初中部三对三好看多了，是高二文科队和理科队的比赛。他们采用 CBA 赛制，但每节只有 10 分钟，这时已经进入到第四节了，没想到高二的篮球水平还不错，有几个队员的技术还挺好的。他们也很有拼劲，有两个队员都拼到脚抽筋了，还坚持到底。没看几分钟，裁判老师就吹响了比赛结束的哨音。

今天，通锦第一个学生节跟我见面了。整个校园里没有狂欢，但热闹异常。我只有一双眼睛，没法看到全部，但我的心里却装着这份快乐，直到永远！

青春，看我们的

准备了两个月的学生节终于要开幕了，德育部的老师多次跟我说，这次活动要让我们校团委和学生会自己设计、自己组织，真让我觉得肩头的压力巨大。全校 2600 多名学生，除高三外还有 2200 多人，我们能够组织好吗？我们的气场足够让大家都听我们的招呼吗？我们的方案还有什么问题吗？我们和全校同学会让校长和老师们失望吗？一切都是未知数。

宣布了学生节开幕后，我的心就始终悬着，生怕平时那些贪吃的同学特别是初中部那些小朋友嘴馋忍不住，成群结队地往小卖部跑，学生节变成了零食节，更怕他们乱扔乱丢，搞得全校垃圾遍地；也生怕校园里全是拿着手机各玩各的手机党，把学生节搞成了手机展示节；更担心我们组织的活动没人去捧场，冷冷清清，主流不能形成；还担心安全出什么问题，把好事办砸。

考虑到这些问题，我不停地在前往小卖部的路口和各个活动场地间往返奔跑。就像主任评价的那样，我作为这次学生节的总负责人，在这样重大的活动的时候，没有先安排好，造成身边无人可调，只有事事都自己亲自去跑，显然缺乏组织经验。

但让我感到欣慰的是，整个活动下来，每个项目组都非常尽心尽力地做好了自己的事，把活动开展得有声有色。今天同学们表现得也特别自觉，虽然还是有极少数同学到小卖部买零食吃，但不仅数量少，而且没有乱扔乱丢。主任说，这次学生节是对全校学生的一次考验，看到同学们交出的这份答卷，我自己觉得还算比较满意，我突然对同学们今天的表现有一种发自内心的感激和感动。我真想对大家说：“谢谢你们！”

“青春，看我们的！”是我们这次活动的宣传口号，通锦中学学生今天的表现兑现了自己的诺言！

通锦达人秀

十二月，一个阴冷的下午，通锦中学的大操场上却气氛热烈。一个简易的喷绘背景上，写着几个大字“通锦中学达人秀”，背景前面是一个简易的秀台，秀台前一排是会议桌，把秀台和观众席隔开。会议桌后面坐着几个评委。几百个学生挤在秀台周围，生怕听不清，看不到。维持秩序的学生干部，频繁地招呼着快压到评委老师背上的这些音乐迷。这里是首届通锦达人秀的声乐秀场。另外一个秀场在演播厅里，那里表演展示的是舞蹈、表演、播音、书法等其他才艺。

报名参加声乐秀的学生有五十多人。表演从三点开始，直到五点半。尽管天气有点冷，但参加清唱的同学却热情高涨，他们中不少人为了演出效果还单衣薄衫，浓妆艳抹，粉墨登场，引得围观同学们的阵阵尖叫。不少学生为参加这次演出，还在同学中组织了亲友团、助威团，搞得跟快男快女的阵仗一样。他们在登场演出时，助威团会高喊他们的名字，还编了一些加油的口号和快板，有的甚至还编排成了节目。这些秀场花絮为达人秀增色不少。

一场普通的达人秀，吸引了数百人围观，大家热情高涨。自始至终，唱的人倾情而歌，听的人热烈鼓掌。虽然寒冬时节，天气阴冷，但歌声阵阵，欢声如潮，再加上主持人的激情煽动，人越聚越多，甚至到了放学时间，还迟迟不散，直到五十多名选手全部演唱完毕，人群才像风吹过一样哄然散去。

在另一个秀场，不仅演播厅里挤满了人，而且门口、窗户边也趴满了围观的人。四十多个表演节目，也是时间紧张。各种才艺竞芳斗艳，让同学们惊异，让通锦闪烁着个性的光芒。

两个多小时，两个秀场，一百多名学生参加了这次表演。很多这次没报名的学生被活动激起了表现欲，他们很后悔这次没参加。活动结束后，不少人到德育部询问明年还搞不搞达人秀。听到学生的咨询，德育部的老师们深有感触：谁说学生不能被发动？就这么一个活动不是让上千人参与了吗？围观的人都是自发的，没有人去专门组织他们。

活动结束后，副校长在总结时说：“没想到这个活动有这么大的吸引力，让我们发现了平时没有发现的人才；让我们看到了蕴藏在学生中的创造力；也让我们看到了学生的热情。这告诉我们学生才是学习的主体，只要我们的活动适宜学生，他们的自觉性就会被激发出来，他们的自律能力就一定会在这样的活动中得到提高。”

四 “三生”德育

抽去教育的其他属性，只留下教育的原始本义，教育最基本的目标应该是生存能力培养。王殿卿先生认为：学校教育最本质的社会功能有三个方面，一是把代表当代生产力水平的科学文化知识传授给下一代；二是把当代占统治地位的政治思想、价值观念、道德规范等内化为学生的意识并外化为行为习惯；三是提高学生的身心素质。王先生表述的三个功能中第一个是为了整个人类的延续和发展，这是每个生命生存和发展的必备素质，是智育；后面两个是每个生命个体获得良好生命质量的基本素质，属德育范畴。可以看出，学校教育的大部分应该是德育，而且教育的核心意义在于对生命负责。通锦中学在办学实践中紧紧扭住教育的本真要义，从“爱”出发，关注学生的生存、生活，着眼学生的终身发展能力，为学生的未来着想，大力实施“人的教育”，从“生存能力”出发，把学生作为一个人来培养、来发展，发展学生的生存能力、启迪学生的生活智慧、提升学生的生活智能、提高“生活品质”、为学生的人生导航，让每个“生命”都美丽，让每个人生都幸福。为此学校设置了生存教育校本必修课程，学生要学会逃、救、独、爱、调五种本领。逃是指会逃生，救是自救和互救，独是指能独立自理、适应各种环境，爱是指珍爱所有生命，调是善于进行自我心理调节。在通锦中学八项校本素质中，全部都是生存、生活素质。并通过这些把素质教育从根本上抓紧抓实，实施以“生存——生活——人生”为主线的“三生”特色德育，以实现“让生命更坚强，让生活更精彩，让人生更幸福”的教育理想。

（一）让生命更坚强

恩格斯在《反杜林论》中给生命下了一个定义：生命是蛋白体的存在形式，这个存在形式的基本因素在于和它周围外部自然界不断地新陈代谢，而且这种新陈代谢一旦停止，生命就随之停止，结果便是蛋白质的分解。

保持人体新陈代谢的不间歇、不停止，才能维持生命的存在和发展，这就是生存。生存是生命得以存在的前提条件。

恩格斯说“生命是最美丽的花朵”。然而，汶川大地震，69227 人遇难，

374643人受伤，失踪17923人；2009年6月5日，成都第九路公交车起火燃烧，25人死亡，76人受伤。有多少生命的花朵在瞬间凋谢，有多少生命在与灾难的抗争中停止。生命为什么这么脆弱？生存，是人的第一法则。

灾难拷问着国人，惨痛炙烤着教育者，也拷问着通锦中学的教育者，迫使教育者深思。

早在20世纪70年代，联合国教科文组织出台了一个十分著名的报告《学会生存——教育世界的今天和明天》，大声疾呼“生存教育”的重要性。教育的本质是促进人类生命个体的健康成长，促进人的发展，实现个体生命由自然人向社会人转化。教育是对生命的涵养。学校应该给学生生活和生命的质量。在实施素质教育的当今中国，学生最基本的素质是什么？无疑应该是生存素质、生命素质。

教育的核心意义在于对生命负责，教育首先应当重视生命，关怀学生的生命活动，提高生命的质量。必须让生命更加坚强！让生命的花朵美丽地绽放！

“让生命不要那么脆弱”是通锦中学最初的朴素念头。因此设置了生存教育校本必修课程，开设了急救课，教给学生识别生命体征、到医院看病、伤员搬运、止血、流行病预防、防狂犬病、受伤包扎、徒手心肺复苏术等自救互救的技能；在初一、初二年级开办逃生自救和野外生存训练营，让学生学习火灾、洪灾、公交事故等逃生技能和野外生存的技能；开设了家政课，以卫生打扫和烹饪为突破，要求初中学生会做一人食用的食物，高中学生会做一家三口食用的家庭简餐，训练学生的独立生存能力；同时要求全校学生必须学会游泳，不仅可以锻炼身体，而且在必要时也是一种逃生技能；设立心理咨询室，指导学生调节心理，促进心理健康。学生要学会逃、救、独、爱、调五种本领。这在通锦中学八项校本素质中，全部都是生存、生活素质。

应急疏散演练

在生命体形成以后，自然和社会为生命体的存在和发展提供了良好的环境，但也存在着地震、火灾、洪水、车祸等许多自然灾害和事故，危及生命体的存在。规避对生命的危害成为维护生命最重要的事情。趋利避害是生命的本能反应，但人类在生命有危险时的正确逃生选择却不是与生俱来的本领，它需要人们通过学习、练习才能获得。而各种灾害事故在21世纪却与日俱增，使人类面临日益严重的威胁。统计显示，在中国每年发生各类突发公共安全事件达500余万起，致20余万人死亡。通锦中学在构建课程体系的时候把逃生技能训练放在最基础的位置上。

2011 年 11 月 7 日，星期一，上午九点五十分。年级组长牟老师巡视完年级回到座位上拿出二十分钟后就要开展的全校应急疏散演练方案，逐一核对是否还有疏漏。确认无误后，他又闭上眼睛在大脑里再次把疏散的整个过程过了一遍。离下课还有两分钟，他动身去确认要到楼梯转角处值守的老师及各班班主任是否到位。确认完毕后他向学校演练总指挥报告准备情况。

一阵急促的哨音在通锦中学的校园里响起，各个班教室里正在上课的老师立即招呼学生马上蜷缩身体躲到课桌旁边，紧紧抓住课桌腿，三十秒钟后老师喊学生尽快跑到大操场，学生们举着自己的书包护住头分别从前后教室门有序地跑出教室，教室里的教师跟在后面往楼下撤离，按指定的疏散路线往楼下跑去，楼梯转角处的老师们注视着快速跑动的学生，不时提醒大家不要乱、保持队列、保持畅通、保持速度。

等大家都撤离了，牟老师也在最后一名教师后边撤离。

大操场主席台上，演练总指挥陈校长，注视着整个操场。演练计时指挥德育处周主任，等到最后一个年级组长报告人数后，果断地按下计时表：3 分零 8 秒。陈校长看到演练用时比上次快了 6 秒，脸上露出了满意的笑容。

演练结束后，牟老师和班上的学生们一起交流，小桐说：“尽管比上次快了 6 秒钟，但遇到地震，这个速度还是不够快。我们在四楼教室里，每一层楼同学的疏散间隔只有十秒钟，到楼梯间比较堵，尽管出教室的时间比较短，但堵的时间却更长，楼上同学等候疏散的时间如果再延长一点，也许可以更快撤离教学楼。”李君说：“我们在楼上，如果能够有绳子直接从楼上吊下来，就没那么堵了。”

像这样的紧急疏散演练，通锦中学每个月都会组织一次。全校师生一个不少，都必须参加。由德育部负责组织实施。熟悉疏散线路是提高疏散速度的基础，每学年都有新生进校，每年九月、十月两个月只让师生熟悉疏散线路，然后再逐步加快速度。尽管是演练，但应急领导小组下设的救灾组、宣传组、通讯组等仍然按要求参与工作。全校 2800 多人应急疏散的最高纪录是 2 分 13 秒。

平安逃生训练

风尘仆仆的冯月回到家里就跟妈妈讲个不停，说她在训练营里遇到的新鲜事儿。还不断地给爸爸妈妈建议：我们在窗台上安一个高楼逃生缓降器嘛，遇到紧急情况我们一家人就可以安全地从天而降；我们在家里准备几个沙袋嘛，万一失火好用；准备两张小棉被嘛，失火了可以浇上水，直接扑火。

看着喋喋不休的冯月，听着冯月一个又一个的建议，冯月的爸爸妈妈心里甜甜的。

冯月的变化，一切都来源于冯月参加的平安逃生训练营。星期五一大早，冯月和同学们就在老师的带领下，来到平安逃生训练营。冯月以前对逃生几乎没有概念，参加这次训练营，一开始只是想来耍一下，听了老师的讲话，还是不以为然，直到在宣传片里看到血淋淋的灾难，那些恐怖的画面让恐惧涌上冯月的心头，这时她才认识到危险其实离自己并不遥远，自己有必要学习逃生的技能。

钻进火灾模拟现场的烟道，眼前突然一片漆黑，冯月感到一丝害怕，茫然不知所措，停在那儿不敢动。这时她听到有同学在后边催："干啥？快跑哇！"这才想起教练在进来之前所讲的方法。赶快弯下腰，把身体尽量放低，躲过头上的浓烟，用手里的湿毛巾捂住口鼻摸索着往前跑。跑出烟道，冯月觉得自己一下子懂了不少，强大了许多。

在接下来的灭火训练中，冯月听得特别仔细，在操作练习的时候，她做得特别认真，甚至还抢着多做了一遍。看到冯月认真学习的态度，冯月的好朋友小君取笑她说："看来你是个怕死鬼，你读书从来都没有这样认真过哟！"

训练高楼逃生时，小君爬出窗口，看到离地面那么高，吓得尖叫起来。本来抓住绳子的手，又一把死死地抓住教练不肯松开。教练做了好半天工作，她才松开手，缓降绳慢慢地往下降落，小君一点一点地往地面靠近，紧张的情绪也慢慢消退。脚踏实地后，被冯月和其他几个好友好一顿嘲笑：你家住十六楼，可比这高多了！

在洪灾训练场地，冯月她们几个在腰上系上一根很长的麻绳，踩着"独木桥"，从一头往另一头走，可总是保持不好平衡，从"桥"上掉下去好几次，惹得旁边的同学一阵叹息。连续试了几次，才终于找到在独木桥上保持身体平衡的方法。轻快地从"桥"上下来，她们感到有说不出的成就感。

公交车是很多同学每天都要乘坐的。自从成都公交车起火燃烧造成特大交通事故后，通锦中学在平安逃生训练时，特别增加了公交事故逃生训练。天天坐公交上学和回家的冯月极其认真地听着教练的讲解，还提出了不少的问题：公交车哪儿最容易出现故障？九路车起火最早从哪儿起的？车门手动开门装置有失灵的可能吗？从车窗逃生玻璃碎渣会划破手吗？等等。

通过训练营的学习，冯月和她的伙伴们，不仅学到了一些主要灾害事故逃生的基本常识，同时还对生命有了更加深刻的理解和认识。

2011年3月9日下午6时许，成都市一环路北一段275号临街五楼一居民住户家中冒出浓烟。几分钟后，明火燃起，并不断向楼上蔓延。而在烟雾中，一个瘦小的黑影出现在了窗前。可能因吸入大量浓烟，黑影趴在窗边挥手，人们始终没听到她的呼喊声。

看到这一危险情景，路人不仅停下脚步，大声呼喊救人。楼内的居民也纷纷惊慌失措地从楼内跑出来。但围观的人们，只是呼喊，却没有人敢上去施救。

正当大家焦急万分的时刻，突然听到一个尚显稚嫩的声音大喊：“不好，里面有人！肯定被困住了，要马上救人！”大家循声望去，只见五个穿着校服的中学生挤开人群，往楼上冲去，旁观的人看到这些小娃娃去救人，更是焦急，纷纷大喊：“危险！不要去！”学生们说：“没事，我们学过的！”见到孩子们救火，围观人群中，有三个成年男子也跟着往楼上跑去。

他们冲上五楼的时候，看到楼道里全是烟，看不见东西，也无法呼吸。于是他们又回到4楼，从一住户家借来了湿毛巾，将口鼻捂住。

重新回到五楼后，见到乳白色的防盗门紧闭，大量浓烟从门缝中冒出。几个学生大喊：“开门！开门！”但屋内没有任何反应。“多半是熏晕了！”情况紧急，大家分头找来木棍、铁棍，使劲往门缝里塞。在成年男子的帮助下，在消防官兵赶到之前，厚实的防盗门终于被撬开了。但浓烟扑面而出，门外的人猝不及防，被呛得眼泪直流、咳嗽不止。尽管如此，少年们还是强撑着，冲屋内大喊：“有人没？快出来！”因为看不清屋内的情况，少年们没有贸然进去。正在此时，及时赶到现场的消防官兵冲进屋内，救出了一个年轻的女子并及时送往医院救治。

居民得救了，三位参与救人的成年男子，对五个最大只有十六岁的中学生称赞有加：“这几个娃娃真不简单，我们大人看到这么大的火都不知道该怎么办，都没有胆量去救人，他们几个小小年纪就有胆有识，上楼了后还是他们几个小娃娃教我们几个大人用湿毛巾捂住口鼻，尽量放低身体，躲过上头的浓烟……真是了不起！”

2011年3月11日，《成都晚报》以《居民楼起火五位90后冲进火海救人》为题报道了这一事件，腾讯网等多家媒体转发了这一消息，四川电视台对此事进行了深度报道。

学校周围的居民也纷纷称赞："通锦中学的学生硬是有点能耐。"

这五个中学生是放学后回家从这里路过的通锦中学九年级一班学生，他们三男两女，最大的十六岁，小的不满十五岁。

采访记者问领头的郭志强："你们这样小小年纪，不怕危险吗？"郭志强回答说："我们不是冲动，我们学校开设了逃生课，火灾逃生的常识我们都学过，学校还经常演练。"

郭志强等是通锦中学里非常普通的学生，他们在火灾现场临危不乱、见义勇为，表现出了一种特殊的素质——逃生能力和救灾能力！他们展现给人们的强烈信号就是生命更坚强！

自救互救

在医学界有一个称之为"救命的黄金时间"，它是指事故之后急需抢救的一个时间段，这个时间长则十几分钟，短则几分钟。如果抢救及时则生，耽误了时间则亡。目前中国绝大部分公民缺乏现场救护知识。在事故发生后，不知所措，将抢救意外伤害、危重急症的希望完全寄托在医院和医生身上，或者错误地施救，结果使处在生死边缘的伤病员丧失最宝贵的抢救时间，甚至被善意地救"死"。这也是导致中国各种事故高死亡率的原因之一。

猝死是突然发生的非暴力性死亡的现象。人类猝死 87.7% 发生在医院以外，不可能得到医护人员的抢救。猝死人员有 35% ~40% 如果经现场及时进行心肺复苏，可以挽救生命。复苏开始越早，存活率越高，大量实践表明，4 分钟内进行复苏者可能有一半人被救活。

如果一旦发生呼吸心跳停止 8 秒后出现脑缺氧症状，30 秒后昏迷，60 秒脑细胞开始死亡，6 分钟全部死亡，10 分钟不可逆转的死亡，因而医学上定义创伤初的 4 ~5 分钟为抢救的"黄金时间"。

创伤的急救也是一个现场急救的过程，在创伤的第一现场如果能规范、及时的止血、包扎、固定、搬运，将极大地减少伤者的死亡和伤残，为医务人员的到来争取宝贵时间。

每个人都应该学会心肺复苏、止血、包扎、固定、搬运的方法和技巧，掌握自救互救知识。这是在生死关头保全生命的能力。不论是自救还是对他人施救都非常需要。通锦中学根据学生的情况开设了急救课，教给学生必备的自救和互救的知识和技能。

小慧是一个体质很弱的初一女生，经常感冒发烧，是医院的常客。但她却从来不会看体温表，也没关心过到了医院如何找医生看病，看病的一切手续都由她妈妈操办了。老师在课堂上首先教她如何测体温、看体温表。她按照老师教的方法，终于看到了体温表上那根标示自己体温的水银柱。回到家里她很兴奋地告诉她妈妈：“我可以自己给自己测体温了！”学了如何到医院看病后，一次生病到医院，她让妈妈在旁边等，自己按照老师告诉的程序很顺利地办完了所有的手续。

赵明是高一的学生，平常住在学校。那天周末回家后，赵明向妈妈要了一个鞋盒，然后就躲在房间里忙活起来。晚饭的时候，妈妈问他要鞋盒干什么，他告诉爸爸妈妈，说他在学校学习了急救知识，而且还参加了班上的急救队。他觉得老师讲的“居安思危”很有道理，所以要一个鞋盒来制作简易的急救盒，把急救用的手电筒、止血棉花棒、口罩、创可贴、手套、胶布等放在里面。他还给爸爸和妈妈介绍了他在急救课上所学的知识和班上的急救队。

他说：“昨天下午课间，班上的同学在一起打篮球，两个同学为了争一个球撞在了一起，把一个同学当场撞晕了。120救护车来了后，我们几个救护队的同学把他抬上担架，送上救护车。医院的医生护士表扬我们，说我们抬伤员的方法、手法看起来还有模有样的。其实医生不知道，我们学校几乎每个同学都会的，我们综合实践课里专门要上急救课。老师讲了如何观察生命体征、如何到医院看病、如何止血、如何包扎、如何搬运伤员，还教了徒手心肺复苏等技术。”

赵明得意地说：“如果是在地震期间，我现在的水平完全可以到灾区当志愿者救人了。搬运伤员看起来简单，其实里面都有很多学问。徒手搬运法，就有扶行法、背负法、拖行法、爬行法、四手椅抬法、拉车法。我们昨天用的就是四手椅抬法。”

张校医担任了通锦中学急救课的教学工作。这天下午，她正在校医务室里整理资料，突然几个学生跑进来喊道：“校医，他手指弄破了，出了好多血！”张校医抬头一看，只见几个学生簇拥着一个握着手指的学生进来了，受伤学生用卫生纸包着受伤的手指，流出的血把纸浸透了。她马上放下手头的工作，查看受伤学生的伤情，一边处理，一边问几个学生：“怎么出了这么多血呀？”几个学生说：“他伤口大。”张校医说：“我们在课堂上教过止血方法的，如果按照学过的方法处理，不会出这么多血哟！”几个学生恍然大悟般地叫了起来：“哎呀，就是啊，刚才怎么没想起？用手指压住受伤手指两边就能止血嘛。”受伤的学生还自嘲说：“哎呀，看来我得记住这‘血’的教训了！”其他学生也说："我们也要记住这用鲜血换回来的经验啊。"

张校医不仅在课堂上教学生自救和互救的知识和技能，也常常充分利用自己的工作机会给学生上这样生动的课，同时还负责训练学生和教师两支通锦中学救护队。

通锦中学为提高师生的自救和互救的能力，由工会和德育部负责组织了教师救护队和学生救护队两个急救队。每周三由校医担任教练轮流训练一次。练习包扎（重点是三角巾的包扎、头部帽式包扎、双眼包扎、躯干的单肩燕尾式包扎和三角巾的悬吊）、止血、伤员搬运（重点介绍徒手搬运扶行法、背负法、拖行法、爬行法、四手椅抬法、拉车法）、骨折的固定（重点为四肢骨折固定）、烧烫伤的处理、化学药物烧伤、中暑的处理、触电的处理、晕厥的处理。

周老师是一名年轻的女教师，她有同学在上海工作，经常利用工余时间去当义工。她很羡慕同学的生活方式，觉得这样生活很有意义，自己也想出去做义工，为社会贡献自己的一份力，但觉得自己也没有其他什么特长，听说学校组织救护队，她马上就报名了。每次参加训练，她都非常认真，她认为这是对生命负责，在生命面前，必须认真。在搬动伤员的训练中不惜力，反复练习，直到完全符合操作规程。制作搬运伤员的简单器械，也是反复练习直到纯熟。

练习徒手心肺复苏术，一开始不少队员觉得不敢用力按压心脏，怕把模型塑料人按坏了，结果达不到施救的效果。女队员则是觉得非常吃力，一遍按下来，都大汗淋漓的。做人工呼吸，大家开始都怕脏，真人演练又觉得难为情，经过多次练习，大家才掌握了基本的方法。

独立自主

物竞天择，适者生存。自然和社会不仅给人类的生存提供了许多机会、便利和条件，同时也造成了许多危机和挑战。当代青少年不能独立生活、心理抗挫能力差、适应环境能力弱等问题已成为一种社会倾向，让人担忧。今后的社会，不可预测因素非常多，更加激烈的生存竞争必然会使人面临更多的选择与淘汰：职业不可能从一而终，生活空间不可能永远固定，身份与地位每时每刻都面临挑战。不能适应者，当然只能被世界抛弃，这是一个无情的生存法则。独生子女家庭对孩子的过度保护，使孩子们成为“温室里的花朵”，不少家庭由于家庭教育的偏差导致孩子独立生活能力较差、缺乏吃苦耐劳的品质和竞争意识、缺乏主见、自私等，在突如其来的困难和挫折面前，束手无策，结果往往是采取退缩、逃避甚至是极端错误的做法，有的还付出了沉重的代价，令人扼腕痛惜。

通锦中学从自身的办学条件和学生的实际状况出发，加大培养学生独立生活的能力。开设了家政课和户外生存拓展训练等课程。创设挑战的生活场景，让学生在学校集体生活中增强对不同情况的适应能力。

家庭生活第一内容是吃，第二是住。现在不少中小学生很多人没有煮过饭，炒过菜。如果父母不在身边，要吃饭一般是进饭馆，想更简单一点就是买方便面，吃快餐。未来中国社会的家庭都不需要厨房？显然是不可能的，至少在很长一段时间内还是需要厨房的。因此，教会孩子们煮饭做菜，在学习之余，做一些力所能及的家务活儿成为培养学生适应能力的必选项。

一年前，菜茜还是一个从来没有摸过菜刀的高一学生。这一周的周日是母亲节，菜茜想利用周末在家的时间为爸爸妈妈做一顿饭。虽然在学校食堂操作过好几次了，但在家里炒菜还是第一次。煮饭可以用电饭煲，主要问题是炒菜，一家三口几个菜够吃？做哪几个菜？周五晚上，她就开始设计。经过一番思考，她决定炒青椒土豆丝炒肉、炝炒红苕尖、西红柿炒鸡蛋，一荤两素三样菜，烧一个白菜心汤。第二天周六上午她等爸爸妈妈都上班去了后，就到菜市场买菜，吃过午饭后，就在厨房里忙活，择菜、洗菜、切菜，准备一应调味品等。估计爸爸妈妈下班了，她给妈妈打电话说自己在家里把饭菜弄好了，叫她不要再买菜了。妈妈接到女儿的电话，简直不敢相信，她不知道女儿什么时候学会了煮饭炒菜，她知道这是女儿的一番孝心。所以她一边甜蜜地感动着，又一边担心起来，她怕女儿在家切菜伤到手，炒菜烫着手。所以一下班就急急忙忙赶回家去。菜茜妈妈打开家门看到餐桌上已经摆上两个菜了，听厨房里的声音，好像正在起锅。等她换好鞋进门后，菜茜正好端着最后一个菜从厨房出来。她赶紧走到餐桌前看看女儿的“杰作”，不仅大吃一惊。看土豆丝和肉丝虽然没法和自己比，但也还将就。孩子什么时候学会炒菜的？在家里她可是从来没干过这些事啊。

一家人在餐桌上吃着菜茜第一次下厨做的饭菜。虽然水平还有待提高，但爸爸妈妈心里却异常高兴。菜茜妈妈把自己的疑问提了出来。菜茜笑着说：“我已经学了一年了。学校开设了家政课，其中就有学做菜，一开始我只能做简单的事：择菜、洗菜，连菜刀都没资格拿。以后才逐渐用刀切菜，最后才是炒菜。”

吃着孩子做的饭菜，菜茜爸爸和妈妈在心里说：我们的女儿不会饿肚子了！

通锦中学在综合实践课中开设家政课，充分利用学校食堂的有利条件，请食堂的师傅做老师，既培养了学生的生存能力，又培养了学生的劳动技能。他们把解决学生自己煮饭炒菜的问题作为学生独立生活能力的第一课，分为两个步骤进行，第一是做满足自己一个人的食物，第二是做满足三口之家的食物。初中学生达到第一步，高中学生达到第二步。

通锦中学还为学生设计了一门课程——户外生存拓展训练。通过到大自然中去亲近自然，体会与大自然接触的乐趣，放松身心，参加各种体验活动，进行自我挑战，让学生了解自己的体能，提高户外运动能力，同时在人与人之间形成一种良好的人际关系，进而培养勇往直前、积极健康的生活态度。

珍爱生命

中国人有着爱惜生命的传统。《易经・系辞下》说“天地之大德曰生”，尊重生命，尊重一切有生命的生命。“大德曰生”，不仅仅是对自身生命的珍惜，也包括对他人生命的珍惜。

《论语・乡党》记载着这样一件事：“厩焚，子退朝曰：‘伤人乎?’不问马。”意思是：马厩被焚，孔子退朝问：伤人了吗？不问马是否完好。《论语》通过这个故事告诉我们，孔子珍视生命，把人的生命放在第一位。《论语・先进第十一》记载了子路问事鬼神。子曰：“未能事人，焉能事鬼?”敢问死。曰：“未知生，焉知死?”孔子的学生子路问老师：如何侍奉鬼神？孔子答：没能侍奉好人，怎能去侍奉鬼？子路又问：死是怎么回事？孔子答：还不懂得生，怎懂得死？这段对话表明了孔子在生死问题上的基本态度：人最重要的是要活着，追求生活的意义，而不是把注意力放在死后。同情之心、悲悯之心、博爱之心、敬畏生命、珍视自然，都是人类的公德和美德。

然而不知道从何时起，生命变得卑贱起来，在今天的青少年的视野中，人的生命在贬值：自残身体、一言不合便捅死同学、偶遇小小挫折便割腕跳楼、一群初中生以十分卑劣下流的手段虐杀女乞丐……这样的消息，时常闯入我们的耳朵，刺激着我们的神经。对动物、小的生物视如草芥，痛殴同学不是新鲜事。人们在深深责问：人性的光辉沦丧何方？为什么那么多人对生命不敬畏？自己的生命、朝夕相处的伙伴，甚至养育自己的父母都可以轻易践踏、摧残，还有什么不可以舍弃的呢？一个没有人性的社会，绝对是一种巨大的灾难。敬畏生命、珍爱自然，是教育的最基本的目标。

安全教育是珍爱生命教育的切入点，让身体不受伤害，让自己的生命更坚强。并以此为起点，教育学生敬畏一切生命，尊重他人的生存权。引导学生树立与自然和谐共生的理念。养成自觉维护他人安全和健康、爱惜生态环境的习惯。

心理调节

生命的成长不仅有自然生命的成长，也有精神生命和社会生命的成长。生命存在“首先必须有一个最基本的前提，那就是人体生理运转和新陈代谢必须正常，人的各种组织、器官必须是健康的，否则，人的存在就会有困难和毫无意义”。基于这样的认识，人的生命和健康有着重要的价值关系。心理健康是人的健康两个方面之一，心理健康是生命境界的重要方面。心理是一个复杂的生命体验过程，加强心理健康教育，引导学生开展心灵体验，帮助学生建设自己的精神家园，体验生命的成长。

在班级授课体制下，教师要真正走进每一个学生的心灵，几乎是一种“理想状态”的提法，毕竟教师的精力是有限的。所以，教师的视线，常常被几个“问题学生”牵引。各方面都比较优秀的学生往往给人一种“安全感”，他们学习成绩好，“一白遮百丑”。在优秀学业的美丽光环下，很容易出现心理关注上的漏洞，他们一些不健康的心理往往被掩盖，他们出问题往往很突然，就像是“定时炸弹”。班级中的中等生也往往成为教师工作视野中的盲点。一般来讲，在班级教学中，教师要向优生要成绩，要控制差生不让他们扰乱教学秩序，因此，中等生在学习上、心理上的问题也多半被优生和差生的问题所掩盖。

切实开展心理健康教育，帮助学生树立在出现心理行为问题时的求助意识，促进学生形成健康的心理素质，维护学生的心理健康，减少和避免对他们心理健康的各种不利影响，培养学生乐观、向上的心理品质，促进学生人格的健全发展，是生存教育的当务之急。

通锦中学在办学实践中，实施“抓两头，盯中间”的盯人战术：两头是指优生和差生，中间则是指最不容易被教师认识和记住的中间生。优生和中间生分配给科任教师分别负责，差生由班主任负责，典型有心理障碍的学生由专职心理咨询教师负责。

关注学生的生存状态，还需要关注学生的合作能力、社交能力、竞争能力、心理承受力和一定的社会生存技能。

（二）让生活更精彩

生活是一条长河，有急流飞瀑的蜿蜒，也有水平如镜的开阔；生活是一首诗，既有高亢壮歌，也有低吟咏叹。各有际遇，各有路径，但不论在哪个环境中生活，在什么地方生活，把人们的工作部分抽去，业余生活都离不开休闲、交友、娱乐，都离不开人们的生活态度和生活品位。生活态度和品位上的差异，直接决定了人们的生活差别。一个人可以没钱没地位，但如果生活态度出问题，那他的人生就只有悲剧。正确的生活态度，高雅的生活品位，这样的生命才更有价值，这样的人生才会幸福。

现在的孩子是未来社会的主体，让他们学会形成正确的生活态度、能正确应对生活中的种种情况，保持积极、乐观的人生态度，才能实现人生目标，真正拥有幸福的人生。

生活是指为生命存在和发展而进行的各种活动。这种活动具有历史性，不同时代的人，生活方式是不同的。同一时代的人生活质量各有不同，生活质量的高低决定着生命质量的高低。会生活的人，生命的质量更高，生命也更有意义，生命更有价值，人生更加幸福。进行生命教育不可避免地要进行生活教育。

通锦中学沿着生存——生活的教育路径对学生进行生命教育和人生教育，把生活教育作为人生教育的重要内容，开展生活质量教育，一方面为学生现在着想，提供“好”教育，开展幸福校园建设，让学生在校园里享受幸福人生；另一方面又为学生未来着想，对学生进行“向好”教育，为学生的未来生活质量奠定基础。

在通锦中学的德育认知教育主题中，明理、习礼、孝道、科学四个认知教育主题围绕着生活品质教育来展开，学生在这些教育中形成的意识和获得的技能会提高他们未来的生活品位。

幸福通锦

苏霍姆林斯基说：“学校的任务，不仅在于传授学生必备的知识，而且也在于个人精神生活的幸福。”学校生活是学生生活的重要组成部分，对学生进行生活质量教育，首先就应当更加重视学校的内涵发展，积极推动学校高质量、多元化、有选择的发展，让每一个学生在学校都能幸福健康、生动活泼地成长、发展，提升每一个学生的学校生活质量。

学校教育服务的受惠者是学生，因此对于学校生活质量的认识，应当从学生的视角加以考察，而追求学校生活质量，就是要让学生养成“爱好”“向好”的意识，学会“向好”。学校提供的教育服务质量不仅是优美的校园环境、现代化的教学设施等硬件条件，更重要的是学校所提供的教育服务，以及学生对学校的主观感受和满意程度。

学校生活质量是学校中的人（尤其是学生）对于学校生活的主观体验。学校生活质量的高低，可以经由学生之于学校生活的满意度来判断，这包括学生之于学校生活的愉悦感，如是否向往学校生活；成就感，如是否感受到学习的成功、受到老师和同学的关注、感受到生活的意义与价值；自由度，如是否能够在宽松、自由的环境中自主发展。高质量的学校生活，应当是一种高质量、多样化、可选择的教育，不仅能够满足学生的多元化需求，而且还能够让学生在多元化、可选择的学习过程中产生愉悦感、成就感和自由感。办学条件再差的学校，也可以尽其所能，为学生提供学生觉得“好”的教育。

“怎么还不开学呢?”小唐是通锦中学高中的一名学生，春节寒假还没过完，他早早地就想开学了，渴望通锦中学的校园生活。于是在自己的QQ签名中，他写下了这样一句话：“怎么还不开学呢?”表达了自己向往校园生活的心情，同时也反映了他对通锦中学的“好感”。

在通锦中学初中部底楼劝学厅里，摆放了一架钢琴，课余时间，很多学生都喜欢到那儿去一显身手，弹奏一曲。许多校外人士来校看到这一情景，都感觉诧异。不少人带着疑惑问校长谭六三：“你们不怕这样昂贵的东西被损坏了?”谭校长笑着说：“钢琴是一个教具，但不仅仅只是用于上音乐课和演出。它还有其他的教育功能，也应该发挥，把它放在音乐教室，只能作为一个贵重的设备让学生产生敬畏之情，不便于学生使用。我们把它放在室外，不仅让更多的学生使用它，而且还让学生对它产生亲近之情。更重要的是，钢琴作为高雅音乐艺术的重要载体，可以大大提升这一教学区域的品位，使学生一走近它便有一些情趣提升的感受，能够引导学生在言行上逐渐向高雅靠近，有利于提升学校生活的品位。不断地让学生对学校生活产生‘好感’‘自豪感’，并以此引导学生的‘向好’‘爱好’之心。”

通锦中学认为“好”教育主要有两个表现：一是学生对学校的感觉好，学生向往进入校园，学校对学生有足够的吸引力；二是学生进入学校发展得好，学生进入校园学有所成，学校的教学质量高。学生对学校的“好感”主要来自三个方面：老师对自己好、在学校很快乐、在学校学业进步大。因此，通锦中学从建设“好老师”队伍、乐园、学园三个方面行动，取得良好的效果。

“通锦的老师太好了！” 几年前，通锦中学刚从企业转制过来时，处于非常困难的境地。要从困境中走出来，首先需要解决的一个问题就是如何吸引学生。学生对学校的“好感”会形成学生和家长对学校好的口碑。但是作为一所缺少投入的老学校，校园环境存在着天生的不足，校舍老旧，布局不合理，校园环境绿化水平落后，校园对学生的吸引力明显不足。而教学质量跌入历史低谷，办学水平对学生的吸引力更是极度欠缺。在这种情况下，要提高学校对学生的吸引力，一群“好”老师是最可靠的依靠，“好”老师是学生对学校生“情”的第一情感点，老师对学生的关怀是学生对学校产生“好”的重要方面。通锦中学学生评价教师有三个维度：态度、责任心、能力。其中，老师对学生的态度被放在第一位，学校明确要求老师必须对学生“好”，能真正把对亲人的情感迁移到学生身上的老师才是真正的“好老师”。

肖老师又送走了一届毕业生，班上的学生在今年高考中考得很不错，假期中这些学生好像排着班似的来看望他，再加上以前教的学生也时不时地过来，差不多两三天就有一伙人来看他，这让他的心情格外舒畅。这天上午，他接到一个学生的电话，学生要请他晚上一起吃饭，不过让他有些意外的是学生还邀请了师母。晚上六点，肖老师和爱人如约来到聚会地点时，发现那个学生的家长也在，这让他更加感到意外，但让他更意外的是在用餐过程中，学生家长在多次对他表达了感激之情后，向他提出了一个要求，就是请他和爱人做孩子的干爹干妈（四川人称“保保”）。他们说，肖老师对孩子实在太好了，就像对自己的儿子一样，所以请肖老师无论如何也要答应。

近几年来，在通锦中学像肖老师这样被学生家长提出请求当学生干爹干妈的班主任先后有十多人。那些学生对他们说，在读书期间，老师们疼爱我们，离开学校了，我们实在不习惯没有他们疼爱的日子。要用这种方式来延续这份师生情。

快乐通锦

丰富多彩的校园生活是让学生喜欢学校生活的一个重要原因。通锦中学设计了校园文化节系列活动，丰富学生的校园生活。通锦中学每学年十个月，学校共安排十个大型文化节：颁奖典礼、春天乐会、成人礼、咏诗赛、读书节、学生节、运动会（春、秋各一次）、创造节、合唱节、达人秀。每月一大节，加上学生自主设计开展的活动：盛装节、民族节、吃货节、电玩节、足球节、篮球节、纸工厂、动漫节、幽默节等，基本达到每周一小节。丰富的课余生活，给紧张的学习缓解了压力，同时也给学生带来了更多的选择和发展的机会。趣味性、知识性、思想性融为一体，对学生产生了极强的吸引力。

充分保障学生的权利给学生更大的自由度，是通锦中学增强学生对学校“好感”和幸福度的又一重大举措。在制度建设上，首先通锦中学明确了学生的权利和义务。把学生享有的权利明明白白告诉学生。把学习权和管理权交给学生。课程超市的开设，使教育开始从学生适应老师向老师适应学生需要转变；学生活动有一部分本身是由学生自主设计、自主举办的，学校举办的大型活动，也会征求学生意见，这不仅使学生的课余活动更加丰富和自由，而且把部分决定权交到了学生手中。同时对学校的管理制度进行了人性化的修订，加强了对学生的奖励力度，增加了表彰、奖励的种类，不仅保留了以前的奖励类别，还另外增加了气质奖、人缘奖、健身奖、勤奋奖、守纪奖、孝顺奖、公德奖、顽强奖八个单项奖，这八个单项奖，每个月以班级为单位评选一次，学校集中表彰，扩大了奖励范围。为了突出教育性，转变教育观念，树立“教”的观念，真正把学生看成是一个发展中的人，允许学生犯错误，哪怕是特别严重的错误，废除了开除学籍处分。良好的习惯和品质都是养成的，而不是强制管出来的。依靠学生内心的自觉形成的品质才具有稳定性，强制管出来的行为离开学校失去监管就会变样。通锦中学的学生是被允许在校园里吃零食的，只是吃了零食需要把食品袋等垃圾放到垃圾桶里去。违纪处分申诉权使办学更加民主。

成才通锦

普通中学对学生的吸引力，仅仅依靠校园文化生活是远远不够的，质量才是一所普通高完中的生命，近年来，通锦中学以德育为首位，质量为中心，开设适合学生的课程，办适合学生的教育。在学生入学之初就给学生做好学习能力诊断，认真分析学生实际，对学生实施分层、分类教学，把学生分为四类三层，高中理科类、高中文科类、艺体类、出国准备类，重本层、本科层次、专科层。初中也分为三类学生：文化生、特长生和职高生。通过分层、分类教学，抓住各层次的教学重心，不仅极大地提高了教学的针对性，而且提高了教学的有效性。更重要的是，增强了学生的学习信心和人生信心。

夏天是初2012级的一名学生，从进初中以来，就一直没有消停过，几乎每天都要惹事，老师和家长就成了他的救火队员。从小就调皮捣蛋的他，学习成绩一直很差。他刚进入初中时，也想好好学习，无奈学习内容增多了，学习基础又不好，听课比较吃力，每天的作业更是压得他喘不过气来。一周下来，他就放弃了。他觉得这一辈子没希望了，还是趁读书这几年好好耍一下好点儿。于是他就成天惹是生非，把上学当逛街，想来就来，想什么时候来就什么时候来，让老师很是头疼。加上爸妈不在身边，只有一个爷爷陪着他，爷爷每天还要干活挣钱维持生活。老人被逼无奈，想让他转学到他爸妈那里去，可他死活不去，就这样一直到了初三。进入初三了，学校对初三的学生进行分类施教。老师们认真地分析了他的具体情况，认为这个孩子虽然表现不好，成绩极差，但讲义气、勇敢。症结问题在于对人生失去了信心，如果让他降低压力，完全可以重树信心。通过班主任老师和年级分管领导耐心细致的诊断，帮他分析情况，规划人生，夏天选择到职高预备班。他进入职高预备班后，学习压力迅速减轻。各种活动课的增加、各种新课程的开设，让他感觉到自己将来还是很有奔头，信心大增，课堂上劲头大了。经过一个多月的努力，他变成了一个自觉学习的好学生；两个月过去，他还成了一个自觉维护纪律的好学生。初中毕业后，他顺利进入区内一所职中学习，现在在那所学校里做学生会主席，不仅学习成绩优异，而且社会活动能力也得以展现和提高。

小慧在初中时和夏天是同年级的同学，学习很努力，可就是成绩不理想。初三分类的时候，她考虑到自己曾经学过弹钢琴，于是选择了学艺术。通过一个学年的努力，她以比较优异的艺术成绩考入一所重点高中学习。

小刘还在读小学的表妹听说小刘哥哥成了国家二级运动员，说什么也不相信。她说，他怎么可能成为国家二级运动员呢？虽然他乒乓球打得好，但好像也没达到那水平吧，除非他们学校会变魔术！

是啊，通锦中学会变魔术。这是怎么回事呢？

原来小刘升入高中后，看到学校航模队、定向越野队、无线电测向队以及其他几个运动队在招人，他觉得无线电测向很好玩，于是就报名参加了训练。他们每个周末都外出训练，训练场地还专挑大型公园、风景区，这不仅让他觉得很好玩，而且在训练过程中，还提高了自己的体能、智慧和学会对无线仪器的运用，这些让聪明的小刘渐渐喜欢上了这项运动。经过一年多的艰苦训练，他参加了四川省无线电测向比赛，获得了青年组短距离第二名的好成绩。根据赛事规则进入前六名的运动员，获得国家二级运动员资格。所以他成了货真价实的国家二级运动员。跟他一起参加那次比赛的通锦中学学生，有六人获得了国家二级运动员证书。

小刘这个看起来很平常的学生参加训练营，实现跨越式发展。这些年来，像小刘这样通过在校训练成为国家二级运动员的通锦中学学生有120余人。

在通锦中学，排球队、篮球队、足球队、航模队、合唱队、舞蹈队、广播站、电视台等队伍以及运行非常良好的十多个学生社团，都成为学生发展特长、培养能力的良好平台。通过参加这些活动，学生获得良好的发展。

几年来，学校教学质量大幅提升。高考上线人数和上线率连年上涨，尤其是把大量中考重点线下学生也送进大学，被社会称赞为“功德无量”，社会的认可度和美誉度不断提高。学校高中连续三年招生人数不断攀升，2008年招不够150人，2012年却突破430人，出现了学位不够的状况，达到历史新高峰。

（三）让人生更幸福

教育的目的是让人得到发展，它是一门“慢”的艺术，关注的是未来。给学生提供“好”的教育只是学生在校期间的生活，让学生将来能体面、能自尊地生活才是“好”教育的终极目标。体面，指体态与脸，是面子、名誉；自尊是指具有社会公德且具有良好价值观追求。让学生未来体面地生活着，就是要让孩子们将来能得到人们的认可，获得人们的尊敬，生活得更好。为实现这一目标，通锦中学送给学生三个“人生大礼包”——坚定的目标、勤奋的习惯、良好的人缘。

“志”教育

在通锦中学的校门口有这样一幅标语：成功的秘诀在于始终不变其目标。通锦中学在《学生成才指南》里明确告诉孩子们：人生是一条漫长的路，我们在路上将走向何方？明确的目标为我们的人生导航，指引我们朝着一个方向进发，只要我们不停地前进，终有一天我们会到达期望的天堂。如果我们漫无目的，没有前进的方向，那么我们就会像水面上的浮萍随波逐流，不知走向哪里，也走不远。如果我们有目标，但不坚定，我们就会在十字路口，来回折返徘徊，浪费时间和精力，也将难成大器。无数成功人士的人生历程告诉我们，有明确且坚定的目标是一个人取得人生成功的重要条件。

指导孩子们确立自己的人生目标是通锦中学在学生们进校后第一件要做的事。在入学教育阶段，所有的新生都要对自己进行自我诊断，分析自己的优点，明确自己的兴趣点，初步描述自己的人生目标。这是学生发展档案的第一手资料，班主任拿到学生的自我诊断后，会对每个学生的诊断进行验证，两个月后，班主任老师会把每个学生家长和所有科任老师对孩子的诊断汇总到一起，形成一个比较完善的诊断。并把这个诊断印发给每一个科任老师及学生各自的家长。以后，遇到该生有重大表现的时候再进一步验证和修订诊断结论。

学校根据学生在校期间表现出的稳定的兴趣，有意识地加以引导，并把他们的兴趣培养成为特长。如果兴趣不够稳定，就会有意识地动员这些孩子参加一些活动，从中去发现和培养他们的兴趣点。找到兴趣点以后，再把这样的兴趣点发展成为稳定的兴趣。学校通过各种途径把有共同兴趣和特长的学生组织起来，组建成社团。让他们有组织地进行自我教育、自我发展，同时建议家长利用社会教育力量对孩子的兴趣有意识地进行培养。学校也会给他们搭建平台，给每一个学生展示自己的机会，增强他们的自信，创造条件把学生的兴趣发展成特长，并引导孩子们把自己的特长发展成为一生的志趣，成为终生追求的目标。

进入高二和高三以后，学校会给具有相同稳定兴趣的孩子们进行分类指导，帮助他们做一个人生规划，把一生的价值追求和自己的职业理想进行有机结合，确立一个人生目标。当目标确立以后，再探寻实现这一目标已经具备了哪些条件，还差哪些条件，已经具备的条件要充分利用，还差的条件就需要去准备。有了明确的人生目标后，不仅学生的理想更加远大，而且还能够增强学生战胜困难的勇气和能力。因为他们觉得对于更加远大的理想来讲，眼前的困难根本不算什么，这在无形中增强了学生学习的动力。

“勤”教育

门捷列夫说：“没有加倍的勤奋，就既没有才能，也没有天才。”爱迪生也说：“天才就是百分之一的灵感加上百分之九十九的勤奋。”可以这样说，勤奋的人，人生不一定成功，但不勤奋，人生肯定不能成功。勤奋是人生成功的必备条件之一。要想孩子们的未来生活得体面，就必须养成孩子们勤奋的习惯。勤于思考让大脑越用越灵，勤于做事让手脚越用越活。

思考是每个学生天天都要做的事，但却不是每个学生都勤于思考。通锦中学不少学生有着思维惰性，这是在以前的学习中养成的不良习惯，这也是绝大多数学习困难的学生在学习上有困难的重要原因。他们往往表现为遇到稍微难一点的作业就觉得痛苦，然后选择逃避困难，要么找老师问，要么请教同学，更有偷懒的就找同学的作业抄。长此以往，这些学生的思维长时间不勤于使用和训练，久而久之就形成了思维惰性，学习自然就感到很困难。破解学习成绩不理想的难题，要把中等偏下的学生培养成为中等以上的学生，首先就需要解决这一问题。在教学过程中，老师们采取了“缓坡度，搭梯子”的办法，降低思维难度，把思考问题、解决问题的方法教给学生，逐渐消除学生面对难题时的紧张和焦虑。让学生品尝到深入思考带来的乐趣和解决难题成功的喜悦。通锦中学这几年有许多学习困难的学生能考上本科，其中一个重要的原因就是这些学生都很勤奋。通锦中学能够成为“中考重点线下学生的培养专家”，也正是因为他们成功破译了学生思维惰性的密码。

勤于思考、不怕难题只是勤奋学习的一个表现。中偏下学生的另一特质就是在学习过程中和生活中眼中无事，具有勤学特点的学生往往都有自己做不完的作业，看不完的书。虽然通锦中学不希望学生过着书山题海的生活，但期望学生能够眼中有事，自觉地找事做，而不是被动地应对老师的作业。主动研究问题和被动完成作业是在两种不同的心理状态下进行的活动，前者的效率远远超过后者。所以指导学生定期做一个作息安排是通锦中学“勤”教育的又一重要举措。通锦中学的班主任老师在每次指导学生做完月总结分析之后，都会让学生做一个下月作息安排，这个作息安排主要是对课余时间、周末及假期做一个比较详细的规划和安排。什么时候做什么事，都有具体而细致的计划。这里的老师不怕学生玩，就怕学生没有计划的玩，只要是在计划内的玩，都是会受到鼓励和支持的。

引导学生发现别人没有发现的事，是通锦中学“勤”教育的又一高招。能够发现并做好那些在别人眼里都不是事情的人，是能够做成大事、成就大业的人。不勤于观察发现不了这些事，不勤于做事，就不会下手去做这些事。现在能够发现别人发现不了的事，就等于将来能够发现别人发现不了的机会，现在去做别人不屑于做的事，在将来就能干成别人都干不成的大事。台湾忠信高级工商学校高震东校长在大陆的一次演讲中曾经说过：“看见小事的人能看见大事，但只能‘看见’大事的人，不一定能看见小事。”通锦中学的教育者深谙此道。因此他们创造许多这样的机会和事，让孩子们去发现，去做。学校食堂有一个小卖部，每天要卖给学生许多零食，客观上给学生乱扔乱丢提供了条件。学校很多老师和干部都强烈要求关闭它，但校长谭六三却有另外一种看法：学生吃零食的行为本身就是一种教育资源，关键是我们怎么去利用它、开发它。学生乱扔乱丢确实不是一个好习惯，但如果我们把丢在地上的这些垃圾作为一种教育情境，把被乱丢的垃圾当做教育学生的道具和资源。有人丢就应该有人捡，谁去捡？当然我们鼓励学生能够自发地捡，它可以使我们培养和发现更多的眼中有小事的学生。当然，我们更应该让学生养成自觉把这些垃圾放到垃圾桶里的习惯，如果有一天我们的学生都能做到自觉把垃圾丢进垃圾桶，难道这不是教育的成果？

“礼”教育

孔子曾经说过：“不学礼，无以立。”现在有不少的孩子见人害羞，不打招呼，显得很不礼貌。其实这也不能全怪我们的学生不讲礼，他们中很多人不是不想跟人打招呼，他们根本就不知道如何正确地打招呼，怎么称呼对方，怎么与对方寒暄。这不仅是我们家庭教育的缺失，也是我们很多中小学教育中德育存在的问题。

教育要面向未来，教育活动自然就需要有前瞻性。在未来社会中哪些是人们生活必备的规范和常识？通锦中学给孩子们准备的第三份人生大礼包就是“礼”教育。习礼、讲礼是中华民族的优良传统，但我国很多传统的礼仪已经不适应现代生活的需要，我们需要把民族优良的传统与现代生活相结合，既传承礼风良俗，又创新文明礼仪。

拥有良好的人脉是实现人生目标的基本条件之一。一个人在社会中的人脉来自两个方面，一个是家族血缘关系带来的，另一个是自身在学习、生活过程中形成的。要形成新的人脉圈和维持已有的人脉圈，讲究礼数是必要的。为孩子们未来的人生奠基，教给孩子们适应现代社会生活的礼仪是必需的。

通锦中学经过课程设计，把不少学校停留在说教上的礼仪教育，直接设计成一门课，让礼仪变得实在，变得鲜活。开设习礼课，教给学生实用的礼仪常识、行礼方法，形成学生基本的礼仪技能。

查阅了许多版本的礼仪书籍，我们发现根本就没有一本是专为中小学生写的，因此，我们组织力量根据中学生的特点编写了校本教材《通锦习礼》，在综合实践中开设了习礼课。初、高中两个学段分别各用 14 个学时，教习不同的礼仪内容，从公共礼仪到校园礼仪再到交际礼仪，内容全面、丰富。从最基本的坐立行走、穿衣戴帽入手，教给学生最基本的礼仪规范。通过习礼课的学习，学生们掌握了基本的交际方法，改善了学生的气质和精神面貌，增强了人际交往的信心。知道了什么行为是合礼的，哪些行为是不合礼的。有一次，一位老师在讲台上没太注意就直接弯下腰撅着屁股去捡掉在地上的书，下来后就有不少同学给他纠正，还生怕老师不知道，跟老师讲：您捡掉在地上的书，需要先蹲下去再伸手捡。

青春期的学生跟家长闹别扭的事是常见的，很多人认为这很正常，不必大惊小怪，但在通锦中学这是被要求改变的。因为跟父母闹别扭说明这个孩子对父母不敬，属于不孝的表现；其次也说明这个孩子不善于处理人际关系，协调和处理矛盾的能力不够。在家里跟父母闹点别扭会被父母认为是不懂事，家长会不计较，但如果将来到了单位跟领导闹别扭，恐怕后果就会很严重。善于协调矛盾是积攒人脉的重要能力，是将来人生道路上必不可少的。因此，这样的问题在通锦中学被要求在处理方式上需要讲究方式方法，在态度上必须顺从父母，和颜悦色地跟父母对话。如果自己是正确的，需要换时间、换空间、换方式跟父母交流，而不是得理不饶人，跟父母大发脾气。

为引导学生讲礼习礼，增强习礼的动力，通锦中学还专门设置了仪表奖、气质奖、孝顺奖。

开展“好书好歌好画伴人生”的阅读活动，既增强学生的学习能力，又丰富学生的精神世界。为学生拥有幸福人生提供最好的智能支撑。阅读能力是两大核心学习能力之一。它不仅可以增强学生的口头和书面表达能力，而且还能提高学生的联想能力、想象能力，进而提高创造性思维能力。通锦中学要求每一个学生每个学期都要完成阅读任务：诗歌、中外文学名著、科普读物、历史、哲学及文化著作。学校利用专栏每月出一期名画名曲赏析，要求学生从初中到高中，完成中外名画五十幅、中外名曲五十首的欣赏任务。

健康的体魄与高雅健康的休闲娱乐活动是幸福人生的重要内容。在通锦中学的校本素质达标标准中，要求所有学生必须有两项体育运动项目和一项艺术特长成为自己的看家本领。学校把游泳和篮球作为全校学生必须修习的体育项目。游泳既是体育锻炼的好项目，又是一项逃生技能，因此被作为全校学生的必修课。篮球是展现通锦学生特色的一个运动项目，不分男女生，只要身体没有疾患，都必须会运球、会上篮、能看懂篮球比赛，知道篮球竞赛规则，学校每年的运动会上都会有每队男女各十人共二十人参加的篮球上篮接力比赛，参与面达到40%以上。

“铁”色文化：润物无声

我国古代哲学典籍《易经》中有这样一句话：“观乎天文，以察时变；观乎人文，以化成天下。”这句话后来被人们概括成“以文化人”，意思是用文章、文德、文教等教化人。用今天的话来说，就是用文化引导人、教育人、熏陶人、感染人，让文化以潜移默化的方式影响人的思想意识和言行举止，提升人的思想觉悟、道德修养、精神境界和综合素质，形成人的价值观念和思维方式，促进人的全面发展。

促进人的发展是教育的原始要义，学校是育人的专门机构，它担负着向下一代传授生产、生活的经验、技能的任务，同时也承担着给学生灵魂搭建安身之所的重任。既要“授业”，更要“传道”。但这个“道”却有不同的“传”法：强制灌输的效果一定不好，说服教育效果也似乎不佳。因此，教育者都在追求“润物无声”“大教无痕”的教育境界，让学生的思想和情操在愉快的生活和学习中，无形地受到影响，得到升华。怎样才能做到这一点呢?

通锦中学校长谭六三经常跟他的同事们说：“办学的最高境界是用文化育人。”近几年来，建设学校文化已经成为广大教育者的共识。大家都知道“不抓高考，过不了今天，但不抓文化，你就过不了明天”。但怎样建设学校文化才更有利于提高育人效果，形成自己的文化品牌？诸如这类问题也一直困扰着办学者。新办的学校完全是一张白纸，似乎可以从开始就进行一个整体的设计，但如何构图着色，还是需要看首任校长对教育的理解和把握；老学校虽有自己的传统，但还需要对传统进行归纳和提炼，把传统和现代进行有机结合，实现创新和发展。同时校园文化建设需要大量的资金支持，而这也是一件很困难的事。

通锦中学是一所老学校，我们用顶层设计的理念做指导，用课程思想做统领，致力于特色学校文化的建设，在建构了理念文化体系之后，我们依据理念体系做好规划，然后分步实施，条件成熟一个就做一个，一点一点地朝着既定目标前行。我们建设“铁”色校园，发展学生文化，开发教师文化，塑造行为文化。力求让学校成为一个文化作品，把教育过程打造成一件艺术品。尽可能让每一棵树、每一根草、每一块砖都成为这个作品的有机组成部分，让学校的所有空间都弥漫浓浓的文化气息。

不同的学校文化应当是各不相同，具有独特性的。即使是同级同类的学校，它们的历史传承、所处社区、教师群和学生群也不可能相同。这就决定了学校文化形成特色的可能性。通锦中学从学校的血脉传承中去寻找文化延续的基因，从所处社区的文化背景中去提炼文化特质。我们试图让“铁”色十足的通达文化具有鲜明的个性和唯一性。

学校文化应当是先进的文化，只有先进的、科学的优秀文化才能丰富人的精神世界、增强人的精神力量、促进人的全面发展。所以它应当适应学生发展，适合学生当前的认知水平，随着学生生源状况的变化而变化，做到与时俱进。要追求教育本真要义，要符合教育规律。通锦中学从当今中国社会对公民的基本要求入手，着眼于学生的将来，提高学生未来的竞争力，力求做到符合教育的基本规律，符合当今中国教育由精英教育向大众教育转变的趋势，满足社会大众对优质教育的需求。

一　通达文化的基因

文化具有传承性和区域性。社区文化和学校历史文化对一所学校会产生重大的影响，它们是建设学校文化的基因。通锦中学也有自己的文化积淀，它们是通锦中学通达文化的血脉。

一段当钟敲的铁轨

刚到通锦中学工作没几天，谭六三校长就发现在通锦中学门卫室旁边悬挂着一段铁轨，当时他觉得中铁二局的子弟校挂一段铁轨有一定的纪念意义，也还比较特别。只不过他并没有深入去思考为什么前任校长会在那儿挂一段铁轨。

有一天，学校突然停电了。谭校长找到行政办公室主任，询问在停电情况下学校铃声如何解决的，有没有预案，行政办公室主任告诉他“有预案”。既然有预案，他也没再往下问。等下课时间到了，谭校长听到一阵金属敲击的声音传来，很像“人民公社”期间有些农村生产队出工、收工敲出的信号钟声。他知道这就是下课的信号铃声了。他问身边的老师，这是啥东西发出的声音？老师告诉他，这是敲击校门口挂着的那段铁轨发出来的声音。谭校长若有所思地“哦”了一声，却并没有说什么。

那天，谭校长专门去看了那段铁轨，他对着铁轨想了很长一段时间，好像那段铁轨有着什么魔力，吸引住了他。正在他思量的时候，有一个老教师从那儿经过，他就顺便向这位老师请教铁轨的来历，那位老师说，这段铁轨是我们学校最老的“员工”了，刚建校的时候就有它，它是我们学校最早使用的司时工具。听到这个说法，谭校长有一种莫名的激动。在那周的校长办公会上，谭校长跟他的几个助手谈起了这段铁轨，他说：“当初这所中铁二局子弟校，学校里边应该有很多与铁路有关的东西，这些东西记录着我们学校的血脉起源，记载着我们学校的过去，我们不能忘记。它们是学校发展过程中沉淀下来的，是学校文化的一个印记。因此，我们要好好地保护它们，并且还要从它们身上发掘出更有文化价值的内容来。”他还说：“一所学校最高的水准是文化育人，靠文化吸引人、影响人、熏陶人。这要求我们要着手打造通锦中学的学校文化。我们学校目前有理念系统，但这个理念系统放到每一所学校似乎都是可行的，不具有独特性，所以我们需要重新梳理学校的理念系统。”

“交子”带来的启示

世界第一张纸币“交子”诞生在成都，但具体的印制地在哪儿，一直是个谜。

经过专家的反复研究考证，他们发现元代钱币研究家费聚的《楮币谱》中有一段文字：“绍熙五年（1194 年）始抄纸坊于净众寺之旁，遣官治其中，抄匠 61 人，杂役 30 人。”据南充学者丁祖春考证，净众寺建于东汉桓帝延熹年间（158～166 年），六朝时名为安浦寺，唐时名净众寺，宋代换名净因寺，元末明初更名为万佛寺，明末张献忠进川毁于战火，清代康熙初年重建仍命名为万佛寺，当年的万佛寺就在现在的成都西门金花桥侧。万佛寺毁于 20 世纪 50 年代，留下的一些文物现被收藏在四川大学博物馆，而铁道部第二勘察设计院及其周边就是万佛寺的旧址。

也就是说，“交子”的诞生地就在现在成都市通锦桥铁道部第二勘察设计院及其周边区域！铁二院与通锦中学仅一墙之隔，这里正是宋朝政府建造的第一家纸币生产厂所在地。

“交子”与“教子”谐音，因此给谭校长的团队以重大的启示：通锦中学在“教育孩子”，教孩子们成人，做的是“立人”之事，立什么样的人？是“达德”之人，故有了“达德立人”的理念。

我们的“通锦”路

四川是中国蚕桑产区，蜀锦在东汉时就已负盛名。古人利用流经成都的江流濯锦，又因濯锦者沿江不绝，致使江水呈现五光十色，艳丽似锦，故名“锦江”；蜀汉时设管织锦之官，驻地称锦官城，杜甫诗中“锦官城外柏森森”之锦官城便是指此。唐宋时，成都的芙蓉繁花似锦，宋人《成都古今集记》里写道：“孟蜀后主（孟昶）于成都城上，尽种芙蓉，每到深秋，四十里为锦，高下相照，因名锦城。”唐诗“晓看红湿处，花重锦官城”的句子，生动形象地描绘了古成都的繁华与绚丽多姿。

在历史上，这里是蜀锦的主要产地与集散中心。通锦路就位于当年锦官城外西北方向，是当年蜀锦北出中原以及人们进出锦官城的重要通道。传说中为古蜀王开山的五丁也是取道这里，向秦地进发的，因此在通锦路旁还有一座五丁桥和一条五丁路。可能正是这个原因，这条路才有了这样既美丽，又含义吉祥的名字。这个名字总让我们联想到色彩斑斓的锦绣，浮现出满路鲜花的胜景。

铺筑一条条师生发展的“锦绣路”，让师生都走上“锦绣路”是通锦中学的理想和追求。路通四方，条条锦绣，平坦宽阔，寓意深刻而吉祥。因此，谭校长的团队提出了“通四方锦程，达天下大道”的口号。

开路先锋

通锦中学学校文化建设团队觉得学校最大的一个特色就是它姓“铁”。作为中铁二局曾经的子弟校，中铁二局的企业精神——“开路先锋”是学校文化精神中的主要基因。

新中国成立之初，四川初定，1950 年，重庆。

新中国成立的锣鼓声犹在耳，大西南解放的硝烟尚未散去。为了加快西南地区的建设，国家就组建了“西南铁路工程局”，开始建设新中国第一条铁路——成渝铁路。于是一批在战场上披坚执锐的猛士，变身为新中国第一支铁路建设大军。他们拿着铁锹，背着钢枪，一边同国民党残军和土匪作坚决的斗争，一边逢山开路，遇水架桥，同险山恶水比拼意志和智慧。在他们手中，成渝铁路不断向前延伸。历时两年，这支铁路建设大军终于克服重重困难，在巴蜀大地舞起一条钢铁长龙。从此，蜀道不再难！

1952 年 7 月 1 日，新中国自主建设的第一条铁路——成渝铁路正式建成通车。喜讯传到北京，毛泽东、朱德、周恩来等党和国家领导人纷纷发来贺电贺词，贺龙元帅有感于建设大军的大智、大仁、大勇的气概和精神，奋笔写下了“开路先锋”四个大字。自此“开路先锋”作为激励中铁二局不断开创新业绩、铸造新辉煌的精神和灵魂被传承了下来。

谭六三校长他们对“开路先锋”的文化基因和学校产生的时代背景进行了仔细的分析和研究，认为学校的精神肯定与先锋精神有重大的联系，但学校工作又与企业有质的区别。因此既要有传承，又要有发展。应该先把先锋精神的内核找到，再把它与教育活动进行无缝对接。

谭六三的团队经过研究和分析，发现老一辈建设者在恶劣的自然条件下，为了建设新中国，让中国人民过上幸福生活而不怕困苦，甚至不怕牺牲，运用落后的生产工具和设备，边打仗边建设所表现出来的勇敢精神、大智慧、大胸襟，正是中国先贤道德理想中的“大德”。由此他们联想到了《礼记·中庸》关于“知、仁、勇，天下之达德也”的说法和孔子“智者不惑，仁者不忧，勇者不惧”的圣人之言，于是“达德”被筛选出来。传“达德”精神，育“达德”之人，成为通锦中学为之奋斗的育人目标。

设计未来，奠基人生

中铁二局是修铁路的，筑路是他们最主要的工作。而学校教师是育人的，是为学生的人生奠基，为学生的人生铺路的。在这点上两者很有些相似。谭六三校长首先想到了那段铁轨，因此从“路”“路基”去思考，把“奠基人生”作为学校的一个育人理念。

中铁二院和中铁二局是兄弟单位，它们当年都隶属于西南铁路局，一个设计铁路，一个修筑铁路。1952 年 9 月中铁二院从西南铁路工程局中分离出去，成为一个独立的建制单位。而中铁二院又是通锦中学另一个母体，2009 年 6 月，根据成都市金牛区的校点布局总体规划，铁二院学校初中部的教师、学生、教学设备设施整体整合到通锦中学，组建成新的通锦中学。这样一来，原本“一家人”，仅一墙之隔的两所学校又走到了一起。铁二院的企业文化也随之输入到通锦中学的血液之中。

中铁二院，原名铁道部第二勘察设计院，简称“铁二院”。铁路设计是他们的本职工作。教师，是学生人生的引领者。发展学生、培养学生，必须对学生进行科学的规划和设计。谭六三校长认为可以把铁二院“以设计为核心”的文化理念移植到通锦中学来，再把铁二局的“奠基”结合进去，学校的育人理念就是“设计未来，奠基人生”。

段秀兰和她最喜欢的歌

段秀兰，通锦中学校史上担任校长次数最多的一位校长。这个 14 岁就参加新四军的革命者，和许多革命者一样满怀革命的热情，愿意为新中国的诞生和人民的幸福贡献自己的一切。她生活异常简朴，为了学校的发展可谓达到了忘我的境界：不仅自己的孩子顾不上照顾，甚至为了挤出时间工作，经常只啃两个馒头就当进了一餐。如果此时遇上老师来谈工作，她连手中充饥的馒头都能忘记。在她的带领下，学校的前辈把学校的美誉度、知名度提高到校史的最高点，学校也成为成都最知名的中学之一。可以这样说，是她领导着通锦中学的前辈们缔造了学校四十年的辉煌历史，在她的身上集中体现了通锦中学前辈的精神。

段秀兰爱唱歌，哪怕是到了生命历程的尾端，她也唱个不止。在她生病住院期间，一帮老同事前去探望她，刚走到病房门口就听到了她的歌声。旋律是那么熟悉，那是她最喜欢唱的一支歌，那首她唱了一辈子的歌。

革命人永远是年轻，
他好比大松树冬夏常青，
他不怕风吹雨打，
他不怕天寒地冻，
他不摇也不动，
永远挺立在山巅。

革命人永远是年轻，
他好比大松树冬夏常青，
他不怕风吹雨打，
他不怕天寒地冻，
他不摇也不动，
永远挺立在山巅。
他不摇也不动，
永远挺立在山巅。
在山巅。

这首歌段秀兰唱了一辈子，她很喜欢这首歌，连工作时都会哼上两句。她说这首歌表达了革命者的情怀和革命者坚定的信仰，革命者就应该是坚定的、乐观的、有活力的。她希望自己永远都有年轻人的精力和活力，永远都像年轻人那样不知道累不知道疲倦；这样可以为党和人民多做更多的工作。就是这样的仁者胸怀、这样的人生智慧让段秀兰和她的伙伴们在通锦中学取得了一个又一个佳绩，创造了一个又一个辉煌。

前辈的追求是通锦中学教职工精神世界明亮的灯，为后辈指引着前进的方向。

要做通达的人

为了做好学校文化建设工作，谭校长领导他的团队一方面查阅了关于学校文化的理论研究成果，进一步研究提炼校训和建设学校文化的基本原则和方法；另一方面又收集了许多学校的校训做借鉴。

这些工作完成以后，他们确定了概括提炼通锦校训的一个基本思路：传承性、地方性、教育性。所谓传承性就是要把学校的过去与将来、二局的企业精神和学校教育结合起来；地方性，即学校文化要突出学校所在的区域特色；教育性，就是指必须对师生的发展启迪和影响。根据这个思路，他们研究了中铁二局的企业文化，认真阅读了二局的局志和年鉴，研究了金牛区的区志，在铁二院学校初中部并入通锦中学后，又研究了中铁二院的企业文化，多次到中铁二局和中铁二院去考察。他们还对通锦路、通锦桥以及周边社区进行了全面的了解和把握。最后他们还调查、研究了区域内兄弟学校的学校文化。

对于自己的学生，谭六三校长希望他们成为乐观、豁达、开朗、阳光的人，善于变通的人。具体落实到学校活动中就是学生在发展文化的路上走不通，就知道发挥自己的优势智能，走艺体或其他路子；国内走不通，可以到国外去发展，要知道“条条大路通罗马”。要善于临机应变：大路不通走小路，南山不通走北坡。对于教师来讲也是同样的道理，引导学生发展、指导学生学习需要因人、因时、因情制宜，不能一条道走到黑。谭校长觉得这个想法也符合学校目前在夹缝中求生存的实际情况：学校要发展，也不能去和兄弟学校硬碰硬，要找到适合自己发展的独特路径。这需要学校的领导团队“通达”，懂得变通。他再联系到学校所在的社区叫“通锦路”，学校的名字叫“通锦中学”，于是他从中选取了“通达”作为自己育人的核心理念，希望学校和师生在遇到困难的时候要达观一些，知道求变、变通，做一个“通达”的人。

对于学校的校训，谭校长一直觉得最好把校名暗含在校训之中，这不仅具有个性，容易识别，而且非常符合中国人的审美习惯。因此，通锦的智囊团决定把“通达”作为校训的关键词先确定下来。

和谐校园

在创建和谐社会的潮流影响下，很多学校也纷纷创建“和谐校园”。对于这一点，谭六三有自己的思考：他不愿意追风，他认为办学者讲的“和”应该有别于政治家讲的“和”。中国古人很讲究“履中致和”“和气致祥”“和气生财”。“和”是中国文化的特质，是中国人的一种特有智慧。办学者应当把“和”作为教育的一个重要内容。

谭六三把“和”与“豁达”联系起来思考，觉得要想做到“豁达”，心境平和、心态祥和是必要的，在教育教学过程中，更是如此。他认为，在当今所处的信息时代，教师的地位与从前相比，发生了重大的变化，学生获取知识和信息的途径已经非常丰富，老师不再是学生获取知识的唯一来源，因此，教师拥有知识和信息的权威大大下降。在这种情况下，教师树立自己在学生心中的权威，最可靠的依赖是自己的人格魅力。对学生和蔼、和善是增强教师人格魅力的重要措施。学校的教育力主要是教师的教育力形成的合力，提高教师的教育能力就能够较快地提高学校教育力。因此强调教师对学生、对家长、对同事的亲和力，说话要和气，对人要和善，讲究和睦。家和万事兴，对学校而言，则是师和学校兴。对学生来讲，“和”的处事态度对他们的人生具有重要的裨益。“和”能够让他们在将来的人生旅途中积攒广泛的人脉，为事业的成功、人生的幸福打下良好的基础。在校期间需要处理好同老师和家长的关系，在老师和家长面前要“和顺”。与同学相处要不急不躁，要和气。

“和”是中国传统文化的核心思想，秉中持正是中国人一直追求的为人处事的境界。“和”既是一种处世方法，又是一种状态。以“和”的态度和方法来育人，不仅能传承民族的传统，而且还有利于构建和谐社会。谭六三又把“和”与“达德”结合起来，认为和气生“材”，以致达德，应该是通锦中学办学的一种新追求、新境界。

学校十大关系

1956年2月后，毛泽东用了两个多月的时间先后听取了中央34个部委的汇报，汇报的内容主要是有关经济建设问题的调查研究。正确处理十大关系的思想，就是在这个基础上，经过中央政治局的几次讨论，由毛泽东集中概括出来的。同年4月25日，毛泽东在政治局扩大会议上作了《论十大关系》的报告。目的是让整个国家大机器协调、高效地运转起来。

在通锦中学的发展中，谭六三非常明显地感受到了要让学校这台机器协调运行必须处理好一些关系，他把这些关系归纳为十个：高中和初中、老师和学生、学生和学生、老师和老师、干部和群众、一线和后勤、修业与毕业、学校和家长、学校和社区、学校和主管局。他发现很多矛盾的产生都源于信息不对称，所以他认为要减少甚至消除内耗，处理好这些关系，相互之间加强沟通和交流是非常必要的。因此，他希望学校能够建立起正常的信息和情感沟通机制，信息互通、情感互动，以实现“通情”。通情有利于形成和谐的校风。

欢迎你到小楼来

我们都知道，文化是一种软实力的体现。而文化产生自历史。在通锦的校园里，就矗立着这样一座满溢历史感的建筑，它就是我们的行政办公楼，我们亲昵地称之为“俄罗斯小楼”。

这是一幢建于1954年的三层双排内廊楼房，占地800多平方米。整个建筑平面成“工”字形，外墙是用青砖砌成的五零墙。显得格外厚实、坚固。“人”字顶的屋顶盖着厚实的水泥机制瓦。这幢以简练的色彩和冷静的基调为主设计风格的俄式建筑，外形典雅大方、高阔端正，内部则沿用了俄罗斯人酷爱木材的设计取向，以实木为地板，在简练之余又倍添一丝温和。它的建筑风格正好巧妙的契合了通锦中学勇毅的“铁”色血缘，又凸显了青春校园的温馨与活力。

对于通锦人而言，俄罗斯小楼是一种特殊的存在。

它见证了通锦中学从1954年10月建校至今，一个甲子的风雨历程。目前在它的墙体上还依然保留着一些历史的印迹：好几幅毛泽东主席画像还依稀可辨；一些据说是武斗时留下的弹孔也依然嵌在它的身上。它被这所学校处在高山之巅的荣光照耀过，也被这所学校陷入深峡低谷的阴霾侵蚀过。今天，它更是亲历着通锦新一代人的复兴之梦。这些忙碌穿梭在它“身躯”里的人们，在这里思考，在这里谋略，在这里大刀阔斧地实践。小楼里的光线是黯淡的，但自这里诞生的通锦梦却与日月齐光。小楼的甬道是逼仄的，但它带着通锦人行进向广阔的前方。

它是现实的存在，历史的存在，文化的存在。

在餐厅，我与音乐有个约会

通锦中学的餐厅，也许面积不够大，也许设施不够全，也许装修不够美，但一定够格调有气质。因为在这里，音乐与美味不期而遇。

尽管音乐自古以来就是王侯贵族宴享时的必备元素。在今天，用于烘托消费环境的背景音乐也几成行业规则。但是音乐走进中学食堂，还不多见。

为了给师生营造轻松、舒适的就餐环境，我们在优化服务态度的同时，还在就餐时间增添了背景音乐。在通锦中学的食堂就餐，你可以一边享受轻快的旋律，一边享用美味的佳肴。既满足了口腹之欲，亦畅享了音乐SPA。音乐柔和了食堂建筑冰冷、高大、粗犷的线条，让空间变得更温馨。清晨时，明快的音乐使人精神焕发，充满自信；中午时，悠闲缓慢的音乐使人安逸，利于休息；而节假日相应主题的歌曲，则烘托出祥和喜庆的热闹气氛。

有专家称，音乐的“声能”可以转化为对人类与其他生物有益的“生理化学能”，会促进“新陈代谢”，驱除人们的焦虑和紧张情绪。美妙的音乐在餐厅里流淌，能够掩盖周遭的不良噪音，净化就餐环境。同时调节进餐师生的注意力，抑制思考和话题趋向不适当的方向，融洽气氛增进食欲。

除了有保健的“特异功能”外，音乐还可以怡情养性。《荀子·荣辱》中说“君子安雅”，就餐时播放的优雅音乐，除了达成心理上的和谐满足感，更是“润物细无声”地引导着进餐学生对美的感受力和领悟力，潜移默化的帮助孩子陶冶着性情。

通过音乐餐厅等形式，我们可以骄傲地说，通锦中学创立了自己独特的文化氛围，通锦的学子随时随地都能从细节处深切感受到学校富有张力的阳光面、“和、雅、正”的氛围，以及高品位的学校文化。

通锦中学学校文化理念系统

核心理念关键词：通达

校训：通情致和，达德立人

育人理念：设计未来，奠基人生

育人目标：培养智、仁、勇三德兼备的达德公民

学校口号：通四方锦程，达天下大道

校训释义：

“和”，和谐、和睦、和平、和善、祥和、中和、和美之意。是中国传统

文化中一以贯之的思想精华，儒、道、佛三家都主张“和”。“和”的思想，强调世界万事万物是由不同方面、不同要素构成的统一整体。“致和”之道，当“通情”。“通”，交流、沟通。“情”，信息、思想、感情。“通情”是指互通信息，交流思想，增进感情。简言之即“情通、理通”。个人情通气顺会使自己心境平“和”，心态祥“和”，提高做事的效率。人与人之间加强沟通和交流，增进理解，增进感情，能实现“人和”。

“达德”，即大德，极高的道德。其语出《中庸》第二十章：“智、仁、勇三者，天下之达德也。”“立人”是塑造人，培育人。语出《论语·雍也》：“己欲立而立人，己欲达而达人。”“达德立人”是培养具有“智、仁、勇”三种品格的人。具有了“智、仁、勇”这三种品格就能立身、立世。智，是指知识、见识、胆识、智慧。仁，是指仁爱、仁心、仁慈、爱人。于身克己，庄、敏、慎、逊、让；于人恭、宽、敬、信、恕；勇，是勇敢、勇气、见义而为、敢于创新。

“智、仁、勇”是“开路先锋”的品格。铁路的设计和施工需要丰富的专业知识，更需要创造的智慧和胆识，是为智。先锋为国为民献身成仁，是大爱、大义、大仁。于崇山峻岭间，于硝烟弥漫中，于世界屋脊上，战天斗地，迎难而上，履险涉艰，是为勇。

通锦中学传承先锋精神，继承和发扬“智、仁、勇”品格。用教育智慧启学生智慧，用高尚师德育学生品德，用创新的魅力鼓学生勇气。

通锦中学育人目标解读：

培育智、仁、勇三德兼备的“达德”公民。

智——学业优异、明理通变、科学态度

仁——礼数周全、乐观善良、敬业报国

勇——体魄强健、见义勇为、坚守节操

二　学校的仪典仪式

学校仪式是指为了达到某种教育目的，在学校校园里及特定的场所进行的一套具有象征意义的、固定形式的、可复制的“仪式化”、程式化的集体活动。包括学校典礼以及学校集体礼仪。学校仪式的操演由包括场景布置、程序等在内的静态要素和学生主体性参与等动态要素构成。它是学校德育的一个重要方式，在促进学生个体社会化、保存和传承学校文化等方面发挥重要的作用。各个学校的仪式仪典项目基本上差不多，但在程式和具体内容上却应根据本校的实际而各有不同。

通锦中学把学校的一些文化特质有机地结合在仪式仪典中，使学校仪式具有本校深厚的文化底蕴，具有自己独有的特征。同时不断创新形式，增强这些仪式仪典的德育功能，着力打造个性化的富有文化影响力的学校仪式仪典。

开学典礼

通锦中学的开校典礼包括三个阶段：一是典礼彩排，二是新学期行政干部校门迎接师生，三是正式的开学典礼。

由于新生年级不熟悉情况，通锦中学每学年开校典礼前一天都要安排一次彩排，让学生走走场地，为开学典礼热身。主席台背景等静态要素按学校仪典规范，春季开学比秋季学年度开学要简朴一些，逢学校建校整十周年开校，将进行隆重、盛大的开校典礼，静态要素还应当有充气柱等元素；而程式上也比平常年份略有加强。

开学第一天早晨，学校校长带领学校的全体行政干部在校门口列队迎接师生到校，是通锦中学开学典礼的固定格式。当天早上七点，全体行政干部着正装在行政楼前集合整队，七点零五分准时列队前往校门，七点十分，校长、书记亲自拉开学校大门。全体行政人员在值班校长的带领下每隔两分钟向进入校门的师生问候：“老师们好！同学们好！”七点半后，分管高中年级的行政干部到年级巡视。其余行政人员继续留在校门迎接师生，直到七点五十分关闭校门。

通锦中学建校开学的第一天是1954年10月18日，所以学校把开学典礼的时间定在开学第一天上午十点十八分正式开始。开学典礼由学校德育部主任主持。基本仪程包括校长敲开学钟并致辞、校长介绍管理团队并宣誓、教师发言并宣誓、学生代表发言及全体学生宣誓等程序。

校长敲开学钟是通锦中学开学典礼上的一个特色仪程。通锦中学创校之初，学校从铁路工地上选了一段路轨作为学校司时之用。尽管后来学校使用了电铃和电脑铃声，但这段路轨却一直被保留了下来，在学校部分年级考试时还被启用。在学校文化的建设中，这个见证了学校全部发展历程的“路轨钟”作为学校文化的特质被保护了起来。用到开学典礼上，不仅使这段路轨有了新的生命，而且还有着更为特殊的意义。在典礼上，建校历史每整十年响大钟一次，不足十年的每一年由校长敲“路轨钟”一次。满整十年那一年，先敲“路轨钟”九次，第十响为响大钟一次。

升旗仪式

国旗是一个国家最鲜明的标志，是一个国家和民族尊严的象征。五星红旗是代表全国人民意志的民族之旗、团结之旗、胜利之旗、希望之旗。升旗仪式是对学生进行国家意识培养的重要途径。升旗仪式是一个绝对形式化的仪式，而且政治意识形态极其强烈。这种“形式化”很容易使升旗仪式成为名存实亡的“走过场”形式。这些对于处在逆反期的中学生来讲，缺乏生动性的仪式很容易让他们以应付的心态参加升旗仪式。

为了让每一次升旗都生动，让每一次升旗都感动，让每次升旗仪式都是一次美的享受，精心设计，尽力在固定格式上创新。以升旗仪式的“美”来唤醒师生的国家意识、打动师生的爱国热情是通锦中学升旗仪式的追求。通锦中学的升旗仪式包括出旗、升旗、国旗下讲话、值周组长总结、颁发流动红旗等程序。

出旗是通锦中学升旗仪式中的一个亮点。出旗任务由男女国旗班轮流担任。出旗的指令发出后，由国旗班班长发出“齐步走”的口令，踩着雄壮的进行曲节奏，旗手在两名护旗手的护卫下将五星红旗斜向上举，走在国旗班的前面，其余护旗手排成两列迈着整齐的步伐走向升旗台。队伍进入直道后，班长发出“正步走”的口令，旗手高举五星红旗，护旗做手持枪式护旗，队伍开始正步前进。到达升旗台立定后，旗手在两名护旗的护卫下登上升旗台，将国旗交给升旗手。升旗指令发出后，国歌奏响，全体敬礼，捧旗的升旗手用左手把国旗斜向上扬起，另一名升旗手则按照国歌节奏拉动旗绳，直到把国旗升至旗杆顶端。

国旗班的队列、姿势、步伐、步频、旗手持旗、送旗、口令等都经过严格的训练，护旗手采用持枪式护旗，显得特别英气逼人。伴着雄壮的音乐，每次国旗班出旗都给全校师生一次强烈的震撼。

升旗手由不同的学生担任，他们是从各年级挑选出来的各方面表现突出或取得优异成绩的学生，他们是校园里的榜样和模范，他们的先进事迹具有相当的感染力和影响力。国旗下讲话的人员也由学生担任，按照学校每周不同的教育主题进行脱稿演讲，不仅锻炼学生的演讲才能，而且还能使升旗仪式更精彩。

升旗仪式由精选的学生担任主持人，他们不同的主持风格各具特色，也让师生耳目一新。

校运动会开幕式

通锦中学每年举行春、秋两次综合性运动会，运动会都要举行开幕式。运动会开幕式由德育部主任主持，分管德育的副校长致辞，校长宣布运动会开幕。开幕式由入场式、开幕和文艺表演三个部分组成。

通锦中学运动会的入场式由国旗队率先进场，校旗队和运动会会旗队紧随其后。然后是64面彩旗组成的彩旗方队，彩旗队后面是气球鲜花方队。彩旗队入场后，持旗队员等距离分散到运动场四周。使整个操场彩旗飘飘，平添几分节日气氛。跟在鲜花队后面的依次是裁判员方队、教师方队、从初一到高三的各班级方队。各方队经过主席台时都要高呼口号，接受检阅。各班级方队，由班主任走在队伍的最前面，班主任背后是统一着装举着班牌的学生。在方队走向主席台时，由主持人分别介绍方队的基本情况。运动会开幕式是全校各班精神面貌和班级特色的大会展，各班会在开幕式上把制作的班级口号、标语和设计的一些特色动作、着装等在主席台前展示。整齐的步伐、洪亮的口号、高昂的精神面貌是各班暗暗比拼的。

每一届校运会，组委会都会设计会旗和运动会主题。在开幕式后，会有一个小型的文艺表演在操场中举行。文艺表演由各学生社团选送节目，为运动会加油助兴。

颁奖典礼

通锦中学每学期第三周星期一都要举行颁奖典礼，对上一学期取得各项优异成绩的学生和老师进行表彰。通锦中学给老师们的颁奖词由学生来写，颁奖嘉宾不完全是学校领导，还会邀请教师、学生和学生家长来担任。

通锦中学的颁奖典礼对师生的礼仪规范有明确的要求，而且每次颁奖前都要对领奖人员和颁奖嘉宾进行礼仪培训。

领奖人员在服务人员的引导下按次序走上领奖台，上台时步子轻快，匀速行进，要听从服务人员的调度和安排。上台后面对观众成立正姿势站立。颁奖嘉宾着正装颁奖，在服务人员的引导下走上颁奖台，在领奖人左前方站定，从托盘内取出奖证、奖品双手递给领奖人，然后同领奖人握手表示祝贺。颁完后，站立于最后一名领奖人身旁，与全体领奖人合影留念。颁奖嘉宾送上奖证或奖品时，领奖者应立正站好行队礼或鞠躬礼，双手接过奖品并向颁奖人行礼，将奖状高举过头顶向大家展示，然后双手捧于胸前。

校内颁奖有一定数量的服务人员。服务人员在主席台右侧列队面向全校师生以标准站姿站立，面带微笑。女生双手自然交叉（右手下左手上）置于小腹前，男生两手自然下垂，五指并拢，掌心向内，置于大腿外侧。

校门礼仪

校门是学校师生进出校园的门，但它并不仅仅只是一个通道，也不仅仅是一个标志性的建筑，它有着丰富的内涵。校门是学校公共形象中外感特征的重要内容，它向社会展示一所学校。是学校文化的直播室，是一所学校的文化载体，向社会传递着学校的文化信息。社会公众对一所学校的了解和认识，首先从校门开始，在校门上能够看到这是哪所学校，再从校门的建筑、进出校门的人和校门的卫生等情况获得对这所学校的第一印象。绝大多数社会公众对一所学校的了解仅限于校门，从某种意义上说，校门是一个学校对于外界形象的集中表现，因此学校的校门对一所学校的公共形象极其重要。

每天早晨七点十分至七点五十分，通锦中学由学校行政值周、保安和综合实践班礼仪队负责在学校门口迎候师生进校。两名保安站于校门外两侧，负责警卫进校师生的安全，行政值周在校门内，负责维护入校秩序。

礼仪队由三男三女六名学生组成。他们佩戴有“成都市通锦中学”字样的绶带，分列于校门内两侧。绶带斜挂在肩上，尾端全部向外。男女学生分成两列站于校门内两旁。第一名同学离校门门框约两米，学生之间相互间隔1.5米。学生面带微笑成直立姿势站立。当有成年人进入校门时，由一名学生高声发出敬礼的指令，全体学生一齐问候：“老师好！”

课堂礼仪

课堂是学生生命成长的沃土，课堂是师生之间互动的场所，一所学校的文化传递，更多的是在课堂上完成的。课堂文化形式对于学生的成长具有非常重要的意义。通锦中学在建设课堂文化时，主要通过规范师生的动态要素来进行。

上课预备铃声响起后，学生尽快进入教室归座，等候老师上课。归座过程中，保持安静，不大吵大闹，不碰撞课桌椅，注意安全。归座后立即静息，调整状态。

正式上课铃声响后，老师宣布“上课”。值日生得到指令后声音洪亮地向全班同学发出“起立”的口令，全班同学动作一致、队列整齐起立，站定后，口呼“老师好！”同时行鞠躬礼。等老师还礼后，请同学们坐下，全体同学整齐落座。在行礼过程中，学生应态度恭敬、心怀虔诚，切不可走过场，应付了事。礼是一种发自内心的敬意，不仅仅只是形式。行礼既要有形式，更要表达内心的真情。

学生上课坐姿要端正（双脚与肩同宽或两腿并拢），不跷腿，不跷横杠。身体不能伏在课桌上，不倚墙，也不能仰躺在椅背上把脚伸直。书写和阅读要注意姿势，要做到“三个一”：手离笔尖一寸，眼睛离书本一尺，胸离桌沿要有一拳的距离。

下课铃响后，老师宣布“下课”，全班学生随值日生的口令在原位整齐地起立，向老师鞠躬并道：“老师再见！”老师还礼后，学生等老师离开教室，方可整理课本和课堂学习用品，做好下堂课的准备工作，如果要离开座位休息，需将椅子推到课桌下去。

三　从绿化到教化

环境文化是学校文化中的静态文化，它是学校重要的教育资源。校园环境由校园建筑及色调、绿化、功能分区、校园文化景观等要素构成。学校的环境文化与其他组织的环境文化相比较，有更高的要求，一般社会组织的环境文化建设，能够做到环境优美，并突出组织的文化主题就可以了。但学校还要在此基础上增强育人性，必须把美化、文化和教化有机结合在一起。校园环境文化建设受到学校文化体系、建设资金等多种因素的制约和影响。为了不重复建设，造成不必要的浪费，校园环境建设应当按照学校文化的大体系，做好规划，按规划分步实施。逐步实现校园环境文化的改造。

对学校的环境建设，谭校长最早根据学校环境的具体实际提出了四化：净化、绿化、美化、香化。他认为校园环境，最基本的是要干净；在干净的基础上要大力加强绿化建设，提高校园的植被覆盖率和绿化面积；在绿化建设的同时，还要追求美化，绿化不仅仅只是栽花种草，而是要实现植物花、叶、色彩的有机搭配，达到繁花似锦、四季如春的美化效果。同时，校园内的图标、宣传栏、文化长廊、建筑设施等都要给人以美的体验和感受。香化是一个更高的要求，它是净化和美化在嗅觉上的体现。

经过几年的建设和发展，谭校长又在四化的基础上增加了文化和教化。他认为，校园环境建设的最高境界应该是它与学校理念文化的高度融合，是理念文化的外显和一种符号，同时它还是学校的一门课程，它在悄无声息地影响着、教育着学生。环境文化需要在学校文化理念系统初定之后，才能够比较准确地提出并付诸实践。

告别深深庭院

当初的通锦中学谭六三用“庭院深深深几许”来描述，不大的地盘上被围墙分隔成大大小小若干个院落，于是谭校长领导着大家一年拆一点，2007年，校门里的那道拱门拆了，一下子让大家觉得校门口宽敞了许多；2008年，学生公寓下的小院围墙拆了，自行车棚搬了家，废弃多年的水池被清理了出来，建成了一个小景观，水池旁的亭子也打扮一新，整个校园从校门口直到食堂近两百米的空间完全亮了出来，终于成为学校的一道亮丽风景；2009年，办公楼中间那几堵厚实的宣传墙拆了，使办公楼和实验楼之间的空间不再那么拥挤；校门右边破烂的自行车棚拆了，建成了一块绿地；同年两校合并，与铁二院学校间的围墙拆除，摘下了初中楼的神秘面纱，靓丽的身姿完全展现在了人们的眼前。2010年初中楼下阻隔操场的那间下沉式会议厅被填平并拆除墙壁，把原来被隔开的两个教学区连成一体，整个校园顿时显得通透、明亮。阻挡人们视线的东西没有了，大家的心头也敞亮了很多。

旧楼喜换新衣

2010年暑假，金牛区教育局安排资金对全区各中小学进行校舍安全维护和加固。利用这个机会通锦中学开始着手旧建筑外墙色调的统一。作为铁路子弟校，用铁灰色来保留自己的传统。中铁二局的开创者们最早是一群革命者，把象征革命的红色作为学校的主色调，象征着学校始终涌动着革命者的激情与活力。于是学校把铁锈红和铁灰色作为建筑外墙的主色调。整个建筑外墙面大块的使用铁锈红，桩柱突起部分使用铁灰色，并把铁锈红分隔出来，使色彩更加丰富。

经过一个暑假，学校的建筑一下子从原来的灰暗变得光鲜夺目。

打造空中花园

凡是到通锦中学去做客，主人都会把他带到两个处所，一个是初中楼顶楼，另一个则在高中楼前报告厅屋顶。这两处可以说是通锦中学空中花园的代表作。

初中楼顶楼原来就有一个准备建设的花园，但不知什么原因却没有建成，只留下了一些空空的花台，并没有花草树木，甚至连土都没有。两校合并以后，谭六三校长觉得这些地方很有利用价值，于是把那上面进行了一番改造，在砌好的花台里装上土，种上花草，还在旁边和花架下装上了休闲的椅子。同时把旁边用作库房的一大间房简单地刷新了一下，变成一个会议室。到那里开会的老师们发现原来学校还有这样一个世外桃源。渐渐地，大家喜欢上了那里。虽然由于楼层太高，去的人少，但谭校长还考虑把那一块地方建成一个植物园，由生物组来管理和使用。

没想好、没看准的事谭校长是绝不轻易下手的，但只要认准了他就会立即行动。有不少领导和老师都建议他把有六七百平方米的报告厅屋顶开发出来，搞成一个新的空间，但他一直都微笑不语。原来他一是担心楼顶的防水工程质量和承重水平，二是他还没想好在那上面到底怎么建才最好。后来他看到在高中楼二楼一个长近三十米、宽不足两米的裙楼平台，闲置无用，而且还有一定的安全隐患，于是他在那种了一排竹子栅栏，种上了麦冬和铁树等植物。没过多久，新种的植物发出了新绿，让高中楼显得生机勃发。

有了这个经验，谭校长对报告厅楼顶的建设心中有数了。以前光秃秃的屋顶，现在上面不仅有葱绿的竹栅栏，而且还有四季盛开的鲜花，色彩斑斓的金鱼在水池中畅快地嬉戏，四方亭临水而立，防腐木搭建而成的读书廊上爬上了红色和紫色的三角梅。这里成了师生们休闲、聚会、读书的热地。

规划崭新校园

在通锦中学校园建设新规划中，铁路元素特别是“开路先锋”的品质被糅合进了学校的景观建设和道路设施建设之中，学校历史上重要的人与事被提升为景观符号，校园被打造成为具有浓厚“铁”色的铁路建设主题公园。使学校的环境文化无声地讲述着二局、二院、西南铁路局和学校那些年那些人的那些事儿。

新规划的校园分为三大展区：铁路建设工地展示区、铁路建设史展览区、火车机车陈列区。其中，建设工地展示区又分为桥梁区、隧道区和特殊路基区。特殊路基展区涵盖了冻土地质、流沙地质、地下水堑地质等各种特殊地质展示。铁路建设史展览区使用废旧火车厢体做展室，展览内容以中国和西南铁路建设为主体，包括整个世界铁路建设发展史。分为技术发展区、生产工具发展区、建设现状发展区以及未来发展区四个展区。机车陈列区由一台小型报废机车实物为主体，其余则陈列机车模型和机车主要构件。学校景观中大量置入铁路元素。设计两大雕塑景观，在“设计未来”雕塑中，把二院设计师日常工作中使用的尺、规、三角板等抽象出来，喻义“智慧”；把二局施工中大量使用的工具钻、钎、锤、吊车、挖掘机等抽象出来，喻义“勇毅”。“风驰电掣”雕塑以火车车轮和钢轨为创作素材，长短不同倾斜向上的钢轨架设在车轮之上，喻义通锦中学及学子快速发展和进步。学校的指示牌以铁轨造型为支撑架；垃圾箱以铁路公里碑为外观造型；学校所有路灯都以早期铁路信号灯为外观造型；学校路名以中铁二局和二院所设计修建的铁路进行命名；教学楼以西南铁路主要站点命名；学校图书室以詹天佑的名字命名为“天佑书院”；教室及各功能室标示牌以动车车头抽象符号为标示图案。

在课程体系中融入“铁”元素，打造“铁”色校本课程体系。铁路建设主题公园、铁路建设博物馆、普通中学三者有机结合于一体的校园，本身具有丰富的课程资源。依托这些资源学校围绕“铁路建设”和丰厚的社区资源，可以创设独特的校本课程体系。

物理学科以铁路设计和施工建设为资源依托，开展隧道、桥梁等结构力学研究，地铁、隧道施工中的空气对流及采光研究；生物学则以铁路建设过程中生态环境保护为主题设计“特殊生态环境中的铁路建设研究”，地理学科则开设“成昆铁路特殊地质地貌研究”；美术学科开展“眼中的铁路工地”暑期采风活动；数学学科开设“铁路上的数学”；历史学科开设“铁路史研究”；政治学科开设“铁路发展过程中的人本思想研究”；信息技术学科则开设“铁路建设和管理中的信息传输与管理研究”；化学学科开设“铁路隧道中的瓦斯管理研究”等课程。

四　教师文化

铁打的校园，流水的学生。学生是学校里人数最多的群体，但他们三年或者六年之后就会离开。成都的公办学校，校级干部甚至中层干部都会因岗位交换、提拔而流动。只有教师才是学校最稳定的群体，才是学校文化真正的主人，学校的整体文化主要是靠教师来传承，由他们把学校传承的主流的文化向年轻教师、新进教师传递，并影响学生。教师文化是一所学校教师在教育教学中具有稳定性和普遍性的行为取向。普遍性行为说明它是群体的而不是个别的行为，稳定性则说明它是持久的而不是偶然的行为。积极昂扬的学校文化会鼓舞教职工克服各种困难，以实现追求的目标。教师文化通常从教育教学的工作积极性和主动性、学校人际关系状况、教师文化生活及业余生活等表现出来。教风是教师文化的高度概括。

通锦“书虫沙龙”

谭六三是一个喜欢读书的人，他不但自己喜欢读书，他还建议学校干部和老师也多读书，他每一次到外地出差回学校，都会给学校的行政干部带礼物回来，不过他的礼物全是教育专业方面的书籍。不仅如此，每一年的教育教学工作年会他还会给每一个教职工送一本书作为新年礼物。

工作之余，谭六三把一批喜欢读书的老师组织起来一起读，他们定期开展活动，安排了活动轮值主持人，每一次的活动都由轮值的主持人设置议题，大家相互交流读书心得，互相介绍新书、好书。慢慢地，他们这一群人组建了自己的沙龙——通锦书虫。他们说：“读书、品书、教书，自己这辈子注定离不开书！”

青年教师小刘是这个读书沙龙中的书虫之一，他一进入这个学校就加入了这个沙龙，不到一年的时间，他觉得自己因书而发生了很大的变化。小刘没想到自己一年的时间能够读那么多书，而且还是在大学里很少涉猎的教育理论著作，这些书不仅让自己书卷气越来越浓，而且还使自己对教育和教学有了更加深刻的理解。想想以前在大学里学习教育学时对教育的理解，那实在是肤浅和幼稚得可笑。他觉得自己这一年的进步虽然有自己参加教育实践的因素，但如果没有读这些书也不会有这么大的提高。他觉得这个沙龙是青年教师学习进修的绝好形式。因为刚从学校毕业的大学生，如果自己去读，一是没有这么大的动力。大家一起读，有约定，即使不情愿也会被推着走，读书也从一开始的强迫，变成自愿。尝到了读书的甜头，就形成读的习惯。二是独学无友必然孤陋寡闻，理解会有许多偏颇。大家在一起交流，会把自己的一些错误认识予以澄清，获得正确的认识。三是更容易得到前辈的指点，让自己少走许多弯路。

快乐的骑游队

在大城市生活，节奏快，工作忙。难得的周末怎么过？陪着家人，再邀一群好友，到郊外看看风景，晒晒太阳，放松一下心情，找个特色餐馆当一回“好吃嘴”，饱饱口福。这一天既有好看的，还有好耍的，更有好吃的，绝对是生活中的一大美事。

跨上轻便的自行车
班上的学生暂且不想
烦恼和纠结统统遗忘
披着一身阳光
深吸郊外的芬芳
悠闲地行进在绿道上
左顾右盼把路边美景欣赏
把欢笑留在身后的小河旁
跟路边种菜的大姐聊聊家常
举起相机留下心中的激荡
出他一身汗换来身体健康
路边小憩也要有点疯狂
模特步、航母 style 莫笑我轻狂
找个特色菜再看大家的馋相
丢下一周疲态
找回心情舒畅

这是通锦中学教师骑游队对周末骑游的自画像。

在通锦中学有一个教师骑游队，他们最初只有五六个人，后来学校领导知道这件事后，便有意识地加以引导。采取 AA 制的形式，组织了一个有相当规模的骑游人队伍。这个队伍经过两年多发展到今有四五十人的规模了。一到周末，大家在学校集结出发，浩浩荡荡的，煞是壮观！

这是一个普通的周六，早上 8 点 30 分，学校西校门，骑游队队长王老师看今天要去的人员都到齐了。就招呼大家："走！"于是人群中"走咯""出发"的招呼声此起彼伏。大家吆喝着、说笑着，冒着毛毛细雨向宝光寺骑行。出三环后，天渐渐放晴了，一路上大家相互交换领骑，一边交流扯闲，一边观赏景色。一个小时后到了目的地，先游览宝光寺，再沿着绿道骑游了一小时。在一个较为宽敞的地方，大家停下来休息。一大群人围在一起，闹着笑着，不知是谁叫嚷着要女同胞们走一下模特步，这一下子大家都来劲了。在大家的怂恿下，几个女老师拉拉扯扯地走到场地一边，准备表演，这几个胆大的一动身，又有几个女老师也被激起了玩兴，都踊跃地要表演，表演的人多，于是大家分成几组歪歪扭扭地走了起来。看到她们走路的样子，在场的人捧腹大笑。

笑闹之中几个女老师要求男老师跳骑马舞、表演航母 style。在全体女教师的鼓噪下，男老师们没办法，只好笨拙地表演了一番，再一次引得集体哄笑，不少人笑得直冒泪花。

嬉闹一阵后，大家回到宝光寺，在事先调查到的一家很有特色的小餐馆里去吃特色菜——尖椒鸡。这道菜吃得大家直叫好，每桌又加了一份。

午饭后大家又推着自行车去游新都桂湖公园。在公园里坐下，花茶泡起、零食吃起、龙门阵摆起，真是安逸得板！下午两点钟左右，又来了一个家在新都的同事，更增添了一份热闹。下午 4 点多开始往回骑，没有想到才 30 多分钟就到了三环路的川陕立交桥，简直叫一个快！进三环走 2.5 环，在沙河公园里又游了一圈。一天下来整个人有说不出的轻松和愉快！

两年来这个骑游队边骑边游，一路骑一路游，专走小有名气的地方。他们去过温江、郫县、新都、新津、龙泉、青白江等地的绿道。到过农科村、街子、三圣花乡、三道堰、望丛祠、黑龙滩、鸡冠山、药博园、三昧水……骑游队中有一些人是摄影和摄像的爱好者，自行车骑游给他们带来了便利条件。每到一地，他们就把见到的美景拍摄下来，回家后，一边欣赏着自己的杰作，一边把这种经历作为一种纪念保存。有时还会在同事 QQ 群里秀一下。每到一地，他们还会品尝当地正宗的土特产。一方水土养一方人，品尝当地的土特产感觉就是不一样。

骑游锻炼了团队精神、凝聚起集体力量。在骑游中，不管是有人掉队，还是生病，或者自行车损坏……大家都会很自然地通过自己的努力来提供帮助，不落下一个队友。出去是一个整体，回来也是一个整体。在这种交往过程中，加深了情感，增进了友谊，也为工作提供了强大的情感支持。

篮球队

几乎每周三下午第三、第四节课，通锦中学操场上都有一群教师在那儿打篮球，下午放学后一些学生也会加进去跟他们一起活动。这群人就是通锦中学教职工自发组建的篮球队。这支球队最初是几个篮球爱好者的自发活动，后来学校工会在此基础上组成了半正式的学校篮球队。他们平时自主训练，教育局组织区域篮球赛时则代表学校参加比赛。

又到周三了，在家中排行第四被同事们称为“四哥”的邓老师拿着运动服到体育保管室换好，抱着篮球来到操场上，一个人先投篮热身。不一会儿，另外几个篮球队队员也来到了“四哥”练习的场地。由于有一部分队员要参加学科组长会议，所以他们只好先分组打起了四对四。大家一边打球还一边开着玩笑，不过虽然是打着玩，嘴上说着笑着，但手上脚下却绝不含糊，大家打得非常认真，防守贴得很紧，逼得很凶。教练兼队员的体育组吴老师还会突然喊停，把他发现的跑位、传接球错误跟大家一一指出。并要求大家按刚才的球权归属重新组织一次。

"四哥"这几年跟着篮球队，当起了学校的外交使者。他们或者应邀到兄弟学校访问比赛，或者向兄弟学校发出邀请，请兄弟学校的篮球队到学校进行友谊赛。每当有这种比赛的时候，学校的师生都会自动前来观战，为他们加油助威。这时候"四哥"也会感觉到很兴奋，虽然自己不是球队的主力，但当替补时也会努力地展示自己的篮球技艺。他要给自己班上的学生们争点光彩，每次他班上的学生都会过来看他比赛，他每投中一个球都会引起这些学生的欢呼和尖叫。按他自己的话说，要对"粉丝"负责，要给自己的"球迷"带来快乐！让"四哥"记忆最深的是与一个兄弟学校的那场友谊赛，他说那天他和吴老师一次精妙配合，简直是飞人附体——神了！当时，他作为一个后卫运球到前场，在三分线顶弧左侧，看到吴老师在他前方背身要球，于是送了一个弹地球，然后自己沿三分线向右侧空位跑，吴老师接球后向右转身，看到"四哥"跑出位置，虚晃一下假投真传，把球又回传给"四哥"，"四哥"接球就果断起跳投篮，没想到三分命中。那天他的感觉真是好极了，五次出手投篮，四次命中，拿到九分，真是一伸手就有"哇"。那种感觉真是奇妙无比。他时常跟同事们讲述自己这段英雄壮举，同事们一边分享他的快乐，一边开起了他的玩笑："谁叫你是'四哥'呢？如果你是'五哥'的话，那天可能就五投五中了哈！"

篮球给"四哥"邓老师带来了健康，给他带来了快乐，也给他带来了友谊。"四哥"参加球队三年来，觉得与大家的关系越来越密切。虽然在训练时难免会有身体接触踩到脚甚至失手误伤，大家都会表现得很友好和大度。大家长期在一起打球，走得很近，也拉近了他们的私交。酒量不大，但为人豪爽的"四哥"有时候会邀约大家聚在一起喝点小酒，为生活增添一些小乐趣。他还觉得在球场上的默契配合传递到了他们的工作中，在工作中他们也常常是有人招呼一声，便同时响应，大家齐心协力地把该做的事都做好。"四哥"经常在办公室宣传参加球队的好处，且不说强身健体，就是定时训练也提高了自己的工作效率，为了准时参加训练，不让大家因自己一个人没得玩，自己只有抓紧时间完成工作任务。球队引起了同事的向往，觉得这样的团队越多越好，甚至认为全校都像这样团结合作，那绝对没有办不成、办不好的事。

近年来，“四哥”跟随球队征战在区内外，先后与成都20中、成都铁中、成都36中、金牛实验小学、沙湾路小学、金牛中学、金牛区教师培训中心、蜀西中学、成都市现代职业技术学校等学校和单位进行了交流比赛，以球会友。

拍客“军哥”

走在通锦中学的校园里，经常会看到一位行为特殊的人物：胸前挂着一个带有变焦镜头的相机，腰间还别着一个快反相机。一会儿站在初中教学楼的通道里，从四楼或五楼向下俯拍，一会儿蹲在高中部的平台上抓拍，一会儿出现在学生活动中跟拍，有时还趴在地上选择角度拍摄。他拿着相机一出现，周围就会聚集许多师生，有摆pose的，希望自己出现在他的镜头里；有围着他观拍摄效果的，还有与他一起讨论拍摄角度的，好不热闹。你问他是谁？他就是通锦中学有名的拍客——罗老师。我们亲切地戏称他为“军哥”。

周末或节假日，军哥准会一头扎进郊外采风，从植物到动物再到人物活动，从一年四季景色的变化到各地的风土人情，尽收入他镜头中。晚上回到家，他会及时处理照片，挑选自己满意的作品发给成都的各大媒体。然后坐在电脑前，点上一支烟，静静地品味自己拍摄的画面……

“军哥”作为顶级摄影发烧友，他对摄影简直达到了“痴迷”的程度，不仅仅“痴迷”在更换摄影器材上，还“痴迷”在他对摄影技艺的钻研上。随着拍摄技术的提升，他的作品经常见诸成都各大报端。作品《跳起来》在《杭州日报》上发表；他在成都日报《图博成都》栏目上发表了十余幅作品。在《明日·快一周》杂志上发表过15幅作品；在每周出版的《成都商报·快拍成都》栏目上发表过30余幅作品，并在月赛、擂台赛中多次获得名次。他还经常参加摄影展，作品《静》入选光影斑斓映像经典·全球通2011摄影嘉年华；七幅作品入选幸福华侨城·2012成都华侨城摄影大赛并获奖；作品《那么近·那么远》入选2012第四届大理国际影展。

现在，在他的影响下，学校有一批教师加入到了摄影爱好者的行列。英语向老师、徐老师、曾老师，数学谢老师，地理潘老师，历史杨老师，美术李老师等组成了摄影沙龙。在学校的QQ群上，校刊、校报上以及其他媒体上，常常能欣赏到他们的作品，分享到他们追求美的温馨画面。

合唱团

从参加工作开始来到通锦中学已经两年多了，可繁忙的工作让我没有机会和更多的同事打交道，有时在外面遇上了，也只能笑一笑，名字都喊不出。正在我苦恼的时候，学校通知我去参加教职工合唱团。还没有正式开始排练呢，音乐组的老师们就自顾自唱开了，引出大家的阵阵掌声；数学组的黄老师则忧心忡忡地坐在角落里，直叹是“赶鸭子上架”；英语组开朗的高老师，则跃跃欲试，想要与专业的同事们一较高下。合唱团成立大会愉快又热烈，散会的时候大家都依依不舍，盼着下个星期三赶快到来。

从此以后每一周我都有了一个新的期待：星期三下午的教职工合唱团排练时间。每当我站上舞台，看着付老师充满激情的指挥，听着周老师专业的讲解和教导，都会忘记一周以来繁忙的工作。还没有批改完毕的作业，那一个调皮捣蛋的男孩子，还有一篇尚未完成的论文，都暂时被我抛诸脑后，在优美的音乐声中，我忘记了忙碌而快节奏的工作，只尽情地沉醉在音乐的海洋中。而亲自参与合唱，看着自己从旱鸭子下水逐步向优美的白天鹅成长，心里的满足感愈发强烈。说来奇怪，每一周合唱团排练完的那个傍晚，成了我工作效率最高的时候。

原来有距离感的同事，也变得熟悉起来。看起来凶巴巴的杜老师原来那么爱说话；总板着脸的唐老师会细心地在排练之前给大家送上润喉糖；原以为弱不禁风的胡老师，唱起歌来那么中气十足，最让我意外的，还是平时嘻嘻哈哈的音乐组周老师，给我们这些选手上起课来，真是一丝不苟！在排练的过程当中，我与合唱团的同事们建立了深厚的感情。排练的时候，我们互相帮助，共同进步；排练结束，我们又谈天说地，笑声不断。我们成为彼此的朋友，甚至是家人，否则在上台表演前，大家看彼此的眼神中，怎么会有那么多鼓励和期待呢？

一年一度的音乐会到了，我和我的“团友”们煞有介事地穿上了白衬衣、包裙和高跟鞋。大家彼此加油打气，又彼此祝福，从学生们的反应可以看出，我们精彩的亮相绝对是非常震撼的。演唱完毕回到队伍，一大群学生围过来找我说笑，他们纷纷谈起了我参加合唱的趣事、糗事，还说没想到看起来年轻亲切的我，穿上职业套装，也有个“老师样”了。嘻嘻哈哈中，我与学生的关系竟然更加贴近了。

紧张而愉快的排练，让通锦中学合唱团一鸣惊人，当年，我们用《歌唱祖国》和《黄河大合唱》两首歌曲震慑全场，第二年，又带着《中国，中国鲜红的太阳永不落》和《长征组歌》闪亮登场。作为合唱团里的一朵小小浪花，我要感谢学校的工会组织如此有意义的活动，让我在繁忙的工作之余，找到一片放松身心的音乐净土；又拉近了我和同事们的关系，让我得到了世界上最宝贵的友谊；更让我走下了严肃的讲台，走上了活泼的舞台，也走近了学生的身边。我想，这一定是学校工会带给我的最好的“福利”。

通情致和

老子说：“万物负阴而抱阳，冲气以为和。”王安石在《次韵和甫春日金陵登台》一诗中也说道：“万物已随和气动，一樽聊与故人来。”老百姓常说“家和万事兴”、对人要“和蔼可亲”、“和气生财”。中国人民解放军颁布的《三大纪律八项注意》和国民党军队颁布的《四大纪律及爱民守则》都强调“说话要和气”。

“和气”是中华民族重要的民族特质和传统。儒家主张通过“礼”来实现社会和谐，这便是“礼之用，和为贵”。强调要通过正心、诚意、修身来规范人的行为。孔子提倡创造宽厚处世、协和人我的人际环境。儒家以“仁爱”为中心，推演出“温、良、恭、俭、让、仁、义、礼、智、信”，认为这是社会稳定和谐的根基。道家主张人要效法天道，通过无争、去奢、知足，以谦下不争、清静无为的方式达到人与人的相对和谐和人身心和谐，主张“挫其锐，解其纷，和其光，同其尘”，反对人与人的冲突。老子认为：“天之道，损有余而补不足。人之道，损不足以奉有余。孰能以有余以奉天下，唯有道者。”认为有了和谐的人格，就能消除自我的荫蔽，以开豁的心胸与无所偏执的心境去看待一切。佛家讲“修来世”，力图以事事无碍的超然态度进入一种彻悟的心灵境界，实现自我身心的和谐。

当今中国经济高速发展，社会处在急速变革时期，城市化进程加快，城市移民潮汹涌而至，新城市居民倍增，几千年形成的比较稳定的社会结构被打破，过去较为紧密的人际关系快速松散。再加上收入差距在短时间迅速拉大，各种利益冲突日益加剧，社会群体心理浮躁不安。社会不够和谐是不争的事实，建设社会主义和谐社会成为党中央的必然选择。建设和谐社会，除开政府的相关政策之外，加强对人的“和谐教育”也是必不可少的。

说话和气，态度和好。不仅是待人接物、处理人际关系的基本要求，也是重要的教育方法。通锦中学在办学实践中努力追求“通情致和”，在工作中，他们发现绝大部分内部矛盾都是为工作而产生的，并且是因为信息不对称导致的，因此，解决这种内部矛盾最好的办法就是“通情”。通过沟通、对话实现相互了解、理解。建立起纵横互动的两个通情机制，定时沟通、及时了解。创建决策询问、异常情况关怀、困难共解、年级联动、缺点公开、大事项目制等沟通交流办法。实现决策“顺民情”、安排工作“通人情”、评优晋职“重事情”、学生评价“看才情”。这些办法的运用使学校减少了很多埋怨和矛盾，增进了友谊，凝聚了人心，增强了工作合力。

大力实施“和”的教育。引导教师在教育教学实践中，“履中致和”“通情致和”，用“和”的方法处理学生的问题行为，用“和”的行为影响和引导学生，用“和”的思想教育和指导学生。教职工对学生“和蔼可亲”，对待同事要“和睦友好”；学生对待同辈要“和气”，对待长辈要“和顺”。

和气生“材”

法国作家拉·封丹写过一则寓言：北风和南风比威力，看谁能把行人身上的大衣脱掉。北风首先来一个冷风凛凛、寒冷刺骨，结果行人为了抵御北风的侵袭，便把大衣裹得紧紧的。南风则徐徐吹动，顿时风和日丽，行人觉得春暖上身，始而解开纽扣，继而脱掉大衣，南风获得了胜利。

故事中南风之所以能达到目的，就是因为它顺应了人的内在需要。这种因启发自我反省、满足自我需要而产生的心理反应，就是“南风效应”，也称“温暖效应”。在教育中采用“棍棒”“恐吓”“暴风骤雨”之类“北风”式的教育方法看似很见效，实则起到了反作用。实行温情教育，多点“人情味”，往往能达到事半功倍的效果。

通锦中学的老师们认为商人“和气”能生“财”，教师“和气”也能生“材”。在他们的教育教学实践中，用“和气”促进学生修养进步、学习成绩提高。

在学校生活中，常常有情感发生迅速、强烈、持久、精力旺盛、脾气急躁、心境变化剧烈、易动感情的典型胆汁质性格特征的学生。陈老师觉得对这样的学生绝不能用“降龙十八掌”来“硬碰硬”，那样只会两败俱伤。老师是成年人，年长很多，不能和小孩子一般见识，需要用“绵掌”招待他们。

她就遇到过这样一个典型的学生厉健。厉健是高二下学期转来的一名男生，个子瘦高，高中一年半却辗转读过四所中学，进班以后就表现出一副满不在乎的样子，迅速和班上的“耍哥耍姐”打得火热。上课老是和邻座讲话，趴在课桌上睡觉是最好的表现。抽烟、仪容仪表不规范是再正常不过的事，他的发型很新潮，经常要在脑袋侧面剃出两条斜杠，不过这都不算啥。最叫人头疼的是他不接受任何人的批评，一受批评绝对发飙，不管是谁，他绝对“六亲不认”。来校不过两个月，从学校分管校长、值周老师、任课老师几乎无一幸免，都被他飙过。一次，他在校园里又对后勤的一位教师发飙了，后勤的教师找到了班主任陈老师，要求按校规严肃处理这个长了“反骨”的学生。面对怒气冲冲的后勤老师和满不在乎的厉健，陈老师连忙给后勤的老师倒水，满脸愧意地道歉，请那位老师消气，态度极其谦恭。陈老师的表现让厉健受不了，他觉得陈老师实在太低三下四了。等陈老师送走那位老师回到办公室，厉健说：“你对那个老师的态度太那个了嘛，我受不了。”陈老师说道：“哪个了？很奇怪吗？我告诉你，你每次做错事，你妈妈的表现比我还那个！谁叫你是她的儿，谁叫你把她叫妈妈？谁叫你是我的学生，谁叫你把我叫‘姐’呢？”听到陈老师一连串的反问，厉健无言以对，面带愧色，沉默不语了。从此以后，厉健没有再发过飚了。“绵掌”制服了这个“霹雳火”。

程国是一个根本就不想读书还到处惹是生非的男生。打群架跟他有关系，在校门口抽烟被逮住、课堂上玩手机、坐姿歪斜更是家常便饭，可以说十处打锣九处有他。家长拿他没法，老师看到他就觉得头疼。对于这样的“刺头”，班主任宋老师看在眼里，却一直没有出招。这样过了几天，程国以为宋老师不敢招惹自己，于是胆更大了，完全放任自己了。看到程国的表现，一天宋老师把程国叫到办公室，程国以为会受到宋老师的严厉批评，没想到宋老师拿出一摞表格，请他帮忙把表格弄好。就这样，三天两头，这个长期在课堂上不睡觉就说话的学生成为年级办公室的常客，在年级办公室里忙得不亦乐乎。他也在那儿干得越来越起劲。看到他做的事做得挺好的，老师们也随口称赞两句。这让程国感到自己真是英雄有了用武之地。可他也感到很遗憾：别的老师都表扬了他，只有宋老师没表扬过他。一天，程国直接问宋老师，为啥没能得到她的表扬。宋老师笑着说：“我已经表扬你了哇，如果我不把你安排到年级办公室里做事，你会得到老师们的表扬？他们的表扬就是我要对你说的。你继续好好干吧，我请你到年级办公室就是当我的助理。你现在是班主任助理哟，要给我争口气。”程国若有所思地点点头。

从那以后，程国成了编外班主任助理。制作文档、印发送交资料、办公室清洁卫生、给老师们端茶送水。为老师们服务越多，程国获得的感谢、称赞越多，他越来越开心。慢慢地程国变了，以前那个躁动不安的、人见人厌的小子不见了，逐渐沉稳的小伙子招人喜欢了。有一天，他告诉宋老师，他要努力学习了。

一年后的教师节，他给宋老师写了一封信。

宋老，我的第二个妈妈：

当您看到这束玫瑰的时候，一定很惊讶这是谁在教师节的时候送您玫瑰？呵呵，不必惊讶，当然是我啦！要是谁也送玫瑰，那一定是窃取了我的想法，这应该是我两年来第一次写信给您吧！说来也惭愧，两年过去了，我居然没给您写过一封信！！哎，甚至连您的生日都不知道，虽然我以前三番五次询问过其他人您的生日，可是都没人知道！可又想来问您，却也没好意思，最后就告一段落了，可又想您会不会怪呢？应该不会吧，呵呵，其实这封信一直在我心里存了有很久咯，可是一直没找到机会（虽然以前有很多的好节日可以写这封信给您，可是因为自己太粗心咯，每次在关键时候总是掉链子给忘了，哎，自我反省……此处省略两百字）。

您肯定会想我为什么会送您玫瑰！哈哈，当然了！妈妈嘴边以前常说的就是："虽然我们一把年纪了，但还是希望年轻点嘛！"以前我们这群兔崽子惹您生气的时候，您就说遇到我们，您都要老好几岁，哈哈，不会的，不会的，希望您收到这束花和看到这封信的时候，就能年轻许多，也让您回到年轻的时候的感觉（我没有说您老了噢，您不要多想，在我心中，您永远是最年轻、最有活力、最 sexy 的妈妈）。

呵呵，您还记得我刚进入高一时候的样子吗？我帮您来回答：那是一定的！哈哈，当初的我，真的是桀骜不驯啊，哎，想想当初的自己，真混蛋啊！之后，我也不知道为什么，慢慢我放弃了学习，还请了假，跑出去上班！当我再次回到学校的时候，本以为您肯定放弃我了，肯定越来越不喜欢我了，可一切并没有像我想象那样，您没有强迫我学习，而是对我换了种教育方式，给我找了许多事儿来做，让我没有沦落为"无业游民"，让我一样可以在学校里面学到很多东西，真的！从那个时候起，我也感觉到自己也在慢慢改变着，我记得我们所有场景的画面，包括您以朋友身份和我聊到感情问题的时候，我都记得，那时候是我最能脱去痛苦"外衣"的时候，真的谢谢您。您也给我创造了许多机会，让学校许多老师都认识我！认可我！并在许多老师面前夸奖我，呵呵，其实我有时候自己都觉得，自己并没有您说的那么好，可是我明白您的心情，就像一个母亲对儿子一般的爱，当自己的儿子哪怕取得了一点点的进步，作为母亲的，都会很自豪，很开心地把一切与众人分享，真的，我真的很开心，开心的，不仅仅只是您对我的夸奖，而是这份爱，我几次走出办公室的时候，眼睛都是饱含着眼泪的，呵呵，虽然我现在已经到七班去了，可是您永远都是我的老师，我的班主任，我的妈妈，而我也是您永远的学生，永远的儿子！不管我将来能否有一番作为，当妈妈需要我的时候，我也永远倾尽全力帮助我的妈妈。

谢谢您的教诲，让我产生改变，谢谢您的不放弃，让我重获新生，谢谢您对我的支持，让我能继续走下去，谢谢您对我的信任，让我担当了许多，也学会了很多，谢谢您对儿子的爱，让我能怀揣一颗感恩的心，当您看到这儿时，您应该露出您的八颗牙齿，灿烂地笑着，因为我正站在门口看着您呢……看前门……看后门……

哈哈，傻了吧，被骗了吧，哈哈，我正在教室上课呢！呵呵，开个玩笑，希望您能会心一笑，在这里，祝妈妈永远年轻，身体健康，工作顺利，儿子女儿们将来都能有出息，哈哈，节日快乐。

您的儿子　程　国

五　学生文化

学生是学校的主体，也是学校的主人。学生文化是学校文化中的重要内容。近几年来，通锦中学有意识加强了学生文化的建设。刚刚起步的我们，深知还有很多的工作需要去做，还需要付出更多的努力。

通锦中学学生字辈歌

学校是一个大家庭，在这个家庭里的学生先后进校，成为这个家庭的成员。每一届的学生都亲如家人，但年龄悬殊根本没有见过面却又都是通锦这个大家庭的校友们又该通过什么样的方式来建立联系呢？我们在建设学生文化的时候借鉴了姓氏文化中的辈分文化。给不同期届的学生进行辈分排行，把历届毕业的学生用这一文化统一起来。通锦中学学生字辈共六十字，从建校的1954 年开始至今共60 年。故用60 个字来区分，初高中在辈分前加用初中或高中即可。如1964 年入校的学生为“锋”字辈。如果是1964 年高中入学的，就是高中“锋”字辈。

山顶青松，九天翔龙，达德先锋。志高心雄，孝义忠勇，和雅宽宏。诚信谦恭，崇礼知荣，德启文弘。睿智明聪，勤功咏颂，英才云涌。培基泽宗，乾元仁永，大道昌隆。

通锦中学学生誓词

宣誓通常能营造出一种庄严的气氛，可以振奋精神。是学校常用来激励学生的一种方法。誓词是宣誓人的一种约定，通过宣誓可以使学生在誓词的规范上形成一定程度的自律。通锦中学主张学生在自然状态下的成长，努力促进学生自律，在每学年开学典礼上都要组织学生宣誓。其誓词如下：

孝敬父母，效忠祖国，遵纪守法，强健体魄，明理通变，礼数周全，奋勇成才！

舞蹈社要分裂了

校团委书记李老师找到德育主任，告诉他说舞蹈社要分裂了，德育主任问："出了什么事？"李老师说："舞蹈社原社长进入高三了，舞蹈社本来就是街舞、民族舞两种舞蹈爱好者组合在一起的，原来的两个副社长一个是跳民族舞的，另一个则是跳街舞的。他们都想当社长，大家商量了几次，都互不相让，吵着要分开！"德育主任听了，笑着说："有点意思了，我所期望的效果也许要出来了！"李老师迷惑地看了一眼德育主任，德育主任没着急跟他解释，只是告诉他，找时间把舞蹈社正、副社长和社团部部长召集过来开个会。

大课间的时候，李老师把三个社长和社团部部长召集到了德育办公室。德育主任首先问了舞蹈社社长："作为社长，你在准备离任前有没有想过下一任社长由谁来担任更合适一些？"社长说："有哇，但他们两个各有优点，我也难以取舍，所以就跟他们两个说了，让他们两个商量。"德育主任又说："作为上一任社长，一个重要的任务就是要物色自己的接班人。一个好的带头人对于一个团体来讲非常重要，带头人能力不足，团队一定没有前途，我们希望舞蹈社成为通锦中学将来最有传统的一个社团，越来越好，影响越来越大。我们现在还处在自娱自乐的水平上，但我们希望将来能够走出校门，走向更大的舞台去表演，这就需要一个好的领导人。社长在物色自己的接班人的时候，重点要看这个人对团体的热心程度如何，是否愿意为大家服务。他的组织能力、为人处事的能力、协调关系的能力如何。不能仅仅只是看他跳舞的水平高低。"听到这里，舞蹈社社长若有所思地点着头。

德育主任又问两个副社长："你们两个都愿意为你们的社团成员全心全意地服务吗？"两个学生都说："愿意！"德育主任点点头说："现在你们各自说

一说自己的优势和对方的优势。”两人不解地望了望对方，又望了望德育主任，德育主任微笑着等他们发言，两个人推让了一番，开始介绍自己的优势。德育主任观察到他们在介绍自己的优势时振振有词，表达很流利，但在介绍对方的优势时，却半天说不大出来，不过都还说了一些。德育主任笑了一下说：“很难得呀，你们刚才都看到了对方的优点，这一点不容易，我们在生活中就是要善于发现、承认、尊重同伴甚至对手的优点。我们每一个人都有缺点，在团体中我们要集合的是大家的优点，而不是把大家的缺点都激发出来。作为社团的领导人，更是要清楚地认识到自己团体各成员的优缺点，以便在组织活动、安排任务的时候扬长避短。”参会的几个学生都轻轻地点着头。德育主任对两个副社长说：“现在你们谈谈舞蹈社分裂的理由。”

两个学生一下子感到很羞愧，都不安地红了脸，但德育主任并没有就此作罢，仍然要求他们谈理由。两个人拗不过，只好壮了胆说：“吵着要分开主要是赌气，我们一定本着有利于社团的发展来商量社长的人选问题，请老师放心。”另一个也表示了相同的看法，只是她支吾了一会儿说：“其实还有一个原因，就是每次社团出节目的时候一个社团出一个节目，民族舞和街舞差异很大，在组织节目的时候很难办，不让大家上台，很容易打击大家的积极性，我们好几次都只能搞成串烧，如果能够给我们社团两个节目就可以了。”听到这话，先发言的那个副社长也说：“是啊，我们组织排练也很麻烦，每次都得找两个场地，不然就要争架，要是学校能够给我们多安排一个场地就好了。”

听到这里，德育主任说：“这就对了嘛，这才是为社团着想，只要大家心里装的是社团的事，有困难大家商量着解决，实在没法还有指导老师和学校嘛。”说完他让两个副社长先走。等他们走后，德育主任征求社长、社团部部长和李老师的意见，让他们谈谈舞蹈社分合意见，并说明理由。社长说：“还是不分的好，社团建起来真不容易，分了可惜。”社团部部长说：“要讲团结，我不赞成分。”李老师说：“如果两个副社长能顾全大局，我也觉得不分为好。”

德育主任说：“看来你们的意见很统一呀。对这件事，分合各有好处，刚才你们也听到了，节目问题和练习场地问题才是他们的真正问题，如果排练、演出都没在一起，他们其实也就是各自为政，如果非要把他们组织在一起，在管理上反而会有难度，所以分也是很有好处的。至于分不分，你们自己再冷静、全面地思考和商量。不过分要分得有前途，要友好地分，而不是因矛盾而破裂。合要合得有力量，要合得人心齐。”

后来，他们经过分析商量，两个舞种分开更好，于是通锦中学增加了一个木头人街舞社。

“猛男”的骑游社

德育部的赵老师回到办公室，告诉主任：“高中楼那边出了一个猛男哦！好多人在张贴栏那儿围着看。”主任不明就里，问发生了什么情况。赵老师告诉主任说：“有一个自称猛男的学生在组织骑游社，现在的学生怎么了，取名这样不忌口，还留了联系方式。”她把那个联系方式交给了主任。

到了午餐时间，这个时间是“猛男”留下的联系时段。德育主任拨通了赵老师抄回来的联系方式，让那个学生吃了午饭到德育办公室来一趟。

没过多久，一个学生就来到了德育办公室。问：“老师，你找我啥事？”德育主任故意问：“你叫什么名字？”学生说：“我是高二×班的小盛。”德育主任说：“我没找你呀，我找的是一个叫‘猛男’的人。”“哦，就是我！”那个学生有些不好意思地笑笑。德育主任让他坐下后说：“发布广告，必须用真实姓名哈，不然别人以为你在开玩笑。何况你用‘猛男’这个名字也不雅呀。”那个学生说：“我没想那么多，只是觉得男子汉应该威猛阳刚，所以胡乱取了这个名字，我马上去把那个广告换了。”说完他就想起身离开，德育主任说：“等一下，还没说完呢。”“猛男”又坐下来，德育主任告诉他：“你组建社团是好事，我们鼓励学生组建社团，找一帮伙伴一起玩。但要走规范的渠道，你要向校团委社团部递交建社申请，申请的格式他们会给你一个范例，再找一个指导老师。同时，骑游活动首先要注意的是安全问题，每次活动前要交一份活动计划给社团部，并做好安全预案。”小盛听完后说：“原来还整得这样规范啊，要得，我下午就去找李老。”

同“SN”一起成长

SN 成立至今已有一年的时间了。在过去的一年中我与 SN 一同成长着，有过欢乐，有过沮丧，有过迷茫，却也一直坚持着。学校原先是有一个岚瞳动漫社，听说是学校里最大的社团，有过辉煌记忆，但后来却因管理不善自动解散了。带着一颗热爱动漫的心，我和一拨人决定重建动漫社，于是 SN 伴随着一拨人的期待就这样诞生了。

万事开头难大概也就是这样吧。SN 刚开始运行时很混乱，社团的招新就成了一大问题。组团广告发出去后，看到有很多人来报名我非常开心。没想到问题跟着就来了，考验着我的组织和领导能力。本以为大家有着共同的兴趣和爱好，应该很容易组织，但一开“社员”大会，才发现完全不是那么回事，百十个人在一起开会纪律问题相当严重。打招呼几乎起不了多少作用，沉着脸吼一阵，也没有多少效果，心里真是烦透了。这时才体会到课堂上同学不守纪律老师有多烦。我们几个核心成员开始怀疑是不是招的人太多了，成分过于复杂。而且人太多了，大家的想法和追求就不尽一致，所以才难管。于是我们决定给社团瘦身。以我们几个本年级的骨干为基础，把其他年级不太听话的人清除出去。这样我们的队伍倒是“纯洁”了，但新问题又来了，遇到排练表演，选择面又太小了，这又让我们认识到前面的“清队”行为是多么的愚蠢。在我们的管理制度还没有完善的时候，我们接到了在“通锦之春”艺术节上表演的通知。我们知道这是 SN 第一次表现的机会，需要好好准备。第一时间我们便征集了想要参加表演的社员，社员们也十分积极地参与了进来，然后大家一起讨论节目的方案，紧接着便是辛苦的排练。

排练并不是那么简单，我们没有太多时间准备，节目内容也在不断地变更，也着实有些手忙脚乱。一场表演并不像想象中的容易，它不同于走秀，穿着各式各样的衣服走走台就可以了，表演者对角色的理解和演绎才是最重要的。“通锦之春”是一场集体表演，所以成员的团结十分重要。大家都是学生也都要学习，留给排练的时间都不多，很难能把人找齐，所以排练总是不能圆满，尽管如此，大家也都在努力，争分夺秒地排练，以求让节目做好些。周末大家也会约着出来排练，很辛苦，却也很执着，尽量熟悉着每个动作，每个姿态，每个表情，尽自己所能做到最好。在正式表演时，听到观众席上发出的阵阵喝彩，我的心中有说不出的自豪和骄傲，表演很成功，大家也感到很欣慰。

演出结束后，我们又马上树起招兵旗，广泛地招贤纳士。同时加紧制定管理制度，完善我们 SN 的运行机制。

一年多来，SN 倾注了我的心血，在经营它的过程中，我们逐步开阔了视野，增长了才干，也发现了自己的不足，并学着去补救。我开始学习如何去担当，如何去负责，如何去组织和管理。我开始关注我同伴的感受，开始感觉到他们开心我才真的开心，开始感到集体的幸福比个人的幸福更值得珍惜。和同伴吵架，我开始注意克制自己。有一天。班主任老师说我长大了。我吃了一惊，难道这也是学习？这真是一段奇妙难忘的经历，最初我们只是带着一颗热爱动漫的心才创建这个社团，但在这一年中我们却学到了很多，懂得了如何处理好社员之间的矛盾，懂得了如何更好地操作一个组织，开展 SN 的各种活动。感谢学校给我们创建 SN 动漫社的机会，让我们能挖掘潜能、提高能力、实践自我、放飞青春，让我们在提升自身能力的同时获得了一份喜悦和一份快乐。能够同 SN 一起成长，这何尝不是一件快乐的事呢？

学生社团自主教育

在我们身边有很多老师都有一个不解之谜：“为什么在学校里成绩差而且调皮捣蛋的学生进入社会以后不少人的成就还要高于成绩好的、听话的学生?”对此，通锦中学认为，那些所谓调皮的学生在就学期间的种种“捣蛋”表现让他们获得了几种能力，这些能力是成绩好又听话的学生所没有的。他们经常惹是生非，让家长恼火、同学很烦、老师闹心。所以他们常常在集体中进入不了主流，他们常常干些“坏”事，这让他们在多次的“坏”事中锻炼了胆略和抓住机会的能力。干完“坏”事，他们的事并没有完，他们要思考如何去善后，需要解决自己干“坏”事造成的矛盾，修复与同学、家长和老师的关系，这使他们在无意间积累了大量的处理各种矛盾的能力。而那些听话的乖孩子，没有时间、没有空间、没有机会去和同伴发生矛盾，更不用说去处理矛盾了。连机会都没有，更别提能力了。在目前的中国教育中，特别是中学教育，乖学生每天被死死地“按”在教室里，“按”在座位上乖乖地听课、乖乖地做作业，甚至连节假日都会被挤占。同时学校也不可能故意给学生制造一些矛盾让他们去处理。如果说学校教育要给所有的学生都创造出这样的机会，那么学生社团就是最好的方式和途径。学生是需要同伴游戏的。在与同伴的游戏中，他们可以获得更多没法通过课堂形成的认识和能力。学生在独立的、自主的社团实践活动中，增加人际关系的复杂性，创造更多的生活情景，在其中锻炼自己的宣传发动能力、组织管理能力、矛盾协调能力、发展人际关系能力、创业能力以及敬业精神和廉洁公正的品质。社团课是学校教育中的特殊课程，学生几乎完全处在自主学习的状态，随机地进入学习状态中，是进行素质教育的重要形式和途径。

舞蹈社的社长和两个副社长就遇到了利益冲突和矛盾。那么如何来处理这些矛盾？协调这些利益？德育主任在教育过程中只是充当了参谋的引导者的角色，他并没有判断他们谁对谁错，只是给他们指出了怎样思考、怎样评价、怎样选择的方法。原社长如何去培养和选择接班人，看似简单，其实很复杂。两个副社长看起来是在争位置，实际上是利益冲突。这样的冲突在课堂上可以虚拟，但绝不真实，对学生的价值不大。只有这样真实的利益冲突，才对学生获得人生经验真正有益。这样的过程越多，学生的积累越多，他们的生活智慧就越富有。

社团负责人在社团运行的过程中，一定会发现有些人不听自己的话，他就会想办法采取措施让别人听自己的，提高自己的影响力和号召力，这就是管理，为将来的企业或团体管理积累一些经验。在社团纳新时，各个社团会想方设法找自己的亮点，用最吸引人的办法来吸引人的注意，这就是宣传和鼓动。这些能力在将来的社会生活中也非常普遍和实用，企业的产品宣传、企业的形象宣传都离不开宣传和发动。社团经费的组织和管理，不仅能锻炼学生的社会活动能力，开阔学生的视野，而且还能考验一些社团干部的人格和人品。

通锦中学发动学生组建了 fire 篮球社、岚瞳动漫社、SN 动漫社、The Third Perspective（第三视角）、IT - shine 艾特塞电脑社、“流韵”文学社、“锦官”合唱团、“我的”音乐社、木头人街舞社、无限音乐社、通锦舞蹈社、律恒播音社、F · STT 羽毛球社、“飞跃骑迹”骑行社等学生社团。

寸心报得三春晖

北京时间 2003 年 12 月 23 日上午 10：30，美国华盛顿时间晚上 9：30，德国柏林时间凌晨 3：30，一场特殊的面试在成都中铁二局一中阶梯教室、美国、德国同时进行。中铁二局一中 6 名学生王羽、陈维、范祥炜、连觅、周峻、熊亮，根据抽签顺序依次走到摄像机前，面对连通网络的话筒，首先用一分钟时间以英语作自我介绍，然后回答网络另一头的提问。第一个接受面试的学生是王羽，对方问道：“你最喜欢的学科是什么，为什么？”王羽腼腆地回答：“最喜欢的是数学。因为小学二年级的时候我遇到了一位要求非常严格的老师，所以进步很快……”对方又问陈维：“喜欢看金庸小说吗？”陈维答道：“喜欢看张爱玲的小说。”对范祥炜的提问令在场师生更加意外：“你在家做哪些家务活？”范祥炜认真地回答：“洗衣服、拖地板、擦窗子，也没做过什么大事。”对方又问：“四川人有什么特点？”此问一出，全场爆笑。在笑声中，学生连觅简洁地答道：“好客、好吃。”对方又问：“怎样看待高中女生交男朋友？”连觅非常巧妙地答道：“无论交男朋友还是女朋友都要真诚。高中生交友与成人不同，友谊是主流。”轮到周峻面试，对方问：“如果有特长高考时可以加分，那么你认为长得英俊或漂亮可以加分吗？”周峻很“专业”地答道：“依专业而定。如果是选模特，就可以加分；有的专业则完全没有必要。”下一个问题，则是对周峻的心灵考验：“你说过谎话吗？如有，记忆最深刻的是什么?”周峻非常肯定地答道：“说过。对最好的朋友说过，虽然是小事，但很震撼。他找我借颜料，我骗他说‘没带’。他很怀疑，我有种出卖朋友的感觉。”

这是通锦中学的前身中铁二局一中首届“黄群奖学金”越洋在线面试活动。

黄群和她的丈夫许阳都是铁二局一中1978届学生。毕业后，许阳进入了浙江大学无线电电子工程专业学习，黄群则进入了现在的成都理工大学。1991年，许阳到美国深造，随后黄群也跟着离开了祖国。虽然远离祖国，但两人对母校的热爱却丝毫没有减少。夫妻俩曾多次向家人提起，一定要为母校尽一点心。黄群女士在2002年因病去世，据许阳介绍，在弥留之际，黄群仍然挂念着母校，“她的遗愿就是希望为母校做点事”。

为了完成妻子的遗愿，许阳和其他几个在海外的校友筹集了5万美元，决定在母校建立一个教育基金，并以黄群的名字命名——“黄群教育基金”，并且以此基金设立“黄群奖学金”，来表达所有老师、同学及亲友对她的怀念。同时，也以这种有意义的形式，来奖励品学兼优的学生，激励后辈学人全面发展。

奖学金基金董事会设在美国波士顿，负责基金的募集和管理。申请“黄群奖学金”的学生需得到3位任课教师推荐，学校评委会评定推荐出6位候选人，由基金董事会投票决定获奖者。“黄群奖学金”特别关注参与公益事业与富有公德爱心的学生，要求获奖者品学兼优、全面发展。中国、华盛顿、柏林、波士顿四地连线，由黄群基金董事会成员共同考查首批推荐的6名候选学生。综合各方面情况评出一等奖一名，奖金1000美元；二等奖两名，奖金100美元。

黄群奖学金从2003年开始至今，已经有30名学生获奖。黄群的精神激励着更多的“铁一中”人努力奋斗，回报母校。

服务教师：抓住关键

教师的教育力是学校教育力中最关键的因素。教师是一所学校发展的第一依靠力量，是学校最重要的教育资源。学校的课程由教师执行，教育教学活动由教师组织开展，教师的教育教学行为直接决定着学校教育教学质量的高低。

教师的教育力由教师对岗位的忠诚度、学识水平、教育教学技能、教育教学智慧等因素综合形成。一个教师工作质量的高低，不仅取决于他是否“能干”，更取决于他是否“肯干”。“能干”是指教师承担岗位工作职能的能力和水平，而“肯干”则是指教师对岗位工作的投入程度。充分调动教职工工作积极性和主动性是提高一个学校教育教学质量的重要保证，它也是衡量一个管理者能力强弱的重要量标。

不少学校管理者把教师工作的高度投入理解为教师必然会如此的事，习惯于冷冰冰的“制度管理”，工作中缺少人情味。当教师工作不到位甚至应付工作时，他们只知道责怪教师做得不好，一般不太习惯反思自己工作中有没有问题。也有一些学校管理者，虽然知道应该通过自己的努力去促使教师“肯干”，但却缺少行之有效的方法，或者方法过于简单，效果不佳。

教师首先是人，是情感丰富、个性鲜明的人，这就需要学校管理者尊重教师的情感和个性。通锦中学在办学目标中，把教师发展的职业成功作为自己办学的追求，提出“学生成才、教师成功”。学校管理者倡导服务教师、依靠教师的理念。通过不断强化主人翁地位来增强教师的主人翁责任感；通过关心教师健康、关心教师生活、解决他们的实际困难，来形成融洽、和谐的良好氛围，使教师产生强烈的集体归属感；通过加大教师专业发展的投入，为教师提供更多的进修、学习的机会，提高职业技能，为教师成功搭建平台，使教师获得成功的快乐；通过开展丰富多彩的文化活动，引导老师们追求高雅的生活情趣，建设精神家园，排除各种消极影响，保持健康向上的积极心态。

一　凝聚教师力量

我的学校我做主

教师是知识分子群体，他们都受过高等教育，是社会中学历层次、思想觉悟都比较高的先进群体，对政治生活、文化生活等社会生活有自己独立的理解和认识。他们的政治素养、民主意识要高于普通工人和农民，重视精神满足胜于物质满足，他们可以不计较报酬的多少，但希望自己得到应有的尊重，希望社会主义民主政治能够真正地落实和发展。通锦中学在工作中，高度重视教师群体的民主诉求，在学校民主管理上先行先试，使学校生活充满了浓厚的民主氛围。教师的主人翁地位更加突出，工作积极性被充分地调动了起来。

刚刚大学毕业进入通锦中学工作的小玲，到学校报到没几天，就接到通知，请她参加学校的教职工大会，她觉得教职工大会无非是领导讲讲话，安排点工作啥的，怎么还要开两天呢？她迷惑不解，但当时学校里又没有她熟悉的人，也不好打听，只能按时到学校参加大会。

到了学校后，她才发现事情根本不是她想象的那么回事。教职工大会还设有主席团，还要唱国歌、校歌。会议简直就像一个浓缩版的全国人民代表大会，校长做工作报告，行政办做财务工作报告，工会还做提案报告，还分组讨论两个报告，并对报告进行表决。让小玲感兴趣的是，校长的工作报告中计划的事情有些涉及自己的利益，所以她讨论的时候就特别留心，听取了其他老师的意见后，她也积极发表了自己的看法。在讨论校长工作报告的时候，年级组的老师们对其中有条存有异议，认为不够合理，就把这些意见提交到大会主席团。大会主席团汇总各组意见后，对校长工作报告做了适当的修改。让她没想到的是，有一处修改还参考了她提出的意见，这让她由衷地感到自豪：自己刚来学校就做了一回主，这真是我的学校我做主啊。她在心里暗暗下了一个决心：一定要当好这个主人。

醉人之意不在酒

作为一年一度的通锦经典节目，谭六三校长以及学校管理层对迎新酒会投入了极大的热情和精力，旨在通过这种平等民主、充满生活气息的沟通方式让新员工迅速融入通锦这个集体。同时，迎新酒会也正好体现了学校“通情致和”的理念。

酒会上，谭六三校长表达了对新加盟教师所寄予的期望，希望他们快速融入通锦，勇担重任，并且强调自己是为大家服务的人，“教育就是服务，我谭六三愿意做一个为大家服务的人。”他的讲话将酒会带入高潮。

酒会过程中，觥筹交错，和乐融融。新教师端起的不仅仅是酒杯，而是属于这个集体的美好愿景；醉人的也不仅仅是美酒，还有温暖的人情。在这里没有上级与下级，只有前辈与晚辈。谭校长儒雅亲和似兄长，何书记是爱打趣的老大姐，资深美女陈校长气度优雅、风姿翩翩，郝主任、杨主任名副其实好大哥……

美国教育学者菲利普·曼纳曾说过这样一段发人深省的话：“是什么成就一所好的学校？这与学生的穷富、课程几乎毫无关系；与特别的课程、昂贵的运动场、巨额的捐赠、时髦的制服、名誉校友或是这所学校是否联网无关。是什么造就一所好的学校？无论它是公立的还是私立的、教会的还是非教会的、特许的还是普通的，是一种情感，一种被全体员工所享有的情感（也包括家长和学生），这种情感就是：‘他们的学校是真正属于他们的。’而这种情感来自哪里？文化！”

新教师酒会成为新老师步入通锦团队的里程碑。这一天，他们在酒会“和”的氛围中切身体会了通锦的成功基因——“通情”的学校文化，尤其感觉到，一位善于创造和发现机遇、心无旁骛的校长对学校的发展有多么重要。

心有多大，舞台就有多大

体育组的刘老师是学校排球队的教练。这些年来，她对学校排球队倾注了满腔热情。她还利用区内开教研会的时机，向其他中小学体育老师询问他们学校有没有排球苗子，只要听说有，她都会亲自前去考察。

她每天带领排球队训练，不仅狠抓训练水平的提高，还特别关注学生的道德素质和学业成绩，她要让学生进得来，留得住，走得好！因此学校排球队不仅在区内首屈一指，而且在成都市甚至全省都有很大的影响力。有一次，她试着向谭六三校长提出了一个请求——她想到郊县几个小学去考察一下排球队苗子。她本来以为谭校长可能会不同意，因为这中间涉及招生政策的问题。却没想到谭校长一口就答应了，并跟她说：“虽然这个问题涉及招生政策，但你可以去考察那些学校排球训练的传统，排球苗子储备的状况，以及这些苗子的分布态势嘛。一方面我们肯定要遵守政策，另一方面我们也会向上级争取一些特殊的待遇。即使政策争取不下来，我们也可以向领导汇报排球人才状况，为领导全面统筹提供参考依据。”谭校长还说，如果需要学校领导陪同前往，学校可以安排，如果他自己有空的话，也愿意陪她前去一同考察。

谭校长周到、细致、全面的安排让刘老师深受感动。她回想这几年来，无论是训练计划、球队经费、参加比赛以及参加各种研讨会，学校对她的工作从来没有说过一个“不”字，不但赞成还积极支持。甚至有些事情她自己没想到的，领导为她先想到，先安排。这让她对工作充满了无穷的干劲。

向老师担任教研组组长后，谭校长经常带他参加一些私人聚会。聚会的人员基本上都是成都市本学科的知名专家。通过这些聚会，他和这些专家由陌生到熟悉，并在交流中进一步增进了感情，成为朋友。教学教研的信息来源广了、多了，对学校的学科组建设起到了极大的推动作用。作为当年成都市知名的数学奥赛教练，谭校长在成都中学教育界有着较高的知名度和广泛的人脉。他把这些人脉资源共享给学校的老师们，使他们能够与更多的同行在更高的平台上交流。

把自己的业界人脉引介到学校来，让学校的信息渠道更多、更广，为老师们的专业成长铺设道路——这是谭六三校长对自己以及行政团队提出的要求。在此基础上通锦中学组建了学科建设专家团队，为老师们的发展提供强有力的支持。

把机会给那些做事的人，鼓励教师的专业发展和创新。通锦中学的老师们评价说：“在通锦中学，你愿意做多大事，学校就会给你搭多大的舞台！”

二　给教师送健康

生病住院的地理胡老师对前去探望他的同事们说：“我现在最大的感受就是能工作就是幸福的。你在工作证明你是健康的，你不能工作说明你的健康出了问题，而且是出了严重的问题。”一个人的健康出了问题不仅自己痛苦，还必定累及家人，同时对工作造成严重的影响。

教师是一个没有绝对上下班界限的职业。教师特别是高中教师获封“七天大圣”，从星期一到星期日天天要上班。网络上盛传着一段话，比较形象地表现了目前普通中学教师工作的辛苦：“教书育人身心疲惫，起得比鸡早干得比牛累，一日三餐时间不对，一岗双责不敢离位，提心吊胆终日遭罪。”事情多、压力大，使不少教师长期处于亚健康的状态。健康成了很多教师的奢侈品！

通锦中学行政团队非常关注教师的健康状况，近几年来一直努力地坚持给教师送健康，把教师的健康摆到学校发展的战略高度。组建了教工健康促进中心，由校长亲自担任中心主任。通锦中学的教工健康促进中心下设办公室，由工会主席担任办公室主任，工会干事、体育组组长、校医参与办公。工会干事负责教工工余康乐活动的组织与发动，目的是调节身心，达到精神愉悦；体育组长负责教工健身技能的培训及课余健身活动的组织，目的是强身健体；校医则是全校职工的健康顾问，为教职工的健康当好参谋。学校安排出专门的教工健康促进经费，支持教职工开展各种康乐活动，提出了“每周一次康乐活动，每天一小时健身锻炼”的健康促进计划：组织一批喜欢唱歌的老师到歌城“每周一歌”，组织乐钓者利用周末赴周边渔场垂钓，组织教职工骑游队周末到郊外骑游，组织开展教工书画摄影展和教师节文艺演出。

为保证健身锻炼能落到实处，学校专门在原有课时基础上缩减了一节课，喊出了“减少一节课，快乐一整天”的口号。为此开辟了专门的健身房，在健身房里配置了跑步机等价值100万元的健身器械。每天下午，将全校教师集合到操场上进行十分钟二千米的慢跑，然后在自选教练的带领下，分篮球队、足球队、羽毛球队、乒乓球队、太极拳队等各种健身运动队分别开展活动。为配合每天一小时健身运动，学校还专门开辟了两间浴室，方便老师们运动后洗浴更衣。

同时，学校组织教职工每年进行一次体检。校医室为前来咨询的老师提供预防、保健和治疗建议。学校同成都中医药大学签订了协议，将学校作为该校康乐专业的实习基地，由该校的实习生定期到学校给老师们提供部分理疗服务。

三　开阔教师眼界

眼界在一定程度上影响着一个人的境界。俗话说：“读万卷书行万里路。”人的阅历是人生智慧的重要组成部分。教师广博的见闻对教育和教学能力的提高有着积极的影响。见多识广，让教师走出去，在自然中去陶情怡性，在不同的文化环境中去获得更多的启示和拓展视野是教师培训的重要途径。

近几年来，通锦中学不断地派出教师参加各种学术会议，参加各种专业培训，还派出教师到国外研训。

英伦研修

July 7th, 2011 Friday　　　　　　　　　　　　　　　　　　cloudy

Today, we paid a visit to the St. , Canterbury Technical School intended for the middle school students who must be equipped with relevant knowledge required in Technical & Engineering universities.

The school is famous for bringing out many excellent craftsmen. In order to keep the students creative, imaginative, persevering as well as considerate enough in their future life and career, the school attaches great importance to the cultivation of the students' attitude towards failure and humanity.

Before us is a group of twenty students aged about twelve, whose basic learning task for this term, generally, a different task for each term, is to think of new ways of recycling those items we commonly throw away. Such materials as broken jars, shabby furniture and old cloth bits are all brought to the school by the students themselves. All the teachers need to do is to provide necessary working conditions and technical aids when needed. What impresses me most is that the students are allowed a whole term or even a longer period of time to complete their own work on a special item, during the course of which they can learn a lot from each mistake. Thus the students figure out the truth that mistakes are lessons of wisdom slowly.

Unlike other ordinary schools, the teachers have special criteria to judge the students' school performances. The best students are usually those who can turn rubbish into art, something unique, cool, intriguing and fascinating to look at or those who really put love and humanity into their products. For example, a boy expecting a younger sister won the "Greatest Genius" Award, and the "Best Considerate Creator", who had spent two years designing, carving a rocking horse out of wood and adjusting its flexibility.

My own feeling: what on earth makes the western researchers well ahead of us in motivating the younger generation's interest in science and technology? I think their teaching aim is the key . After attending kindergarten, the students receive the two concepts constantly, whether in class activities or in sports games. First, accept a mistake, pay the price, learn the lesson and then grow stronger. Second, the past cannot be changed, while the present is still in our power.

在新西兰 Kapiti College 观课

2013 年 1 月 30 日至 2 月 9 日，我们师生一行 12 人怀揣着对另一个半球、另一片土地的新奇和兴奋，踏上了为期 11 天的新西兰游学之旅。顺利到达奥克兰机场后，在过海关、取行李、检查行李等一系列过程中，机场工作人员始终面带微笑，一句句“morning”温暖着我们。负责来接我们的 Kapiti College 国际部主任 Steve Burt 十分热情，一见面就给我们来了个大大的拥抱，像老朋友一样的与我们交谈，并亲切的问候同学们。我们坐上新西兰的游览车，饱览着沿途的美丽风光，不时地发出阵阵惊叹！

在新西兰游学期间，我们强烈感受到了新西兰人民的热情和谦和，体验了另一种全新的生活模式，领受了不同的学校环境和民族文化。此次 study tour 在给我们带来无数新鲜感的同时，更令我们受益匪浅：与学生一起学习英语的过程是轻松而愉快的，让我们老师的英语口语水平也得到了提高；新西兰游览增长了我们的见识，感受了异国文化。

在 Kapiti College 学习期间，同学们学习了以趣味性为主的英语课程内容。课堂学习与实际生活情景、户外活动相结合，充分激发了学生学习英语的热情，英语教师 Kate Jones 热情、友善，在课堂上她始终带着微笑，在教授我们的学生时很有耐心，教学方式灵活，鼓励我们的学生跟她在课堂上大胆地说话、交流，增强了学生用英语表达的自信心。她上课形式多样化，教学内容丰富，准备了很多有趣的课间游戏，寓教于乐。比如她每天会准备难度递增的几项任务给学生，包含会话、调查、阅读理解、自由问答；实现方式分为独立完成、二人协作完成和小组合作完成等。我们的学生刚开始有点紧张，但是从第二天开始表现就越来越好了，不仅活跃，跟 Kate 的互动也多了起来。

参观 Kapiti College 和观看 kate 上课，我们最大的收获有以下几点：（1）在教学中要注重学生的发散思维，充分发挥学生的积极性和主动性；（2）注重团队合作，学生合作学习是一个积极互动和有意识的过程；（3）不管教授什么内容，教师首先要激发学生的兴趣，将知识点融入活动和任务中，让学生们在交流讨论与实践中不知不觉的完成学习任务；（4）教师教授的知识点要尽量与生活相结合，让学生感觉所学的知识并不是孤立的、脱离实际的；（5）与学生要像朋友一样交流想法，分享快乐。

短短 11 天的新西兰之行虽然转瞬即逝，但别样的文化和习俗，不一样的教育理念、上课方式，让我们耳目一新，给了我们许多启发。我们真正体会到了什么叫“读万卷书，行万里路”。作为教师，非常感谢学校给了我们这么好的机会，我们一定会在今后的学习和工作中继续开阔视野，不断进步！

四　提升教育智慧

在《辞海》中，对“智慧”的解释是“对事物能认识、辨析、判断处理和发明创造的能力”。加拿大教育家马克斯·范梅南在《教学机智——教育智慧的意蕴》一书中说：“展现智慧的人似乎都具有在复杂而微妙的情境中迅速地、十分有把握地和恰当地行动的能力。”只有智慧的教育才能培养出智慧的人，只有智慧的教师才能培养出有智慧的学生。教育是智慧的事业！

教育智慧是教育情境中的智慧性行动，是教育的实践语言——它是教育时机行动的语言，是教师对教育情境的即刻投入。教育智慧意味着教师在教育情境中能够保持瞬间的、积极的行动，从情感上、从反应上由衷地行动。它是教师在探求教育教学规律基础上长期实践、感悟、反思的结果，也是教师的知识学养、教育理念、情感与价值观、教育机制、教学风格等多方面素质高度个性化的综合体。由此可见，知识学养、教育理念、实践反思、情感价值是构成教育智慧的重要元素。

智慧不是知识，也不是智商，知识是智慧的结晶。渊博的知识、深厚的学养有利于形成智慧。通锦中学多渠道、多途径增加老师们的学养。鼓励教师加强在职硕士学历进修和研究生课程班进修，在专业知识领域下功夫，扩大知识的占有量。在积累了一定实践经验的基础上，对教育、教学理论进行的系统梳理和学习，使教师们对教育的理解更加深刻和准确；通过教师文化建设，组建各种教师业务文化活动团体，定期开展教师读书沙龙活动，推荐好书名作，并组织老师们交流读书心得。通锦中学支持和鼓励教师参加教师合唱团、“拍客”协会、音乐之友、集邮、老年足球队等各种民间文化团体，让每一个有特长的教师都能从自己的爱好中悟到文化，大力提升了教师的文化素养，拓展了教师的知识广度。

先进的理念是教师教育智慧的重要组成内容。采取“请进来，走出去”的方法，不断更新教师的教育理念。邀请省内外著名教育专家来校举办讲座，让专家把老师们平时所思所想而又没有总结提炼出来的，想说又不能准确表达的“感悟”讲出来，使老师们受到启发，突破教育理解中的瓶颈。还在校本教研的基础上派出骨干教师参加各级各类学术会议，把自己的观点带到会上去交流、去碰撞，同时又听取大家之言，汇集天下智慧。

智慧源于实践，实践是教师成长的基础。教学实践之后的教学反思是获得教育智慧的基本途径。教师对自己的教学行为过程以及由此产生的结果进行审视、分析和再认识，有利于进一步提高自己教学实践的合理性，更深入地理解教育和教学。反思观念、经验和技能并评价自己的教育行为，能够通过提高教师的自我觉察水平进而促进能力发展，使教师改进教学行为，形成教育实践智慧。在教师还没有形成反思习惯之初，可以用行政手段强力推动教师进行教学反思，形成专业积累；在教师形成反思习惯之后，可以利用各种机会让老师们认识和感受到反思给自己的专业发展带来的积极效应，提高教师自觉进行教学反思的主动性和自觉性。

教育教学科研具有重要的作用，科研是教师智慧生成的重要手段。教师需要从知识型教师向科研型教师、智慧型教师转变。教师要成为自己从事职业的专家，不仅要取得专门职业的资格，更重要的是要研究教育教学工作，使自己成为理论与实践相结合的、别人无法取代的专业人士。要成为教育教学理论的学习者，还要成为教育过程的反思者与教育经验的总结者。这样，教学智慧就自然而然地在教师的教育过程中孕育，而且随着理论水平的提升而增多。很多学校在办学实践中都提出了“科研兴校”的口号，其实科研之所以能够兴校，就是因为它能够提升教师的教育智慧，促进学校教育力的快速增强。通锦中学牢固树立为教师、为学生服务的理念，以校本培训为基础、以科研课题为抓手、以课后反思为突破、以教学大比武为依托，落实区级、校级和年级三级科研，积极争取市级以上的科研课题，增强了教师在教育教学工作中的应变性、直觉性、灵活性、巧妙性、幽默性，让本校教师的教育智慧得到大幅提升。

高老师那天早读时她的头有点痛，就让学生自己朗读并背诵课文。突然，她发现英语成绩奇差的张杰和杜朋情况有点不对，就轻轻地向他们走过去，两个家伙玩得真高兴，竟然没发现高老师已经站在他们的身旁。他们玩的是“动物纸牌”，高老师本能地有些生气，想撕了纸牌，但她突然想到这个游戏她小的时候也玩过，里面涉及八个动物，正好有几个还是学生刚学过的单词。于是灵机一动，说：“不错嘛，知道用这种方法来学英语，怎么样？记住里面那几个动物名字了吗？下课来默写一下试试吧。”说完，她就回到讲台上去暗中观察他俩的情况：哈哈，还真见效了，他俩先是翻书找名字，一会儿就背上了。下课了，他俩飞快来到高老师跟前默写，结果全对！看到这个效果，高老师不由得对自己的机灵暗自得意。后来她多次反思这件事，为什么这两人会产生这种效果？看来，和气的老师思维更宽广，才显得大气，大气的教师才会有灵气，灵气的教师才会想到更多的好办法。

胡老师是一个瘦弱的女老师，在初中教物理课。一天，她上《作用力和反作用力》，诱发学生参与学习后，她安排学生先看书自学，自己就在教室里巡视，突然她看到后面有一男一女两个学生在抓扯。她想这两个家伙真够大胆的，自己正在往后面走，还敢打起来，她迅速制止住他们，问他们什么事。没想到那个女生理直气壮地说："不关我的事！"听到这样的回答，全班同学都很惊异，胡老师也更感意外，不由得动了点气，说道："一个巴掌拍不响，怎么不关你的事？"更没想到的是，那个小女生听到这话，用手在课桌上一拍，大声说："谁说一个巴掌拍不响？"顿时，全班哄堂大笑！班上的学生都看着，看胡老师如何下台，看到这样的状况，胡老师又急又气，无名火直往上蹿，她情急之下，也大喊一声："好！"把全班学生包括那个女生都弄得一愣，大出意外，看到大家愣住了，胡老师抓紧思考对策。急中生智，很快想到了办法。看着愣头愣脑呆住的学生，她突然觉得好笑，情绪一下子调整过来："现在大家用作用力和反作用力的知识都议一议，为什么一个巴掌拍不响，而她的一个巴掌又拍响了？"这下子，班上热闹了起来，大家赶紧翻书找理由，七嘴八舌地讨论着。胡老师看着大家从来没有过的学习热乎劲，一方面觉得很高兴，另一方面又沉思起来。这堂课几乎没要胡老师讲，但是几乎每个学生都把应该学的知识掌握得很牢，有几次考试遇到这个知识点，班上学生的正确率都是100%，胡老师问他们为什么，学生都笑着说："谁说一个巴掌拍不响？"

后来胡老师提起这堂课，她说如果当时她用一般的办法，可能那堂课没法继续下去了。一个情急之下的正确处理却收获了意想不到的良好效果。

五　提高教师技能

"高素质"的教师队伍是学校队伍建设的重点，而教师的素质结构中，师能占据着极其重要的地位。教师这个职业，不仅要求有相当水平的专业知识，更要求有高超的专业技能。提高教师的职业技能，使其不断地成长进步，成为教育教学的行家里手，是提高教育教学质量的基础，是每所学校的必修课。通锦中学为老师们"广开才路"，多渠道、多途径全面地培训教师技能。校本培训是教师技能培训的主渠道，每周学科组、备课组内的定时教研把个别优势转化为集体优势；外出学习交流吸收他人智慧，寻求启发；通过晒课、赛课、磨课、读课、赛技等途径提高教师业务技能。

按照教师在职务活动中的内容不同，我们把教师的专业技能大体分为教育和教学两大方面。这里的“教育”主要是指在学校活动中对人的心理、情感、道德、精神等方面施加影响的活动。它的技能主要包括沟通技能、教育规划能力、家校协调技能、活动组织技能、主题班会设计组织技能这五大技能；“教学”则是指围绕课堂教学活动展开的活动，教学技能主要包括教学设计技能、课堂教学技能、作业批改技能、教学评价技能、教学研究技能五个方面。目前我国师范院校在对学生这些技能的培养上力度还有些不足，因此学校有计划、有目的地发展和培养教师的这些技能，不仅有利于增加教师的业务能力，促进教师自身的发展，而且也能提高学校办学效益，实现双赢。

基于这种认识，学校编订《通锦中学教育工作手册》和《通锦中学教学工作手册》，将学校对教育教学工作的理解和基本要求印发给每位教职工。这两本手册，不仅对初职教师具有重大的指导作用，而且对资深教师开展教育科研也有着极大的参考价值。

沟通的技能

在学校工作中，每个教师都要承担育“人”的责任，这就是我们通常讲的“全员育人”。但是育“人”要有相当的专业技能。与人打交道、做人的工作，就必须要有沟通的技能，沟通技能是教师重要的专业技能之一。

教师的沟通主要是与学生的沟通，这是教师工作中最多的一种沟通。教育是对学生施加影响的活动，这个影响是教师给予学生。因此教师始终是主动的施加影响一方，处于支配的地位，而学生则是被动的接受影响一方，处于被支配的地位。在很多时候，正是由于这样一种不平等的地位以及其他一些因素，造成了师生之间的沟通障碍。要与学生顺利沟通，就必须讲究沟通技巧。

首先是主动沟通。所谓主动沟通是指教师有意识地在师生关系处于正常状态下进行的沟通。教师主动找学生谈话，收集学生信息。主动沟通一般都能实现沟通的目的，获得教师需要的信息，而且还能让学生感受到老师对他的关心和爱护，增进师生之间的感情，为以后的沟通奠定良好的基础。

新班主任陈老师等班上的学生都进入了早读的学习状态以后，开始像往常一样关注起做卫生的值日生。今天的值日生是梁君，他是一个有交流障碍的学生，在班上很少跟同学说话。梁君平时对学习不太上心，但做事很细致，有条有理。

看到梁君做卫生时很仔细的样子，陈老师就称赞梁君卫生做得好。听到老师的夸奖，梁君不好意思地微微一笑，没有说话。见此情境，陈老师问他是不是平时在家里也做家务，梁君微笑着从鼻子里“嗯”了一声。听到梁君这“嗯”声，陈老师趁热打铁，说道：“现在很多独生子女被父母娇惯，在家里从来没有做家务事的意识，你能在家里帮父母做事，很了不起!”听到老师的再次夸奖，梁君脸上再次显出不好意思的神色，再次不作声。陈老师并不在意，继续说道：“我国古人说，一屋不扫，何以扫天下，充分说明要做大事，必须先学会做小事，能把小事做好的人，一定能把大事做好，连小事都不会做的人，肯定做不成大事。你现在能把这些小事做好，为将来做大事奠定了较好的基础。”梁君边做卫生，边听着陈老师讲。陈老师突然问梁君：“你爸爸妈妈经常出差不在家吗?”梁君感到陈老师这个问题来得比较突然，愣了愣。他望了望陈老师回答说：“没有啊，他们是做生意的，极少出差。”陈老师又问：“那他们一定很忙了，不容易关照到你的生活。”梁君回答：“没有，我妈妈平常也没啥事，她安排我的生活很周到的。”这样陈老师把梁君的话匣子给打开了，师生俩的交谈越来越投机。

其次是被动沟通。所谓被动沟通是指学生在违反校规或者出现问题时教师与学生之间的沟通。这种状态下，学生表达的动机下降，往往不愿意说真话甚至不愿意说话，师生之间的沟通就会出现障碍和困难。在这种情况下，教师不能“强攻”，否则只能导致沟通更加不畅。这时候需要教师采取迂回的策略，“由彼及此”，动之以情，最终打开学生的心扉，增强学生的沟通动机，让学生说出真话、心里话。这其中又有几个技巧需要注意：一是回避主题技巧，由于学生在犯错状态下和教师沟通，担心受到处罚，因此不敢说真话。这时就需要老师迅速找到一个与这次事件相关，又与学生自身利益很密切的话题，以此为突破口，与学生建立起良好的沟通状态后再迂回到主题上去。二是要注意控制自己的情绪，不能与学生对立。教师要控制好自己的情绪后再进行沟通。三是在沟通时要注意调整师生之间的位置与姿势，不要自己坐着，让学生站着。最好是师生之间相向侧坐，保持良好的沟通体态姿势。四是要尊重学生发言的机会，保证学生充分的话语权。对待学生的态度要民主，不能武断认为学生一定是怎么样，一定会怎么样。武断态度极容易让学生产生对立的心理，堵塞学生的言路，影响进一步沟通。

教育规划技能

学生是发展中的学生，学生进入学校的目的是寻求自身的发展。专业教师的职责就是根据学生已有的发展历程和发展现状，判断学生未来发展的态势，从而为学生的进一步发展提供正确的指导。学校的班主任和科任教师基于对学生发展的诊断，找到全班所有学生的共性，制定出班集体及每个学生个体从一年级到三年级的发展规划。让教育真正实现计划性、目的性。

“诊断”是一个医学术语，是指对人们健康状态或某一特定的生理过程进行的判断。学生发展诊断是医学术语的借用，它是做好教育规划的前提。其目的是为了更好地实施教育，使教育策略更适合学生集体和个体。学生在一个班级里要接受三年的教育，无论是初中还是高中，这三年对中学生来讲都是人生中变化最大的三年，因此要求教师（主要是班主任）必须做好学生三年的教育规划。这个规划不仅要符合学生的成长规律，满足学生的发展需要，也要符合学校文化和社会发展的需要。

教育规划应当包括班级和个人的现状分析、发展目标、实现目标需要的有利条件以及可能面临的困难、准备采取的工作策略措施、拟开展的教育活动、教育保障等内容。

“家”“校”协调技能

学校教育不是孤立的，教育是学校、家庭、社会共同的活动。这三者中，学校、家庭与学生的工作联系是最密切的，学校教育首先要寻求与家庭教育的合力，因此教师在教育教学活动中有必要正确处理好家庭和学校之间的联系。目前中国教育中，教师普遍“重视”家校联系，但很多人却并没有正确地处理好“家”“校”之间的关系：平时少于联络，学生在学校出了问题才进行联系，让家长产生“老师来电话肯定没好事”的不良印象，家长害怕接到教师的电话，更不愿主动到校访问，产生严重的“家”“校”沟通障碍；教师对待家长的态度不友好，把家长会变成责备会、批评会、丢丑会等。

正确认识学生家长的角色是“家”“校”协调技能的基础。通锦中学的老师们对家长树立了“同事”的角色意识。在开发教育资源的过程中，把“家长”作为学校的“教师”，称之为“家长教师”。在我们看来，每个家长都是一个教育的资源，全校几千名家长是一座藏量极大的教育资源宝库。所以老师们都以对待同事的态度对待家长们，老师们友好的态度让家长们产生了极强的归属感。积极地对班级建设、学生教育出谋划策、提供信息，甚至亲自出马讲课。

加强日常联系，增进了解互信。所有科任教师拥有家长联系方式，加入班级家长QQ群。在QQ群里以一个朋友的身份参与家长们的讨论，和家长聊教育，为家长教育孩子出招，“无事多报喜，有事多商量”，极大地拉近了家长和老师之间的距离。当孩子在学校有了一点突出的表现就通过短信的形式告知家长，进一步改善和优化了家长和孩子之间的关系，密切了家校关系，为孩子的发展创造了更好的人际环境。

小李是一个年轻的新班主任，这学期中途在高二年级接手了一个班。在班主任培训的时候，他就听德育部主任说过：“家长是我们工作最坚定的支持者，一定要加强家校联系，得到家长的大力支持!”但在工作实践中，他却感到不是所有家长都好沟通。

学生小天经常迟到、旷课，小李与家长联系，每次家长都给孩子找个理由开脱。开学不到一个月的时间，小天旷课就已经有六天了，于是他邀请家长来校商讨一个教育的对策，可家长总是推说工作忙，来不了。遇到这样的家长让小李感觉到很无助，也很无奈。

小李把这个情况跟他的班主任师傅宋老师讲了，师傅听完后笑了笑说：“你不是家长的领导，而是家长的服务员，为啥家长必须听从你的召唤？招之即来，来之恭顺?”师傅的一席话让他听得一头雾水，看到他迷茫的样子，师傅继续解释说：“其一，你要以服务员的角色跟家长进行交流，不能够对他们颐指气使，以指令的口气要求他们如何如何；其二，你要让家长乐意来见你，绝对不能让家长接到你的电话就紧张。你们班学生的特点是问题行为多，这样的学生，家长听到的负面信息太多，所以他们一般不愿意见老师，特别是，你请他们到学校来，他们会认为孩子又出了什么问题。每次都跟他们说坏消息，他们就会对你很抵触！你需要试着改变，要像产品推销员一样吸引顾客，让顾客主动来找你。”

师傅的话让小李很受启发，他感觉到这些话虽然在培训时老师也讲过，但那时自己没有这些亲身经历，根本没在意，现在觉得这些话确实很有道理啊。于是他开始改变自己。

第二天下午，他给小天的爸爸和妈妈分别发了一条短信。说他今天感觉到小天在开始努力改变自己，请他们也悄悄观察一下。没想到的是，从来不回复短信的小天爸爸居然给小李回了一则向他表示感谢的短信！收到他的短信，小李为自己的小小成功得意了一把。从这天开始，小李有意识地向全班学生的家长发出这样有“正能量”的“告密”短信。即使那些迟到的学生，在向家长询问原因的时候，也不忘顺便跟家长提一提该生最近在校的一些良好表现。一般情况下，他不再请家长来校协助教育学生，而是通过这样的方式改善学生和家长之间的关系，让家长在面对学生时不再那么对立，不再那么冷淡。让学生和家长之间相互少一些责备和埋怨，多一些满意和称赞，从而形成良性循环的人际情绪。

月考后，小李准备在班上开个家长会。在筹备家长会时，他告知班上的每一位科任教师在家长会上要“只表扬，不批评”。他把这次家长会的准备情况跟师傅宋老师做了汇报。宋老师夸他很有悟性，师傅的表扬让小李心里很踏实，也有点得意。于是他抓住机会向师傅请教该如何召开家长会。师傅告诉他：要对参加家长会的家长进行培训，要让家长学会开家长会。有的家长开家长会时什么都不带，另一些家长也就随意带了点纸和笔。师傅是怎么做的呢？师傅把她自己参加女儿家长会的记录展示给家长看，并告诉他第一，必须是专门的笔记本，至少要用三年。第二，每一次家长会都如实记录老师讲解的内容。第三，开完家长会后，家庭成员要共同学习家长会的内容。第四，家长和孩子要分别写 200 字左右的会后感想，要求真实表达自己的思想。要告诉家长，班主任这么用心，是希望家长和孩子也能用心，这样容易形成合力，而且也利于了解情况，便于沟通。

按照师傅传授的经验，小李做了相应准备，但心里多少还是有些不踏实，生怕学生家长缺席的多。结果到开会时间的时候，只有一个外地生的家长没到，其余家长全部到齐。在这次家长会上，班上所有老师一个批评都没有，只给班级和学生提出了一些建设性的意见。而他自己更是在家长会上表扬了每一位学生。很多家长们对此不习惯，在会议结束后纷纷询问老师，自己的孩子在学校里到底有什么问题？小李笑着对家长们说，每个学生都有问题，但我们不应该揪住他们的问题不放手，我们班的孩子更多需要的是宽容和鼓励，而不是责备。会议后，不少学生家长给小李发来短信，说这是他多年来开得最轻松的一次家长会。看到家长们的这些短信，小李陷入了深思。

小涛在初中经常逃课，进高中第一天正式上课就找同学代假，谎称有事要处理。班主任打电话求证他的父母，才得知他父母都在外地工作，家里只有 70 多岁的爷爷奶奶，平时两位老人家的话他更不愿意听。但是后来班主任发现这个学生很热情，很愿意做事（当然必须是在他心情好的时候），于是立马给他封了一个“官”——班主任助理，给他机会让他和学校各个部门接触，然后适时告诉他，和他接触过的部门老师是表扬他的。班主任还和有些部门老师商量好，以“助理”来称呼他。这样一来，小涛做事更起劲了。以前都是老师给他布置任务，后来是他主动来找老师要事做。而且不仅愿意给班主任做事，也乐意为其他老师效劳。

第二年的教师节很快到了，小涛给班主任写了一封信，长达 3 页，在信中他特别提到，这是他 16 年来第一次给老师写信，透过信纸班主任看到了小涛心底最柔软的地方。感动之余，班主任把信复印了一份寄给了他在外地的父母。没想到远在外地的小涛爸妈第三天就来到了学校，说他们看了这封信很感动，所以立即赶了回来，想要跟老师和孩子交流一下。下课后班主任把小涛叫了过来，看到小涛，小涛妈妈早已控制不住，泪流满面，抱着小涛大哭了起来。这一次小涛一家人敞开心扉，充分地交流，小涛封闭的心门也打开了，和爸爸妈妈的关系也得到了良好的修复。

组织活动技能

贪玩是孩子的天性。作为一名教师，要想让孩子们学好，首先要让他们“玩”得愉快。会玩的、经常和孩子们一起玩的老师往往更容易获得孩子们的亲近。能够组织、发动学生玩，让学生玩得开心，在玩中得到启发、受到教育是教师应有的能力。当然教师组织活动并不完全是为了玩，也需要根据教育目标、学生年龄特点和身心发展的规律来确定班级活动的内容，设计活动形式、环节，发现、培养活动积极分子，在活动过程中要调节场面和调动更多的学生参与，保持大家的参与热情。

通锦中学初中部每天下午专门拿出一节课来让学生“玩”转课堂。给老师们提供机会，让他们有机会和孩子们一起玩，增进老师和孩子们的感情。这个活动丰富了师生的课外生活，改善了师生关系，提高了学生在课堂中的情感投入，在一定程度上提高了课堂效益。

通锦中学还根据学校的统一安排或者根据班级教育规划组织学生开展校外活动。初中班主任孔老师为了加深学生之间的情感，增进班集体的团结，组织了 12 名学生及其家长，每周末开展郊外远足活动。几年下来，不仅这些学生之间结下了深厚的友谊，而且这些学生家长之间也成了要好的朋友。

主题班会设计、组织技能

主题班会是学校进行思想道德教育的有效形式和重要阵地。它有助于学生树立科学的世界观、人生观、价值观，正确认识自我，正确处理个人与他人、社会的关系；有助于培养学生的团队协作精神，同时激发他们的竞争意识，极大地激活学生的创新意识；有助于培养学生的实践能力。它是班主任有计划实现教育规划的主要途径。主题班会尽管平时主要由班主任承担，但也需要每一名教师都能够设计和组织。设计组织主题班会课有一些技巧，主要包括教育主题确定技巧、教育素材选择技巧、设计技巧。

教育主题的确定主要有四个依据：一是《中学德育大纲》规定的教育内容；二是校本德育重点；三是班级的教育规划；四是当前班级、学校和社会的热点。如果班级的教育规划已经包含了《中学德育大纲》和校本德育重点内容，在通常情况下，主题班会主题的确定重点是考虑班级规划和当前热点。

教育的设置要符合“近、小、亲、实”四个原则。所谓“近”是情境内容的发生离学生的时间、空间距离近。“小”是指情境不能太大、太空泛，应是生活中的小事件，这种小事件要能够反映大问题、大道理，这些大问题和大道理是学生不容易从这些小事件中发现和明白的，需要老师引导他们通过探索才能发现的。“亲”是指学生身边的事，甚至是亲历过的事，这样的事最有说服力。“实”就是真实，情境不能编造，不能夸大和改造，最好是生活的本色和原味。积累和发现这些情景是一个教师的专业能力，需要通过长期观察、思考才能形成敏锐的判断力。通锦中学的老师们每学期都要寻找身边的教育资源，把它们写成三篇教育叙事或者个案。

主题班会设计与一般的教学设计并不完全相同，主题班会重在突出学生道德认知、道德情感的升华，这是一种人生智慧的生成，不需要完成知识的建构。因此，在设计中最需要的是升华情感、生成智慧情境的创设。活动的展开、深入、高潮要符合学生情感发展的节奏。各种课堂参与因素的参与时机和参与程度要服从和服务于教育目标的达成。

小袁当上班主任还不到一个月，就要参加学校的主题班会课比赛。虽然德育部把学校主题班会课教案的模板和评课的标准挂到了学校 QQ 教师群共享里，可她看了以后还是觉得无从下手，对主题班会课依然感到非常陌生。她去向自己的班主任师傅请教，师傅要她先上网去查阅一些主题班会课的设计方案和视频，再找点有关主题班会课的理论知识看看。她照师傅的建议做了，对主题班会课才有了一些感性的认识。对如何组织一次主题班会课心里有了那么一点底。但对于比赛，她还是没有信心。觉得年级上那么多优秀的老班主任，他们对主题班会课的设计和实施不知比自己强多少倍。她又找到师傅请教，把自己这两天网上学习的情况向师傅做了汇报，然后谈了自己这次参加以“感恩”

为主题的主题班会课比赛的设计思路。

听了小袁的思路，师傅告诉小袁，作为老师在设计主题班会时，首先要考虑的是想通过这堂课达到什么目的。主题班会课一般要实现四个目标，一是认识上的深化，二是情感上的升华，三是态度上决心要够，四是在行动上落实。“感恩”是一种情感，更需要行动，不能只停留在口头上。但课堂上我们是不可能看到学生感恩行动的，那么我们只能从学生的表情表现上看他们的情感状态和决心。这就需要在设计教育情境时狠下功夫，找到最容易打动学生的材料。师傅让小袁回去把设计做好再拿来看。

小袁回去后，在网上借鉴了不少视频资料，综合了一下，觉得自己这个方案是集众家之长，应该能得到师傅的称赞了。第二天，她把自己设计好的班会课方案送给师傅看。没想到师傅的表情看上去却有些让她失望。只听师傅说：“你花了不少心思嘛，方案内容很丰富，从形式上看，有板有眼，比较规范；从理论上看应该不错，你先说课给我听听。”

于是小袁按照说课的基本方法把课说了一遍。师傅说：第一，你的普通话、语速都还不错，神态也算从容，素养很好。但要注意如果是参加比赛，你面对的评委是好些人，不止一个，年轻人要学会消除紧张的心理。第二，你设计方案中设计的情景连我都没打动，更不要说打动学生了。几个情景各自独立，像是一个大拼盘。对学生的情感变化不能形成自然的过渡和生成。在设计中，学生说得多了一些，而体验少了一些，思想道德教育要以学生体验为主，你设计的“让学生看准妈妈怀孕生产的过程”这个视频情景跟学生的生活离得太远，不容易让学生产生切身的体会，但你让学生“在衣服内放一个篮球模拟怀着小宝宝，去捡地上的东西”这个设计做得很好，这就是让学生体验，但参与的人数太少，最好让全班学生都能够体验到。第三，在学生动情的地方要注意掌握火候，情景渲染的时间、信息量和强度要够，这样学生的情感才容易达到高潮。放一个篮球在衣服里模拟怀着小宝宝这一个环节可以进一步丰富、强化，直到所有的学生都体验到大腹便便的不便。特别是妈妈怀着我们时的那种小心谨慎的呵护心理要充分体现出来。第四，班会课的情景设计最好几个情景由一个材料分段组成，而不要由几个距离很远的材料来拼成。材料关联度不大，容易让学生好不容易形成的情绪体验被中断，这样不利于学生道德情感的形成。如果把几个情景设计成一个完整的情景，那就不一样了。你的这堂课，完全可以以某一个生命的孕育呵护、初生爱护、成长养育等典型瞬间来展现，完全可以让整堂课高潮不断，学生始终处在一个情感的唤醒、升华、发展的过程之中，最终让学生从内心深处形成一定要报答父母的态度和感恩父母的决心。

和师傅商议后，经过两天的努力，小袁最终拿出了一个比较满意的设计方案。经过这一次，她对主题班会的设计也有了自信。

学生诊断技能

学情是教育教学的基本依据，对学生的学业水平和学习能力进行全方位的诊断以后，能更有效地对学生的学习给予指导。一些基本的情况很轻松就可以获得，但要了解学生的学业水平、学习能力和心理健康并对其有一个比较准确的判断和表述，却需要有一定的技能。作为一个专业教师，能够及时、准确对学生进行诊断是必备的技能。

“学生发展诊断”是前人没有系统研究过的一个新领域，通锦中学在试验过程中遇到了极大的困难：从哪些方面去诊断？怎么诊断？对进行分析的因素又如何评价？一个班集体几十个人，如果不用量化的方法，采用描述性评价，有多少词汇可以供老师使用？如果多数学生都用那么几个相同的词汇进行描述，又怎么表现他们的差异性？如果大家都基本上用大致相同的词汇来描述评价结果，那么这种诊断又有多大的价值？如果采用量化的方法，那么1分和10分的差异到底能说明学生的什么差别？尽管试验遇到了困难，但大家认为这个诊断的过程就是了解学情的过程，是我们掌握教育教学基本依据的必需，这项工作再难也应当进行下去，所以大家还是咬紧牙坚持下来。经过几年的摸索，通锦中学已经初步形成了一个学情诊断系统。首先掌握基本信息，然后从学生的学习习惯（从学习方式、课堂坐姿、课堂参与、发言、作业完成情况、书写等方面去评价）、学习动力（兴趣、自律能力、目标）、学习水平（阅读能力、思维能力、计算能力、体能状况、特长水平）三个方面进行现状诊断。然后由班主任综合学生常规表现、人际交往、社会活动等信息后形成一个全面的诊断报告。学生发展诊断一般在学生进校两个月后形成初稿，然后与家长交流，并在以后的发展过程中不断补充、修正。每学期期末，学校通过学生素质报告册将学生一学期的发展诊断报告给家长。

对学生的学业能力主要采用作业档案评价法。对学生作业进行分析，写出学生对作业和考试中反映出来的知识掌握情况、知识运用技巧情况和信息处理能力情况。对学生的思维习惯和方式给出判断结果。同时对学生在这些方面存在什么问题和应该怎么解决提出建议。

教学设计技能

教学设计的能力是指教师在课前根据课程标准和学生的特点，对教学内容进行组织、再加工，并选择恰当的课堂教学模型以取得最佳教学效果的能力。它主要包括学情分析、目标确定、重难点判定、教学模型选择、学习内容设计、教学资源利用设计、设计方案编制等环节。

学情是教学的最基本依据，学生对学习内容的认知程度、生活经验决定了教学的出发点在哪儿。要为学生的学习正确“导航”，那么就必须弄清他们的“出发点”究竟在哪儿。学生对教学内容的反应一般都会有一个基本的情感态度，这个情感态度会对学生的学习产生影响，从而影响到教师对教学方法、教学模式的选择。因此，通锦中学的老师们在编写教案时都会写出学生对学习内容的认知基础、生活经验、基本情感和态度。这成为课程管理部门在检查教案时分析教师教学设计科学性的一大依据。

教学重难点根据本班学生的学习能力来判定。学生的学习能力在一定时期内是基本稳定的，因此这个内容只要在学期教学规划中反映出来就可以了，在课时教学设计中没有必要反映出来。但它是教师判定学生学习过程中出现困难的依据，难点不同，教学设计当然就不一样。政治教师罗老师在设计《征税和纳税》时，针对文科倾向的班，学生理解能力较强，但计算能力较差，经常在个人所得税的计算上出错的特点，把难点确定在“个人所得税的计算”上。而对理科倾向的班，由于他们的计算能力相对较强，他们的理解能力却比不上文科倾向的学生，所以就把难点确定在“超额累进税率”上。确定了重难点以后，如何让学生在学习过程中顺利地掌握到重点知识和解决难点，是进行教学设计时必须仔细推敲和精心设计的。教学重难点的突破策略是教学设计的重要内容。在实践中老师们采取层层深入的“剥笋法”和步步提升的“搭梯法”来突破难点；用停留、组织朗读、练习等方式强调和突出重点。

教学模型的选择需要依据教学的具体内容和学生的学习习惯、学习能力来做出。如果教学内容难度与学生现有的认知水平梯度不大，用自主学习教学模式就比较合适；如果难度与学生的认知水平梯度较大，这时用讲授法比较合适；如果学习内容情景性比较强，就可以采用探究教学模式。

学习内容设计是指教师在教学设计过程中，需要对教材内容及逻辑顺序进行适宜学生能力的调整和整合。教材是教师教学活动的工具，教师不是解读教材，而是用好教材。在学习顺序上最好由易到难，循序渐进。对于那些非重点而学生又很容易理解的内容则可以交给学生自己去解决，没有必要滴水不漏。

通锦中学主要通过教案检查、评估和组织教师参加各级教学设计比赛为推手，提高教师教学设计能力。学校课程管理部制定了教案质量标准，在教案检查中，对照标准对全校所有教师的教案进行检查，并评估出设计的科学性、可行性，推测其教学效果。通过教学设计比赛，让教师在与同行的比较中获得启发，得到借鉴。

课堂实施技能

课堂实施技能包括很多方面，其中的诱发参与、情境设置、自学指导、疑难点拨等策略有专门的介绍，这里就不再说明。在此，主要谈课堂教学中教师的语言能力、板书设计、感染能力。使用普通话教学是教师教学的基本要求，流利的、标准的普通话不仅有利于学生准确、流畅地获得信息，而且也能够增加语言的感染力。通锦中学的学生来源很广，有来自十多个省、市、自治区的八个民族的学生，他们对四川方言有很多人并不理解，教师在教学中用普通话对他们进行教学是一种尊重和公平。通锦中学推普领导小组把全校来自五湖四海的教师组织起来分为五个班，邀请部分语文教师担任培训员，定时对他们进行培训，没有达到普通话二级乙等水平的教师则要求他们在规定的时间内达到二级乙等普通话水平。

以每年的书法绘画展为抓手，借此开展全校教师三字赛活动。专门设置显著进步奖，以激励教师写好汉字。同时在“全员赛课”活动中，专门设置了基本技能大赛，板书设计上设置了“精美奖”和“新颖奖”。精美是对版面设置美观的奖励，新颖是板书对学习内容呈现、对学生思维的启发有独到之处。

教师的课堂感染力是教师在教学活动中体现出的个人魅力，这是教师气质的外显。通锦中学开展了为每个教师进行最佳形象设计的活动。教师不仅从发型、衣着到站姿、神态进行全方位自我设计，而且还发动学生帮老师进行设计。对要进入课堂的教师来讲，外在形象和精神状态形成教师的课堂感染力，尤其是教师的精神状态会对学生的学习状态产生重要的影响。进入课堂之前，教师有必要调整好自己的情绪和精神状态，同时修整自己的外貌和衣着。

作业批改和评讲技能

作业是检验教学效果的重要途径，也是反馈学生学习情况的重要手段。通锦中学认为作业还是加强师生交流和沟通的重要形式。每一个教师都知道，批改作业最好的效果就是面批面改，但是目前教师和学生单独沟通和交流的机会很少，教师有时间的时候学生没时间，学生有时间的时候教师不一定有时间。在这种情况下，批改学生作业要做到面批面改，那是非常困难的，尤其要做到长期面批面改全部学生作业几乎办不到。面对这样的困难，那又应该怎么办呢？通锦中学的老师们在实践中把课后作业批改分为了三个水平层次：最低层次是判定学生习作的正误；其次是不仅判定正误，而且还轮流给学生勾画出作业错在哪儿，并对学生的作业态度进行评价；最高的层次是每次对全部学生的作业错误进行分析、指正，批注其为什么错，从而引导学生进行正确的思考。

在批改作业中需要掌握好“批”与“改”、“批”与“评”的关系。有“批”有“评”一般更容易引起学生的关注，教师在作业本上点评一下学生，会让学生觉得老师很重视他。有“批”有“改”，学生则更容易弄清楚自己错在哪儿，为什么错，避免以后再犯相同的错误。同时在批改作业时要注意学生对“√”和“×”的感受，如果错得太多，最好不要打“×”，可以用其他的标志示意学生此题有错，免得学生拿到作业本，有备受打击的感受。

对于具有学习主动性的学生来讲，拿到教师批改后的作业本，会急于知道正确的答案是什么、自己的错误原因是什么。因此，及时的作业讲评自然就成为作业批改的重要环节。教师讲评作业的时机、方式、内容都应当有所讲究。在时间的选择上要及时，不能拖，在学生拿到作业本后第一次和学生集体见面时就应该予以讲评。在讲的内容上可以根据学生犯错人数的多少来确定，一般班级总人数20%以上的人做错的题都应该集中讲评，犯错人数较少的习题可以交由学生自行解决；评讲不仅要给出正确的答案，更要分析错误答案错的原因和道理所在，而且还要指出审题的方法、解题的突破口和答案的表达顺序。在讲的方式上，也不一定非要由教师自己讲，可以让会做的学生来讲，由教师做补充。

课后辅导是提高学生成绩的有效方法。集体教学对个体缺少针对性，因此在课后对学生进行一定辅导是十分必要的。课后辅导需要根据学生的主要问题和需要有针对性地给予指导，不能泛泛地全面开花。

课堂评价技能

课堂评价主要指对学生在课堂上的表现进行的评价和学业评价。对学生的评价首先要中肯，不中肯的评价显得虚伪，会引起学生的反感，比如在课堂上对学生回答的问题，一律赞为“了不起”“很好”，就显得极其虚假。虽然教师对学生的评价需要多给予肯定性评价以保护学生的学习自信，但不能简单地说好，需要在学生的回答中找到值得称赞的地方。回答得不准确，你可以说他“离真理很近”，回答错误你可以称赞他敢于发言的勇气、乐于交流的品质。其次，对学生的学习能力评价不能有伤学生自尊，也不能简单粗暴。“笨蛋”“笨猪”“傻”等词汇绝不能在课堂上出现，即使是课外开玩笑也要慎用。“错！”“不对！”等简单粗暴的评价也不适合，这样很容易让一些学习困难的学生丧失自信。你可以使用“找到开门的钥匙了”“已经是高分的答案了，不过可以更完美”等措辞。在进行学业评价时，不能只看到考试分数，还要看他有无进步，在哪些方面有进步，进步了多少等。同时还要对课堂表现等学习态度进行综合评价。善于用描述性评价对学生进行发展性评价。周老师对学生的音乐成绩的评价改变了过去的分数量化评价法，她这样写道：“你在本期中认识了五线谱号，学会了三首中国经典民歌和一首外国歌曲，虽然跟专业水平的差距还不小，但足以自娱自乐，让自己开心哼唱，到歌厅完全可以一展歌喉，一鸣惊人了哦。”

选题创题技能

在教学中，很多专家都提出要“精讲精练”。要通过“精练”使学生达到举一反三的效果，这就需要教师在选题创题的过程中，有较高的鉴别能力和原创能力。

当前的教学工作中，教师要甄别浩如烟海的教辅资料，从中选出适合自己所教学生的练习题，让学生可以用更少的时间获得更好的学习效果，为学生减轻学习压力，增强他们的信心。教师选择练习题和原创练习题的能力是教师的一项重要能力。对于缺少经验的教师来说，他们在教学中对教材中知识的前后联系并不十分清楚，对中、高考中的高频点、常考点、轮考点、冷点把握不准，对命题的角度和深浅度也不熟悉。这无疑会给他们的教学带来一定的困难。对此，通锦中学通过三种途径提高教师选题创题技能。第一是编制《导学案》，在《导学案》的《学而习之》部分需要有一定数量的练习题，这些练习题可以选取资料中的经典题目，也可以自己原创。由每个教师提供一个练习方案，并批注选题的理由，再交备课组和教研组集体研究确定。经过多次反复推敲，选择练习题的基本原则和方法也就形成了。而原创题则是要求教师在命制测验和考试题的时候，必须有30%的原创题。原创题的制作，不仅有利于教师更深入的把握教材重难点，把握学生的易混易错点，把握命题点，而且还有利于教师掌握答案制作的规律，加深对教学的理解。

反思技能

反思类似于我国古代的“反省”。中国自古以来就有“反省”的传统。《论语·学而》中记载，曾子曰：“吾日三省吾身，为人谋而不忠乎？与朋友交而不信乎？传而不习乎？”强调个人应对道德修养进行经常性总结。熊川武教授认为：“反思性教学是教学主体借助行动研究，不断探究与解决自身和教学目的，以及教学工具等方面的问题，将‘学会教学’与‘学会学习’结合起来，努力提升教学实践合理性，使自己成为学者型教师的过程。”认为反思是教师提高个人业务水平的重要途径。美国心理学家波斯纳提出了教师成长的公式：成长 = 经验 + 反思。相反，如果一个教师仅仅满足于获得经验而不对经验进行深入的思考，那么，即使是有“20 年的教学经验，也不可能有什么改进”，他将永远停留在一个新手教师的水平上。

反思对不同职业经历的教师有不同的要求。对教龄在六年以下的新教师，学校要求他们每节课以后都必须写教学反思，每周要写一篇教学个案；班主任工作年限在三年以下的新班主任每周要交一篇教育案例；教龄六年以上至十二年以下的教师每个月至少完成两篇教学反思；工作年限在三年以上的班主任每个月至少完成一篇教育个案或教育叙事，对自己一个月的教育教学活动进行梳理；教龄在十二年以上的资深教师每学年完成十篇教学反思和两篇教育个案或教育叙事。

青年教师刘老师在完成《老人与海》的教学后，写下了如下反思：

这篇文章是人教版新课标高二上第一单元第三篇文章，属于一篇自读课文。鉴于这篇文章属于外国文学的范畴，由于文化差异，思维习惯的不同，且这篇文章情节结构又非常简单，学生可能对文章的兴趣不大，不能静下心来阅读文章。因此我在执教时，没有像教学前两篇文章一样，引导学生去关注情节、人物、环境这些小说的要素。而是把重点放在对语句的揣摩上，放在对文章哲思的领悟上。采用了请学生谈感受，进而解读小说，这样相对灵活的教学方式。

出乎我意料的是，教学效果比预期好得多。首先，课堂氛围融洽，学生参与探讨的积极性高。与以往教师提一问，学生答一问这样的模式相比，课堂自由度更高，学生更愿意谈，因为没有对错，只要求说出来，因而学生交流的兴趣更浓。其次，我所教班级成绩中等，他们对文章的理解我本来持怀疑态度。可事实却是学生对文章语句内容的理解超乎我的想象，尤其是最后一位同学，能从个别扩展开去，对整个美国精神有所联想，让我惊讶不已。看来学生的能力并不是我想象的那么差，以往我没发觉，是因为我没给他们充分表现的机会。所谓“勤快的老师，懒惰的学生”。不是学生没有能力，是因为我让他们习惯了依赖。因此更该放开手，让学生去疑，让学生来问，能让学生来答的由学生来答，不能答的，老师再引导探讨，寻求答案。最后，以往设计的公开课是热闹非凡的，环环相扣，活动丰富。然而往往华而不实，“课上闹一闹，课下不知道”的状况时有发生。但是今天这堂课，即使不是热闹非凡的，但绝对不是沉闷死气的，在对学生的启迪引导中，也落实了文章的重要知识点，完成了教学任务。这就比刻意而为之好多了。我想，新课标“以学生为主体，教师为主导”的真意，大概在于此吧。

当然，整个教学还是有不足之处，例如开头对海明威的介绍，我说的太多，给予学生的空间太少。而且对海明威的介绍也繁杂了点，占用的时间太多，应该适当删减。后面语句分析部分，应该更注重学生与学生的对话，而不是偏重教师与学生的对话，注重方法的指导，在以后的教学中应该改进。

教育研究技能

教育研究是教师专业成长中必备的技能。不少教师觉得搞教育研究很困难，也太耗费时间，影响教学工作。通锦中学针对教师中存在的这样一些错误观念，一是帮助他们形成正确的认识。他们把学校教学实践中存在的问题变成科研课题，让老师们尝到在科研中提高教学成绩的甜头，激起老师们参与教育研究的热情。二是改革校本教研。让校本教研成为提高教师教学技能、研究技能的重要途径。研究学生、研究教材、研究学法、研究教法，每一次研究都让教师们强烈地感受到有收获，对教学有帮助。三是循序渐进，提高教师的撰写热情和能力。一部分教师是缺乏科研论文的撰写常识和能力，一部分是没有写的热情，久了不写手生了，笔秃了，自然就写不出了。鉴于这种情况，学校鼓励教师从写教育叙事开始，既“磨笔头”，又积累研究素材，促进思考。四是举行校内论文评选，要求全员参加，督促老师们动笔去写。五是举办科研论文撰写讲座，给老师们讲解科研论文的基本要素、格式，命题和论证技巧，发表的报刊选择技巧等知识。六是给老师们搭建各种平台，争取发表论文的机会，增强老师们的教育研究热情。不仅学校校刊收录大量的文章，而且还有组织地向各级教育学会、教科院所和刊物推荐老师们的成果。社会的认可极大地激发了通锦中学的研究热情，老师的科研能量得到进一步的释放。

从“赛”课到“晒”课

“赛”课，即课堂教学比赛。参赛的教师通过赛课展示自己的最高教学水平，在竞争的压力下，教师更容易积极吸纳其他教师的意见，也容易主动学习并借鉴参赛教师课堂教学的长处和优点，再经过教师在赛课后的多次反思，会得到更多的收获。每一次参赛就是一次提高，随着参赛次数的增多，那么这个老师的教学水平自然会不断地提高。通锦中学每学期开展一次全员赛课活动，历时两个月，全员赛课，学科组推优。学校推荐赛课的优胜者参加区、市及省级赛课活动。高密度、高强度的赛课活动使教师的教学技艺得到反复锤炼，赛课的经历会让他们在平时的教学中更加游刃有余。

“晒”课，是通锦中学开放课堂的一项新举措。晒课活动贯穿整个教学活动的始终，每个教师全学期三分之一的课堂要向全校教师、家长开放。晒课让教师养成精益求精的工作习惯，重视每堂课的设计，并以最好的状态上好每堂课。老师们平时的积累又为赛课奠定了坚实的基础。“晒课”活动提高了常态课的水平和质量。

“磨”课，是在公开课教学之前，备课组成员或者是学科组成员集中集体智慧对公开课反复推敲试讲的过程。这一过程是以一堂公开课为推手，集体成员共同研究、共同学习、共同提高的过程，它是一种极为高效的教研活动形式。磨课不是简单的评课，而是要对“课”进行优化打造，因此它受到广大一线教师的追捧。通锦中学的磨课实现了常规化，成了老师们的自觉行动，老师们平时都会主动邀请同组的教师协助磨课。

“读”课，是指在“通达讲坛”中公开剖析课堂。读课人依据视频资料和课堂实录有理有据详细地解剖课堂全过程，从教师的仪态仪表、语言态度，到目标设定的合理性、重难点的突破技巧、教学方法选择依据、学生参与的诱导和保持、目标达成等成功之处和不足之处予以一一分析。读课的过程能够让听课的老师们从理论的高度更加深刻地理解教学活动，是一次理论升华的教研活动。俗话说：“内行看门道，外行看热闹。”由于学校教师的教育教学理论储备不均衡、水平有高低，因此由一个真正的内行领着大家看清门道是非常有必要的。

国际教育：开拓新路

随着对外开放的不断深入，世界经济一体化的步伐加快，中国与世界的交流日益频繁，共同家园、地球村、五洲邻居进入了人们的日常生活。古老的东方国度进入了中国文明与世界文明大交流的伟大时期。信息全球化给我们提供了全球思维的可能，对外开放的深入发展给我们提供了全球发展的机会。我们要具有全球意识，未来的中国人不仅需要对外国人见惯不惊，更要有走出国门去当“外国人”的意识和能力；思想、情感要突破狭隘的民族和地域的束缚，要善于把自己的事业、生活和人生放到全世界去思考，真正具有全球思维、世界情怀。

在这种时代大背景下，国际教育、国际理解教育应运而生。在教育国际化的大潮中通锦中学顺应潮流，根据本校的实际情况，积极开展国际游学、出国留学服务、缔结国际友好学校等教育活动，积极筹备国际班，为把中国学生“送出去”和把外国学生“迎进来”做着师资及其他办学条件的准备工作。在为学生的发展“广开材路”的同时，也为学校的发展开拓出了一条新航路。

一　国际教育合作

法国南锡大学通锦“选秀”

2012 年 3 月 26 日晚七点半，通锦中学小会议室灯火通明，在会议室外面走道上有几个穿着校服的学生及他们的家长在静静地等候着。原来他们是在参加法国南锡大学的面试。南锡大学面试组由两个院长和一个翻译组成，参加面试的学生按序号依次一个一个地进入会议室，其余候试学生则在室外等候。参加这次南锡大学面试的 18 名学生除通锦中学的学生外，还有来自成都石室中学、成都铁中等其他四所重点中学的学生。

小亚是这次参加面试的学生之一，她父亲今天特地陪着她来参加这次面试，父女俩和其他参加面试的家长、学生一起听完南锡大学考官的讲话和介绍后，排在十一号的她就一直等候在会议室外面。两个多小时过去了，终于轮到她面试了。进去后她先用英语打了个招呼，再向考官鞠了一躬，坐了下来。等小亚坐下来以后，考官跟她聊了起来。考官问她业余爱好是什么，小亚不仅感到一阵小得意，原来她事先准备好了一张自己画的国画。她把自己画的这幅彩墨画拿给考官看，告诉考官她在课余时间最喜欢的是画画，尤其国画是她的最爱，她从五岁起就开始学习画国画了。去年她还给到访的新西兰 Kapiti College 交换生赠送了自己的画作。看到小亚的画，听到她的介绍，考官显得很高兴。连连问了她许多关于这幅画的问题。欣赏了小亚的画，考官又问她为什么要到法国去。小亚告诉考官，她对法兰西文明非常感兴趣，法国是欧洲现代启蒙思想的摇篮，是一个尊崇文化的国度，有着悠久的历史和传统，她本人非常向往这个国家。经过二十多分钟的交流，考官结束了小亚的这次面试之旅。

一个月后，法国南锡大学给小亚等七名学生发来了面试合格通知书。

法国南锡大学，在法国拥有 500 多年历史，是法国一流公立大学，也是全法国 9 所超规模综合大学之一。从 2001 年开始，该大学经过中华人民共和国教育部和四川省教育厅批准到国内重点中学招收优秀学生。到现在已经在成都各重点中学招收数百名学生到法国南锡大学及 26 所公立大学求学。2005 年，通锦中学的前身中铁二局一中就与法国南锡大学建立了合作关系，设立了南锡大学（现更名法国大学科技学院院长联盟）留学直通车，成为南锡大学在成都招生的定点校。南锡大学在成都面试直接录取，学生签证率达 100%，面试合格上了当年高考二本线的本校学生就能正式录取，非定点校的学生则需要上当年高考重本线，被录取的学生享受法国政府免学费和补贴 40% 生活费的优厚待遇。几年来，通锦中学先后有二十余名学生成功就读南锡大学，其中李宁翔、阳成、丁颖等学生已进入该校精英工程师学院本硕连读。

有朋自远方来

2011 年 10 月 25 日下午，成都市通锦中学与新西兰 Kapiti College 交换生项目活动启动暨欢迎仪式在通锦中学会议室隆重举行。校长谭六三在会上致欢迎词，师生们为新西兰客人展示了成都这座城市的风情以及通锦中学悠久的历史和独具特色的文化底蕴，新西兰 Kapiti College 国际部主任 Steve Burt 也致辞感谢。欢迎仪式上，同在 1954 年诞生、同为公办学校的通锦中学和新西兰 Kapiti College 正式签订了协议：以互派交换生等方式继续深入合作与交流。

来自新西兰 Kapiti College 的 12 名师生，受到了通锦中学师生的热情接待和欢迎，8 名新西兰学生入住中国家庭。这些洋学生在中国家庭里生活，并跟随中国哥们儿、姐们儿一起上学和放学，品尝原汁原味的成都学生生活。

活动之一是新西兰学生和教师集体在通锦中学跟班上课。让他们最开心的是两堂艺术课。在书画艺术课堂，新西兰的学生看到中国学生用毛笔写字、作画，感到非常的新鲜、好奇。于是他们也纷纷拿起笔，写、画起来。通锦中学的学生和老师自告奋勇地给他们当起了老师，教他们写字、画画。书写的内容都是他们的中文名字，由通锦中学的“师傅”先把他们的名字写出来，然后这些“洋弟子”再照猫画虎。看到他们像画图似的写中国字，在场的中学师生全都忍俊不禁，但看到他们认真、专注的神情，又不禁暗自赞许。也许他们是第一次用这种笔尖软软的毛笔写字，感觉控制不了笔，写出来的线条扭扭曲曲，歪歪斜斜。费了很大的劲，他们最终还是“画”出了可以辨识出的汉字。写完自己的中文名字后，这些洋学生还特意写下了自己的英文名字。通锦中学的师生们为他们的成功送上了热烈的掌声。也许是初作，也许是因为这样的笔和纸在新西兰不容易买到，他们特别珍惜自己的作品，还特意把自己用毛笔写的字、作的画收藏了起来，准备带回新西兰去。

在音乐艺术课堂，通锦的学生向新西兰师生展示了中国民乐、舞蹈。通锦中学学生用古筝、二胡、琵琶、葫芦丝等民族乐器给“洋同学”演奏，此曲只应中国有，新西兰学生哪得几回闻啊，听到这异域的乐声，新西兰的学生打着节拍如痴如醉。伴随着婉转悠扬的乐曲，通锦的几个女同学跳起了传统的民族舞蹈，柔美温婉的舞姿惹得这一群“洋同学”舞兴大发，等通锦的学生表演结束后，他们也即兴表演起最具新西兰特色的毛利人传统 Haka 舞，虽然他们只有八个人，但他们的表演却极有气势。他们边唱边跳，嘿嘿的呼吼、咚咚的踏脚，声势惊人。几个中国的学生都忍不住跟着他们的节拍模仿起来，到最后，全班学生都跟着跳了起来。大家一边跳，一边笑，虽然都听不懂对方说什么，但笑容传递着友谊，传递着愉快，把异国同学的心交融在一起。

大课间，尽管天空中下着毛毛细雨，但足球是要踢的，不管是男生还是女生，不管是白皮肤的“洋学生”还是黄皮肤的中国学生。这时候大家不会区分男足、女足，大家在一起享受的是运动的快乐。有冲撞，没关系，笑一笑拉起来继续奔跑；进球了，不管是哪一方都高兴地喝彩，捡起球重新再来。汗水、雨水湿了衣服，却没有感觉到不舒服。有的只是快乐！

这次活动虽然只有短短的四天行程，但两校师生俨然成了一家人，他们同吃同住同乐，一起参观成都大熊猫基地，游览宽窄巷子，一起品尝特色火锅、成都小吃、川菜美味，一起欣赏四川茶艺……大家在交流中感受着两国的不同文化，新西兰的师生们拍下了成都的美景，体会到了中国人民的热情，更收获了两校浓浓的友情。

二　国际游学活动

新西兰女儿米拉

当新西兰交换生米拉第一次出现在我眼前的时候，我怔住了。

深秋的成都，阴冷的秋风猛往脖子里钻。人被这清寒的风一激，立时汗毛直竖。连爱美的成都妹子都抵不过这恼人的秋风，罩上了风衣，更有甚者还裹上了薄棉衣。而她——米拉，却着一身吊带衫、牛仔短裤、凉鞋，突然窜出来，一脸灿烂地站在了我面前。我倒吸一口凉气，细细打量这个高挑的外国小姑娘：金头发、蓝眼睛、高鼻梁，有着白色人种的普遍特征。面对我的惊异，她笑语吟吟的说："这身打扮一点都不冷，成都的秋风好爽啊。"

新西兰小姑娘诗意的体会了一把"天凉好个秋"，而我却汗颜了。反观我的女儿和我的育儿理念，差距太大！从小我就特别注重我女儿的身体健康，让她去游泳、打网球。为了健康才锻炼身体，中国家长已经习惯被定死的规划。而米拉的父母从不刻意替她安排体育锻炼，她依旧在随性的活动中感受到了快乐，也获得了健康。米拉说，在中国的校园里她从来没见过男孩子和女孩子一起踢足球；而在新西兰，男孩和女孩聚在一起玩足球是常有的事儿。一起"疯"，一起乐，一起健康，真好！作为教育者，我开始思考体验式教育与规划式教育的巨大差异……

米拉要在我们家待三天。

说句老实话，对于未来的三天我们一直忐忑不安，不知道该怎么招待她。一方面，我们生怕怠慢了我们的外国小朋友；另一方面，我们担心她不适应原汁原味的中国式家庭生活。尤其在吃的问题上，我们更是绞尽了脑汁。在得知她喜欢吃面食后，我们除了准备好自制的面包蛋糕外，也邀请米拉一起包了顿最有中国味的饺子。从和面到煮饺子，米拉全程都兴奋的尝试。让我们全家惊讶的是，反复试验后，她包出了第一个像模像样的饺子。小姑娘别提有多高兴了，高兴之余她竟然做出一个要吞咽生饺子的动作。我们告诉她饺子不能生吃，要煮好才能吃，可她接下来的举动更让我们目瞪口呆：她高兴地拿起包好的第一个生饺子径直放进了嘴里，而且还手舞足蹈地告诉我们，她就是想尝尝它的味儿，然后笑眯眯地说，味道很好。天哪，我们吓坏了，生饺子怎么能吃？万一吃坏了肚子怎么办？我们急忙拦住她，没让她继续吃第二个。幸好第二天她平安无事，我们悬着的心才放了下来。关于尝试，这是米拉让我思考的第二个问题。

其后几天，米拉信手拈来的弹唱，让我充分感受到了她活泼开朗的性格。同时也见识了她超强的生活自理能力。我悄悄地将米拉与我的女儿进行了对比，我那个一直令我骄傲的女儿就黯然失色了。我一直觉得自己是一个比较优秀的妈妈，比较善于学习的妈妈，也自认为我的女儿非常优秀，可和米拉站在一起，我和我的女儿都需要重新审视自己，重新定位。

米拉，我的新西兰女儿，你给我们全家上了非常生动的一课，我们会永远记住你的。

新西兰游学记

新西兰，大家称赞它为“新而奇妙的土地”“大自然活的地理教室”“人间最后的净土”，当我真的置身其中时，亲眼所见后，才深刻感到：我无法用语言来描述新西兰的景色之美！几天的行程让我的眼睛应接不暇，让我的大脑始终处在兴奋和好奇之中。参观毛利文化村，欣赏精彩的毛利歌舞表演，观赏当地土著人特有的舞蹈 Haka，了解毛利文化，观看剪羊毛表演、牧羊犬表演，参观硫黄城泥浆泉，探寻新西兰独特的地貌景观，在 Kiwi 鸟保育中心参观 Kiwi 鸟并了解 Kiwi 鸟回归及被放生野外的过程等游历活动，不仅让我的英语和异国文化的学习得到了实践运用，而且让我开阔了眼界，体味了别有情趣的异国风貌。

到了新西兰，我们寄宿在 home stay。Home stay 的主人在这期间担任我们的临时家长，他给我们讲述新西兰的地理、历史和文化，讲述新西兰的童话故事，带我们度过愉快的周末，开 Party，跟朋友聚会。在与 home stay 的接触和交流中，我们收获了很多课堂中无法学到的知识，在欣喜和好奇中汲取了语言学习的兴趣和灵感。虽然刚开始我们有些不适应，无法听懂 home stay 家长的话，又因为从未离家那么久，很想念自己的爸爸妈妈，还有些同学因为饮食不习惯吃得较少，但几天后我们就基本适应了。住寄宿家庭是交新朋友、学习新西兰文化，以及学习英语的最佳选择。新西兰家庭都是比较仁慈、诚实且好客的，他们也非常喜爱与外国人交朋友，做文化交流。

留学澳大利亚

怀着对国外教育的憧憬，我选择了去澳大利亚念高中。一个人到了另外一个完全陌生的国度，我害怕过，彷徨过，很想放弃了，回到父母的身边。但是我不能，一想到父母期盼的目光以及为我的辛苦付出，我坚持了下来。现在看来，我感觉我的坚持是完全正确的。

在澳大利亚，我充分感受到富有异国情调的生活方式，充分领略了澳大利亚文化中兼容并蓄、容忍互让、多元文化共存的魅力。与当地人交朋友，了解当地人的生活，短短的几个月，我的英语口语表达能力和社交能力、应变能力都得到了很大的提高。

下面我谈谈我在澳大利亚的学习生活。澳大利亚的老师非常的注重学生个人能力的培养，作业不多，但是必须你自己动手。我记忆最深的就是写科学报告了，你得自己查资料，然后写文章，还要配图，文章要包括简介、栖息地、主要食物来源、外形、种类等。虽然作业不多，但是依然会很忙，不能以为作业少就没有事情可做。相反的，在学校的时间会感觉很少，尤其是从中国来的学生，一天只上五节课，诱惑力实在太大，相较于国内的十多节课我感觉上课效果是差不多的。老师有时会跟学生说些家常，周一会让学生讲讲自己周末干了些什么，然后还会发表自己的观点，我觉得与老师的关系更像是朋友吧。

同时，澳大利亚的高中在11年级之前是全修的，到了11年级过后就可以选修了，这样对于学生的个性发展是非常有帮助的。11年级分了三个等级，如果你成绩不是很理想，老师是不会建议你直接上大学的，会先让你上技校，然后再去大学，时间会比较长一点，另外两个等级都是可以直接去大学的，等级的高低是区别于科目难度上的。外国老师是很现实的，比如你不是本国人，老师会直接劝说你放弃律师和医生这类的行业，他认为你不太可能会胜过本国人的，但是他会让你有这个梦想，老师们都认为有梦想也是好的，即使这个梦在他们看来是不怎么可能的一个梦。还有一点，如果你是想来澳大利亚混日子的话，那么请你尽早打消这个念头吧，如果你听说澳大利亚学习很轻松、很容易，科目很简单的话，那么还是请你摆正心态吧，除了数学稍微简单了那么一点点以外，所有的其他科目基本是和国内一样的。相较而言，与其在国内不停地刷题，补课，衔接，为什么不能拿这些额外的时间做一些有意义的事呢。每逢周末，无论天气如何，总会看见很多人在进行户外锻炼，其中不乏11、12年级的同学们。为什么中国人和外国人的体格差异大，很大一部分原因就是当我们在拼命做题的时候，他们在不断地锻炼，我的观点是与其浪费宝贵的两年青春，不如更加有效地将其利用起来！

还有就是打工了，在澳大利亚，无论家庭富裕与否，几乎任何一个中学生都是热衷于打工的。也许并不是为了那一小时的工资，更多的是为了锻炼自己，锻炼自己吃苦的精神，同时结交更多的朋友。在中国，高分低能的例子也不少，一些学生到了大学生活都不能自理，一遇到一点困难就寻求帮助。层出不穷的"富二代"就是典型的代表，他们中的一部分人就是典型的低能代表，没有能力自立。外国人最大的理念就是不停地创造让自己的子女赚钱从而更加独立的机会，很多中学生都是很小就打工，14岁就行了，例如快餐店的后台员工、前台接待。我认识的同班的伊朗小帅哥，打工最有成就感了，虽然个子矮，但是他现在是一家快餐店分店的经理了，他也是一步一步靠自己努力来的，比起那些30多岁还在啃老的国内啃老一族，与其埋怨国内福利体系的缺失，不如说是自己从小独立性没有得到很好的培养，伊朗小伙子的成绩是实实在在的。我有切身体会的，我也去过他打工的那家店当过他的顾客，看得出来，他也是很乐在其中，享受这个过程的。许许多多的外国中学生你总是看着他们笑容挂在脸上，不如说他们笑容挂在心里。学习能力并不是那么的重要，但是每一天要活得有意义，正是有了这样的观念，无论他的学习能力强或弱，成绩差与否，他们总是无忧无虑的。我觉得，有了这样的观念，学习能力和成绩也不会很差的。

我为我是一个中国人而感到无比的骄傲和自豪。外国老师总是讲中国是澳大利亚最好的伙伴，在澳大利亚当你提起你是中国人时，人人都会夸赞中国的，这也算是在澳大利亚的一点小感动吧。所以说，要来澳大利亚的学弟学妹们，不要荒废自己的青春，认真读书，要对得起父母所花的钱财，毕竟任何一笔钱都不是那么容易就能得来的，这是我打工过后得到的真理。希望来澳的同学多体谅父母，衷心祝愿在澳大利亚能有自己的一片天！

送儿子留学澳大利亚

我是中国最普通的一名中学生的妈妈，在学习能力方面我的儿子资质平平，没有超常的智商，也不是足够的勤奋和努力。因此，从小学到初中，他的学习成绩都是中等偏下的，为了儿子的学习，我绞尽了脑汁。

一个偶然的机会，我接触了一个做出国留学咨询的朋友，向他了解了国外教育的情况。他和我讲起国外的高中教育，最吸引我的是，澳大利亚高中分为10、11、12年级，10年级是基础课，但从11年级开始就可以根据自己的特长和爱好选择4门课程作为升大学考试的科目，同时孩子平时成绩也要作为申请大学的成绩。我想这对像我的孩子这样很偏科，不擅长数理化的学生来说正是福音啊！刚好儿子也同意了。

其实，想到儿子才刚满15岁，我就纠结得要命，一方面想他高中出国去可以学得轻松一点，更实用一点，另一方面还是不可避免的犯天下父母们都会犯的一个通病，那就是担心。担心什么呢？总是担心孩子不自觉，在外面管不住自己，会结交到不好的狐朋狗友们，大到孩子的未来前程，小到孩子的衣食住行，都在担心着，毕竟孩子太小了。可是当我看到我正在上初三的孩子的时候，当我看见自己的孩子从一个很胖的小孩子一下子就变成了一个弱不禁风的戴着厚厚眼镜的小老头，没有一点小孩子的活力，真不敢想象到高中三年以后他会变成什么样。还有好多学生跳楼，得抑郁症的案例让我想想都害怕！我想不如放手让他到国外去锻炼！

毕竟是孩子一个人出国，学习、生活全靠他自己了，不舍和担心还是有的。起初，孩子刚到澳大利亚的时候，我和他爸爸基本每天晚上都要用视频通话，不得不说现在的科技真是发达，相隔万里，还是像在家一样。每天视频的结果倒是适得其反，孩子有时候都不想接，说是嫌麻烦，自己也不小了，每天看有什么意思，好像还打扰了他生活一样，但是我们还是每天不依不饶的去打扰他，只是希望他在国外能够适应。于是抱着一丝丝担心和期待，我们去了澳大利亚旅游，也是顺便看看他的情况。到那的时候我才发现，孩子其实是非常有自律性的，只是家长们把孩子看得太紧了，总担心这担心那，这些完全就是多余的。他在那边过得很好，衣、食、住、行都很习惯，语言能力方面，本来他的英语就不差，分班考试也是考进了最好的语言班，只用学习半年。刚开始他说不适应，听不懂外国人到底在讲什么，上课也听不懂，但是过了两个月我们去旅游的时候，他已经是一个小翻译级别的了！

最让我欣慰的是，儿子比在家里懂事多了，一下子就长大了很多，生活能完全自理了，和在家里饭来张口，衣来伸手的小皇帝相比，简直判若两人了。在用钱方面，也能体谅家长的辛苦了，非常的节约，因为他在国外看到的是十五六岁的孩子都在努力做到生活自理，经济自立，而且他也去餐厅里打工洗碗，真正体会到挣钱的不易了！

最后，我要说的是儿子进步如此神速，主要归功于良好、宽松的学习环境，科学完善的教育制度和教育模式以及方法。国外的教育注重的不是要孩子死记硬背，题山题海的作业，钻牛角尖的考试，而是注重训练孩子的阅读、思考、分析、动手、实践的能力，培养孩子的学习兴趣，激发孩子自我学习的动力，让孩子从要我学，变成了我要学，从家长老师的高压式、保姆式的管理变成了自我管理。我想这也应该是我国教育体制改革应该发展的方向吧！

送儿子去澳大利亚读高中，我不后悔，觉得自己做了一个正确的决定。

三　国际部大事记

★ 2004 年 11 月，中铁二局教卫处发文同意中铁二局一中成立国际部。

★ 2004 年 11 月，中铁二局一中与法国南锡大学建立合作关系。中铁二局一中的学生考上二本就有资格申请到南锡大学就读。从此，法国南锡大学每年到通锦中学组织招生面试。

★ 2005 年 8 月，李宁翔等三名学生成为首批被南锡大学正式录取的中铁二局一中学生。

★ 2011 年 7 月，英语教师赵英赴英国研修。

★ 新西兰 Kapiti College 学生游学成都市通锦中学

2011 年 10 月 25 日至 10 月 28 日，成都市通锦中学姊妹校——新西兰 Kapiti College 师生共 12 人赴通锦中学，进行了为期四天的游学活动。同在 1954 年诞生、同为公办学校的通锦中学和新西兰 Kapiti College 正式签订了协议，以互派交换生等方式开展合作与交流。

★ 通锦中学举办澳大利亚快乐英语冬令营活动

通锦中学 8 名学生由王申金老师带队，于 2012 年 1 月远赴澳大利亚，游览布里斯班，悉尼、堪培拉、墨尔本等城市，参观悉尼歌剧院、圣玛利亚大教堂、故事桥、袋鼠角、乔治广场、天堂农庄等景点；而且与当地家庭同吃同住，感受异国情调的生活方式，充分领略澳大利亚文化中容忍互让、兼容并蓄、多元共存的魅力；还参加了外籍教师小班化教学，课堂以趣味性为主，与实际生活情景、户外活动相结合，激发了学生学习英语的热情，增强了他们的英语表达能力。

★ 通锦中学开设法语选修课

2012 年 2 月 18 日，通锦中学与四川大学出国留学人员培训部合作，利用周六在高一、高二年级开设了法语课，作为校本选修课，由四川大学出国留学培训部派法语教师到我校授课。高一、高二都独立成班，学生学习的积极性非常高。

★ 通锦中学12名师生游学新西兰 Kapiti College

2013年1月30日至2月9日，成都市通锦中学陈璐、唐吉平、王定等12名师生赴新西兰 Kapiti College，进行了为期11天的游学活动。他们与当地家庭同吃同住，建立了深厚的感情，充分感受富有异国情调的生活方式，领略新西兰文化的魅力，欣赏到精彩的牧羊犬表演、剪羊毛表演，了解当地人的生活。在 Kapiti College 学习期间，同学们学习了以趣味性为主的英语课程内容，课堂学习与实际生活情景、户外活动相结合，充分激发了学生学习英语的热情，新西兰教师教学方式灵活，大胆鼓励，增强了学生英语表达的自信心。

★ 美国乔伊基督中学等四所教会中学访问通锦中学

2013年3月12日，美国乔伊基督中学、圣玛丽瑞肯中学、赖斯纪念中学、主教麦克纳马拉高中四所教会中学一行8人访问了通锦中学，双方学校领导、教师亲切座谈，就建立友好学校及合作交流的意向作了深入的了解。美国教师代表团还参加了学生的绘画、书法、乐器等活动课，并表现出极大的兴趣。六位美国老师还进入课堂，为四个班级上了一堂原汁原味的有关美国历史、文化的课程。课堂上，通锦学子与美国老师积极互动，热情高涨，气氛热烈。

★ 通锦中学与韩国湖原大学签订《中国成都市通锦中学与韩国湖原大学合作交流协议书》

2013年3月21日，韩国湖原大学国际交流教育院院长陈大演及教师赵雅罗访问了通锦中学，双方以促进两校教育及学术交流、增进两校友谊为宗旨，签订了《中国成都市通锦中学与韩国湖原大学合作交流协议书》，交流合作的项目有：两校教师和研究人员交流，两校学生交流，图书资料及信息交流，共同开发教育合作项目。

★ 通锦中学与澳亚通公司合作开展国际理解教育

2013年3月，通锦中学与澳亚通国际投资集团公司合作“澳亚通”项目，澳亚通集团（含弘德科教）是经澳大利亚政府批准提供留学教育咨询、培训和高端商务旅游、贸易投资的集团企业，经海外院校授权，负责在中国地区进行留学项目推广。

澳亚通以全球化视野，致力于国际文化和经济交流、人才培养及教育资源整合。澳亚通项目有：英语学习营、游学、雅思培训、国际班、留学及其他服务。

案　例

一　教学设计和课堂实录选

课例1

《盲孩子和他的影子》课堂实录

初中语文组　杨艳华

师：能看见美丽多姿的世界（播放美丽图片），这是一件多么幸福的事情！而盲人，却一直在黑暗里挣扎。你能体会这种感受吗？

生1：不能。

生众：能。

师：可以请你来体验一下看不见的感觉，然后再分享给全体同学吗？

（师拿一条丝巾蒙住生1的眼睛，请他从教室中间过道上慢慢走到讲台上来，教师不断提示怎么走，有的同学看得紧张兮兮、提心吊胆，有的同学看得笑逐颜开）

师：你在走的过程中，有什么感受？

生1：很害怕，很小心翼翼。

师：你是否希望同学们为你做点什么？

生1：我希望他们不要笑，希望他们能帮帮我。

师：刚才笑了的同学，我知道你们不是恶意嘲笑同学，但是，你们有没有认真思考过，如果这个视力不便的人是你，你会有什么反应呢？

生众：（七嘴八舌）不愿意被人嘲笑，哪怕是善意的笑。以后也不笑别人了……

师：是啊，我们都不喜欢别人笑自己，说自己不好，我们都会渴望得到别人的帮助，何况是眼睛看不见，行动不便的时候呢！感谢这位同学给大家带来一次深刻的思考，请大家给予掌声感谢！请回座位！谢谢！

（生1：回座位，生众热烈鼓掌）

师：一起走进金波的童话《盲孩子和他的影子》，看看童话里的盲孩子的心理活动是怎样的，他又有什么样的经历，你会有什么样的收获。

首先，我们一起来明确一下我们这堂课的学习目标，这样才能事半功倍！请朗读。

生：（齐读）锻炼自己的阅读、思考能力，信息整合和表达能力；
多角度理解童话的主题，品味童话中的美；
培养热爱生活、关爱弱者的良好品质。

师：现在，我们来看看同学们课前自主学习的情况如何。

师：（板书）

盲孩子和他的影子 金　波

（一组）生2：我们小组为大家筛选了本课的一些重点词语，请注意加粗字的写法和读音。请第二组的同学为大家朗读。

（二组）生3：朗读（其中哞哞、咩咩读错音，眨巴读成了二声）。

嬉戏 xī	情不自禁 jīn	模糊 mó
哞哞 mōu	咩咩 miē	潺潺 chán
眨巴 zhǎ	孤零零 gū líng líng	痒酥酥 yǎng sū sū

（一组）生2：大家要留意标注下“哞哞（mōu）、咩咩（miē）”的读音，“眨巴（zhǎ）”的声调，还有“孤零零（gū líng líng）”的声调，标注本来声调，读的时候ABB式后边俩字会变读为一声。请大家先标注好自己读得不准确的字音。

然后请大家再注意下，“嬉”的形近字“嘻”的读音是？

生众：xī

（一组）生2：还有多音字！

生众：禁止的“禁（jìn）”，模样的“模（mú）”。

（一组）生2：同学们还有没有补充的？（生众：没有）现在我们一起朗读字词，加深印象（生齐读）。

（二组）生4：我们小组要问大家的是：童话的特点是？

生众：童话是一种主要面向儿童，具有浓厚幻想色彩的虚构的文学体裁。通过丰富的想象、幻想、夸张、象征的手段来塑造形象，多采用夸张、拟人、象征等表现手法去编织奇异的情节。

（二组）生 4：那么这篇童话的神奇想象体现在哪里呢？

（三组）生 5：影子、萤火虫会说话，盲孩子被光明照耀后就能看见了。

（二组）生 4：影子怎么可能就变成一个人了呢？

（七组）生 6：这是童话嘛。可以想象呀、虚构啊，夸张一点，影子就变成了一个活生生的人。反正有不合理的我们也可以忽略，这是虚构的嘛。课文就是要求我们从故事中获得意义和价值就是啦。

师：我插一句嘴，二组同学问的问题很好，就算是编故事也要编合理，那么故事的合理性要由什么决定呢？如果你要分析这个童话的故事合理不合理，这个范畴就开始偏离了，它涉及的是文学的创作、理念、结构等，稍显复杂，我们可以在课下、今后的文章赏读中多次揣摩再来给出最好的结论，咱们单独找出一个时间来讨论这个问题。同时，七组的同学回答也很智慧，我们可以先来看看基于“童话”的基础上，这篇故事会给我们什么收获。好的，你们继续。

（二组）生 4：这篇童话故事的主要内容是什么呢？

（四组）生 7：一个孤单的盲孩子在影子、萤火虫等的帮助下获得了光明。

师：同学们都预习得不错。还有一些问题提得很好，很多同学也学会了深度的思考。一会儿我们将帮助各小组问出来。

我们都知道看不见的心情特难受，幸好，他最终获得了光明。那么他的心情有没有变化？请大家在课文中画出来。（PPT 显示：例如：他的日子过得很寂寞）然后与你的学习伙伴交流，最后向班级展示小组的成果。看哪个小组勾得最快、最完整。

生：独立勾画，小组内交流。

生 5：展示小组勾画的成果。

生 6：作补充，展示小组勾画的成果。

师：看不见的痛苦和孤独谁能理解？你看到盲孩子的寂寞了吗？在哪里有描述？

生（七嘴八舌）：在 2 段、5 段、7 段……

师：好，让我们一起朗读 2～7 段，去感受盲孩子的内心世界，感受其孤独、寂寞。

生：深情朗读。

师：看到盲孩子这么孤寂，我真恨不得他马上能看见，事实上，盲孩子也很快看见了美丽的世界！那么，盲孩子是怎样获得光明的？是靠自己的努力呢？还是靠别人的帮助？

请大家先独立思考，然后与你的学习伙伴交流，推选代表展示成果。看哪个小组想得最快、最全面。

生：独立思考，小组内交流。

生7：（展示小组勾画的成果）我们小组认为，盲孩子之所以能很快获得光明的原因在于，有萤火虫、影子的帮助。盲孩子获得了信心，才会去追求光明。

生8：还有盲孩子自己的内心追求！如果不是他自己渴望光明，别人再多的帮助也没有用！

生自发鼓掌。

师：说得真好！有自己内在的渴望，外在的帮助才能有用！那我们看一看，同学们找完整没有？

生9：还有太阳和月亮的帮助，所有的光明！

师：（板书）

是的，在盲孩子的渴望追求中，在所有光明的照耀下，他获得了光明！有朋友陪伴，有朋友帮助，有美丽世界可欣赏，盲孩子的心情能不好嘛。

你认为哪些地方表现出了盲孩子的喜悦？请找出来，一起来朗读，感受这份喜悦。

生10：朗读18、19段。

生：配乐，女生齐读72～79段，男生齐读80～83段。

师：读得真好，仿佛我们都切身地感受到了盲孩子的喜悦。让我们来看一看，童话重点描述了哪些帮助盲孩子的人？

生众：影子、萤火虫。

师：为什么文中只着重描绘了“影子”和“萤火虫”对盲孩子的帮助？（PPT展示问题）

提示：人在什么时候会有影子？影子可不可以替换为别的？萤火虫的光有点微弱呀，为什么不一开始就是太阳、月亮来帮助盲孩子获得光明呢？“影子”和“萤火虫”两个角色的意义是什么？

请大家先独立思考，然后与你的学习伙伴交流，推选代表展示成果。看哪个小组想得最全面、最有深度和意义。

生：思考、讨论，展示。

生11：我们小组认为，因为有光明就有影子了，“光明母亲”就是爱的化身，影子就可以随时陪伴着盲孩子，给他无微不至的关爱，既符合情理，又带有神奇的想象色彩！

生自发鼓掌。

生12：我还觉得影子就是盲孩子的另一半自己。

师：是一个什么样的另一半呢？

生12：一个不像是盲孩子的一半。

师：不像是盲孩子的一半，这个不像是盲孩子具体一点是指什么？你可以慢慢说，不要着急。

生12：盲孩子嘛，看不见肯定就是很孤寂、难过、悲伤的一个人啊，但是人都有两面性，你积极与否仅仅取决于你是否战胜了悲观。所以另一半自己就是一个积极向上、努力追求光明的自己，没人陪他，他就自己和自己玩，自己陪自己，自己聆听大自然中美妙的声音……

师：说得太好了！掌声感谢！（生鼓掌）

生13：我们小组认为，萤火虫也不能换。因为即使一只萤火虫的光很微弱，但也可以汇聚成一盏明亮的灯。而太阳和月亮最后才出来，是因为萤火虫、盲孩子、影子一起的努力感动了他们，出现了奇迹！

生14（小声）：不可能天上掉馅饼，好事一下就来了啊。

师：说得好！大家都思考得很不错！小组发言也非常精彩！请再次给予掌声，感谢大家，感谢每一位认真思考和积极发言的同学！（生鼓掌）所以，作者设置这两个角色的意义就在于：既是童话中神奇又合情的想象，又是因为影子是盲孩子最亲密的朋友，帮助他，更是他的另一个积极乐观的自己；而萤火虫哪怕光亮微弱，也可以汇聚成明灯，传递爱心，产生奇迹。

那么我们想一想，影子和萤火虫帮助的，仅仅是看不见的孩子吗？

生众：不是，还有其他需要帮助的人。

师：比如说？

生（七嘴八舌）：走路不便的人、学习吃力的人、搬东西不便的人，还有内心悲观、孤寂的人……

师：那么，这个美丽的童话故事给了你哪些有益的启示呢？（PPT展示问题）独立思考，然后把你的想法告诉你的学习伙伴，最后概括出来分享给大家。看谁最能联系课文、联系生活，最全面、最有意义。

生 15：我们应该学会关心别人，多去帮助别人！

师：怎样才叫关心别人？帮助别人？

生 15：看到别人有不便，要关心，要帮忙！

师：比如说，请你举个例子好吗？

生 15：以前有过体育课下来后我很想喝水，可是自己又不想行动的时候。现在我自己会准备好水，然后我还会关心其他同学有没有需要喝水的，需要我帮他买不。

师：不错，帮要帮到点子上。很具体。

生 16：我们应该像盲孩子一样积极乐观、不断追求自己的理想！

生 17：我们应该多多帮助别人，帮助别人的时候也就是在帮我们自己！

师：说得好，不能吝惜关爱，帮别人就是帮自己！大家的帮助很重要，自己从根本上也要积极乐观！还有吗？

生 18：萤火虫虽然光亮微弱，但是能汇聚成明灯，引来太阳、月亮所有的光明，所以我们也可以多做好事，不要因为事小就不帮。

师：说得太好了，这就是“勿以善小而不为”！哪怕是帮同学买水，都是好事！看来同学们都深有感触！这篇美丽的童话带给了大家许多有益的启示。（PPT 展示小结：

A. 学影子、萤火虫，关爱弱者，让人获得幸福；

B. 传递爱心，爱心汇聚能产生伟大的力量；

C. 爱能创造奇迹；

D. 帮别人也是在完善自己，让自己获得新生；

E. 自己积极乐观、有追求，才能实现梦想。）

确实，人世间最美好的情感就是——爱。

当你遭遇挫折时，你是否知道，自己才能给自己最大的动力？

当你迷茫彷徨时，你是否知道世界和人依然美丽？

当你渐渐长大，甚至是逐渐老去时，你是否知道，你的点滴帮助或许已经改变了某个人的一生？所以，关爱自己、关爱他人，愿你永远不要放弃追求理想，永远不要吝啬传递爱心！

让我们尽自己的力量，让世界充满爱！

我们今天的学习就到这里，感谢每一位同学的认真思索。下课！

PPT 展示：作业

1. 课外阅读海伦·凯勒的《假如给我三天光明》。

2. 写一篇随笔，告诉大家你现在的感悟，对待生活、对待他人的态度。

课例2

《老人与海》课堂实录

语文教研组 刘 兰

师：第一单元，我们已经学习了两篇小说，一篇节选自中国古典小说《红楼梦》，一篇为中国现代白话小说的经典《祝福》，接下来我们要学习一篇外国小说，节选自海明威的《老人与海》。关于厄纳斯特·海明威，同学们了解多少呢？

设问目的：检查预习，夯实基础，肯定学生预习成果。

生：是美国现代作家，诺贝尔文学奖获得者。代表作有《老人与海》《太阳照常升起》《永别了，武器》《丧钟为谁而鸣》等。

师：嗯，同学们预习得很认真，课下注释都了解到了。海明威，出生于美国伊利诺伊州芝加哥附近的橡树园镇。父亲是当地的一名著名医生，业余时间喜欢带孩子外出狩猎、运动、垂钓，以培养他的“男子汉”兴趣和性格；而母亲则喜爱音乐和绘画，希望把海明威培养成循规蹈矩、有文化教养的上流社会中的一分子。在这样一个家庭氛围中长大的海明威，一方面精通音乐绘画，另一方面热情勇敢，幽默风趣，钟情于狩猎、捕鱼、斗牛这样一些刺激的、带有冒险性质的活动。

他是文坛硬汉，也是“迷惘一代”的代表，他是美国乃至全世界第一个站着用铅笔写作的人，他是新闻体小说的创始人，他写作态度极其严肃，每部小说都修改到出版前的最后一分钟。

（板书：硬汉　迷惘　站着　铅笔　新闻体）

海明威的作品内容，除了他所喜爱的钓鱼、狩猎、滑雪、斗牛以外，最常见的主题就是对普通人的真诚和勇敢的歌颂，也就是面对死亡而毫无惧色的形象。在他看来，人生不过是一场悲剧，而人唯一的价值和出路就是面对死亡，无所畏惧。因此，他笔下的人物常常是“硬汉”，但又往往是孤独和绝望的。由此，“硬汉”一词和“海明威”三个字联系在了一起。

但其实，不仅海明威笔下的人物是“硬汉”，海明威本人性格和经历也是美国硬汉精神的极佳诠释。

海明威中学毕业时，正值美国参加第一次世界大战，极具冒险精神的海明威本想应征入伍，却因为眼疾未能如愿，由此进入《星报》担任见习记者，这段经历为他日后的“电报式”风格的形成奠定了基础（板书：电报式）。

“电报式”风格是什么风格，有没有同学猜测一下？想一想电报有什么特点？

生：简洁明了。

师：非常正确，这正是海明威小说的精髓。

接着说，第一次世界大战爆发后，海明威加入美国红十字会战场服务队，投身意大利战场。大战结束后，海明威被意大利政府授予十字军功奖章、银质奖章和勇敢奖章，获得中尉军衔。但是伴随荣誉的是他身上237处伤痕和赶不走的恶魔般的战争记忆，他身上至死还留下一些无法取出的弹片。

生：（哗然）

师：但是战争的伤痛并没有吓退硬汉。第二次世界大战爆发后，他又加入了战争。但这次是以记者和战士的身份加入的。1941年底太平洋战争爆发后，海明威立即将自己的游艇改装成巡艇，侦察德国潜艇的行动，为消灭敌人提供情报。1944年，海明威随同美军去欧洲采访，在一次飞机失事中受重伤，但痊愈后仍深入敌后采访。第二次世界大战结束后，他获得一枚铜质奖章。这就是我们的海明威，一个英勇不屈，一个带着伤痛向前冲的硬汉子。

这硬汉子的另一个名号是“迷惘的代表”，这个与硬汉名号不大相称的名号是怎么得来的呢？原来也源自海明威的作品。第一次世界大战后，康复的海明威作为加拿大多伦多《星报》的记者常驻巴黎。在近10年的时间里他出版了许多作品，其中最有名的是《太阳照常升起》。《太阳照常升起》是海明威第一部重要的小说。写的是像海明威一样流落在法国的一群美国年轻人。他们在第一次世界大战后，迷失了前进的方向，战争给他们造成了生理上和心理上的巨大伤害，他们非常空虚、苦恼和忧郁。他们想有所作为，但战争使他们精神迷惘，尔虞我诈的社会又使他们非常反感，他们只能在沉沦中度日。美国作家斯坦因由此称他们为“迷惘的一代”。这部小说是海明威自己生活道路和世界观的真实写照。硬汉子也有迷惘的时候，这是一个多面的海明威，一个真实的海明威。

这样一个传奇的人物，必定有传奇的经历，连婚姻都与众不同。海明威一共有四任妻子。

生：哦……

师：我对其中两个印象比较深。一个是比他大 8 岁的第一任妻子，标准的贤妻良母。第一次婚姻对海明威来说刚开始时是清贫而幸福的，但是最后却因为生活琐事而走向婚姻的终点。另一个是向海明威提出分手并让海明威耿耿于怀的女记者玛莎，关于他们的经历，同学们可以课下搜集资料，我就不多说了。

生活极其潇洒，中意冒险的海明威，在写作上却特别严肃。开始我们介绍了他是世界上唯一一个站着用铅笔写作的人，别人问他为什么要站着写？你们猜他会说什么？

生：为了提起精神不睡觉？

师：嗯，是你们的心声，永远睡不醒（生笑）。他说因为这样他就会催促自己写快一点而避免不必要的叙述。这就是“电报式”风格要付出的代价。另外，海明威对自己的作品，是修改、修改，再修改，一直到出版之前。据说《永别了，武器》这部作品他就修改了 39 次，《丧钟为谁而鸣》在出版前，他连续修改了 96 小时。可见，硬汉的成功也是来之不易呀。可就是这样一个硬汉，他生命的结束方式却出乎人们意料。什么方式？

生：自杀。

设问目的：兴趣是最好的老师，看似与课文无关紧要的作者故事简介，实际是在激发学生的兴趣。为后面的探讨做铺垫。

师：对，自杀。一个硬汉怎么会选择自杀这样一种方式呢？或许在这篇诺贝尔文学奖获得作品《老人与海》中可以找到答案。

昨天让同学们下去阅读课本上节选的《老人与海》，找出其中一两句你最感兴趣、最有感触的话说说你的感想。你们完成没有呢？我们请一些同学来说一说。

生一：我最有感触的一句话是“可是一个人并不是生来要给打败的，你尽可把他消灭掉，可就是打不败他”。

师：嗯，这句话有什么地方打动了你？

生一：这句话说的是人在面对苦难的时候要有迎难而上、坚强不屈的精神。

师：坚强不屈到什么程度？

生：失去生命也在所不惜。

师：好，坐下。“一个人并不是生来要给打败的”，那“生来”是要干嘛的？

生：搏斗的。

师：拼搏的结果可能是惨烈的，可能是相当惨烈的，甚至被“消灭掉”，失去……

生：自己的生命。

师：但是就是“打不败他”。什么意思，生命都没有了，还没被打败？

生：生命被打败了，但是精神没被打败。

师：正如臧克家所说的“有的人活着……

生：他已经死了。

师：有的人死了……

生：他还活着。

设问目的：理解关键句，对学生不全面的理解进行引导，在师生的对话交流中，理解句子深意。

师：我们看文中的主人公属于哪种人？他究竟是一个失败者还是一个英雄？

生二：从捕鱼这个目的来说，老人失败了，因为他筋疲力尽拖回来的只是一架鱼骨头，没有什么经济意义，没有达到捕鱼的目的。但是，从精神层面来说，老人在饥饿、伤痛的折磨下，面对穷凶极恶的鲨鱼没有放弃大马林鱼，没有退缩，没有屈服，他是一个英雄。

师：很好，能辩证地来分析。那对这个老人最终的定位，到底是失败者还是英雄呢？

生：英雄！精神层面更重要。

师：我也偏向于这个答案。因为我们说人最大的敌人是谁？是自己。老人克服了饥饿，克服了伤痛，克服了疲劳，克服了恐惧……这些来自自己的敌人。正是因为这样，他才能一次次打退攻击的鲨鱼，因此有人评老人桑地亚哥是“一个胜利的失败者，一个失败了的英雄”。把这句话记下来，可以说是虽败犹荣。我也常常跟同学们说，学习不要跟别人比，要跟自己较劲儿。这次考了50名，跟第一名比，肯定还有点望尘莫及的感觉，失落、哀伤，那是难免的。应该思考这次结果是如何来的，如果是坚持不懈，认真努力了，比上次那60名好多了，那应该庆幸。若持之以恒，第一名对你来说也不是什么遥不可及的目标嘛！

生：笑。

师：当然，如若你近来肚子里生出诸多花花肠子了，一会儿想明星，一会儿想游戏了，一曝十寒，三天打鱼两天晒网的，比上次那40名来说，可就是退步了。那你就是一个暂时的失败者了。

由此我们回过头去看海明威的自杀，或许不难理解了。生命诚然可以消逝，但只是不想让世人看到因伤病折磨的懦弱吧，死也是一种抗争。当然，我也不希望同学们因此就轻视生命哈。哦，说多了，抓紧时间，请下一个同学。

设问目的：抓住契机理解人物形象。

生三：我觉得第27页第3段，写得特别好。

师：嗯，好在哪里？

生三：他写出了鲨鱼的凶恶，也写出了老人的智慧。

师：哪个是作者表现的重点，到底是老人的智慧，还是鲨鱼的凶恶？

生：老人的智慧。

师：好，你先坐下。那写鲨鱼凶恶的目的是什么？

生：表现老人的智慧。

师：这是一种什么手法？

生：反衬。

师：对，鲨鱼越是穷凶极恶，越是难以制服，就越能表现出制服它们的老人桑地亚哥的勇气和智慧。黑格尔说“人格的伟大和坚强的程度，只有借助矛盾对立的伟大和刚强的程度才能衡量出来”，正是这个道理。好，还有没有其他的语句，说过的就不说了哈。

生四：我觉得第28页第2段写得好，“想点开心的事吧”“丢掉了40磅鱼肉，船走起来更轻快些”这些语句，为我们展现出一个面对困境时积极、乐观的形象。

师：嗯，所以这个硬汉的内涵不是单一的，他是勇敢的，坚韧不拔的，是积极乐观的，是充满智慧的，对吧？

生四：点头。

师：好，坐下。还有没有？

生五：我比较喜欢最后一段。描写得非常优美。把奋斗过后老人的疲惫描写得真实可感。

师：（笑）你是不是由此想到你每天做完作业后疲惫至极的情景，感觉非常亲切？

生五：（笑，点头）差不多。

设问目的：关注手法的运用，使人物形象更加丰满。

师：好，还有吗？

生六：其实我觉得没什么感觉，觉得这个老人老是自言自语的，满篇都是他的话。

师：哦？

生六：比如说第27页他高声说“它要去了大约40磅”，还有底下的“可是一个人并不是生来要给打败的”“你尽可把他消灭掉，可就是打不败他”“别想啦，老家伙”“还是把船朝这条航线开去，有了事儿就担当下来”。还有第28页……

师：嗯，类似的语句在文章中还有很多。那么这么多看似自言自语的话，让你觉得烦琐，让你觉得无聊吗？

生六：倒也不觉得。但是……

师：好，你先坐下。同学们，我们来想想这老人为什么要自言自语呢？前后左右的同学可以小声探讨一下（学生互相交流看法）。好，哪位同学来给大家说一说？

生七：我觉得老人当时在饥饿、伤痛的折磨中还要面对危机四伏的茫茫大海，面对随时都可能出现的生命危险，而应付这些危机的工具又极度缺乏。因而此时的老人，尽管他内心很强大，但是其实是孤独和恐惧的。自言自语，可以把它看做是一种心理独白，一种心理压力的排遣，一种自我安慰。

师：正因为这样，老人桑地亚哥的形象才更真实，这是一个人，而不是神，在面对巨大困境的时候，也会孤独，也会恐惧。不错，还有没有别的理解？

生八：我觉得通篇的自言自语并不让人厌烦，反而给人以启迪，引发对人生的思考，正如我们前面所探讨的。

师：换句话说，全篇的主旨是通过什么来表现的？

生：这些话语。

师：也就是人物的内心独白，对吧。好，坐下。这其实也是海明威小说的独特之处，在介绍海明威的时候，我们就说了，海明威的小说是新闻体小说，具有“电报式”风格。“电报式”风格的特点就是简洁明了，然而其作品没有因为简洁而缺乏深意，反而给人含蓄凝练的感觉，就是因为这些鲜明、生动的语言描写。当然还有动作描写，但比较简单，这里不赘述。深意是体会到了，其简洁又体现在何处呢？

生：人物少，情节不复杂。

师：对，结构简单。还有没有？

生：句子容易理解。

师：嗯，语言通俗易懂。读下来整个语言风格不是辞藻堆砌，华丽繁复。浅显易懂，而意蕴深厚，是需要很深的文学功底的，这也是海明威“冰山”原则写作追求的体现。冰山虽只现一角，但却能让人窥见其全貌。好，时间有限，最后再请一个同学来说说。

设问目的：“电报式”风格的理解是小说的难点。对学生这一枯燥无味的回答不应是愤怒的斥责，而应该帮助他们分析背后的原因，进而体会海明威小说的风格。

生九：我感兴趣的句子刚才同学已经说了，我读了这篇小说，让我想起美国大片《终结者3》里面的主人公，在面对困境的时候那种永不退缩，为人类耗尽生命也在所不惜的英雄形象。

师：嗯，不仅《终结者3》，还有很多美国大片比如《爱国者》《蝙蝠侠》《铁血战士》等，塑造的都是这样的个人英雄主义形象。《老人与海》中的老人，不是一个人，而是美国精神的浓缩，因此说海明威是美利坚民族的丰碑，由此可见一斑。（下课铃响）这节课就讲到这里，同学们在深入理解课文语句的基础上体会了小说主旨和手法风格，如果同学还有什么疑问，欢迎下课来问我，我们一起探讨。好，下课。

设问目的：人物形象的社会意义是这篇文章的另一主题，适当拓展有利于开阔视野。

课例3

《周而不比》教学实录

语文教研组　杨　静

一、教材分析

语言文字的理解是本课学习的基础，文章内涵的挖掘特别是正确交友价值观的传递则是这篇文章重点探究的内容。因此，教学中应兼顾语言文字的理解和文化内涵的探究，但不必过于讲究字字落实、句句翻译，也不需追求探究的深度和系统。

二、学情分析

时下“网友”“闺密”等颇有现代味的词汇充斥着当代中学生的生活。“交友”是中学生在一定年龄阶段心理趋于外向的正常表现，本无可厚非，但他们的世界观、人生观、价值观尚在树立阶段，对社会的认识还不够全面。关于如何交友，他们需要有正确的导向。

语文课不仅要授之书习其句读，更要传道解惑。因此，在进行文言学习的同时，不妨引导学生从《论语》中汲取人生智慧，依据先哲具有警醒意义的话反思自己的言行，鞭策自己走向成熟。

三、教学目标

1. 理解并积累“周、比、矜、党、斯、责、举、道”等常见文言词语的含义，并重点辨析“周、比、党”等一词多义现象，以及词类活用、宾语前置等文言现象。

2. 背诵重点章句 2.10、16.4、15.15、4.26、12.23、12.24。

3. 理解以孔子为代表的儒家人际交往观中关于察人、择友、处友的相关观点。联系“中庸之道”，深入理解孔子“和而不同”的人际交往原则。

4. 以《论语》观现实，思考孔子的人际交往观在当今社会的时代意义，对孔子的交友观做出自己的评价；知行合一，树立正确的交友价值观。

四、教学重点

结合生活实际，懂得儒家人际交往观中关于择友、察友、处友方面的方法和原则。

五、教学难点

孔子的人际交往观在当今社会的时代意义。

六、预习要求

1. 诵读课文，疏通文义，标注出重点字词。

2. 背诵有关交友方面的章句。

七、教学过程

（一）激趣导入

师：同学们，上课前让我们用一分钟做个大脑热身运动，请大家猜一则字谜：“一树村落有月光。”

学生思考并讨论。

（半分钟后）生甲：是“又”字。

师：说说你的理由。

生甲："树"中的"村"落了，只剩了个"又"。

师：这位同学用的是减字法。减字法，交代一字减去一字（或两字）即为谜底。分析得有根有据，非常好。还有其他答案吗？

生乙：谜底应该是"友"字。

师：谈谈你的想法。

生乙：我认为不能只看"一树村落"，还要考虑"有月光"三字。"有"字中"月"光了，将有的上部分和树的中间部分组合起来，就是"友"字。

师：这位同学用了减字合成法来分析，思考得更全面，结论也更准确。不错，谜底就是"朋友"的"友"字。来，让我们给肯动脑筋的他鼓鼓掌！

对于中国人来说，"友"是一个非常有分量的词汇。中国是一个非常重视交往的国度，早在《周礼·地宫·大司徒》中，"朋友"一词就出现了："以本俗六安万民：一曰媺宫室，二曰族坟墓，三曰联兄弟，四曰联师儒，五曰联朋友，六曰同衣服。"

所谓"同师曰朋，同志曰友"。《周而不比》记录了孔子说的 14 句话，这 14 句话讲了一个共同的话题，那就是"交友"。我国古圣先贤对交友有非常深刻而独到的理解，今天我们就来探究圣人的微言大义，学习孔子的交友之道。

现在请大家先诵读课文，读准字音；然后查看相关词语的注释，疏通文义。

（二）疏通文本

1. 方法指导（多媒体投影）

凡看文字，须先晓其文义，然后可以求其意。（程颐）

——落实文字，读懂文章

2. 学生活动

结成学习小组，鼓励学生用自主和互助结合的方式，查找注释，校正字音，诵读文本。

3. 点拨归纳

师：请大家注意文中"友"和"谅"的用法。说说它们是什么意思？

小组代表发言。

教师明确：

《说文解字》说："谅，信也。"信，就是诚实。

"友"是意动用法，表示"以……为友"。

便辟：辟读如僻。谓习于威仪，致饰于外，内无真诚，与友谅之"谅"相反。

善柔：假装和善。谓工于媚悦，与友直之“直”正相反。工媚悦者必不能守直道。

便（pián）佞：巧言善辩。巧言口辩，非有学问，与多闻正相反。

古汉语中“怨、憾、恨”的区别。

党：即古代地方户籍编制单位，五百家为一“党”。引申为“亲属”、同类、朋辈、偏袒及政党等义项。所以，“群而不党”（偏私、偏袒），“各于其党”（类别），“党同伐异”（同类、朋党），“乡党”（乡里），“党派”（政党）。

久而敬之的“之”、忠的词义。

师：请大家在笔记本上整理出“周、谅、比、矜、党、斯、友”等词汇的含义。

（三）探究内涵

1. 方法指导（多媒体投影）

凡看孔孟，且须熟读玩味。须将圣人言语切己，不可只作一场话说。（程颐）

——联系自我，观照生活

2. 问题探究

①择友

师：儒家另一位代表人物荀子曾经说，匹夫不可不慎取友也。朋友有诤友、有挚友、有益友，还有损友和狐朋狗友，我们应该选择怎样的人为朋友呢？请大家快速浏览课文，找出孔子选择朋友的标准。（板书：择友）

生：益者三友，损者三友。友直，友谅，友多闻，益矣。友便辟，友善柔，友便佞，损矣。（16. 4 章）

师：对，这就是孔子的择友标准。千百年来被我们中国人奉为至理名言。司马迁在《史记》中说：“诗有之：‘高山仰止，景行行止。’虽不能至，然心乡往之。余读孔氏书，想见其为人。”现在请大家齐读这一章，读后可以用圣人的择友标准与自己做个对比。

学生诵读。

师：谁能说说在生活中我们为什么要选择结交正直、诚信的朋友？

生甲：诚信的朋友说话算数，靠得住，托办的事不会被耽误。

生乙：正直的人不怕被得罪。俗话说宁得罪君子，不得罪小人。

生丙：正直的朋友，在你获得成功的时候，为你高兴而不捧场；在你遇到不幸或悲伤的时候，会给你及时的支持和鼓励；在你有缺点可能犯错误的时候，会给你正确的批评和帮助。

师：大家都能结合自己的生活经验去说，说得都非常好。除了生活经验，同学们还知道哪些相关名言和事例能证明孔子这句话?

学生讨论。

生甲：唐太宗以魏征为“诤友”，虚怀纳谏，才最终造就了“贞观之治”的千古美名。

生乙：爱因斯坦说：“世间最美好的东西，莫过于有几个头脑和心地都很正直的朋友。”

师：友直则闻其过，友谅则进于诚。(多媒体投影）对你严肃的面孔，就是一盏明灯。我认为，生活中不妨多交几位这样的直友、谅友。为自己的人生多找几面镜子，多几口警钟，多几部“监测雷达”，这样的人生道路才不容易走偏。

师：那么友多闻有什么好处呢?

学生讨论。

教师提示：应联系时代特征去思考。

师：秦始皇没有电脑，汉武帝没有手机，孔夫子没法百度谷歌。古人要想广视听，知天下事，最简单的办法就是结交一个博闻多识的朋友。拥有多闻之友，就像拥有了一本厚厚的百科全书，就能从他的阅历和经验里得到很多有益的借鉴。因此，友多闻则进于明。(多媒体投影)

师：普菲费尔说：“想与所有的人交友的人，不是任何人的朋友。”我们不能交哪些朋友？为什么?

生甲：能媚你的，必能害你，要加倍防备；肯谏你的，必肯助你，要倾心细听。

生乙：拒交“言甘如饴、以利相投”的朋友。

生丙：孔子曰：“巧言令色，鲜矣仁。”试想，连自己都很少具备仁德修养，又怎能辅助朋友呢，只能让人“近墨者黑”。

生丁：韩信与钟离眛是好朋友，但韩信后来为了改变自己在刘邦心目中的地位，竟然提了钟离眛的头颅去取悦刘邦，把朋友对他的信任，把彼此间的友谊出卖得一干二净。不幸的是，钟离眛的头并没有给他带来安宁，他最后还是被当初最赏识他的萧何与吕后共同谋害了。

师：柳宗元的《三戒并序》里说，江西有个猎人，得到一只幼鹿，就把它抱进家门。群狗一见，口水直流。这个人发怒，大声喝退了这些馋狗。从此以后，这个人每天都抱着幼鹿去接近群狗，使它们熟悉起来，并示意群狗不得乱动。幼鹿慢慢长大，渐渐忘记了自己是鹿，认为这些狗确实是自己的朋友，与狗一起玩耍，越来越亲近、随便。这些狗由于惧怕主人，与鹿成友。二年后，一次幼鹿独自出门，看见路上有许多不相识的狗，就跑上前去想跟它们玩耍。这些狗看见幼鹿，一起把幼鹿咬死吃掉了。幼鹿至死不知道这是怎么回事。对于谄媚拍马的朋友、两面派的朋友，还有那些夸夸其谈的朋友可千万不能交，要将他们坚决拉入“黑名单”。决不能像幼鹿那样，至死不悟。

②察友

小时候我们唱过一首儿歌：“找呀找呀找朋友，找到一个好朋友。敬个礼呀，握握手，你是我的好朋友。”交朋友要慎重，要分清益友和损友。但是益友和损友，好人、坏人又没在脸上刻字，我们如何才能找到好朋友而远离坏朋友呢？该怎样去辨别呢？孔子对此有什么看法？（板书：察友）

生：2.10 章、4.7 章、15.17 章、15.23 章。

学生齐读。

概括：视所以、观所由、察所安、观其过、察其党。

师：所谓实践是检验真理的唯一方式，我们先看两则故事。

（出示“管宁割席”的典故）

管宁、华歆共园中锄菜。见地有片金，管挥锄与瓦砾不异，华捉而掷去之。又尝同席读书，有乘轩冕过门者，宁读书如故，歆废书出观。宁割席分坐，曰：“子非吾友也。”

师：管宁为什么割席？

生：管宁从朋友的“捉而掷之”“废书而观”的细节中看到了他的行为和兴趣志向，于是毫不犹豫地与太看重名利的华歆划清了界限。朋友要找志同道合，有共同爱好的。交友时要多观察，从一个人的细节入手，要看行动。也就是孔子说的“视其所为”“察其所安”。

（出示“吴托”的典故）

据《后汉书》记载，有一个叫孙性的人私自搜刮老百姓的钱买衣服来孝敬父亲。父亲知道后大怒。孙性也知道自己做错了，便拿着衣服去向吴拓自首。吴拓问明缘由后说：“你是因为孝敬父亲而承受了污秽的名声。”不仅没有处罚孙性，反而将衣服送给了他，让他去孝敬父亲。

师：这个故事印证了什么？

生：人的过错，各自取决于他所属的类型。观察一个人的过错，就可以知道他是不是具有仁德了。这个例子对应了“观过知仁”。

师：孔子对自己的察友方法很得意，你能体会到吗？

生甲：用了视、观、察意思很接近的词语，又有递进关系，步步深入。

生乙：“人焉廋哉？人焉廋哉？”重复两次。夫子认为是独到的发现，很得意。

师：那我们一起来读读以下句子，注意读出夫子那种得意的语气。

学生诵读。

③处友

师：俗话说“相识易得好，久住难为人”，交到了朋友，我们还必须学会怎样与朋友相处。好朋友是不是就意味着要打成一片？朋友相处要不要保持适当的距离呢？（板书：处友）先看孔子认为应该怎样和朋友相处。找出文中有关的语句。

生：15.15 章、14.34 章、5.17 章、4.26 章、12.23 章。

齐读。

明确：君子周而不比，矜而不争、群而不党。

小人比而不周，言不及义，好行小惠。

师：讨论：怎样的关系才能称作“好”呢？孔夫子认为，太过疏远和太过亲密都不是最佳状态，所谓“过犹不及”。为什么两个人很亲密却不是相处的最佳状态呢？

生甲：君子之交淡如水，小人之交甘如醴。

生乙：君子和而不同，小人同而不和。

师：人生交契无老少，论交何必先同调。——杜甫

两根树枝相接近，蜘蛛就要挂网。——钱钟书《围城》

中国文化中友道的精神，在于规过劝善，这是朋友的真正价值所在，有错误相互纠正，彼此向好的方向勉励，这就是真朋友，但规过劝善，也有一定的限度，尤其是共事业的朋友。朱熹《论语集注》：“事君，谏不行，则当去；导友，善不纳，则当止。至于烦渎，则言者轻，听者厌矣。是以求荣而反辱，求亲而反疏也。”距离和独立是一种对人格的尊重，这种尊重即使在最亲近的人中间，也应该保有。无论亲人之间，还是好友之间，一旦没有了这种距离、这种尊重，越过了这个尺度，到了《论语》中说的“数”这个阶段，彼此已经不独立了，就产生了隐患，离疏远甚至崩溃就不远了。《论语》告诉我们，要本着平等和理性的态度去尊重每一个人，彼此之间留一点分寸，有一点余地。

（四）反思交流

1. 方法指导（多媒体投影）

颐自十七八读论语，当时已晓文义。读之愈久，但觉意味深长。（程颐）

——领悟思想、取其精髓

2. 小组讨论

孔子提出了处友的各项原则，其最终目的是为了什么？孔子的择友观有何现实意义？

3. 反思交流

选择任意一章，结合自己的生活实际谈谈自己在交友上的不足之处以及如何改进。

（五）结束

于丹认为“《论语》的真谛，就是告诉大家，怎么样才能过上我们心灵所需要的那种快乐的生活”。交到好朋友，等于给自己打开了一个最友善智慧的世界，能够让我们的人生具有光彩，通过朋友不断提高自己的修养情操。愿同学们学完《周而不比》，能像“童话大王”郑渊洁说的那样：“交友不慎是人生大忌，每年应该对你的朋友进行年检。年检就是预警。”通过“年检”，留下爱护你却又远离你、喜欢你却又挑剔你的老友、诤友，而对于那些“路不相识的群狗”“损友”，要坚决“割席绝交”，打入交友“黑名单”。我想，能够结交到好朋友，能和朋友快乐地相处，通过朋友不断提高自己的修养情操，这也是一种人生真谛。

附：板书设计

（择友）

益　直、谅、多闻　　　　　　　　损　便辟、善柔、便佞

友　周而不比、矜而不争、群而不党 友　比而不周、言不及义、好行小惠

能好人、能恶人

（察友）

视所以、观所由、察所安、观其过

课例 4

《雨说》教学设计

语文教研组　杨蕊玚

【小组互助合作学习是教学民主的一种体现形式，在小组中便于形成宽松、民主、和谐的教学氛围，每个学生都有机会发表自己的见解，并从同学那儿获得信息。它变传统的师生之间的单项交流为生与生、师与生、生与师之间的多向交流。在课堂上它常以小组讨论的形式出现。而设置一个有效的问题让学生讨论，则是小组合作学习能达到效果的有效保证。在进行本课的教学设计的时候，我设计了本课的主问题是如何朗读，为什么要这样朗读。通过小组间的交流，解决了这个问题，也就突破了学习难点】

一、教学目标

1. 学习朗读技巧，能够有感情地朗读诗歌。

2. 学习通过朗读来理解作者感情和诗歌主题。

二、教学重点

朗读指导，能够有感情地朗读诗歌。

三、教学难点

学习通过朗读来理解诗歌的方法。

四、教学设想

这篇课文收入九年级上册，是一首较简单的诗歌。经过两年的学习，学生已经累积了一定的语文素养和技巧，能够进行简单的诗歌赏析的自主学习。本着一课一得的原则，该篇目我只设计一个教学目标，就是以朗读为主，并通过朗读来理解诗歌的主题。教学方法以朗读法和小组合作讨论为主。

五、课时：1 课时

六、教学步骤

（一）导入：在中国文学史上，诗歌像一颗璀璨的明珠，熠熠生辉。而晶莹剔透的雨滴历来是文人墨客的最爱。大家能分享哪些关于雨的古诗词？

是啊，雨，时而是“巴山夜雨涨秋池”的缠绵相思，时而是“夜阑卧听风吹雨”的慷慨悲凉，时而是“好雨知时节”的清丽明快。事实上，不仅仅是先贤古人乐于描绘雨，现代的诗人们也是这样，著名诗人郑愁予就是其中之一。

【设计意图：激发学生的思维，吸引学生的注意力，激起孩子们脑中对“雨”的回忆】

（二）一读诗歌，疏通字词

默读全诗，当堂让学生查阅字典，标注生字词读音或含义。

田圃　禁锢　留滞　喑哑　丝缕　喧嚷　蓑衣　斗笠　油膏　褴褛

【设计意图：新课标规定，语文教学要教学生使用工具书，而这个工具书不是指各种对答案“手到擒来”的教辅资料，而是指正规出版社出版的字典或词典。这个环节我改变了以往的字词教学模式，让学生查阅工具书，契合新课标的相关规定，也能让学生加深对生字词的记忆】

（三）二读诗歌，把握基调，读懂内容

师：为了更好地读这首诗，要请同学们思考一下我们该带着怎样的感情基调去读呢？从哪里看出来的？

明确：本诗感情基调。

教师范读，强调诗歌感情基调。

全班同学齐读，注意感情基调。

明确：诗歌主要内容。

让学生分组朗读诗歌。

【问题设计意图：引导学生发现副标题中的关键词：为儿童而歌，所以是轻快】

所以，让我们轻快地朗读这首诗，边读边思考，诗歌的主要内容是什么？

【问题设计意图：引导学生理解诗歌的内容。此时不必深究。只要学生能答出是雨，在冬季之后来到了大地上，滋润万物，并教孩子们勇敢地笑即可】

（四）三读诗歌，刻画细节

师：这样的一首别出心裁写给孩子们的诗歌，一定能够触动大家的心弦。总有那么一句或一个小节，是你们的最爱。可能是由于某个词写得好，可能是巧妙的修辞打动了你，可能是某个细节生动传神，富有想象力，请大家找出自己喜欢的句子，并且读一读吧！（一两分钟后，让大家小组内交流，该环节可预留较长的时间）

教师引导：找自己喜欢的句子可以从词语运用、修辞手法等方面找。

教师给出示例，让学生学会怎样寻找，怎样回答。

示例：“去听听溪水新编的洗衣谣”，应该轻快、顽皮。因为这个句子用了拟人的修辞手法，说小溪的流水声是洗衣谣，充满了童趣。

学生独立勾画、批注。

全班交流。

【这是这节课堂的重点环节。在讨论的过程中，教师在学生间巡视、指导。指导内容包括思考问题的方向、讨论时的注意事项等】

这个环节可以采用多种形式朗读，并通过学生的朗读和分析，再由老师讲解、总结，一步步走向诗歌主题及了解作者蕴含其中的感情。如：

“等待久了的……等待久了的……”读出期盼之情，语速稍快，说明万物对春雨的渴望。

“而且温声细语地”“又甜又准”读得轻声又温柔，因为这一段写出了雨对孩子们的爱，是充满了温情的。

“别打开……别……别忙着……急着……”应该重读这几个“别”，因为这几个字特别能表现雨渴望亲近孩子们。

（在学生范读后，可以采用全班齐读、分男女生读、分小组读等多种方式，揣摩朗读细节）

师：在刚才的交流中，有同学提到“勇敢地笑”，这个笑除了笑的表情，还有什么深层次的含义吗？

明确：乐观、积极向上……

【设计意图：这首诗对初三学生来说内容偏简单，简单课文深教，这是这节课需要解决的问题，是这节课突破重难点的关键步骤。教师给示例，教会学生怎样找出诗中的重点词、句，学生先独立学习、勾画，然后再小组交流，体现了新课标的自主、合作学习。这样的先独立后合作的模式比传统的教师讲，学生记、背的模式更加有效。教方法是这个环节的重点】

（五）四读诗歌，读出情感

师：看来经过刚才的讨论，要大家饱含感情地朗读这首诗不是什么难事了，可是老师还是要问大家一个问题：为什么副标题要取作“为生活在中国大地上的儿童而歌”？

明确：在十年浩劫期间，孩子们的天性被束缚，生活被扭曲，毫无童年、毫无快乐可言，而郑老先生写这首诗正是在“文化大革命”结束后。春雨来了，孩子们的春天也该来了！

全班配乐齐读全诗。

【设计意图：此处简介写作背景，提及“文化大革命”十年，但不作重点介绍，理解副标题的含义，就是理解本诗作者的思想感情】

（六）拓展与延伸

师：郑老先生心里装着所有生活在中国大地上的儿童，而写出了这一首

《雨说》。真的是雨在说吗？这种写法是什么？

明确：是作者自己想说。这种写法叫拟人化的写法。

辨析：拟人写法是指一篇文章，而拟人修辞手法是说某个句子。

其实郑愁予虽然是诗坛泰斗，但他会的同学们也都会。例如大家很爱在写环保主题的文章时说"我是一只小鸟"等，这不也是拟人手法的运用吗？现在我们一起来动脑、动笔，想一想：如果你是一棵经年累月站在路边的行道树，如果你是一只每年飞去温暖南方的大雁，又或者你是那火红的夕阳，面对着"古道西风瘦马"的游子，你最想对谁说话？说些什么？请大家拿起手中的笔，任选一题，写一写！

【设计意图：该环节作为此次教学设计的预留环节，旨在让学生体会拟人写法的好处，并能自己动笔练一练，如果时间充足，可以在课内当堂写作并交流；如时间紧张，则留为课后作业】

（七）结束语

如果郑愁予老先生能听到刚才大家那样朗朗的读书声，一定会备感欣慰。不管将来你们遇到什么事，我都希望你们能够笑着去面对，能够勇敢、乐观、积极，因为我和郑老先生一样相信，只要你们笑了，大地的希望就有了！

七、板书设计

雨　说
郑愁予
笑：乐观、积极的心态、勇敢面对生活……
（拟人化写法）

八、教学反思

这堂课从严格意义上来说，并没有将小组互助合作学习这种模式贯穿始终，而是在其中某个环节上，采用了这种方式。实际上对于现阶段、现在的学情而言，就语文课堂来说，并不是非要把小组互助合作的模式全程贯穿，而是根据学情、教材，在某些环节采用这种方法。要使小组互助合作学习有效，必须设置合理的问题。这就对教师的课前准备工作提出了更高的要求。本课教学设计初步完成后，我在班级里试上了一次，发现基本完成了既定目标。因为备课时充分研究了学生情况和教材，所以无论是学生反馈，还是教学的实施都比较顺利，但是仍有一些不足。比如说，改变字词教学模式，是在上课之后才进行的修改，还有如何引导学生去找自己喜欢的句子，有放有收，而不是一味地自由散漫，既加强自己对课堂的引导，又能保证学生的主体性地位。随着新课标的实施，这些问题都值得我们在教学工作中进行深入的思考。

课例5　《概率》教学课堂实录

数学教研组　郜雪霞

（一）成立合作学习小组

我在课堂上实施合作学习教学时，主要以同桌二人小组或前后四人小组进行合作学习。本节课我让学生以四人小组为单位进行验证。每组有统一制作的一大一小两只转盘，同桌两人一只转盘，一人转动，一人在表格中记录指针停在蓝色区域的次数。各转动转盘40次，最后把数据汇总到老师的电脑上。这个实验进行了十分钟。根据各小组的汇总数据制作的Excel图表出现在屏幕上。

（二）像科学家那样去探究问题

为了让每一个学生体会到“指针停在蓝色区域的机会等于指针在蓝色区域转过的角度的总和与360°的比值”，并用自己的语言表述出来，我设计了一连串问题。

用幻灯片出示如图1的转盘。学生知道，用力旋转转盘，当转盘停下时，指针可能指向红色，也可能指向蓝色。

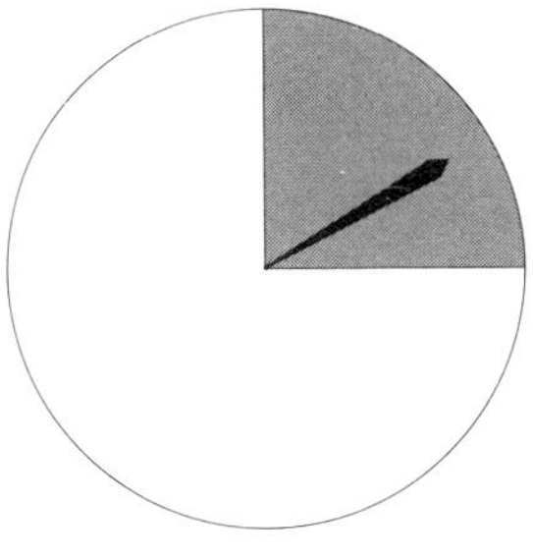

图1

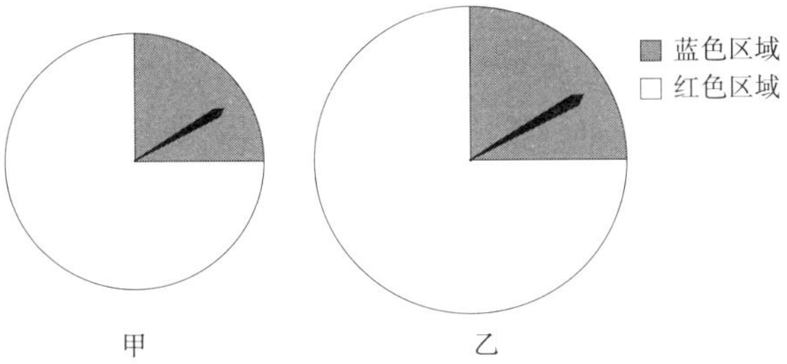

图2

问题一：请每一个同学选择一种颜色，当转盘停下时，指针指向哪一种颜色，选择这种颜色的同学就获胜。你会选择哪种颜色？

学生齐刷刷地回答：“当然是红色。”

我问："为什么？"

学生几乎也是齐刷刷地回答："红色面积比蓝色面积大。"

这是一个忽视前置条件的答案，显然缺失了数学思维的严谨性。

所以我马上出示了如图 2 的幻灯片，提出问题二。

问题二：用力旋转转盘甲和转盘乙，如果你想让指针停在蓝色上，选择哪个转盘能使你成功的机会比较大？

这个问题马上引起了学生的深思。

大部分同学都回答"转盘甲和乙上，指针停留在蓝色区域的机会一样大"，但也有两位同学说转盘乙的机会大。两只转盘的指针停留在蓝色区域的频率与 1/4 的差，绝对值都在 0.1 ~ 0.2 之间，"机会一样大"的猜测初步得到验证。我再用电脑进行模拟实验：每只转盘各转了 10000 次，显示指针停留在蓝色区域的机会分别为 0.252（甲）和 0.249（乙），这两个频率与 1/4 的差，绝对值都不超过 0.002。学生由此感受到"频率随着实验次数的增加而趋于稳定"的事实。

于是我开始启发：

"刚才大家认为指针停留在蓝色区域的机会由蓝色区域的面积大小决定，可是转盘乙的蓝色区域面积显然比转盘甲大，为什么转动这两个转盘，指针停留在蓝色区域的机会却几乎相同呢？谁能修正一下刚才的判断？"

仅仅思考 1 分钟。

就有一位同学对原先的结论进行修改：

"蓝色区域所占的面积占总面积的比越大，指针停留在蓝色上的机会也越大。"

适当的问题有利于学生意识到他们的结论不严谨，修改后的结论显然比第一次的说法准确些。但要使这个判断成为真命题，还是缺少前提——转盘必须是圆盘，转轴在中心。

于是我出示了图 3 所示的三只转盘，用问题三启发学生继续思考。

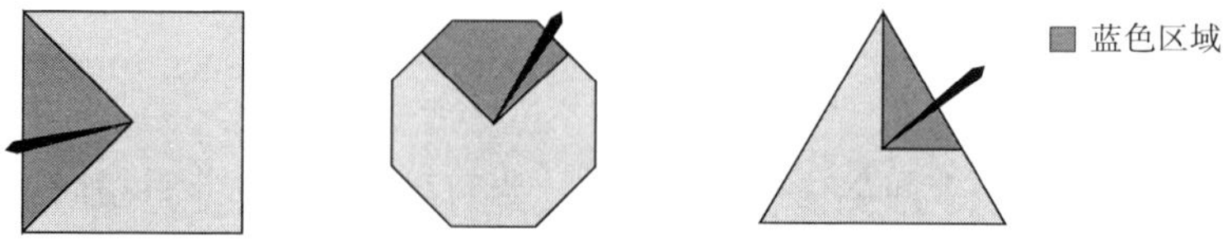

图 3

问题三：转动哪一个转盘，指针停留在蓝色区域的机会比较大？

幻灯片一出现，同学们纷纷脱口而出。

同学甲："正方形。"

同学乙："正八边形。"

没等我说话。

他们又自己统一了意见："正方形和正八边形转盘的机会一样大，都是1/4，正三角形转盘的机会最小。"

我追问："为什么？"

同学丙说："因为在正方形和八边形中，蓝色区域都占了总面积的1/4，而三角形中，蓝色区域占总面积的比不到1/4。"

这时，一位平时爱动脑筋的同学突然醒悟："老师，我认为这三个转盘指针停留在蓝色区域的机会都是1/4。"

我马上请他说说理由。

这位同学很自信地说："指针在蓝色区域上转过的角度都是90°，90°是360°的1/4。"

"同意他的说法的同学请举手。"

我说完一看，举手者寥寥无几，可见许多同学对这种说法并没有立刻认可。这与我的估计相同。

于是我让大家回到实验中去寻找规律。为了节省时间，我让4个小组用正方形转盘做实验，另5个小组用正三角形转盘做实验。

最后汇总统计结果显示：正方形转盘和正三角形转盘指针停留在蓝色区域的频率都接近1/4。

此时我问同学们："蓝色区域的面积占总面积的比越大，指针停留在蓝色上的机会也越大"这句话还需要修改吗？

下面是两位小组代表的修正意见：

第一小组代表："指针旋转一周，在蓝色区域转过的角度越大，机会越大。"

第三小组代表："干脆说，指针在蓝色区域转过的角度与360°的比值，就是指针停留在蓝色区域的机会。"

一步步的问题设置，让学生逐渐说出指针指向蓝色区域机会的实质。

此前我给另一个班级上同一节课时，有一位同学的思考更精彩：

"用剪刀把这三个转盘都修剪成圆，如图4，就能发现它们的指针停留在蓝色区域的机会是相同的。"从特殊中发现一般，闪耀着理性思考的光辉。

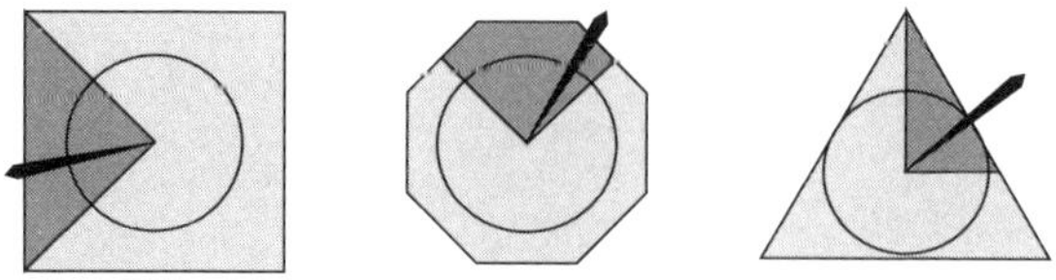

图 4

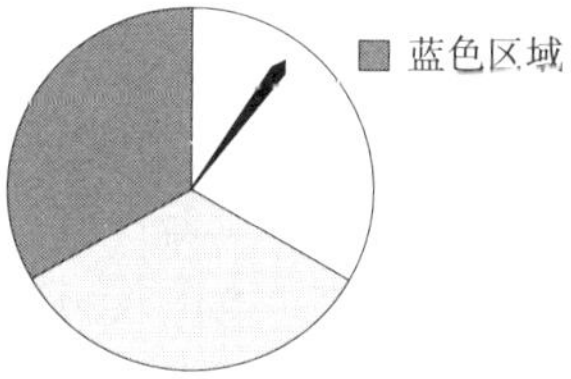

图 5

在上述探究活动中，我尽可能让学生多动手操作，怕数据不够多，我用汇总各小组数据和电脑模拟的方法，解决了“利用短暂的课堂教学时间完成几百次、上千次实验”的难题。学生的活动和思考过程，除了使他们亲身体验偶然性中蕴含必然性的道理，对他们的发展至少还有以下两方面的意义。

1. 培养实事求是的科学态度。明白学习数学，既要大胆猜想，又要小心求证。求证不外乎两种方法，一是逻辑推理，如以上最后三位学生的思考；二是实践验证，动手实验用的就是这种方法。

2. 发展概括能力。我没有把概率的计算方法简单地告诉学生，而是让学生像科学家那样不停地观察、猜测、验证和反思，逐渐修正自己的判断，使之一步步趋向完善、准确，最终自己得出概率的计算方法。在这期间，学生用自己的语言比较准确地概括自己发现的规律，认识不断强化。著名数学家，北师大的教授曹才翰说过，概括能力是数学能力的核心。重教学过程，特别要精心设计这样的思维活动过程，只有这样发展学生的数学能力才不会成为空话。

（三）到实验中寻找规律，学会用数据说话

本节课的课题是《在实验中寻找规律》，能不能找一个学生难以预见机会大小的问题，让他们更深刻地体会实验的重要性呢？正好周杰伦在成都举办了个人演唱会，我以此为背景设置了一个问题。

问题四：某矿泉水厂家在周杰伦杭州个人演唱会上做广告，说买一瓶矿泉水可以转一次如图 5 所示的转盘，获得一张相应颜色的卡片。集齐三种颜色的卡片就可以得到一张周杰伦的签名照。周杰伦的歌迷们互不认识，因而不可能互换卡片。问：他们平均要买多少瓶矿泉水才能得到一张周杰伦的签名照？

甲学生的回答：“平均买 6 瓶。”

乙学生的回答：“12 瓶。”

丙学生的回答：“买 27 瓶。”

我终于忍不住：“这些人好像手气太差了一点，我看大家还是动手试一试吧。”

各四人小组在三色转盘上试，我则用课件在计算机上进行了转盘实验。结果连同我共十组，每组都集齐三种颜色，共得到10张周杰伦的签名照，为此一共买了46瓶矿泉水，平均每组买4.6瓶。

学生不理解“平均”问题为什么可以归结为概率。由于这不是本节课的教学内容，因而不必补充这个知识。让学生通过实际操作体验实验的意义，这才是我们的目的。

我又提出问题：“如果有1000个人，每人要一张签名照，他们也平均要买4.6瓶矿泉水吗?”

学生摇头：“不会的。”

我又问：“那么为什么呢?”

几个同学齐声答：“刚才的数据太少了，说明不了问题。”

这正好是我要强调的。根据同学们的要求，我用计算机进行模拟实验，输入数据1000，即有1000人想得到照片，转盘共转了5428次，平均每人转5.4次。观察计算机上的频率走势图，可以看到：在得到50张、100张签名照时，平均购买瓶数分别是5.6和5.9，频率起伏较大；随着输入数据的增加，慢慢地这条线变平稳了；到500张后，就渐渐稳定在5.5和5.4附近。这时陆陆续续有学生说：“好像平均买5.5瓶矿泉水吧，太不可思议了!”

“要是还想不通，我们把数据增加到10000吧。如果还是5.5左右，你能相信吗?”

我似乎在跟学生商量。结果运气特好，平均数非常接近5.5。

学生不由得感叹：“真不可思议，这也有规律?!”

这个教学片段的目的是落实本课的基本要求，让学生真正相信“尽管随机事件在每一次实验中发生与否具有不确定性，但只要保持实验条件不变，那么这一事件出现的频率就会随着实验次数的增加而趋于稳定”这个道理。不通过实验，学生无法凭经验猜出这个规律。这个教学片段也教育学生要树立科学的实验观，坚持用真实的数据说话。

课例6　《三角函数——任意角和弧度制》教学实录

数学教研组　魏武超

一、设置情境

师：初中所学的角的概念是如何定义的？

生1：从一个点出发引出的两条射线构成的几何图形叫作角。

师追问：还有没有其他的定义方法？

生2补充：一条射线绕着它的端点在平面上旋转形成的几何图形。

（投影展示扭螺丝的图片和高台跳水图片）

师：大家看这两幅图，扭螺丝的方向不同效果一样不一样？高台跳水旋转度数能用角度表示吗？

（学生互助讨论）

生3：扭螺丝的方向不同，效果不一样，顺时针扭螺丝收紧，逆时针扭螺丝松开；跳水度数比360°大，可用360°的倍数表示。

二、指导探疑

师：回答是很好，同学们看这两个例子，它说明角度和什么有关？还是局限在我们所学的360°范围之内吗？

生4：角度还和方向有关，也可能比360°大。

师：很好，针对这样一个问题，我们需要对角度加以新的定义。

（幻灯片展示新的角度定义）

师：角的定义有了，我们如何统一便捷地表示角呢？

生5：角有正角、负角、零角，只要找到它们的统一的一点就好表示了。

师：那它们的相同点是什么呢？

生6：它们可以统一把始边固定在一起，然后大小、正负由终边决定。

师：很好，我们可以按照这个思路用平面直角坐标系来定义。

（幻灯片展示角度表示方法）

师：同学们试用这样的方法表示30°、－300°、390°这三个角。

（巡视指导）

（展示学生结果，指出注意事项）

师：同学们看看这三个角有什么关系？

生7：这三个角的终边相同。

师：那么与30°角终边相同的角，就这两个吗？还有没有？如何表示？

（学生互助讨论）

生8：我发现与30°角终边相同的角还有很多，它们都比30°角多360°的倍数，或者少360°的倍数。

师：很好，那么如何用集合表示呢？

生9：它是一个集合，可表示为$\{\alpha \mid \alpha = 30° + k \cdot 360°, k \in \mathbf{Z}\}$。

师：很好，那么你可以得到一个一般性的结论吗？

（补充：比如30°变为一个一般性的角）

生9：与α角终边相同的角，连同α角在内可构成一个集合S，$S = \{\beta \mid \beta = \alpha + k \cdot 360°, k \in \mathbf{Z}\}$。

（展示终边相同角的定义）

三、引导深入

问题：终边与45°角终边相同的角如何表示？终边落在x轴非负半轴的角如何表示？终边落在x轴上的角如何表示？终边落在第一象限的角如何表示？

（提示：集合的表达形式有什么特点？基本角；旋转量；旋转倍数）

生10：与45°角终边相同，连同45°角在内的角可表示为$S = \{\alpha \mid \alpha = 45° + k \cdot 360°, k \in \mathbf{Z}\}$。

生11：只需要在x轴非负半轴上找个基本角，就可以表示终边在x轴非负半轴的角。

师：怎样找这个基本角，怎么样的基本角才简单呢？

生11：刚好0°角的终边就在x轴非负半轴上，所以可表示为$S = \{\alpha \mid \alpha = 0° + k \cdot 360°, k \in \mathbf{Z}\}$，即$S = \{\alpha \mid \alpha = k \cdot 360°, k \in \mathbf{Z}\}$。

（讨论终边落在x轴上的角的表示）

生12：终边落在x轴上的角只是在x轴非负半轴角的表示基础上改变旋转量，从360°改为180°就好。

师：很好，终边相同的角主要有三个基本量：基本角、旋转量、旋转倍数。同学们也可根据需要来寻找这三个量，从而确定角的表示方法。那么终边落在第一象限的角又如何表示呢？

（学生讨论）

生13：终边落在第一象限的角是由终边落在x轴非负半轴角和y轴非负半轴角之间的角构成，可找两个基本角来表示，比如$S = \{\alpha \mid 0° + k \cdot 360° < \alpha < 90° + k \cdot 360°, k \in \mathbf{Z}\}$。

师：很好，同学们已经掌握了终边相同的角的表示内涵，轴线角、象限角都可以用这样的集合形式来表示，下面请同学们完成下列表格。

终边在 x 轴正半轴	
终边在 x 轴负半轴	
终边在 y 轴正半轴	
终边在 y 轴负半轴	

终边在第一象限	
终边在第二象限	
终边在第三象限	
终边在第四象限	

（例题练习）

四、过程评价

师：今天我们主要学习了角度的相关知识，下面请一位同学来总结一下今天的内容。

生 14：今天主要学习了角度的新的定义，以及表示方法，重点是终边相同角的表示，在此基础上，可以类比的有比较直线角和象限角。

生 15 补充：终边相同的角的表示主要要抓住三要素：基本角、旋转量和旋转倍数，旋转倍数是实数还是正整数要标注清楚。

师：两位同学总结得很好，同学们随着年龄的增长，对待问题有新的看法，新的认识，通过对角新的定义的学习，要体会我们处理新问题的方法，同时终边相同角的定义可以扩展到直线角、象限角和一般性的区域角的表示，要多体会这种演变的过程和依据。

课例 7　高三专题训练——《英语书面表达》的课堂实录

英语教研组　王　定

课题：英语书面表达专项训练

课型：复习课

教学方法：理性归纳、师生互动、层层递进、逐层分解

教学理念："三心"教学（即调整教学重心，对学生有耐心，对学生成长充满信心）

一、引入（书面表达的重要性及本堂课的任务）

师：今年高考英语书面表达分值是多少？

生：25 分。

师：究竟是多少？

生：35 分。

师：约占总分 150 分的几分之几？

生：1/4。

师：1/4 足以说明英语书面表达有多重要。那这 35 分又是如何构成的呢？（停顿）25 分的要点加 10 分的语言质量。

（展示幻灯片）

英语书面表达有多重要？ 得分到底是难还是易？ 作文 35 分约等于 150 分 × 1/4 要点全 25 分 + 语言质量高 10 分 = 35 分 作 文 速 成　用 功 就 赢

师：本节课的任务（展示幻灯片）

本节课的任务（重点突破） 1. 准确审题——确定文体、人称、时态。 2. 细致分析——理清、写全全部要点。

二、理论指引（英语书面表达四部曲）

师：拿到英语书面表达后，我们就按照英语书面表达四部曲来抽丝剥茧、有条不紊地破译它（展示幻灯片）。

1. 通读审题　确定文体、人称、时态 2. 编拟提纲　确定要点、主要词汇及表达结构 3. 整理成篇　连词成句，连句成篇 4. 修改抄写　工整地抄写至答卷

三、实战演练（展示幻灯片）

5 月 14 日是母亲节，你在美国的朋友 Catharine 向你询问中国人在这一天有何打算，以及你想要做的事。请根据以下提示给她写一封回信，谈谈要做的事情，并简要说明原因。词数不少于 120 字，信的开头与结尾已经为你写好。 1. 帮助母亲做家务；2. 礼物；3. 写贺卡；4. 你想要做的事（2～3 条）。 Dear Catharine, I'm very glad to receive your letter ………… Have you got any ideas? Look forward to your reply. Best wishes. Yours truly Wang Ping

（展示幻灯片）

Step one 写前分析 抓关键词

师：一分钟快速浏览，抓住材料中的关键词：分析文体、人称、时态。

（约 1 分钟后）师：Who would like to have a try?

生：文体为书信，关键词为“写一封回信”。人称为我，一般现在时态。

师：文体分析正确。人称和时态对吗？注意从所给材料中找根据，抓关键词。

生：人称为 I，关键词为“我”。时态为一般将来时态，关键词为“你想要……”

师：文中“询问中国人在这一天有何打算”中的“中国人”是第几人称？

生：第一人称复数 we。

师：“有何打算”是什么时态呢？

生：一般将来时态。

师：哪位同学总结一下？

生：本篇作文文体为书信；人称：在写中国人在母亲节的打算时为 we；在写我的打算时为 I；时态主体为一般将来时态。

（展示幻灯片）

文体：书信 人称：第一人称（I/We） 时态：一般将来时态（主） 一般现在时态（辅）

（展示幻灯片）

Step two 编拟提纲

师：现在再看材料，分析本篇书面表达的写作内容分哪几方面？

生："中国人有何打算以及你想要做的事"。

师：还有吗？

生：原因。

师：正确。就是这两方面。现在是本节的重点：书面表达的要点。现在先看全文共有几个要点？

生：四个。

师：至少要几个？

生：五个。

师：分析一下。

生：前面已给三件加上我至少要做的两件事。

师：还有吗？（等待）刚才分析所写内容中的第二方面是……

生：简要说明原因。

（展示幻灯片）

编拟提纲
（1）写作内容：
a. 中国人在这一天有何打算，以及你想要做的事；
b. 并简要说明原因。
（2）要点：
1. 帮助母亲做家务，原因；
2. 买礼物，原因；
3. 写贺卡，原因；
4. 你想要做的事（2～3条），原因。

师：现在我们一起充实这五个要点并分析可运用哪些词汇及句型结构。（展示幻灯片）

重点词汇及表达结构
（We）1. 帮助……做家务；扫地；擦窗户；整理房间；洗衣服等（3分）；原因；（2分）
2. 给……买礼物（3分）；原因；（2分）

	3. 给……写卡片（3 分）；原因；（2 分）
（Ⅰ）	4. 我希望/想（3 分）……原因；（2 分）
	5. 我希望/想（3 分）……原因；（2 分）
注：注意连词的使用，使过渡自然，行文流畅。	

师："帮助……做家务"怎样译？

生：help sb.（to）do some housework 或 help sb. with some housework。

师：扫地呢？

生：sweep the floor。

师：擦窗户呢？

生：clean the windows。

师：洗衣服？

生：wash some clothes。

师：整理房间呢？（等待）tidy the room。那为什么要帮妈妈做家务呢？

生：平时都是妈妈做。

师：英语？（等待）usually mothers do all the housework，如可能，使用强调句或使用被动语态则更好。"给妈妈买礼物"怎样表达？

生：buy mothers some gifts 或 buy some gifts for mothers。

师：Why？如让妈妈快乐！会翻译了吗？

生：会。Make mothers happy。

师："给妈妈写卡片"会翻译吗？（等待）

生：write mothers some cards。

师：也可以说 write some cards to mothers。原因呢？

生：表达祝福。

师：可以，用英语怎样表达？（等待）如果不会表达，为何不换一种简单会用的表达呢？如"告诉她我们真的很爱她"。

生：会。

师："真的"怎样译呢？

生：really。

师：Good！也可以用 do 表强调。To real mothers we do love them very much。最后两个要点："我打算做点什么？"

生：给妈妈洗脚。给妈妈做好吃的。

师：Good ideas！wash feet for my mother/wash my mothers feet 和 cook my mother a delicious meal。还有吗?

生：陪妈妈看电影。

师：Good！可以做的事还有许多许多，但一定不能忘记写上原因。

（展示幻灯片）

Step three 动手写作

师：10 分钟内完成作文，120 字。之前及现在屏幕上的提示仅供参考，大家完全可以自由发挥。（展示幻灯片）

写作要诀

1. 选定动词、添加主语、确定时态，扩写成 complete sentences；
2. 尽可能使用熟悉的基本句型结构，如：

We/I would like to do sth.

We will do sth.

I want to do sth.

3. 注重表达的灵活性、多样性，变繁为简，为自己会用的表达；
4. 连词连接过渡 to begin with/first/second/what is more/further more/at the same time。

（学生写作，教师在教室内巡视，提示指导）

（展示幻灯片）

Step four 修改　规范　提高

（10 分钟后）师：现在抽两篇习作投影在屏幕上，根据高考评分原则，一起评审、修改、学习。（投影）我们一看书写：如果影响评卷老师阅读理解，可下降一个档次评分，至少先降 5 分起评。二看字数：本篇如低于 100 字先扣 2 分。三看要点：按前图所示严格按要点给分。（看习作）书写虽可不降分，但绝算不上工整。现在看字数（计算），够不够?

生：不够。

师：先扣 2 分，最后从总分中减去。现在看要点：原则是主谓领先，意义达成。正确地表达一个要点，给满分。达意但表达有错，酌情扣分；主谓错误，重扣。词不达意，不得分。现在我们阅读修改（一边读文章，一边改错，略）。第一段只写了一个原因，缺一个要点，扣 2 分。要点三及原因表达不准确，各扣 1 分。第二段要点虽全，但有一个要点结构有错扣 1 分。再看语言质量，看看有多少错误?（数）10 分可给 6 分吧。合起来计算要点扣 5 分，语言扣4分，字数扣2分，本篇作文最后得分为24分。

按上面方法再评阅另一学生的习作。

师：大家按我们的评分规则看看自己能得多少分。

（展示幻灯片）

Step five 范文参考

师：请大家阅读、欣赏、学习参考范文。

Dear Catharine,

I'm very glad to receive your letter.

To begin with, we will help mothers do some housework, such as tidying the rooms or washing some clothes, for we are very thankful for all the work they have done for us. It's high time that they should take a rest. What's more, we'd like to send them some gifts including flowers and beautiful dresses, wishing mothers to be much younger and happier. Further more, we are going to write them cards to tell them how much they mean to us, and that we'll go all out not to fail their expectations.

On Mother's Day, I want to take my mother to pay a visit to the park near my home and after that I will go with her to see a film. You know, Mother has little time to spend on such things. It takes most of her spare time to take care of me and my brother. How great Mother is!

Have you got any ideas? Look forward to your reply. Best wishes.

Yours truly

Wang Ping

四、家庭作业（展示幻灯片）

一个国际青年参观团正在访问我国某城市，你负责安排他们的参观活动。请起草一份英文通知。通知必须说明以下几点：

1. 参观日期：7月22日，星期六

时间：早餐后8点出发，午餐在参观地点吃，下午回来。

2. 参观内容：分4组，每组参观一个地方：工厂、学校、农场或医院。

3. 欢迎每人参加一组活动。请选择参观地点，并在今晚9点前到服务台（the Service Desk）签名。

注意：通知的开头已经写在下面，不计入总词数。

师：家庭作业：按今天的方法完成一篇书面表达，明天讲评。

（展示幻灯片）

Thank you!

课例8　《常见的非金属及其化合物——氯及其化合物》复习课课堂实录

化学教研组　林智丽

【复习目标】

1. 掌握氯气及其重要化合物的主要性质

2. 掌握氯水的成分及性质

3. 熟练书写相关的化学方程式和离子方程式

4. 通过氯及其化合物关系图的构建提高学生归纳总结和知识梳理的能力

5. 通过实验探究提升学生的实验设计和探究能力

【复习重点】

1. 氯气及其重要化合物的主要性质

2. 氯水的成分及性质

3. 熟练书写相关的化学方程式和离子方程式

【复习难点】

1. 通过氯及其化合物关系图的构建提高学生归纳总结和知识梳理的能力

2. 通过实验探究提升学生的实验设计和探究能力

【教学环节】

【活动一：回顾教材　基础梳理】——各学习小组课前完成

1. 教师：投影展示学生学案

师生共同点评学生梳理知识

学生：观看投影的学案，取长补短，完善自己的知识梳理

2. 学情检测（课堂练习）

学生：回答者给出答案并解释原因；其余同学共同评价是否正确

学生回答思路清晰，语言表述清楚、准确

教师语言亲切、自然，师生交流顺畅

3. 对点演练（化学方程式和离子方程式的书写）

学生：回答者黑板上书写并解释原因；其余同学学案上练习并评价回答者的答案

学生书写比较规范，原因解释在教师帮助下完善

【活动二：思考交流 合作探究】

1. 教师：提出问题

下列实验报告记录的实验现象和结论都正确吗？

序号	实验方法	预测现象	结论	正确否
①	将氯水滴加到 $AgNO_3$ 溶液中	有白色沉淀生成	氯水中含有 Cl^-	
②	将氯水滴加到含有酚酞的 NaOH 溶液中	红色褪去	氯水中含有 H^+	
③	取一片淀粉—KI 试纸于玻璃片上，用洁净的玻璃棒蘸取氯水滴在试纸上	淀粉—KI 试纸变蓝色	氯水中含有 Cl_2	
④	将足量的氯水滴加到 Na_2CO_3 溶液中	有无色气体生成	氯水中含有 H^+	

学生：进行判断，在实验②中产生疑惑

教师：进行引导，在实验②中可能是哪些原因引起的？如何设计实验证明？

得出结论：

①氯水中的次氯酸的漂白性使溶液褪色

②氯水中的酸与氢氧化钠反应，使溶液不显碱性而褪色

学生：分小组自行设计实验方案，并相互交流

学生小组讨论热烈、认真，大部分小组能设计出正确的实验方案

教师：在各个小组间指导、交流

设计出的实验方案：将氯水滴加到含有酚酞的氢氧化钠溶液中，红色褪去后再向溶液中加入氢氧化钠溶液。观察现象：如溶液仍无色，则说明结论①正确；如溶液变红，则说明结论②正确

学生：实验设计完成后，分小组实验进行验证

学生实验操作不是很规范，但都能验证自己小组的实验设计

教师：在各个小组间指导实验，鼓励和表扬完成情况好的小组，引导和帮助稍有困难的小组

实验结论：氯水中的次氯酸的漂白性使溶液褪色

2. 教师：引入第二板块氯水的成分和性质的复习

学生：核对学案上知识点，熟悉氯水的成分和性质

3. 对点演练：学生练习

【活动三：课后感悟高考】

课例9　《探究加速度与力、质量的关系》课堂实录

物理教研组　胡小容

课题：探究加速度与力、质量的关系

班级：高一（二）班

授课人：胡小容

课型：实验探究课

教学过程：

一、提出问题

师：物体的运动状态改变快慢用什么物理量表示?

生：加速度。

师：加速度的大小与哪些因素有关？为什么?

生：加速度与力有关，因为力是改变物体运动状态的原因。

生：加速度与物体的质量有关，因为物体质量越大，惯性越大，运动状态越不容易改变。

师：大家说得很有道理。那么加速度与力、质量的关系到底是怎样呢？请大家观察一个演示实验。

二、做出猜想

课件：展示实验装置

师：完全相同的两辆小车，可以在相同的双轨道上运动。轨道侧面可以读出小车的位移。

演示实验1：保持小车质量相同，用不同的钩码拉动小车，使小车同时从静止开始运动。

师：我们在小车甲的细线上挂两个钩码，在小车乙的细线上挂一个钩码，那么$m_{甲}=m_{乙}$，$F_{甲}>F_{乙}$。小车同时开始运动，同时停止，请观察它们的位移。

生：$X_{甲}>X_{乙}$。

师：这表明它们的加速度关系是?

生：$a_{甲}>a_{乙}$。

演示实验2：保持拉力相同，在甲小车上放上两个砝码，使小车同时从静止开始运动。

师：现在我们都用一个钩码拉动小车，而在甲车上放两个砝码。那么 $F_{甲} = F_{乙}$，$m_{甲} > m_{乙}$ 它们的位移关系是？

生：$X_{甲} < X_{乙}$。

师：它们的加速度关系呢？

生：$a_{甲} < a_{乙}$。

师：通过刚才的实验，我们可以猜想，加速度与力、质量有什么关系？

生：加速度与力成正比，与质量成反比。

三、实验方案

师：现在我们一起来设计实验方案，验证大家的猜想。

师：我们要探究的是加速度与力和质量的关系，能不能同时探究？应该采用什么方法？

生：不能。要控制变量。

生：要保持 m 一定，研究 a 与 F 的关系；再保持 F 一定，研究 a 与 m 的关系。

师：我们要定量地研究加速度与力和质量的关系，就必须准确测定加速度的大小，如何测定匀变速直线运动的加速度呢？

生：打点计时器。

师：我们在第一章已经学习了利用打点计时器测定匀变速直线运动的加速度，请大家回顾一下计算的方法。

课件展示：匀变速直线运动的点迹。

师：我们在纸带上选出 0 到 6 号计数点，对应六段位移，写出加速度 a 的表达式是怎样的？

生：$$a = \frac{\frac{x_4 - x_1}{3T^2} + \frac{x_5 - x_2}{3T^2} + \frac{x_6 - x_3}{3T^2}}{3} = \frac{x_4 + x_5 + x_6 - (x_1 + x_2 + x_3)}{9T^2}$$

师：如果纸带短，或者点迹不好，也可以选五个计数点，找出四段位移。

生：$$a = \frac{x_3 + x_4 - (x_1 + x_2)}{4T^2}$$

师：公式中的 T 取决于计数点的选取。为了计算方便，我们一般每隔四个点选取一个计数点，使 $T = 0.1\text{s}$。

师：请大家来分析一下小车在轨道上运动时的受力情况。

生：重力、支持力、拉力、摩擦力。

课件展示：受力分析图。

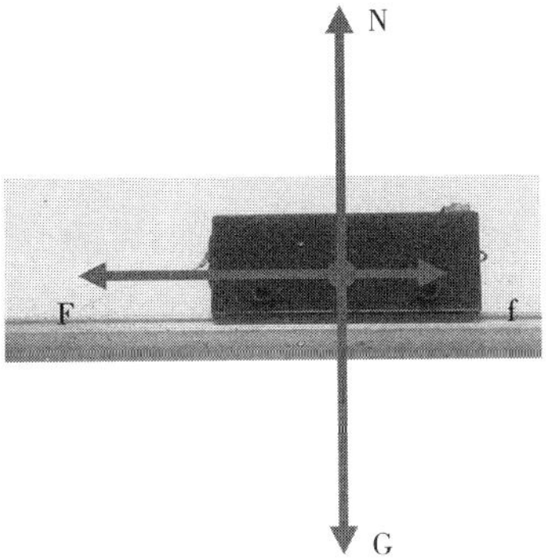

师：我们探究的影响加速度的力，是钩码对小车的拉力。而小车实际运动中受到了摩擦力，会影响实验，所以必须想办法消除摩擦力的影响。

师：利用力的分解，我们可以巧妙地解决这个问题。将轨道倾斜一定角度，使重力分解为平行于斜面和垂直于斜面的两个分力。当斜面倾角合适的时候，重力的垂直分力刚好和支持力平衡，平行分力刚好与摩擦力平衡。

课件展示：将轨道倾斜后的受力分析。

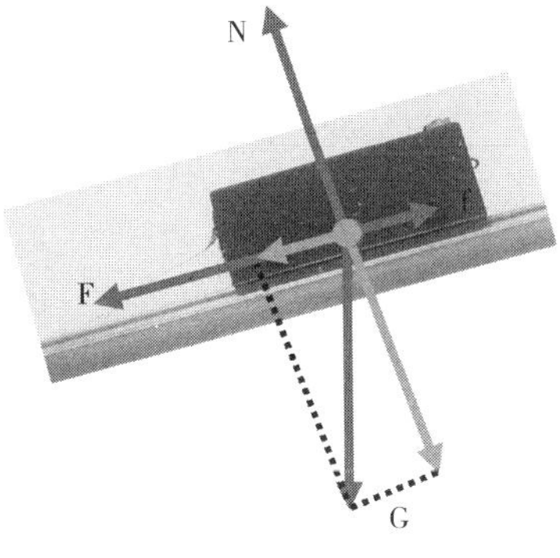

四、实验步骤及数据

师：下面我们就分组进行实验探究。由于这个实验比较复杂，我们把它分解为两个部分。

1 ~ 5 组的同学探究加速度与力的关系，注意保持小车质量不变，做完一组实验后减掉一个钩码来改变拉力的大小。6 ~ 10 组探究加速度与质量的关系，注意保持拉力不变，通过在小车上加砝码来改变小车的质量。

师：实验中注意两点，一是小组内分工合作，两个人实验操作、一个人选计数点和测位移、一个人计算加速度，配合要默契；二是纸带上表明实验条件，以免混淆。

学生分组实验。

老师巡视指导。

五、数据处理及实验结论

师：这个实验我们测量的数据比较多，因此我们请一个好帮手——电脑来帮我们处理数据。通过软件，我们把测量数据通过作图法，用图像来表示。

师：先请探究加速度与力的关系的同学把你们的实验数据输入电脑。

学生输入数据。

师：观察电脑描出的点，有什么规律？

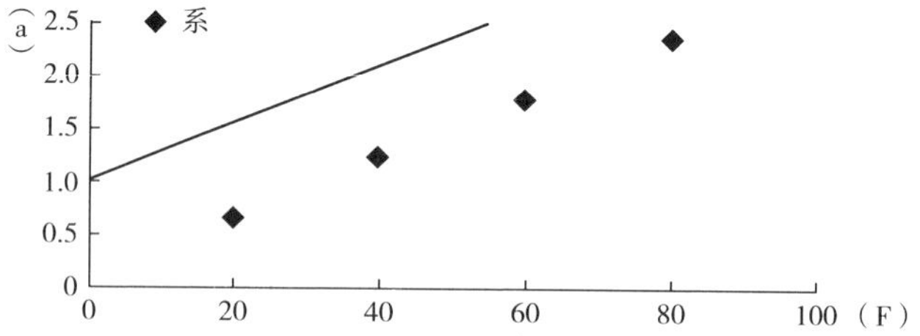

生：在一条直线上。

师：我们尝试看能不能画一条直线把描出的点连接起来。

课件展示：图像。

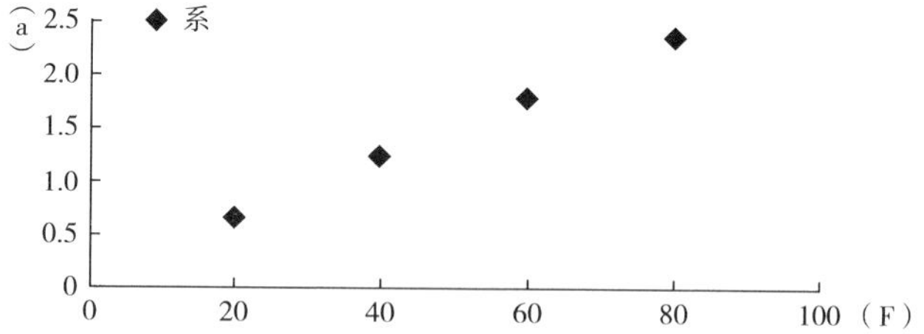

生：另外三组同学输入实验数据。

师：利用电脑软件分析。

师：根据刚才几组同学的数据，我们发现最后都可以用一条直线来描述加速度与力的关系。这表明加速度与力是什么关系？

生：当物体质量一定时，加速度与力成正比。

课件展示：结论一：质量一定时，加速度与力成正比。

师：现在请探究加速度与质量的关系的同学输入你们的数据。

两组同学输入自己的实验数据。

师：我们猜想的是加速度与质量成反比。可是反比的图像是不是就容易确定呢？那我们有什么办法呢？

生：讨论

师：如果加速度与质量成反比，那么加速度与质量的倒数是什么关系？

生：成正比。

师：对！所以我们利用电脑软件，计算出质量的倒数，再通过图像来反映加速度与质量的倒数的关系。

课件展示：描点及图像。

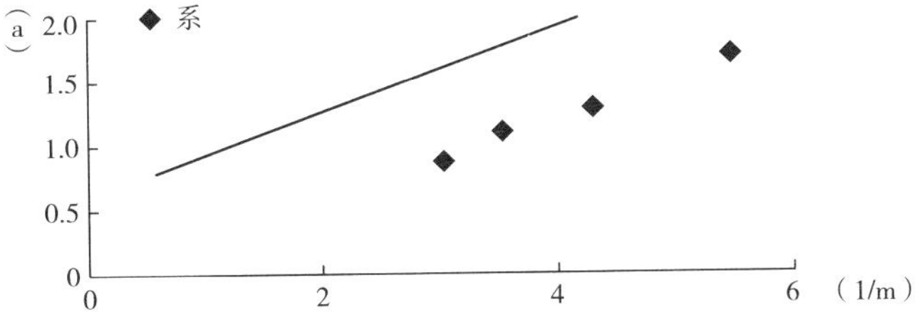

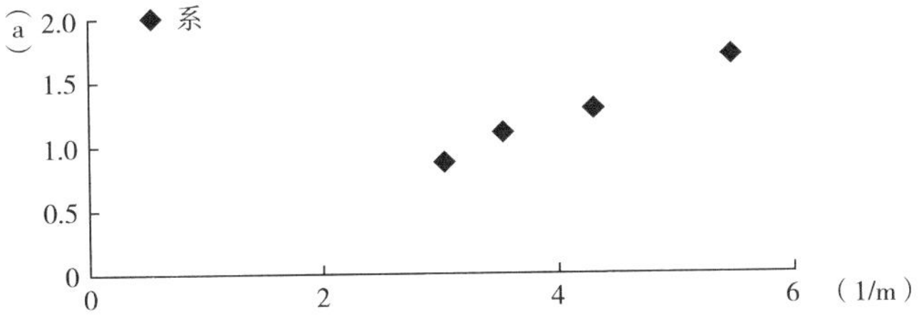

师：从图像中我们可以发现，加速度与质量的倒数是什么关系？

生：成正比。

课件展示：结论二：力一定时，加速度与质量成反比。

师：把我们两大组的同学的实验结论综合起来，得到了我们今天探究的结论……

生：加速度与力成正比，与质量成反比。

六、讨论交流

师：实验探究完成了，大家通过今天的探究过程，有些什么样的收获呢？

生：我知道了力和质量都会影响加速度。

生：锻炼了动手能力。还有大家一起合作，完成了实验探究，我感受到了合作的力量！

师：我们今天的探究是比较复杂的，但是我们首先把问题分解为两个小问题，全班同学分成了两大组。每一个问题我们又分成5个小组来探究。每个小组内部我们还有分工，同学们分别负责实验操作、选取计数点、测量位移、计算加速度。但是所有同学都是围绕我们要探究的“加速度与力、质量的关系”展开工作。这种分工合作的学习方式可以取长补短、提高学习效率。希望大家在以后的学习中继续坚持！

课例10　《绿色开花植物的生活方式——呼吸作用》课堂实录

生物教研组　方　丹

（课前以一个数字游戏将气氛活跃起来）

情景导入，引入新课（设置情景，连续式的问题探究式教学，一步一步解决疑问，耐心引导）

师：上课之前，先请大家看一则爆炸性新闻：陕西母子俩下地窖取红薯却不幸失去宝贵生命。（声情并茂，用稍微夸张的语气吸引学生注意力）

生（认真听、默默阅读PPT展示的新闻）

师：同学们，读了这则新闻，现在要请大家当一次名侦探柯南，你们觉得谁是杀害母子俩的凶手？大家稍作讨论把结果告诉大家。

生1：新闻说，母子俩都是窒息休克死亡的，这是地窖缺氧杀死了他们。

师：非常好，那么为什么会发生氧气不足这样的情况呢？我们先学习一些知识，待会儿再看大家说得对不对，给这件事一个定论，找出真凶结案。

生：好。

师：这些都是生活中的一些呼吸现象（展示PPT），学完今天的知识大家就能全部解决了。现在我们首先来观察一组实验，大家观察实验现象，讨论实验结论。（通过实验演示，再次抛出系列问题，让学生自己寻找、推论问题的答案或者解决方案，言语中鼓励学生相信自己的能力）

生：种子萌发要进行呼吸作用，这个过程要吸收氧气，释放二氧化碳，还要释放能量。（填空）

师：刚刚我们看到的三组对照实验的变量（作为对照的不同之处）是什么？

生：种子，一个是萌发的种子，一个是煮熟的种子。

师：好的，那萌发的种子和煮熟的种子，谁是由活细胞组成的，谁又是由死细胞组成的呢？

生：当然是萌发的种子由活细胞组成，它有生命力，能萌发！

师：那就是说，有生命力的活细胞就能进行呼吸作用，对吧？大家看一看图片，萌发的种子能进行呼吸作用，植物的根、茎、叶、花、果实呢，它们能吗？

生：能！因为它们是由活细胞组成的。

师：很好，那现在能给本节课开始给大家的疑案进行侦破、下定论了吗？

生2：真凶就是红薯，它的呼吸作用消耗了地窖中的氧气。

师：那如果我们要下储放蔬果和粮食的地窖或地下室，进之前是不是应该用蜡烛或者火把鉴定一下氧气含量呢？

生：是的。

师：我们知道，呼吸作用的场所就是细胞，并且是活的细胞。大家看这张图片，哪个是动物细胞？哪个是植物细胞？在它们两种细胞的细胞质中都具有一种什么样的微小结构？（探究呼吸作用原料后开始讨论呼吸作用场所，尽量唤起学生前面学过的细胞结构，提高他们的知识归纳能力，用更多开放式的问题代替封闭式的问题）

生3：左边是动物细胞，右边是植物细胞。两者都具有的微小结构是线粒体。

师：那么线粒体就是细胞的动力工厂，是细胞进行呼吸作用的主要场所。现在请一个同学来归纳植物呼吸作用的概念。

生：绿色植物吸收氧气，将体内的有机物分解成二氧化碳和水，同时释放能量的过程，叫作呼吸作用。

师：大家从这个概念中找出呼吸作用的原料、产物和主要场所，完成学案填写其反应式。

生4：原料是有机物和氧气，产物是二氧化碳和水，主要场所是线粒体，这个过程还要释放能量。（教师板书）

师：大家看一下，这个反应式我把能量用红色标注了一下。请问，能量被呼吸作用释放出来又干什么去了？

生5：（阅读教材）一部分用于植物的各项生命活动，一部分以热量的形式散失了。

师：各项生命活动包括很多，如细胞分裂、无机盐的吸收等。前面学习了植物的生命活动——光合作用，今天学习了呼吸作用。现在大家阅读教材，完成学案上的两者比较的表格。

（给学生时间写完，随机抽取学生学案两份，进行实物投影并讲解答案）

师：再次抛出一问，你在家养过盆栽植物吗？为什么有的人在摆放了绿色植物的卧室睡觉第二天醒来却头昏脑涨？如果你是健康专家，你会建议人们怎样做？请一名同学来挑战一下这个问题。（让学生发挥想象，利用所学知识解决现实生活中的问题）

生6：我养过盆栽植物，晚上睡觉把它放卧室第二天头昏脑涨是因为植物晚上不能进行光合作用但却还要进行呼吸作用，消耗了卧室中的氧气，而且要释放二氧化碳，室内氧气不足导致大脑缺氧。如果我是健康专家，会建议人们晚上将植物放在卧室外边或者打开窗户通风。

师：现在我们再来探究一下生活中的呼吸现象，大家来看一个问题：萝卜放久了会糠心（或空心）？（生活中实际问题以问题串的形式抛出，耐心询问，使学生能更好地联系呼吸作用实质及要点，加强印象）

生：因为水分流失了。

师：除了水分，还有什么呢？大家想一想这样的萝卜跟新鲜的萝卜相比哪个营养高些？

生：当然是新鲜的萝卜咯，对了（恍然大悟），萝卜放久了会糠心还因为营养物质被消耗了，是萝卜的呼吸作用消耗了它本身的营养物质，也就是有机物。

师：嗯，大家分析得非常好。那我们再分析几个生活中的问题，看看植物的呼吸作用在生活中的应用。粮食收割后放久了会发热，而为什么农民伯伯要晒干粮食再将其入仓保存？我们请同学来回答。

生7：今天我们学到的植物呼吸作用要释放热量，因此存放粮食会发热。晒干粮食是为了降低粮食的含水量，这样便于储存。

师：为什么这样就能更好保存呢？贮藏粮食最重要的是让粮食的什么被更好保存？

生7：为了让营养不流失，这样做能降低粮食呼吸作用进行的程度。

师：这位同学说得非常好，将粮食晒干就是为了降低植物的呼吸作用强度。生活中我们常常为了更好地贮藏食物会选择控制一些环境条件来降低它们呼吸作用强度，使营养物质较少流失。那么还要问大家，贮存蔬菜、水果为什么要保持低温？除此之外，还有什么好办法？

生8：我知道，将蔬菜和水果放到冰箱，这样较低的温度也能降低呼吸作用的强度；另外，还可以进行密封，比如用保鲜袋，来降低呼吸作用强度。

师：那么现在我们能归纳一下储存蔬果和粮食最好的条件是什么吗？（通过提问，让学生根据前面的讨论，自我归纳总结储存蔬果和粮食的最好条件）

生：较低的温度和湿度，以及密封。

师：对，就是适当地降低温度和湿度，或者进行密封。但是，我们刚刚说的都是要降低呼吸作用的强度。生产生活中有没有需要提高呼吸作用强度的例子？（通过问题，讨论相反的实际应用的情况）

生9：一时没想到。

师：那我们回忆一下开篇给大家的几个问题：为什么播种时要将种子埋得较浅？

生9：对，这就是要让空气进去，让氧气接触种子，提高它的呼吸作用强度，让它更快萌发。

师：还有没有其他的呢？

生10：我知道，还有定时给花园或菜地松土，是为了提高根的呼吸作用强度。

师：看来，我们生产生活中有时候要降低植物的呼吸作用强度，有时又要提高呼吸作用强度。现在大家看我们开篇的这些问题，都能解决了吧？

生：是的。

师：大家现在看黑板，老师今天课堂上所书写在黑板上的内容就是我们这节的知识重点。第一，任何活的细胞都在不停进行呼吸作用；第二，呼吸作用是分解有机物、释放能量的过程（原料、产物、条件及主要场所）；第三，呼吸作用释放的能量，一部分转变成热能散失，另一部分供给植物体进行各项生命活动（如植物体吸收矿质营养、有机物的合成和运输、细胞分裂等，无一不需要能量）；第四，生产生活中，有时要适当降低呼吸作用强度，有时要提高呼吸作用强度。大家看看自己都掌握了吗？

生：掌握了！

师：那老师要考大家一下了，做一下学案上的练习题，植物呼吸作用分解有机物释放能量的主要场所是哪里？植物呼吸作用所释放的能量来自细胞储存的哪种物质？种子萌发的各实验中设计有煮熟种子所起的作用是什么？大家看PPT上选项，做出选择。（以随堂练习、提问的形式加强所学，并不断鼓励、

表扬他们的回答）

生：分别是线粒体、有机物和对照。

师：今天大家表现特别好，学起来特别有劲，学到了很多知识。大家热情这么高是不是因为这节课植物的呼吸作用中许多知识都是与生产生活实际息息相关呢？说明我们的生物学是名副其实的自然科学，一点也离不开现实生活。那么希望大家能将这种学生物学的激情继续保持下去，我们一定能将它学好，解决更多生活中的现象和问题。

生：（心潮澎湃）好！

师：好了，本节课到此结束。下节课的吸收作用跟生活联系也十分紧密。请同学们课下做好复习。谢谢大家，下课！

课例11　《南北气温的差异》课堂实录

地理教研组　杨清辉

师：（引入）一个好的环境对一个国家和地区的发展非常重要，就像同学们的学习与环境一样。前面我们学习了中国自然环境的地形条件、河流与湖泊条件。这节课，我们继续了解中国的气候。（板书：第二章　第一节　南北气温的差异）

师：（过渡）要了解中国气温的分布规律，先要具备一些基础知识和能力。我们先来回顾一下。（展示课件，教师提问，学生回答，教师再纠正归纳）

一、基础知识铺垫

1. 气候的含义：一个地区多年内大气的平均状况。

2. 气候要素
- ①气温
- ②降水

3. 气候成因
- ①太阳辐射
- ②下垫面
- ③大气环流
- ④人类活动

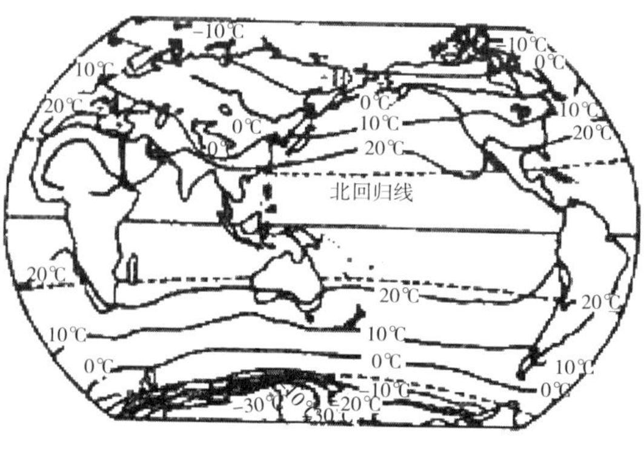

二、基本能力铺垫

1. 等温线阅读方法，并分析成因。

①读等温线走向，判断气温变化方向；

②读等温线稀密，判断温差大小；

③读极值。

2. 阅读“世界气温分布图”，归纳分布特点，了解原因。

（1）分布特点	（2）成因	
①世界气温由低纬向高纬递减。	太阳辐射（由低纬向高纬递减）。	
②同一纬度，海洋与陆地气温不同，等温线发生弯曲。	海陆热力性质不同	下垫面影响
③大陆上，气温随海拔升高而降低。	海拔影响	
海洋上，暖流增温；寒流降温。	洋流影响	

师：（*展示活动内容*）探究活动一：冬、夏季气温分布特点

等温线大多呈什么走向？反映出我国冬、夏季气温沿什么方向变化？

生：走向：东西走向；变化：从南向北降低。

师：找出1月气温最低及最高的分布地区，计算一下，两地1月平均气温大约相差多少度？

生：最低：北极村（漠河）；最高：海南省（海口）；相差大约50℃。

师：请找出0℃等温线，把它加粗，看看该线东段大体与哪条河流和山脉的分布一致？想一想此线南北地区的河流冬季有什么不同的现象？

生：0℃等温线：大体与秦岭—淮河一线一致；现象：以北的河流有结冰现象，以南河流没有结冰现象。

师：黑龙江北部和海南省南部7月平均气温各约多少度？这时我国南北温差大约多少度？7月我国大部分地区平均气温在多少度？

生：7月平均气温：黑龙江北部约16℃，海南省约28℃；南北温差：大约12℃；7月我国大部分地区平均气温：在20℃以上。

师：我国冬季气温和夏季气温的分布有什么共同特点？有什么明显差异？

生：共同特点：气温都是从南向北递减。明显差异：冬季南温北寒，南北温差很大；夏季南北的大部分地区普遍高温。

师：纠正补充。强调1月0℃等温线穿过秦岭—淮河一线，向西经过青藏高原的东南边缘，这是我国一条重要的地理分界线，要求记住。

师：【*承转*】那么，为什么我国冬季南北气温相差得如此悬殊，而夏季却

很小呢？

（展示活动内容）探究活动二：冬、夏季气温分布成因

阅读表1“冬至日三地的正午太阳高度、昼长时间表”，讨论以下问题。

表1

地　点	纬　度	正午太阳高度	昼长时间
漠　河	53°29′N	13°14′	7时30分
北　京	39°54′N	26°40′	9时12分
广　州	23°8′N	43°25′	10时43分

师：比一比，在冬至日，我国南北各地的太阳高度和昼长时间与纬度位置有什么关系？

生：冬至日，由南向北，纬度越高，太阳高度越低，白昼时间越短。

师：太阳高度的高低和昼长时间的长短与气温高低有什么联系？

生：太阳高度越高，白昼时间越长，太阳辐射越强，地面获得的热量越多，气温越高。

师：刚才所讲的这些是影响气温分布的哪一个因素？

生：太阳辐射。

师：阅读表2“夏至日三地的正午太阳高度、昼长时间表”，讨论以下问题。

表2

地　点	纬　度	正午太阳高度	昼长时间
漠　河	53°29′N	59°58′	16时55分
北　京	39°54′N	73°32′	15时1分
广　州	23°8′N	89°41′	13时35分

师：比一比，在夏至日，我国南北不同纬度地区的太阳高度和昼长时间有什么不同？

生：夏至日，纬度越高，太阳高度越低，但白昼时间却越长。

师：夏季我国南北太阳高度的高低和昼长时间的长短与气温高低有什么联系？

生：夏季，北方地区虽然太阳高度比南方低，但因为白昼时间比南方更长，所以太阳辐射也比南方少不了多少，北方地区的气温也就比南方低不了

多少。

师：【小结】我国冬季和夏季气温的分布特点和成因

（展示活动内容）探究活动三：中国夏季气温之最

阅读我国7月平均气温分布图，了解中国夏季气温之最，回答下列问题。

师：我国夏季气温最低的地方在哪里？为什么？

生：夏季气温最低的地方在青藏高原，因为地势海拔高。

师：我国夏季气温最高的地方在哪里？为什么？

生：夏季气温最高的地方在新疆的吐鲁番盆地，因为吐鲁番盆地：

①地处西北内陆，距海远，夏季降水少，晴天多，太阳辐射强；

②地处内陆，距海远，夏季升温快；

③该地是我国陆上地势最低的地区。

师：【课堂总结】

1. 读1月、7月气温图，说出我国冬、夏气温分布的特点。

冬季南温北寒，南北温差大。

夏季南北大多数地区普遍高温。

2. 为什么我国冬、夏气温有这样的分布特点？

冬、夏气温不同的分布特点，都是因不同纬度地区的太阳高度和昼夜长短的不同而形成。

师：【巩固练习】

1. 108页图文落实“一、南北气温的差异”。

2. 114页基础——覆盖巩固　一、选择题1、2、3、4。

课例12　《一念之差——危险的诱惑》课堂实录

政治教研组　张　琼

课前预习：自主学习，2分钟

教师：同学们，在学习了第三单元《从众与自主》之后，我们了解了属于我们这个年龄段的一些特点，由于主观和客观的诸多因素，导致我们在学习生活中很容易盲目从众，甚至迷失自我。而现实生活中又有太多的诱惑，要克服它，战胜它，我们首先要了解和认识我们身边的诱惑。今天我们要讨论的课题就是《身边的诱惑》。

在学习之前，请同学们阅读课本第 76 ~ 81 页，自主完成《优化设计》第一部分“快乐预习·感知”，在教材相应的地方勾画出知识要点，并思考以下问题：

1. 我们身边有哪些诱惑及原因？

2. 危险诱惑的危害有哪些？

学生：预习，阅读，思考。

一、导入：4 分钟

教师：同学们，你们喜欢上网吗？喜欢动漫吗？相信很多同学会回答：喜欢！那么，现在我们就带着问题观看一段视频：微动漫《陨落》。并想一想：是什么导致动漫中的主人公走向堕落？

学生：观看视频。

教师：同学们，看完这段视频，你认为是什么导致动漫中的主人公走向堕落的呢？

学生（甲）：是因为抢别人的钱，杀人了。

学生（乙）：是因为迷上了电子游戏，没有钱上网而抢劫杀人，最终走上犯罪道路。

教师：刚才两位同学说得都不错，把导致他们堕落的诱因找到了。现实生活中还有很多的诱惑。现在我们就一起来个“诱惑大搜索”吧！

二、诱惑大搜索：15 分钟

（设计意图：分两部分，一是撒大网。让同学们根据自己的生活经验和经历，拓展思维，发挥头脑风暴效应，尽情展示生活中的各种诱惑。与此同时，在同学们分别展示的过程中，可以进行知识互补，了解自己不为所知的诱惑，分清诱惑有何不同。二是撒小网。通过情景体验，让学生由远及近，发现潜伏在自己身边的诱惑。这为探讨下一步的“危险诱惑知多少”打下伏笔）

“人肉”搜索：6 分钟

1. 学生分组写出生活中的诱惑，越多越好。

教师：同学们可以根据自己的生活经验和经历，拓展思维，发挥头脑风暴的效应，尽情展示生活中的各种诱惑。现在给每位同学发一张卡纸，请同学们在相应的位置写下“生活中的诱惑”，越多越好。分组进行，小组成员之间可以讨论，集中智慧，最后每组派一位代表，说说你们所想到的“生活中的诱惑”。现在开始。

学生活动：讨论，书写。

教师：好，每个组的同学都完成了吗?

学生：完成了。

教师：好，现在就进行小组汇报。有请第一小组。

学生（第一小组代表）：我们小组收集到的生活中的诱惑有这些：①毒品；②赌博；③学习；④不良的音像制品；⑤网络；⑥淫秽的读物；⑦文化艺术。

教师：好，不错。那么有请第二小组。（同时在黑板上分类书写）

学生（第二小组代表）：我们小组想到了这些诱惑：①毒品；②金钱；③赌博；④网络；⑤“法轮功”邪教；⑥黄色；⑦淫秽的读物；⑧音像制品。

教师：第二小组的表现不错，他们的诱惑与众不同哦。我们来看第三小组。（同时在黑板上分类书写）

学生（第三小组代表）：我们小组汇集了大家的意见，搜索到了这些诱惑：①网络；②毒品；③黄色读本；④“法轮功”；⑤金钱；⑥赌博。

教师：看来我们每个小组的同学确实充分发挥了团队合作的力量，不错！继续。（同时在黑板上分类书写）

学生（第四小组代表）：我们组想到的诱惑有这些：上网、黄、赌、毒、喝酒、斗殴、歌舞厅、游戏厅、抢、“法轮功”。

教师：我们的黑板已经快被同学们搜索的诱惑占满了，很丰富、很全面。最后看看我们的第五小组的同学有没有补充的。（同时在黑板上分类书写）

学生（第五小组代表）：我们组的同学刚刚在其他小组同学说的同时，对我们的内容进行了删减，有这些：金钱、抽烟、物品、荣誉、毒品、网络、色情、赌博、喝酒、网络游戏。

教师：很不错，我们第五组的同学很机智，也为我们的课题赢得了时间。

现在请同学们看看黑板上我们板书的“生活中的诱惑”，观察一下，老师为什么要把这些“诱惑”分成两列呢？有什么不同吗?

2. 学生找出诱惑中的“危险诱惑”，分清哪些是危险诱惑，哪些是美好的诱惑。（引导学生明白不是所有的诱惑都是危险的，而美好的诱惑需要自己的努力才会获得，循循善诱）

学生（丙）：性质不一样。

学生（丁）：有些是好的诱惑，有些诱惑是不良的。

学生（甲）：左边那些是“美好的诱惑”，右边那些是“不良的诱惑”。

教师：看来同学们已经发现了问题。那么我们在现实生活中的确有很多诱惑，但诱惑一定是不良的诱惑吗？

（1）学生答问。

学生（齐）：不是，有美好的也有危险的。

教师：说得好！现在我们就一起来把这两类诱惑大声念出来，以加深印象。

学生（齐）：美好的诱惑：……

危险的诱惑：……

教师：美好的诱惑激励我们去积极探寻，去获取成功。危险的诱惑使我们迷失方向，甚至走向违法犯罪的道路。为了对生活中的危险诱惑有更深入的认识，我们的同学们在课前做了大量的工作，有的组上网查阅资料，有的组上图书馆、阅览室，看新闻等，收集了大量的有关生活中危险诱惑的资料，包括图片、案例等，有的小组还为自己小组的资料做了 PPT，等会儿我们一起来分享一下他们的劳动成果。请各小组分别展示收集成果。

（2）学生分组出示课前收集的有关诱惑的资料（图片、案例等）。

学生：

第一组：我们小组收集了有关毒品的诱惑，并制作成了 PPT，与大家一起分享。请看……

第二组：我们小组收集的是有关赌博的相关资料，主要是图片资料，都是从报纸、杂志、网络上收集的，现在用投影的方式给大家展示一下……

第三组：我们组主要收集的是网络游戏的诱惑。我们查找了一些因为网络游戏而导致不良后果的小故事，甚至是因为网络游戏而导致的违法犯罪案例。现在跟大家分享一下……

第四组：我们收集的是邪教的诱惑。请大家一起观看收集整理的视频资料，大家可以从视频上看到很多因邪教而导致的恶果……

第五组：我们专门收集的是黄色读物的诱惑。我们从网上、报刊上收集到了很多有关黄色读物对人，尤其是对青少年的毒害。大家看看这些……

教师：刚刚同学们的分享都很精彩。再次为我们自己鼓掌！同学们，我们从大家的分享中，看到危险诱惑对我们的危害的确很大，极有可能使人走向万劫不复的深渊，酿成人间悲剧。同学们在知道了它们的危害之后，会怎么做？

学生（齐）：远离它！拒绝诱惑！

教师：同学们都说得不错！而很多同学们觉得黄、赌、毒、邪教等这些都离我们生活很远，我们也不会去碰。但是，这些看似离我们遥远的东西也正在慢慢地侵蚀着我们，我们也应该时刻提防。那么，现在走进我们自己的学习生活，看看在我们身边发生着的事情。

三、情景再现：9分钟。（设计意图：呈现学生日常学习、生活中的一些诱惑，引导学生认识这些诱惑的利弊，强化学生对各种不同诱惑的认识，让学生明辨是非，规范自己日常学习、生活中的行为）

教师：请同学们看PPT，这些都是我们同学自己从身边抓拍的照片、场景，看看他们都在做些什么？又是什么令他们如此着迷？（出示PPT）

1. 课堂小动作（看课外书、玩手机、听音乐……）

2. 课间悄悄话（聊电子游戏……）

3. 放学路上（上网吧、电子游戏厅……）

4. 考试中（各种各样的作弊方式……）

5. 领奖台前幕后（为考试成功而作弊……）

6. QQ在线（网恋、网络不良信息的传播……）

……

同学们一边看老师一边启发，同学们举手回答，或齐答。

教师：刚才同学们看到了非常亲切的同学和非常熟悉的场景，有的同学在笑很激动，有的同学脸红了不好意思，还有的同学表情很严肃像是在思考。不管怎样，相信同学们一定对这些现象（不良诱惑）对我们可能造成的危害有自己的看法，现在我们就来个小组合作研究，就上面我们呈现的场景，选择其中的一个场景（或一种现象）来讨论，探讨这些潜伏在我们身边的诱惑可能会给我们带来哪些危害，最后把探讨的结果交给一个发言人来陈述。同学们，都明白了老师刚才的要求了吗？

学生：明白了。

教师：好。我把要求用PPT展示出来，请同学们看屏幕。

（一）学生活动。（小组合作探究，在巡视过程中注意观察小组活动情况，并耐心给予指导）

1. 分组讨论：选择身边的诱惑中的其中一种，讨论其中的危害有哪些？

2. 让学生用自己喜欢的方式（文字、图画等）来展示这些诱惑的危害。（小组将讨论结果推荐一个中心发言人来解说，鼓励他们大胆地并用自己的方式来表达）

那我们就立刻开始分组活动吧。

不良诱惑的危害知道多少？（设计意图：上一环节了解了生活中的各种诱惑，以及我们同学们身边呈现的具体事件，学生由远及近，由浅入深，让学生明白在我们身边的某些诱惑也存在着危险。让学生通过情景体现，讨论自己的切身感受，让他们探讨这些潜伏在我们身边的诱惑可能带来的危害，并将讨论的结果展示出来，每组推荐一位中心发言人来解说，12 分钟）

学生活动（小组合作探究）

学生：

1. 分组讨论……（激烈）

2. 小组中心发言人陈述（方式独特）：

第一组……（漫画形式）

第二组……（经典语录）

第三组……（打油诗）

第四组……（反串歌词）

第五组……（总结性提炼）

（二）老师活动：适时引导点拨，板书提炼经典。

教师：每个小组的展示都各具特色，与众不同，相信同学们对诱惑的危害，在这种愉快的学习方式中，留下了深刻的记忆，也相信同学们会如你们自己所说的那般，认清危险诱惑，坚决抵制不良诱惑。

接下来，同学们跟老师一起将今天学习的内容做一个简单归纳和回顾。

四、点石成金：1 分钟（归纳整理知识，强化记忆）

1. 身边的诱惑有哪些及其原因

2. 危险诱惑的危害有哪些

美好的诱惑：领奖台的诱惑，成功、荣誉、鲜花、掌声的诱惑（激励人们去探索追寻和创造）

危险的诱惑：权欲的诱惑、游戏机的诱惑、黄赌毒与邪教的诱惑……

危险诱惑的危害：

①毒害人的身心健康。

②使人不思进取，影响个人的进步和发展。

③损害他人和社会，走上违法犯罪的道路，坠入万劫不复的深渊。

（学生总结，教师板书，PPT 同步）

教师：同学们，今天的课题即将进入尾声，无论从知识上，还是情感上，我们都对危险的诱惑有了更深刻的认识，相信在未来的学习、生活中，我们一定会把握好战机的人生方向！让我们一起诵读，齐共勉携手共进！

五、课堂延伸（师生共勉——诵读，承上启下，信心满满）

师生：齐诵读。2 分钟

大千世界，充满诱惑；

远离毒品，珍爱生命；

拒绝赌博，崇尚文明；

抵制邪教，热爱科学；

摒弃庸俗，追求高雅；

明辨是非，健康上网；

珍惜时光，快乐成长。

备注：根据上课进程，适时控制速度，并调节上课内容，或增或减。

课例13　《近代中国思想解放的潮流——新文化运动》教学实录

历史教研组　董彩霞

上课前，幻灯片呈现课题以及“一个拥有伟大思想的国家，才能拥有不断前行的力量！”这一段醒目的文字，以此作为本课思想的引领。

【导入】3 分钟

请同学们在音乐声中（背景音乐：《沧海一声笑》）观看一组历史图片，并且思考图片集中反映了什么？（图片：自辛亥革命到新文化运动的历史图片，并配有相应文字，以此让同学们回顾新文化运动前的一段历史，为新文化运动一课的复习做好铺垫）

师：（观看完图片）请同学们说一说图片集中反映了中国近代哪一段历史？

生：新文化运动。

【目标导航】2 分钟

师：不错，这就是我们今天复习的主题——必修三专题三第二课《新文化运动》，有请翻到书第 53 页。首先请同学们认真阅读我们学案上的“目标导航”，明确复习目标，做到心中有数。（幻灯片呈现“目标导航”）

生：认真阅读“目标导航”。（老师板书课题）

师（强调）：首先看“目标导航”的高考趋势一栏中“考查角度纵横兼

顾”的具体内容，“纵”主要指的是考查新文化运动在整个中国近代思想解放潮流中的历史地位，以及把它与近代其他各阶级、各派别的思想作比较；“横”主要指的是考查新文化运动与西方文艺复兴和启蒙运动的比较。

【整体认知】2 分钟

师：在复习具体内容之前，我们宏观上把握本课的知识结构。（幻灯片呈现知识结构图）

生：学生看知识结构图，初步整体把握新文化运动。

师：我把新文化运动概括为 17 个字——“困惑中反思，斗争中探索，问题与价值并存。”同学们在学习中加以理解，同时同学们复习后也可以自己用简洁的语言来概括或解读本课内容。

【基础梳理】幻灯片同步呈现相应内容（11 分钟）

师：接下来，我们进行基础梳理。课前我们请同学们自主进行了基础梳理，现在我为大家呈现答案，同学们自行订正，如果有疑问，请提出来我们一起探讨。（这一环节是为落实“三心”教学理念中的“重心”而设计的，基于我校学生的实际水平，我把教学重点首先放在历史基础知识方面，引导学生夯实基础）

一、困惑中反思——新文化运动的背景和兴起

（一）背景

1. 经济：第一次世界大战期间，中国________经济发展，________要求实行真正的________政治。

2. 政治：袁世凯________安图________。

3. 思想：①辛亥革命后西方启蒙思想和________观念进一步传播。

②________掀起________逆流。

4. 社会（心理）：国人________、________，________思想严重。

生：核对这部分答案。

师（提问）：新文化运动的直接原因是什么？

生自发议论。

师（引导学生理解）：（师生问答式）新文化运动的直接原因是袁世凯为复辟帝制而在思想文化领域掀起的尊孔复古逆流。

师（又问）：新文化运动的根本原因是什么呢？

生（齐声回答）：民族资本主义的发展。

师（强调）：根本原因是经济方面的情况。（借此引导同学们总结思维方

法——分析历史背景时要用到“唯物史观”中的观点）（板书“唯物史观”）

a. 社会存在决定社会意识；b. 任何思潮都是当时经济、政治的反映。

师：引导学生进行逻辑梳理（师生问答式）——正是辛亥革命后民族资本主义的发展，促使新文化运动的产生。1915 年陈独秀等人在上海创办《青年杂志》，发表大量抨击尊孔复古的文章，由此拉开了新文化运动的序幕。而《青年杂志》后来改名为《新青年》，之所以改名为《新青年》，是因为陈独秀等人认为“振兴中国的希望在于具有新思想新知识的青年”，正如陈独秀所说：“吾国之社会，惟属望于新鲜活泼之青年。”《新青年》杂志受到广大青年的普遍欢迎，可以说深刻地影响了那一代青年知识分子。（我校的学生，只要在老师“耐心”的引导下，他们便能积极思维，积极学习）

（二）兴起

新文化运动兴起信息简表

兴起标志	
代表人物	
指导思想（口号、核心）	
主要阵地和活动基地	

生订正新文化运动“兴起”的内容。

师（提问）：为什么陈独秀等人成了资产阶级激进派？他们有哪些共同点？

师（引导学生理解）：（师生问答式）他们都是当时风华正茂的知识界精英。最年轻的是胡适，当时他 24 岁，是留美博士；陈独秀、李大钊和鲁迅都曾留学日本；蔡元培曾留学德国和法国。他们都深受西方资产阶级思想的影响，接受了西方民权思想和达尔文进化论思想，他们希望在中国倡导资产阶级文化，用资产阶级文化来改造中国的传统文化，改造中国国民的心理和思想。

师（接着提问）：新文化运动有两面旗帜，也称“两位先生”，是什么？

生：德先生、赛先生。

师：用英文怎么读？

生（齐声用英文朗读）“Democracy”“Science”。

师：它们分别指的是什么？

生：民主、科学。

师：民主和科学的内涵是什么呢？

生（一生主动回答）：民主是指要求建立资产阶级共和，建立资产阶级的制度；科学是指……

师（补充强调）：民主，指民主思想和民主制度。包括人权平等、个性解放、独立人格、共和政体等；科学，指近代自然科学法则和科学精神。包括进化论、唯物论、无神论，反对封建迷信愚昧盲从和偶像崇拜等。民主、科学就是新文化运动的指导思想、旗帜、口号。

师：新文化运动在民主和科学的指导下，具体倡导了哪些新思想、新文化，而又反对哪些旧思想和旧文化呢？我想考考同学们。

二、斗争中探索——新文化运动的主要内容

<table>
<tr><th colspan="3">新文化运动主要内容简表</th></tr>
<tr><td rowspan="3">前　期
领导阶级、派别</td><td>1. 提倡
反对</td><td rowspan="2">（　　　　）革命</td></tr>
<tr><td>2. 提倡
反对</td></tr>
<tr><td>3. 提倡
反对</td><td>（　　　　）革命</td></tr>
<tr><td colspan="3">五四运动（1919 年）</td></tr>
<tr><td>后　期
领导阶级</td><td>主要宣传：</td><td></td></tr>
</table>

学生一起回答新文化运动具体内容（即以上表格内容）。

师（提问）：什么叫新道德？什么叫旧道德？为什么当时新文化运动的领导人要猛烈地抨击旧道德？

生（一生主动回答）：旧道德就是指在维护中国皇帝专制统治下所采用的一系列儒家的比较封建的思想，比如愚忠、愚孝，还有男尊女卑的一系列不平等的思想；新道德是指开放、平等、民主、自由等，这一系列的思想就被称为新道德。（同学们报以掌声）

师（强调）："旧道德"就是指以孔子学说为代表的儒家传统道德，其核心是"三纲五常"（"三纲"指君为臣纲、父为子纲、夫为妻纲。"五常"通常指仁、义、礼、智、信）；"新道德"就是资产阶级倡导的自由、平等、独立……由于儒家伦理道德是封建统治的核心思想和精神支柱，陈独秀等人认为要打倒封建伦理道德才能唤醒民众，才能实现民主政治，即民主共和，正如陈独秀所说："儒教与共和是绝不可相容之物，存其一，比废其一。"所以要反对旧道德。

师（接着问）：新文化运动中的思想革命和文学革命是什么关系呢？哪一个是载体？

生：文学。

师：哪一个是核心？

生：思想。

师：新文学是载体，新道德是前提，民主和科学是核心。文学革命推动思想革命，同时思想革命又推动文学革命，两者相辅相成，推动整个新文化运动。

师（思维方法指导）：我们用阶级分析的方法来分析，新文化运动提倡的内容和反对的内容分别是什么性质的文化？

生：提倡的是资产阶级的文化，反对的是封建的文化。

师（引导学生进一步理解）：所以新文化运动的前期实际上是资产阶级文化和封建文化的一场激烈的对垒、交锋，是资产阶级激进派在思想文化领域里的一场反封建斗争，是辛亥革命的继续，或者说是辛亥革命在思想文化领域里的一次补课。而新文化运动后期，即五四运动后，宣传的主要是马克思主义，它的性质转为无产阶级文化，方向也发生了变化，即引导中国人民走社会主义道路，关于后期的内容我们将在下节课复习。

师：以上便是新文化运动的主要内容。

师（思维方法指导）：对于新文化运动的内容，我们可以运用文明史观来理解——新文化运动，尤其是新文化运动前期资产阶级文化和封建文化的斗争实际上是中西文明相互碰撞的必然趋势与选择。

师：自鸦片战争前后以来，我们中国人经历了怎样的一个向西方学习的过程？

生：学器物——学制度。

师：在学器物、学制度都失败的情况下，中国人向西方的学习自然切入到思想层面。所以，新文化运动是顺应中国近代思想解放潮流之举。

师（呈现一段史料）："以陈独秀于1915年创办的《青年杂志》后改为《新青年》为其最突出代表的新文化运动，……是对全部文化遗产彻底的——全面的抨击，这是整个运动的特点。"（许华茨：哈佛大学史学教授）

师：这段材料涉及新文化运动的什么？

生：评价。

师：那我们应该如何正确评价新文化运动？我们应该运用辩证唯物主义的观点，即既看到新文化运动的积极意义，也要看到其不足，可以说是“问题与价值并存”。

三、问题与价值——新文化运动的影响（评价）

1. 问题
- （1）没能正确对待________文化与________文化；
- （2）没有与________的斗争相结合；
- （3）没有提出实际的________的政治方案。

2. 价值
- （1）是一次空前的________运动；
- （2）促进________觉醒；
- （3）是一次全面的________转型运动；
- （4）新文化运动领导人彰显的________和________。

生（两个学生主动回答）：分别回答新文化运动的问题和价值。

师（强调）：（师生问答式）虽然新文化运动存在一定的局限，但是我们应该看到它的伟大的价值，尤其是它在中国思想领域，它是一场空前的思想解放运动，正是它推动了中国思想的解放，而为马克思主义在中国传播创造了条件，同时它唤醒了民众，尤其是唤醒了青年知识分子，他们说：“得到《新青年》，如清夜闻钟，如当头一棒。”青年们更加关心国家政治，关心国家命运，比如说后来发生的五四运动便是以青年为先锋。同时它是一场文化转型运动，是我国由传统文化向现代文化转型的临界点。我们也看到了新文化运动领导人身上彰显的追求民主、科学的精神，不畏权威、强权的勇气等，这些值得我们去学习。

师（思维方法指导）：对于新文化运动的价值，我们可以运用现代化史观来理解：新文化运动是继洋务运动、戊戌变法、辛亥革命后的又一场近代化的探索，推动了中国近代化的进程。

【问题探究】幻灯片同步呈现相应内容（7 分钟）

（这一环节的设计，是“重心”理念的又一体现，针对教学内容的重点设计探究问题，给每个学生思考的时间和空间，引导他们树立信心，大胆地自由发表见解）

1. 为什么北京大学成为新文化运动的主要活动基地？

师生：自由讨论，得出（1）蔡元培以“兼容并包，思想自由”的办学方针改革北大；

（2）新文化运动的干将汇集北大，倡导并宣传新思想；

（3）1916 年底《新青年》由上海迁到北京。

师（补充强调）：北大成为新文化运动的中心与蔡元培采用的办学方针“兼容并包，思想自由”有很大的关系。有人这样评价：“没有蔡元培，北大就不成其为北大；没有北大，蔡元培也不成其为蔡元培。”蔡元培于 1916 ~ 1927 年担任北大的校长，他以“兼容并包，思想自由”的方针致力于北大的改革，一改北大以前官僚气息浓厚、学术氛围淡薄的氛围，使北大成为一个非常具有包容性和宽容性的学府，既能容纳思想守旧的学者如辜鸿铭，又能吸引广大具有新思想的新派学者，新旧学派的人都能在北大找到学术舞台，而新旧思想可以在北大自由争锋。正是这样，北大成为一个思想活跃、学术兴盛的高等学府。那请同学们思考这样一个问题：

蔡元培“兼容并包”教育方针的实质　（　　）

A. 鼓励学术研究，缓和政治派系矛盾

B. 听任各种思想的自由发展

C. 让具有各种思想的学者前来任教授

D. 倡导和传播资产阶级文化

师（思维方法指导）：这个问题问的是“实质”，意味着分析这个问题要运用阶级分析法，从蔡元培所处的阶级立场去分析。

生：分析回答，答案为 D。

师（呈现一段史料）：“拿世界各国的大学校长来比较一下，牛津、剑桥、巴黎、柏林、哈佛、哥伦比亚等，这些校长中，在某些学科上有卓越贡献的，固不乏其人；但是，以一个校长身份，而能领导那所大学对一个民族、一个时代起到转折作用的，除蔡元培而外，恐怕找不出第二个。”（胡适转述美国哲学家杜威的话）

由一学生为全班同学朗读，同学们认真倾听。

师：所以人们说：“没有蔡元培，北大就不成其为北大；没有北大，蔡元培也不成其为蔡元培。”

师：（呈现史料）

胡锦涛总书记在北京大学成立 110 周年的讲话（节选）：

……一个多世纪来，北京大学始终与民族共命运，与时代同进步，走过了不平凡的历程。北京大学是一所具有光荣革命传统的大学，是我国新文化运动的中心和五四运动的策源地……

生齐声朗读以上内容，并用心品味其中的道理。

师：请同学们记住“兼容并包，思想自由”的方针对北大改革的推动作用，正是由于这个，北大今天成为世界名校。让我们一起欣赏一下今天的北大。（幻灯片呈现图片：北大图书馆、北大未名湖、北大校门、北大校园美景、北大校训、北大校徽等）

师：（呈现思考题）

鲁迅先生于1917年8月设计了北大校徽（后称“北大红”），刘半农戏称为“哭脸校徽”。其图案以篆体的“北大”二字构成传统的瓦当形象，下面的“大”字像一个人，上面的“北”字又像两个人，构成了“三人成众”的意象。下列理解不正确的是　（　　）

A. 体现了“以人为本”的办学理念

B. 隐含了新文化运动的价值取向

C. 承载了北大人“肩负重任”的理想与追求

D. 反映了“自由独立，兼容并蓄”的学术精神

生：思考分析

生：（一学生回答）选B。

师（补充）：这个试题材料没有反映B这一点。理解北大校徽的内涵要紧紧抓住一个字——“人”来理解，“以人为本，实现人的解放：独立之人格，自由之思想”是北大人的精神，也是我们今天每一个现代人的追求。

2. 儒家思想经历了怎样的演变历程，当今时代我们应怎样正确对待儒家思想呢？

师：我们知道新文化运动中以孔子为代表的儒家思想受到了猛烈的抨击，那么是不是儒家思想就应该全盘否定呢？作为当代青年的我们应该如何正确对待中国传统文化？请同学们各抒己见，我想听到各种声音。

生（一女生主动回答）：我觉得我们应该取其精华，去其糟粕，好的我们应该留下，坏的应该去掉，然后面向世界，博采众长。

师：非常精彩！

同学们热烈鼓掌。

生（一男生主动回答）：我们应该与时俱进，吸取传统文化中可以改造的内容，结合我们的国情，利用它来为我们造福。

生：……

师（补充）：世界上75位诺贝尔奖获得者评价孔子："人类要在21世纪生存下去，必须回到2500年前，从孔子那里寻找智慧。""……对于中国古代文化，既不是一概排斥，也不是盲目搬用，而是批判地接收它，以利于推进中国的新文化。"（毛泽东《论联合政府》）

师：对待传统文化，我们应持的科学的态度是什么？

生（齐声回答）：取其精华，去其糟粕，批判继承，与时俱进。

师：好，通过以上的复习，请同学们自己在头脑里构建起知识的逻辑体系，给大家一分钟时间。

生思考并构建知识体系。

【真题研究】学案呈现试题，幻灯片呈现相应内容（14分钟）

师：接下来我们进行真题研究，考查同学们对新文化运动这一课内容的高考应战能力。特别强调，我们要以研究的方式来做高考真题，具体要求：研究每一道题如何解题，从中分析试题有何特点，并进而提炼解题方法，以便达到举一反三的效果。同时，我要向同学们推荐我所总结出的历史解题"三步曲"：

一审：审准题，即审准问题以及其中的限制条件；

二理：理清思路，即从问题出发，充分利用限制条件，准确锁定答案；

三答题：即准确规范地书写答案。

这"三步曲"既适用于解选择题，也适用于解材料题。接下来就先请同学们运用它来研究这一课的高考真题的选择题。（通过研究高考真题，帮助学生消除对高考的畏惧心理，树立挑战高考的信心）

师：请同学们以前后4个同学为一小组，从10个选择题中自主选择3~5个题来共同探讨研究，一会儿我们来交流分享，给大家3分钟多一点的时间。

师呈现高考真题（见本课学案）。

生分组讨论。（以讨论的形式，让学生找到自己学习的重点，即明确学习的"重心"，同时培养其与小组合作学习的"耐心"，在小组中展示自己思维的信心）

师巡视，并对各组予以一定的指导。

师：好，现在我们一起来交流分享，各组主动争取机会，推荐小组代表来讲解你们所研究的试题。

生（一小组代表）：讲解第1题

1. （2010年广东文综16）“民众以为清室退位，即天下事大定，所谓‘民国共和’则取得从来未有之名义而已。至其实质如何，都非所问。”这说明　（　　）

A. 辛亥革命具有坚实的群众基础　　B. 新文化运动具有历史必要性

C. 国民革命结束了君主专制制度　　D. 君主立宪制得到民众的普遍支持

生：“民众以为清室退位，即天下事大定”就是说推翻了帝制嘛。“‘民国共和’则取得从来未有之名义而已。至其实质如何，都非所问。”讲的就是民众对民主共和思想并没有彻底地领悟。所以A选项就不对。

师：A选项本身符不符合史实？

生：不符合。

生：C错在“国民革命”，结束君主专制的是辛亥革命，所以C也不能选。

D中“君主立宪制”以及“群众的普遍支持”都错了。所以这个题答案是B。

师：怎么样，同学们满不满意？

生：同学们报以肯定的掌声。（以此给予学生再接再厉的信心）

师（补充）：我们这位同学还给了我们一个解题的经验，就是在他初步选择了一个选项后，还审视了其他三个选项，并明白它们为什么不能选，从而保证自己所选择的选项是准确无误的，这一经验值得我们学习。

生（另一小组代表）：讲解第2题

2. （2011·江苏单科）某思想家在20世纪初大声疾呼：“吾宁忍过去国粹之消亡，而不忍现在及将来之民族，不适世界之生存而归消灭也。……其不能善变而与之俱进者，将见其不适环境之争存，而退归天然淘汰已耳！”从中可见，该思想家主张　（　　）

A. 打破保守观念，为新文化营造空间

B. 剔除传统糟粕，重建儒家信仰

C. 宣扬改革理念，为康梁变法造声势

D. 遵循进化理论，任凭自然选择

课堂小插曲：坐在后排的一个女生站起来准备迎接话筒回答问题，但话筒意外地被前排的女生“劫”走了，于是这位同学拥有了回答问题的机会，首先站起来的那位同学有些失望但很谦让地坐下了。（同学们都笑了，老师也笑了！）

生：从题目中可以知道“20 世纪初”是新文化运动时期，所以 C 就错了，错在“改革”；然后再看材料最后一句，从而可以判断 D 错了；B 在材料中没体现。

师：能否从材料中找到依据加以证明？

生（一起回答）：“吾宁忍过去国粹之消亡”。

师：对，这句话就可以佐证，当时不是“要重建儒家信仰”。所以这个题的答案是什么？

生：A。

师：同学们对这道题还有没有疑问？

生：没有。

生（另一小组代表）：讲解第 3 题

3.（2011·天津文综 5）《新青年》创刊即大力提倡民主与科学，但其后十余年间所发表的专门论述民主与科学的文章并不多。尽管如此，“民主”与“科学”被认为是新文化运动的两大基本口号。这主要因为民主与科学是　（　　）

A. 改造中国的迫切要求　　　　B. 世界历史发展的潮流

C. 西方兴起的历史经验　　　　D. 倡导文学革命的需要

生：这个题通过审题可以判断，应从“内因”来看。

师：很不错，从内因看，就把试题答案范围缩小为哪几个了？

生：A 和 D。而结合史实，A 才是这个问题所要的原因，并非是 D，D 与问题之间不符合历史史实的逻辑。

师：嗯，这个题有个很重要的限制条件，即“角度限制”，需要我们审准。

生（另一小组代表）：讲解第 4 题

4.（2010·江苏单科 8）“所谓立宪政体，所谓国民政治，果能实现与否，纯然以多数国民能否对于政治，自觉其居于主人的主动的地位为唯一根本之条件”。这反映陈独秀提倡新文化运动的根本出发点是　（　　）

A. 传播西方进化论与人性思想　　B. 打击袁世凯尊孔复古行径

C. 抨击立宪道路号召暴力革命　　D. 批判封建思想，唤醒民众觉悟

生：第一步先审题，读材料；第二步，理清楚思路。根据题目中所说的“自觉其居于主人的主动的地位为唯一根本之条件”，我就选择这个题的答案是 D，因为群众的力量是根本的，只有群众支持，你才有阶级基础进行革命，而且材料上面也有一句话说“果能实现与否，纯然以多数国民能否对于政治，自觉……”所以可准确判断答案就是 D。

师：很棒！我们这位同学善于提取材料中的关键信息，即“自觉”。所以准确提取关键信息，显得非常重要。

师：接下来第 5 题，谁来？

5. （2009，全国Ⅰ卷）1917 年，李大钊撰文指出：“孔子者，历代帝王专制之护也；宪法者，现代国民自由之证券也；专制不能容于自由，即孔子不当存于宪法。今以专制护符之孔子，入于自由证券之宪法，则其宪法将为萌芽专制之宪法，非为孕育自由之宪法也。”李大钊在此强调的是　　（　　）

A. 批判封建皇权　　B. 反对尊孔复古

C. 捍卫《临时约法》　　D. 倡导科学精神

多个学生举手。

师：（有几个小组的代表举手）请一位还没站起来回答过问题的同学。

生：这个题问的是“李大钊在此强调的是什么”，材料中说“孔子者，历代帝王专制之护也”，可以看出孔子是维护封建专制的。又从“即孔子不当存于宪法”证明李大钊在这里强调的是反对孔子，反对维护封建专制的那些思想，所以这个题选 B。

师：同学们还有没有疑问？

生：没有。

师（强调）：这个题问的是“李大钊强调的是什么”，材料第一句话就把中心摆出来了，“孔子者……”强调的是孔子。

（本来按计划还要探讨一些试题，因为下课铃声已响起，老师灵活调整计划，马上收尾）

师：好，我们刚才以第 1 ~ 5 题示范了一下，从中实践了“解题三步曲”，感悟了一下本课的高考题，同时我们也通过这一课的复习，学会自觉运用新史

观来多角度地理解一个历史事件，新史观是我们当今历史高考题的灵魂。回顾新文化运动这个课的内容，我们可以提取到很多关键词，而“青年”无疑是一个重要的关键词。下面请同学来齐读：

敬告青年

陈独秀

青春如初春，
如朝日，
如百卉之萌动，
如利刃之新发于硎，
人生最宝贵之时期也。
青年之于社会，
犹新鲜活泼细胞之在身。

（1915 年《青年杂志》1 卷 1 号）

青　春

为世界进文明，为人类造幸福，以青年之我，创造青春之家庭，青春之国家，青春之民族，青春之人类，青春之地球，青春之宇宙，资以乐其无涯之生。

——李大钊

生：齐声朗读（在朗读中品味其中的思想和哲理）。

师：青春应该怎样度过？青春应该拥有怎样的价值？我想同学有自己的理解。我期望同学们刻苦努力，奋发进取，去追求自己的青春应有的价值。好，我们今天的课到此。

【布置作业】

请同学们课后研究剩下的高考真题，同时做“拓展演练”中的试题，进一步巩固我们今天复习的内容。

课例14

《汉族民歌》课堂实录

音乐组　张　深

教学目标：

1. 对汉族民歌进行视听欣赏和对比分析，进一步了解我国悠久的音乐文化和丰富多彩的民歌，培养学生对祖国民族音乐的热爱和对祖国、对家乡的情感。

2. 通过欣赏、演唱、比较、探究、交流等活动，让学生感受和了解汉族南北民歌的风格特点、形成原因及发展。了解中国民歌具有鲜明的民族特点和地区风格。

教学重点：

欣赏不同地域的民歌，比较它们的异同。

教学难点：

1. 引导学生了解汉族南北民歌的风格特点。

2. 用探究的学习方式了解汉族南北民歌风格特点的形成原因。

教学过程：

组织教学

课前音乐，播放山西民歌《人说山西好风光》（大屏幕展示）

新课导入

师：这段音乐具有怎样的风格特点？它描绘了什么地方的风土人情？

生：优美、清新。

师：山西人美、山美、风光秀丽，千百年来，人民在这块富庶的土地上耕作、生息，其悠悠水韵，孕育出了灿烂的文化，也孕育出了丰富多彩的民间歌曲。

师：这些歌曲真是非常好听，因为民歌能表情达意，它能反映着人们的生活和思想感情，不同的地理环境、性格语言、文化风俗，就会形成不同风格特点的民歌。（展示中国地图）我们的祖国地大物博，各地不同的地形地貌、风土人情，孕育出千姿百态的音乐文化，绚丽多姿，丰富多彩；汉族的人口最多，分布地区极为广阔，通过他们的音乐我们可以感受他们的生活、他们的风俗、他们的文化。今天，老师就领着同学们随着汉族民歌的旋律，遨游丰富多彩的汉族民歌的海洋。

曲调细腻优美，旋律以曲折的级进为主，小跳进很少，音乐结构均衡。

▲听赏河北民歌《茉莉花》，学生在中国版图上找出江苏大概的区域范

围；明快刚直，体现了爽朗的风格。

▲师生合作

对比江苏民歌《茉莉花》和河北民歌《茉莉花》的异同点。（从风格、调式、语言、旋律等方面分析）

探索形成汉族南北民歌的风格差异的原因

听赏、比较陕北民歌《赶牲灵》、江浙民歌《采茶舞曲》

▲听赏音乐（音乐片段），请学生选择连线

《赶牲灵》	西北地域
《龙船调》	华中地域
《采茶舞曲》	江南地域

设问：同学是根据什么来选择的（根据民歌的地域特点、方言特点）

▲比较分析作品《赶牲灵》、《采茶舞曲》

A. 欣赏陕北民歌《赶牲灵》

▲聆听音乐，提出问题

设问：

根据民歌《赶牲灵》的地理环境特点，分析音乐在音调和伴奏上分别有何特点，表现了什么？

总结：

这首歌曲音调大幅度地上下浮动，给人以起伏跌宕的感觉，好像陕北起伏的高原；伴奏中模拟马蹄的节奏声，更给人一种热切的期待感。

▲师生共同随琴演唱比较、讨论，了解衬词在歌曲中的作用

师：那么多衬词又不表达什么具体的意思，能不能去掉不唱呢？［先听老师一段用普通话的演唱，去掉衬词（那个、呦、得的、啊呀等）。另一段用陕北方言演唱，去掉衬词唱歌曲，再听歌曲，感受衬词的作用］

生：衬词虽然不表达具体意思，但是能够起到烘托气氛的作用，没有了衬词，这首歌曲就没有味道了。（学生随琴演唱歌曲）

B. 听赏江浙民歌《采茶舞曲》

▲聆听音乐，提出问题

设问：

歌曲旋律性强不强？所唱的内容是什么？它的地域性是如何体现的？

总结：

采茶相对来说体力消耗较轻。所以歌唱起来旋律性较强，多以赞美家乡及

歌颂生活为主。具有丰富的地方特色。赞美了西湖景美、人美、茶香。是用江浙一带的方言演唱，糅进了越剧唱腔，流畅而柔美，富有浓郁的江南特色。

C. 比较陕北民歌《赶牲灵》和江浙民歌《采茶舞曲》所具有的地域性及方言对民歌风格形成的作用。

课堂总结

让老师简明扼要地总结本课的重点、难点。

课外活动

采集和学唱当地有特色的民歌，找一找运用汉族民歌素材创作的歌曲曲目。（从不同角度欣赏几首运用民歌素材创作的较有影响的音乐作品）

①女子十二乐坊演奏的《花儿与少年》片段。

②大型山水实景演出《印象·刘三姐》花絮片段。

③宋祖英维也纳音乐厅演唱《茉莉花》片段。

④第28届奥运会中国艺术表演片段。

课例15　《手绘线条图像的表达》教学实录

美术组　李鸿韬

一、背景介绍

2012年11月，我使用新课程标准指导下编制的《美术》七年级上（人美版）教材，参加了我校举行的2012“有效课堂”赛课决赛。我所选的课题是《手绘线条图像的表达》，授课对象是我校七年级（9）班的学生。因为我在课中作了一些尝试，受到了一些好评。由于时间紧迫，所以，课前准备不够充分，这节课带给了我一些经验，但还有许多遗憾。

二、实录描述

（一）导入

教师步入教室第一句话便说：“你们知道刚到成都我印象最深的是什么吗?”学生一脸疑惑，师又重复了刚才的话，学生还是不明白，有的已开始小声讨论。师又说：“你们刚才听懂了老师说的是什么吗?”

生：“火锅、小吃、天气。”

师：“对，这些算是，但是我印象最深刻的还是成都人民的热情，找不到路时会有许多人前来指路，可每个人说的都不一样，而且方言关系还听不懂，怎么办呢?”

生:“画出来撒。”

师:“是啊,我也在想要是谁能给我画出来该多好啊。我们今天要学习的内容就是手绘线条图像的表达。”(展示课题)

师:“手绘线条图像是人类除了口语、文字外的第三种语言。它是伴随着人类的成长而发展的。在文字还没有产生以前,人们便用它进行传达信息和交流了。今天,手绘线条图像已广泛应用于社会生产、生活等各个方面。信息技术的飞速发展,更使我们面临读图时代的挑战,以手绘线条图像来传达信息和从图像中获得信息将成为21世纪的青少年适应未来社会的生存和交流的能力之一。”

(二)新课

展示作品:除了热情的成都人还让我感觉很热情的就是……开始一步步地画。

学生立刻被诙谐的画面逗笑了。

师:“这是什么啊?”

生:“蚊子!”

生:“它把你咬安逸了吧……”

师:“呵呵,的确啊。”

(三)引申

师:“现在请你想一想,你都在哪里见过手绘线条图像?”

生:“广告、漫画……”

生:“各种电子产品的说明书也有手绘线条图像。”

生:“语文课本里有看图作文。”

生:“数学课本里的几何图形、函数图像算不算啊?”

师:“当然是啊!大家都已经说了很多,现在我们一起来看一下手绘线条图像都在哪些方面得到了运用？它们发挥着怎样的作用？”

（多媒体课件展示手绘线条图像与各学科以及生活之间的联系，并说明美术课程的文化性、综合性、实用性，使学生获得读解图例的能力。语文里的看图作文，数学里的几何图像、函数图像，物理里的电路图，地图，军事地图，交通标志等）

（四）练习

师：“我们刚刚看了、猜了、说了，也该动笔试试了。现在我想请男同学在5分钟内用手绘线条图像告诉大家你喜欢的5种以上的兵器或汽车、建筑。请女同学在5分钟内用手绘线条告诉大家你所喜欢的5种以上的发型或衣服。”

（学生作业，师巡回指导，促使学生大胆下笔，并强调不追求透视准确、比例完整，也不追求形状一定要准，只要别人能看懂就行）

师：“在刚过去的五分钟，大部分同学都已完成了，还有几个同学没完成，基本上，大家的作业都能说明主题。”

（五）创作前准备

师：“现在请同学们将自己的创作思路整理一下，画完后要求编成故事讲给大家，尽量诙谐幽默，生动传神。”

学生基本上都将创作思路准备得比较完整，包括原创童话故事。

师：“好，看来你们都很聪明，难不倒你们啊！”

（六）绘画创作

师：“接下来，我想请同学们任选屏幕上一个题目作为这节课的绘画创作。”

展示题目：1. 你能用手绘线条图像为自己设计一张书桌吗？

2. 你能用手绘线条图像告诉我，学校到你家的路线图吗？

3. 你能用手绘线条图像表达一个成语故事吗？（如百步穿杨、对牛弹琴等）

4. 你能用手绘线条图像告诉大家你新买的一件商品吗？

5. 你能用手绘线条图像描述你一天的生活吗？

6. 你有更好的题目吗？可以自己确定题目的！

学生作业，教师巡回辅导。

（七）作业讲评

请10名同学分别展示他们的作品，并让其他学生评。他的作品表达了什么意思？故事讲得合理与否。好，好在哪？不好，有哪些地方可修改？然后自评，我的作品表达了什么？创作意图是什么？是否接受同学评价和建议？展完之后，让学生说，哪件作品对你印象最深？为什么？把呼声最高的作品作者找出来，老师和他握手，表示祝贺。最后教师点评其他几件作品，形象是否简练？特征是否突出？表达是否明确？

（八）课堂小结

“今天的学习，大家都很积极。我们可以不是画家，但我们必须学会手绘线条图像的表达方法，因为这已是21世纪青少年的一种重要生活能力。”

（九）课堂延伸

1. 你在生活中碰到过需要用手绘线条图像表达的情况吗？

2. 你能用手绘线条图像记录你对一种动物或植物的观察吗？

3. 你能用简单的线条将你们家到学校的大致路线表现出来吗？（要标明明显的参照物或建筑）

课例16

《途中跑》教学实录

杨家琼

一、开始部分

上课铃声响了，上课了。

师：同学们好！

生：老师好！

师：今天，我们上课的内容是复习途中跑，这个技术我们前两节课已经学习了，今天上起来可能比较累一点，不过没关系，我们的课会让同学们在累的过程中体会到运动的乐趣与参与的快乐，同学们，想不想参与呀？

生（高兴地说）：想。

师：好的。那我们一起先进行热身运动吧，在热身运动中还有精彩的热身游戏，同学们听老师的口令指挥，知道吗？

生：知道。

师：好，全体队友，向右转，第一路纵队左转弯齐步走，后面的纵队依次跟上，跑步走，“一二一、一二一”，立定，同学们，老师叫同学们准备的红领巾带上了吗？

生（大声回答）：带了！

师：好，同学们把它拿出来，像老师一样把它夹在自己的后裤腰上，就像每个同学马上就长出来一条小小的尾巴一样，知道吗？

生：知道。（马上高高兴兴地做起来了）

师：做好没有？

生：好了。

师：好，那我们再跑，在跑动中注意听老师的长哨声哦，听到长哨声，就开始保护自己的尾巴，但同时要去抓其他同学的尾巴，抓到别人的你就赢了哦，被抓了要奖励两个俯卧撑的哦。（开始跑动与游戏）

师：长哨声。

生：高兴地做，你追我赶，全场欢笑。有的大声地喊："老师我抓到了。"

跑动游戏结束，进行徒手操和专项练习，教师一边领做，一边口令指挥。

二、基本部分

师：同学们，刚才，我们复习巩固了途中跑的动作技术，又请了几名同学来展示他们的学习成果，现在，我们全部同学都来展示自己的学习成果吧。好不好？

生：好。

师：把学生分成八个小组，分站八根跑道进行练习，我们先短距离，慢速度完成，同学们主要体会动作技术。

生：知道。（开始练习）

师：完成一组练习之后，老师再请几个同学展示，先请学生分析这几名同学的动作技术，主要从摆臂、蹬地等方面分析，然后，教师再点评，表扬优点，让学生明白正确的动作技术。

生：举手回答，再练习。

师：我们再加长距离练习，同学们再体会一下，跟刚才短距离跑相比，在技术完成上有什么不同，等会回答老师，好吗？

生：好！

开始练习，完成一组后。

师：同学们，加长距离后，跑起来有什么不同啊？

生（举手回答）：加长距离后跑起来，更能做出动作技术来。

师：同学们回答得很好，说明我们同学们练习时非常认真，非常用心，很好，加油哈！我们刚才进行了几组的练习，同学们都做得很好。途中跑是短跑中速度最快、身体最平稳的，那我们现在来检验一下究竟学得怎么样啊！

生：怎样检验呀？

师：同学们，我们刚才在准备活动时，不是使用了红领巾吗？

生：对呀！

师：那请同学们再把它拿出来，把它平铺在胸前，再做跑动，看哪名同学的红领巾能稳稳地贴在胸前不掉下来，这说明他跑得又快又平稳，反之，则需要改进，还要奖励他做俯卧撑，好吗？

生：好。（于是兴奋地拿出红领巾把它平铺在胸前，跃跃欲试的，情绪高涨地准备练习）

师：发令，学生开始练习，老师提醒技术、要求。

生：学生积极的练习，跑得非常积极认真，效果很好。学生完成两遍，老师在中间点评与评价学生动作技术。

师：同学们，刚才大家练习得非常认真，非常好。那我们用刚才学的技术来进行一场比赛如何？

生：好，要得，要得。（学生非常兴奋，激动）

师：那，同学们把刚才用过的红领巾像老师这样挽成一个小结，我们用它做接力器材来进行一场激烈的接力比赛，好吗？接着，老师示范接力跑的方式，再讲接力比赛的要求、规则与注意事项。

生：开始激烈的接力比赛，加油声、喝彩声此起彼伏，场面非常激烈、活跃，学生积极性很高。

师：提示，组织。比赛完成后，请学生总结失败与成功的原因，在今后应该注意的地方。

三、结束部分

师：我们刚才进行了激烈的比赛与练习，现在我们再来做一个比较有趣的上肢游戏——角力游戏，同学们知道怎么做吗？

生：不知道！

师：好，老师找一位同学与老师配合，给大家示范一下动作，同学们请认真观察哈！示范完，再讲要求与方法，学生练习。

生：学生练习。

师：老师观察，指导。做完后老师带领学生做放松运动。

生：跟做。

师：总结，评价本课，同时请学生评价本课与谈感受。最后，师生再见，下课。体育委员组织同学还器材。

二　德育个案论文选

案例1

用鼓励保护特殊个性，用积极评价点燃人生

——和小招谈话的反思

郝东升

小招（化名，真名叫李朝），一个黑瘦的小个子彝族男孩，今年读初二。这家伙刚到校没几天就成了学校的名人。所有的任课老师都被他顶撞过，班主任也不能幸免。在班上惹是生非，打架骂人，更是家常便饭，被同学们称为“圣斗士”“招事王”。班主任反映他在家里对他妈妈也是这种态度。初一上学期一个冬夜，他约了一个同学离家出走，在吃烧烤的时候自己的自行车被盗，他就顺手牵羊偷别人的自行车，结果被抓住送到了派出所。

今年四月的一天，小招的班主任来德育部报告，小招又惹事了。因为前一天他为一个女同学打抱不平，被同班一名同学给打了一下。由于老师发现及时，控制了事态。老师做工作后，同学向他道了歉，他也接受了。但班主任清楚他那有仇必报的性格，一定会想法报复的。第二天到校后，班主任就非常注意他的一举一动。果然，下课后就有同学向班主任报告，说小招带了一把锋利的管制刀具——杀猪刀。班主任觉得事态严重，立即到教室把他带到办公室，给他做工作。班主任老师刚开口问他，他就显得异常激动，歇斯底里地喊“我要杀了他”（打了他的那个同学）。办公室里的老师们都来劝他，但他一点都不听劝，班主任一时感到工作难以推动，就把他连同刀具送交德育部。

来到德育部的小招，还是一副“斗鸡”的架势，仰脸朝上，不看任何人，依然满脸愤怒，黑云密布。看着他的样子，我不禁感到好笑。我暂时没理他，让他坐下，要他好好想想这件事的前因后果，冷静下来我们再谈。他咬牙切齿地一屁股坐下，两只眼睛恶狠狠地翻转着。半小时以后，我问小招：“小招，你想了半小时了，现在怎么想的？告诉我好吗？”小招涨红了脸，嚷道：“是他打我的！还欺负女生，凭啥？我的脸都没了！”我说：“哟，还没想通啊。”他不吱声。我再问：“你觉得需要刀才能解决问题吗？”“谁叫他打我？”小招仍然情绪比较激动。“难道你就没有做得不对的地方？”他沉默不语。我坐到

小招旁边，对他说：“小招，其实我挺欣赏你！但你现在这态度，可能是我看错人了。”小招听我这样说，感到不解，疑惑地看着我。我说：“你胆子大，是做大事的人所必需的。”听到这话，他半信半疑，只盯着我。我又说道：“你帮助女同学，说明你有正义感，这也是做大事的人需要的。”他的脸色缓和下来。“你很聪明，数学学得不错，没用功都能完成作业，说明你智力很好。”我继续说：“你尽管经常捉弄同学，但说明你歪点子多，思维活跃。”我停了一下，再看看他的表情，已经云散雾开了。于是我再问：“你学过历史。你知道现代史上都有哪些成都人被历史记住？”他说：“不晓得。”我让他坐到我的电脑前，用百度搜索一下“现代史 成都人”。他迟疑了一下，到电脑上输入搜索后，告诉我：“好像只有巴金。”我从书柜里拿出《辞海》（现代史人物分册）交给他，说：“这本书你拿回去查，一周后告诉我你查的结果。”我继续说：“中国近现代史，风起云涌，时势造英雄，四川出了很多伟人，如朱德、邓小平、刘伯承、陈毅、罗瑞卿等。但为什么作为四川政治文化中心的成都却一个都没有？这是一个值得深思的问题，作为一个老师，我也在思考。我觉得这种状况的出现跟我们成都这座城市的性格有关。这座宜居的城市，舒适的城市使成都市人缺少做大事的性格，所以我们要培养成都籍的伟人，首先要有这种性格的人，我认为，你就是具有这种性格的人之一。而人的秉性是教不出来的，你具有这种性格，可以说是天生一块美玉。所以我欣赏你！我期望你成为一个干大事业的人，一个做成大事业的人！成为一个从通锦中学走出去的大人物，让通锦中学为你骄傲，让成都因你自豪！”听了我的一番话，小招若有所思。

我话锋一转，说道：“但这种性格也是双刃剑，如果不能正确发展，那是会走向破坏，对社会、对家庭、对自己造成更大的伤害。”“你确实胆子够大，但缺少见识，那是胡胆大，会葬送你自己；你爱打抱不平，但没有做到有理有节，让自己从主动变为被动，最终使自己受害；你确实聪明，但那只是小聪明，没有大智慧，干成大事业的人不仅要有胆也要有识，有胆有识，不仅要伸张正义，更要有理有节，不仅要聪明，更要有大智慧。你最大的问题就是不会控制自己的情绪，放纵情绪，这是将来导致你事业失败的最大致命弱点。”于是我给他讲了诸葛亮的鹅毛扇的故事。又把他在这件事处理过程中不恰当的地方一一做了深入的分析，给他推荐了处理类似情况可以采取的一些方法。这样，通过鼓励、分析、授法，我用近 2 个小时的时间和小招做了一次长谈。小招若有所悟，离开时主动给我行了一个鞠躬礼，跟我说了再见。

小招让我陷入了深深的思考，我们老师都喜欢乖孩子，但事实又告诉我们乖孩子没几个能干成大事，我们民族需要干大事的人。而那些干大事的人确实又性格特殊，常给老师惹事。所以老师们拼命压制孩子的个性，谁不听话就修理谁。我感觉到我们的教育好像走进了一个误区。在学习的过程中，有专家做过一个调查，初中学生中90%以上的学生喜欢老师的鼓励，这让我得到了启发，我们必须保护孩子们这种特殊的个性。用我们的评价去保护它，影响它，发展它。使其成为孩子成长和发展的优势。

第一，肯定他仗义、为弱者打抱不平，鼓励向善。小招是一个非常典型的“刺头”，他有着跟常人不一样的性格特质，这种特质让他受够了批评和打击，同学们能躲就躲着他，老师随时防着他，父母经常骂他，使他看不到自己的前途和希望，于是对所有的事都无所谓，谁招惹他，他就会变本加厉，像“狼崽子”一样，逮谁咬谁，如此恶性循环。这样的学生是非善恶观念不强，如果他做的得不到你给予的足够肯定，他是不会服的。我称赞他帮助女同学，有正义感，让他得到安慰，消除对立。

第二，正面评价性格，让他看到希望，鼓励成才。信心对于学生成长非常重要，必须让小招看到自己的人生希望在哪儿。小招的性格的确给老师惹来很多的麻烦，但任何事物都有两面性。小招叛逆、不承认权威、胆大、耍小聪明等性格特质确实与做大事的人的内在素质要求有相同的地方。作为教育者，职责本身就是促进学生尽可能发挥潜能。所以我用成都历史上缺少本土领袖人物的事实来激励小招。让他感觉到长期让自己受困的是什么，感觉到应该发挥其优势，把它用到正途上。用成都历史来谈，还在无意间增强了小招的责任感、使命感。

第三，提醒其错误，保护自尊，引导成才。有专家在调查中发现，违反纪律的学生有近一半的人喜欢老师提醒但反感批评。鉴于小招长期受到的批评太多了，效果并不见好，所以我在谈话中没有批评小招，只是向他介绍干大事的人在这种情况下将会怎么做。用提醒和暗示的方法，让他在对比中发现自己的不足，认识到自己的错误。这样做不仅使小招看到了错误，而且掌握了应该怎么去做的方法。更让他认识到了自己以后应该怎么努力，为他以后的发展打下基础。

第四，让孩子说话，弄清楚其真实想法，对症下药。青春期心理有一特点，自我意识强化，急于独立。初中的学生独立意识随着他们的认识水平、生存能力的提高而日益增强。他们不会像小学生那样事事需要父母做主。小招是一个特有主见和想法的孩子，其独立意识比同龄人更强。因此必须让他有话语权，表达自己的意见。因此谈话开始时我让他先说，表达自己的看法。这不仅仅是对人格的尊重，这也是我们了解孩子思想的途径。只有了解学生，才能找到他们的问题在哪儿，才能教育好学生。

第二天，小招主动交来了一份500多字的思想认识。

案例2　老师——请多赏识你的学生

邓先艳

苏霍姆林斯基曾说：“善于鼓励学生，是教育中最宝贵的经验。”众所周知，对于学生的成长来说，最重要的是教育。而教育思想和方法的不同，会导致教育效果有明显的差异。只要教育得法，即使是普通的孩子，也能成为非凡的人。所谓“赏识教育”，就是学校在培养儿童、少年、青年的过程中，以表扬、鼓励和欣赏为主的教育。教学中，对于少数基础差，又不认真学习的同学，老师不应该吝惜“赏识”，而应该满腔热情地关心、帮助并鼓励他们，引领他们走向成功。

我班学生文某，是一个非常聪明、讲义气、重情义、很有号召力的学生。在初二时曾是他们学校的前三名，然而初三时却因为结交了一些社会上的朋友，整日与他们混在一起，抽烟、喝酒、逃学、打群架，荒废了学业，老师提起他都有些惋惜。以致中考时差十多分，父母交了一笔择校费才到了我们学校。开学时他的父母就将他的这些情况给我说了，让我多留心他。于是我与他的父母一起对他进行了教育：让他与那些朋友少来往，不准抽烟、不准喝酒、认真听讲，争取把荒废的学业补回来。他当时也确实表现出很后悔的样子，表示一定会改好。开学的前几天，他也确实很听话：上课认真听讲、课后按质按量地完成作业、放学后准时回家。他的妈妈在星期四给我打电话时非常高兴，我也很高兴。然而，星期五晚上十点多时，他妈妈给我打电话说他还没有回家，我当时心里一阵紧张：他到哪里去了？要知道我们五点十分就放学了。我让他妈妈等等，再与他以前要得好的同学联系一下。深夜两点多他妈妈打电话说他刚刚回家，我没有细想，听说他已经回家便放心地睡了。

星期一，我先与文某的妈妈通了电话，得知他已被他爸爸打了一顿，承认了自己的错误，还写了保证。于是我又找文某谈话，他一进办公室，就摆出一副“天不怕地不怕”的样子，等着挨批，我对他说：“文×，坐下来，老师有话对你说。”他一脸疑惑地坐了下来。“老师刚到这个学校，刚当你们的班主任，对同学们还不了解。希望你能帮助老师管理好我们班。你告诉老师你有什么特长？老师希望你给老师当个好助手。”“老师，你不骂我？星期五我那么晚才回家，害得你们担心。”“我为什么要骂你？你已经受到了惩罚，不是吗？而且老师相信你已经知道自己错了，不是吗？”他一脸羞愧。“而且，据我所知，你以前还当过纪律委员、班长，在同学中，威信还很高，同学们都很服你，而且你重情义，讲信用，信守承诺。”我把开学以来在他身上寻找到的闪光点都一一讲了出来。听着听着，文某的眼神从疑惑变为感动，竟然哭了起来：“老师，我以为你一定也恨死我了，也看不起我了……”原来，文某因为成绩一落千丈，他的爸爸又比较粗暴，经常是不问青红皂白一顿暴打，他因此而产生破罐子破摔的心理，认为自己已经是一个坏学生了。我指出他这种想法、行为的错误，鼓励他别灰心消极，勇敢地面对自己的错误，用实际行动改变大家的看法。他连连称是，决心从此改正错误。“上周星期五你能给老师说说晚归的原因吗？”他迟疑了一会儿，说：“有个要得好的朋友与父母吵了架，想离家出走，我们一直在劝他，后来他终于想通了，我们又把他送回了家。”“原来你去做好事去了，老师相信你，只是今后要先给老师和你妈妈说一声，或许我们还能帮你，好吗？”他点了点头。“老师，我可以帮你管纪律和体育，我的体育特别好。”他主动请缨。“好！那你当纪律委员并协助体育委员的工作，好吗？”“我一定给老师争气。”“还有，你能减少与以前朋友的联系吗？尤其是星期一到星期五，咱们争取花一些时间把以前的知识补回来吧。”我假装不经意间说道：“还有，你小子初三要得那么凶，居然考试只差了十几分。”“你不看我是谁，我如果稍用一点心，绝对上四、七、九。”他自负地说道。“那么，你现在能稍用心一点吗？老师期待你的表现。”“老师，我不会让你失望的！”他信誓旦旦地说。

为了从根本上帮助文某，让他与以前社会上的朋友断绝来往，我说服他来学校住校。从此，他每天再也没有一副没睡醒的样子了，学习、生活也规律得多了，而且因为没有熬夜和酗酒，身体也好多了。为了坚定他进步的决心，我在班中对他的每一个优点、每一个进步进行公开表扬并要求同学们关心、支持。在我的带领下，许多同学都改变了对文某的态度，并向他伸出了友谊之手。文某的行为也发生了巨大的改变，不但自己极少违反纪律，学习也有了进步，还将我们班的纪律管理的有模有样，即使上自习课老师不在时，班级也鸦雀无声。

我深知学生是善变的，还必须反复找其谈心，开导、鼓励他，使他的转化保持持久性。在他情绪有波动时我会给他善意的提醒；在他偶尔又犯些小错时，我会劝自己冷静下来再与他谈，且总会先肯定他的进步，然后再与他一起分析这次的疏忽。

11 月学校召开校园运动会。这是我班开学的第一次运动会，第一个团队活动，我深知这次运动会的重要意义——可借此增强班级的凝聚力和同学间的协作精神和奋斗精神。因为文某曾说过他的体育好，这使我感到一个契机来了。我找来班干部一起商量有关事宜。文某的一些主意让我对他刮目相看。于是，我在全班对他的想法予以肯定，还任命他为总指挥，其他同学听从他的安排，当时他那个得意劲儿甭提了。这次运动会上，我班获得了全年级第一的好成绩，而且同学们更团结了，班级的凝聚力增强了。在总结班会上，同学们一致肯定文某分组的高明和对班集体的热爱。我表扬了全班同学，并对文某大加赞赏，结束时我说："你们不知道文某的学习成绩实力吧，他可不简单啦，你们相信他期中考试会给我们惊喜吗？大家为他鼓掌吧。"

期中考试成绩出来，他由进校时的一百多名上升到年级五十多名，为了鼓励他，我自己掏钱奖励了全班前三名和包括他在内的另两名进步大的学生，虽然钱不多，但我看得出他非常激动。第二天到校，我的抽屉里有一张小卡片，上面有这样一句话"感谢您——邓妈妈为我所做的一切，感谢你对我的信任，感谢你对我的赞赏让我重新找回了自己。我一定会更加努力的，相信有邓妈妈的陪伴我会走得更远，飞得更高！"虽然没有留下姓名，但我知道一定是他，我的眼眶湿润了。

现在虽然文某偶尔还是会晚归，但一定会先征得父母的同意；虽然他现在成绩还不是很好，但我相信在我们全体师生的关心、帮助下，他的明天一定会更好。还有，你们知道吗？在高二开学的班干部竞选中，他以最高的票数被推选为班长，现在他真的成了我的好助手。我不在时，他定会把班上的事安排得井井有条。

俗话说："没有种不好的庄稼，只有不会种庄稼的农民。"当庄稼长势不好时，农民从不埋怨庄稼。同样"没有教不好的学生，只有教不好学生的老师"。在对待学生的问题上，班主任不要一味怨学生，要从自己身上找原因，采用适当的教育方法。我认为采用赏识教育就是一项事半功倍的措施。作为班主任，应该真心赏识、帮助和爱护班上的每一位学生，当他遭受挫折时，"赏识教育”使他们闯过难关。可以说，没有赏识就没有教育。赏识源于发自内心对学生的钟爱，对教育事业的挚爱。所以我说：老师——请多赏识你的学生！因为赏识是一座桥梁，是精神相融、心灵交汇的桥梁，老师如果学会尊重，赏识自己的学生，便能走进学生的心灵。

案例3

教育因他们而美丽

——记我的教育故事

宋淑平

“木欣欣以向荣，泉涓涓而始流。”用涓涓细流滋润学生的心田，用润物细无声的方式浇灌学生的心田，学生的心中逐渐开出了文明之花、坚强之花。学生不仅成绩优异，而且男生都是绅士，女生都是淑女。我所带的高2005级2班分别获金牛区、成都市、四川省优秀班集体，高2010级1班也分别荣获学校、金牛区、成都市优秀班集体等荣誉称号。

木头人·宋妈妈

开学了，同学们踏上了新的征程，开始了高中之旅。早早地，我站在教室门口，面带微笑地迎接我的孩子们。一个，两个，三个……一共40个，孩子们蹦蹦跳跳、高高兴兴地跨进了教室，然而其中只有12个孩子以不同的方式向站在门口微笑的我打了招呼，其余28人把我当成了木头人，径直跨进了教室，走向了座位。同学们是兴奋的，而我的心是沉重的，这就是将要朝夕相处的学生？这些都将要成为国家的栋梁？带着沉重的心，我开始了和风细雨式的教育。

一期后，“木头”老师焐热了孩子们的心，我成了孩子们心中可亲可敬的宋妈妈。

新年伊始，新的学期也开始了，孩子们通过自己的努力与拼搏，收获满满：三好、优干、竞赛、宏志奖学金……为了激励更多的孩子能有机会站在领奖台上，孩子们在班上策划了一场别开生面的颁奖大会。我事先并不知道，还让我不要管，情况都是事后孩子们告诉我的：首先，把奖状进行分类，他们不是按得奖内容而是按优劣势学科进行归类的，如果语文是你的弱项，就把你的奖励本分给语文老师，让老师在上面写些激励的话，促使你的语文成绩有所提高。然后是颁奖，请任课教师担任颁奖嘉宾，每一类奖项颁发完毕，有一个学生代表发表获奖感言。让我没有想到的是，最后一个发表获奖感言的吕亮（这是一个性格非常内向且很不善言辞的孩子），居然当着全班同学给我深深地鞠了三个躬，叫了三声“宋妈妈”，站在讲台上，晶莹的泪花从他的眼角流出，此时此刻，全班同学涌向了我，簇拥着、呼喊着他们可亲可敬的“宋妈妈”。

同学·同桌

新学期开始了，教室黑板上，我根据同学们军训的表现把座位编排好，待所有同学都坐定后，我开始了新学期的演讲：“……有缘千里来相会，为着共同的目标，我们成了同学。我们不仅仅是同学，我们更要成为兄弟姐妹，因此我的规划是：高中三年所有的同学都成为过同桌……”同学们眼中露出的是惊讶，为什么？我给他们讲清了其中的道理：“一个人能学到周围人的优点和长处，他的成长将是迅速的，他取得的进步将是长足的。同学间可相互学习，同桌间更能相互促进。因为距离近，了解深入，他的课前准备、听课方式、做作业的习惯、思考问题的角度、待人接物的方式、言谈举止、举手投足间都有值得你学习的地方。还有，将来投身社会，高中时的友情更显得珍贵。如果仅仅是同学，有些事情可能不太好办，但如果是同桌，那就是另外一番景象了。”同学们明白了这一道理，在接下来的学习生活中，非常关注自己的同桌，也争着表现，希望能优先成为别人的同桌。两年多来，在这一理念的引导下，同桌效应非常明显，只要学生开口，能说出成为同桌的理由，我都欣然应允。你看，榜样的作用多厉害！

班会·歌声

“……我的未来不是梦，我的心跟着希望在走……”这是高2010级1班的班会课。同学们选择高中都有自己的宏图大志。在歌声的回味中，每个人给自己建立了一份档案。档案里有三年后的理想、一年后的目标、一学期的目标，档案里有开学给自己的寄语、学期结束后的一句话自我评价，档案里有每一次月考的期望，也记录下了每一次月考的成绩和一句话反思，档案里有你最喜欢的老师的期待，更有你最不喜欢学科的老师的鼓励。小小的档案装载的是我们的心与希望。“……为了理想，我宁愿忍受寂寞……饮尽那份孤独……”歌声中孩子们把三年分成了三个365天，自觉自愿地规划着每一天该如何度过，班级自觉做起了倒计时牌，值日生每天准时郑重地填写倒计时牌，他们填写的不仅仅是1、2、3这些简单的数字，更是自己的心气和斗志。“……爱拼才会赢……”在激昂的歌声中，孩子们自觉地进行规划：体育委员是项目总负责人，田赛组、竞赛组、通信组、后勤组……每一步安排得井井有条，靠着大家的团结拼搏，三届校运会都是年级第一。谁说这样的精神不会带到学习和生活中？零诊结束成绩出来后，几多欢喜几多愁，教室里响起了《北方的狼》：“我是一匹来自北方的狼，走在无垠的旷野，凄厉的北风吹过，漫漫的黄沙掠过，我只有咬着冷冷的牙，报以两声长啸，不为别的，只为那传说中美丽的草原……”歌声中同学们在反思，然后勇敢地站起来吐露自己的心声……这是一群可亲可爱的孩子。

烈日·雨伞

2009年6月3日，对所有通锦人来说，都是刻骨铭心的一天，对通锦中学高2010级1班来说，更是难以从记忆中抹去的一天。

下午4：30，天空万里无云。昨天成都下了一整天的雨，太阳像被雨水彻底洗刷干净了，再加上又睡了一上午的安稳觉，这会儿露出了它的刚性，火辣辣的阳光刺得人眼睛都睁不开。而此时操场上人头攒动，通锦中学全体师生员工、部分家长以及来宾聚集在操场上，隆重地为高2009级（高三）的全体同学举行成人礼仪式。整个仪式由七部分组成：校长礼告、家长代表致辞、学生代表致谢、学生宣誓、老师授“法”、感恩父母、父母传家训。

刚开始一会儿，各式各样的伞陆续撑开，太阳越来越大，伞越来越多，远看就像一朵朵色彩鲜艳的小蘑菇，很壮观。然而有一个方阵始终没有一朵“蘑菇”，那就是2010级1班的方阵，看着别人手里的伞，再看看天上的太阳，孩子们有忍不住从教室拿来伞的，有看到我手中的伞（隔壁所教二班的学生给我送来的）立马主动请缨要为我撑伞的，他们都用满含期待的目光望着我，但都没有撑开，因为我告诉孩子们，今天借这个机会我们要来一次彻头彻尾的阳光浴，看看是阳光厉害，还是我们的意志厉害，抑或是两者都厉害。我还告诉孩子们，我要和他们比赛，看看谁能更禁得住阳光的洗礼，接受这样一次特殊的磨炼。有嘘唏不已的，有敢怒不敢言的，有坦然接受的，虽然各自的心态不尽相同，虽然成人礼的时间较长——将近两个小时，但最终孩子们都坚持下来了。尽管被炽热的阳光晒得满脸绯红，满身大汗，但他们这些有伞不能打的孩子们胜利了，坚持住了，没有一个人因太阳的暴晒而晕倒，他们不仅仅是身体取得了胜利，心灵更得到了洗涤，意志得到了磨炼。

回到教室，我和我的孩子们一起背诵起《在烈日和暴雨下》的片段，“天热得发了狂，太阳刚一出来，地上已经像下了火……枝条一动也懒得动，无精打采地低垂着。马路上一个水点也没有，干巴巴地发着白光……处处干燥，处处烫手，处处憋闷……”再次品味了刚才在操场上的滋味，没有人再心存不满，孩子们——有伞不能打的孩子们，你们是好样的，有这样的精神财富，有这样的意志品质，高三还有什么可怕的？带着这样的精神财富上路，你们的人生大道将越走越宽阔。

盒饭·矿泉水

食品袋·小女孩

……

班级日志·成长足迹

我带的班级一直都有一本班级日志，孩子们用自己手中的笔真实地记录下他们自己成长的点点滴滴。下面就选摘几条吧：

当以宏图大志，更应脚踏实地，大家团结向上，彰显通锦精神，通四方锦程，达天下大道。

——校长寄语

培养一个习惯！追求一份快乐！人，总要仰望点什么！哪怕是一轮红日，一弯新月，一座山峰。站在新学期的起点上，当我们仰望时，各自都应有一股庄严神圣的力量，从你的内心涌起！

——班主任寄语

回望过去，把握现在，展望的是光明的未来。未来路漫漫，有你有我一同闯，风雨同度，悲笑齐歌。

——黄芳

教室里，我们从容冷静，运动场上我们几近疯狂。“疯”是指对冠军的渴望，而“狂”是指赛场上英勇无畏、舍我其谁的霸气。

——吕亮写于运动会后

窗外寒风呼啸，一切都在黑夜的笼罩下，显得那么宁静。室内同学们正专心地“研究”自己的作业，和窗外不一样的是，教室里很温暖，这就是我们的家——高2010级1班。

——康翔

王国维把人生描绘为三个境界：“昨夜西风凋碧树，独上高楼，望尽天涯路”，这是一个励志过程，磨砺自己的志向；接下来就是“衣带渐宽终不悔，为伊消得人憔悴”，你既然有了目标，就该付出行动了，但愿三年后我们都能“蓦然回首，那人却在灯火阑珊处”。

——高栈宇写于第一次主题班会后

我们要像汪国真诗歌里所写的那样：“我不去想是否能成功，既然选择了远方，便只顾风雨兼程。”

——王晶写于零诊后

运动场上，我们奋力奔跑，死命拔河，潇洒灌篮，那是一张张激情飞扬的笑脸。

男生宿舍里，我们在墙头高悬“恒则成”的字幅，那是一张张壮志满怀的笑脸。

教室里，我们躲在书堆里绞尽脑汁地写新年贺卡，那是一张张忙里偷闲的笑脸。

严寒冬日里，我们手指滑过玻璃水气画出卡通人物，那是一张张浪漫无邪的笑脸。

国庆大假前，我们兴奋地挤成一团放肆地叽叽喳喳，那是一张张纯真甜美的笑脸。

我爱你，我们永远的高2010级1班！

——符阳

教育，点点滴滴都是故事，都是美丽的。最后套用我在一次全校班主任培训会上的讲话结束全文，以此共勉：“作为教师，我们要有太阳的姿态，不管学生是参天大树，还是田间小草，都要让他们得到阳光普照的权利；不管他是富贵的牡丹，还是路边羞涩的小花，都要让他们有开花的权利。”

案例4　随风潜入夜，润物细无声

黄蓉华

曾看到一则故事：有一位极其爱狗的人听说深海鱼油对狗的发育很有帮助，于是每天一大早把狗抓来，用双膝夹紧狗头，硬使它张大嘴，然后对准喉咙灌进鱼油。有一天狗儿奋力挣扎，摆脱了主人的双膝，鱼油也流得满地都是。生气之余看到狗儿自己转过身来，静静地舔食羹匙上的鱼油，此时的主人才回过神来：狗所抗拒的不是鱼油，而是喂食鱼油的方法。

这则故事让我记忆深刻，其原因在于它让我领悟到了班主任工作的一个要旨：当我们抱怨学生难管，不听话的时候，我们就应该反思：他排斥的是我的教育方式，还是教育内容？我们要尊重我们工作对象的心理感受，要用他们接受的方式进行教育，否则，我们可能的工作会事与愿违、适得其反。基于这个感悟，我在自己的工作中进行了一些改进。

一、借学科渗透，深化思想认识

曾经羡慕语文老师，他们当班主任对学生进行教育有得天独厚的条件。细细推敲，才发现数学教学时仍可渗透人生哲理，仍然可以让学生在不知不觉中既增长了知识又受到教育。比如在教《比较线段的长短》一节时，当学生通过对比得出结论“两点之间线段最短”后，为进一步加深学生对这个结论的理解，也鉴于班上学生目前学习氛围不够浓，学习目的不明确的情况，我就借题发挥：“两点之间线段最短，不仅是一个数学结论，更是人生哲理的揭示，只要我们确定了目标，径直朝目标努力，那我们就比没有目标盲目乱走要省许多路程，就会比别人更快到达目的地。因为‘两点之间线段最短’！比如我们要提高学习成绩，那明确的学习目标、正确的学习方法和学习态度，便是我们实现这个目标最短的线段。用好这个结论，我们做事往往会事半功倍。”在以后的教学中，我不仅教给学生数学知识，还努力让数学与生活联系起来，让学生在生活中领悟数学，也让他们在数学中感悟人生哲理，提高思想认识。

其实，在学科教学中渗透德育教育，这本是学科教学应当承担的任务。当我们把不自觉的行为变为自觉的行为之后，我们的教育教学就会生动得多，有趣得多，学生也会乐于接受。果真这样，我们就创造了适合学生学习的教育。

二、从自尊入手，规范学习行为

只要是人，都会有获得尊重的需要。而这种需要的获得，自尊是前提之一。学生教育，很多时候应该以激发其自尊心为重点。如果一个学生缺乏自尊，那么他就会什么也不在乎，任你千方百计，他仍我行我素，破罐破摔。作为老师，既要细心呵护学生的自尊心，也要巧妙地利用学生自尊心来达到教育的目的。

为培养和提高学生学习的主动性和自觉性，杜绝学生不按时完成作业、抄作业的情况。在讲清楚平常的要求和惩戒规则之后，我决定要让学生从内心深处意识到，抄作业既是对自己的不尊重，也是不诚信的可耻行为。于是，我就从学生的荣辱和自尊方面入手开始了教育。开学以后，在班上各方面渐渐步入正轨之时，我开始对班级管理进行查漏补缺。星期二的早上，我一改之前先进办公室的习惯，提着包直奔教室，只见绝大部分孩子都在忙着收交作业，有三个男生一个女生正奋笔疾书忙着赶作业。我在他们不知觉的情况下就把本子和笔收在了手中。他们一下全愣了，因为我规定早上不得做作业，只能先交作业而后进行早读。几个孩子跟着我进了办公室。这是第一次发现班上赶作业的情况，要想杜绝班上今后再出现这种情况，今天必须把这个事情处理好。我简单问了几个学生的情况，他们都有自己的理由。他们一个个都理由十足的样子，看来不让他们意识到问题的实质是不会及时改错的。我说：“你们认为自己笨吗?”

“不!”

“希望别人认为你笨吗?”

“不希望!”

“在别人都按时完成了作业早读时你在赶作业，别人会认为你很行吗?”

“不会。”

“这样下去同学会怎么看你，你们想过吗?”

“没有!”

“你没这样想别人就不对你有看法吗?”

“肯定有看法。”

“怎样的看法?”

“觉得我们笨跟不上班级节奏。”

“既然我们不愿意别人说我们笨，况且我们本身就不笨，要想不让别人有这种认识，那我们应该怎么做?”

“按时完成作业!”

“同时还要保证质量。今后你们还会不会出现类似的情况呢?”

“不会了！”

“今天的作业怎么办呢？”

“利用课间补上。”

这以后，通过我自己的观察，他们几个再没出现作业没按时完成的情况了。

如果我当时不闻不问，直接批评一通，他们迫于班主任的权威，可能会心存畏惧，虽能解决一时的问题，做到口服，但他们认识不到自己的错误，不会心服。教育的效果，应该是心服口服，心悦诚服。

三、借形象比喻，点燃希望之灯

学生是活生生的人，情绪波动而导致学习波动，出现心理焦虑等问题是经常的。处理不及时或不得法，会严重影响学生的健康成长。面对学生中出现的情绪波动，老师一方面要冷静分析学生心理，找到波动的原因；另一方面，要能用形象而智慧的语言，让学生尽快走出情绪的阴影。

上一届学生中曾出现这种情形：初三时，出于学生发展前途的考虑，年级内部进行了分层集中，便于因材施教。我班两个成绩较优秀的学生被调到上一层次的班级去了。他们走后，教室里出现了一阵议论。有几个和调走的学生相差不多的孩子低着头、沉着脸、一声不吭，难过的表情展露无遗。

等大家安静下来之后，很自然地从收心、常规、计划说到调班的事。我在阐述了年级的想法、做法后，告诉他们这么做都是为了让同学们找到适宜自己的学习方式，有利于同学们的最好发展。然后话锋一转，说道：“领头的走了，你们不必难过，你们应努力争取让自己成为别人的标杆，别人的榜样。他们走了，在座的同学也许更能发挥自己的长处，让老师发现你的优点特点，正如大树挪走之后，旁边的小树才有更多接受阳光雨露和营养的机会，小树可能会以更快的速度成长并赶上挪走的大树。你们愿意成为大树吗？”“愿意！”整齐的回答，洪亮的声音。我知道，希望回来了。我盯着他们高兴地笑了。看着他们充满希望的眼神，感觉蛮不错的！

切中内心想法的形象比喻，往往比长篇大论的说理效果更好、更能打动人心。

四、以幽默语言，唤醒沉睡之心

可能任何班级都存在“学困生”这一群体。造成这一群体的原因多种多样，但学习（包括生活习惯）习惯差，是其中最重要的原因之一。从习惯纠正入手，采用恰当的方式，也许可以让一些人找回自我，脱离这一群体。

进入初三，数学学科本身的难度在增加，综合运用能力也需要提高。对基础差，学习习惯也差的“学困生”而言，上数学课简直就是受罪。他们在教室里如坐针毡，这么坐不舒服，那么坐也不爽，找不到事做，但就是不愿动脑想、动手练。这种现象在初三的教室里常会看到。如何让他们有事做、愿做事呢？我一直在思考着。

在对《一元二次方程》这一章进行小结后，我对学生再次强调一元二次方程的解法，增强了课堂训练力度，进行了练习之后的及时评讲。班上绝大部分学生按要求认真做，可几番下来还是有几个学生只是评价别人的练习，甚至说些与课堂无关的话，自己的练习本干干净净，一个字也没写，看来知识过手很成问题。以前我就是提醒和督促，但由于要兼顾其他爱学习的孩子，不可能把时间过多地放在不自觉的孩子身上，所以效果并不好。看着认真做练习和无所事事的学生，我想怎么说他们效果好呢？我顺口就说了一句：“我们班的君子还真不少，有好几个呢。”同学们一脸茫然地看着我，不知道我什么意思。我笑着不说话。一学生问：“啥意思哟？”我用夸张的眼神看着几位不动笔的学生。一个聪明的男生马上就说：“君子动口不动手。”学生马上明白了我的意思，那几个不动笔的孩子知道是在委婉地说他们，觉得不好意思也立即拿起笔做练习。教室的学习气氛马上得到改善，其中一个学生后来还主动问了问题。几次练习评讲之后，学生掌握的情况有了明显进步，他们中的几个能够正确用直接开平方的方法解一元二次方程了。虽说这点收获很小，对学习好的学生来说甚至是微不足道，但我深知学习困难的孩子能做到这一点，已经是很不容易了。于是，我把他们表扬了一番。其实，对“学困生”的教育引导真的很需要费一番思量：他们敏感、自尊，但也虚荣，希望成功，需要鼓励，因此对他们的教育要比一般的孩子更需要耐心和策略。幽默的语言，善意的提醒，既指出了他们存在的问题，也顾及了他们的面子，对他们不失为一种有效的教育方法。

善于运用教育机智，善于利用一切教育机会、教育资源对学生进行心智启迪、行为规范的班主任老师，他的教育就如随风潜入夜的春雨，不知不觉间滋润了万物，为大地换来勃勃生机。教育的本原，就是教会学生做人。教育的艺术，就是在平常的细节中抓住教育的契机，施行最恰当的教育。要做到这一点，就需要在班主任工作中多观察细琢磨，不断提高自身的教育理论修养、教育实践技能，用心去对待班上的每个学生，尽量给每一个学生以恰当的方式，促进他们进步。

案例5 老师，请注意工作中的“灯下黑”

刁家凤

在使用油灯照明的时代，“灯下黑”常被人们用来表达容易被忽视的地方。几年的教育教学工作，让我发现一个现象：给老师留下深刻印象的总是那些优生或者是问题多的后进生。备受老师关注的也总是他们。然而，在班级中占较多人数的是中等生，而他们却时常被忽视。于是，出现了教育工作中的“灯下黑”。这部分学生学习成绩不冒尖，又不善于表现自己，总能做到遵守纪律，几乎不会惹祸闹事，因此，他们很容易被老师忽视。

刘怡心，是我班上一个不起眼的小女生。性格内向，安静。从不违纪，成绩一般。初一上学期中途转到我们班上。她刚转到班上时，为了让她尽快适应环境，找她谈了几次话。后来，因为她没有什么突出的表现，也不捣乱，我没有过多地关注她。初一下学期半期考试之前，我发现她有些不对劲：上课精力不集中，过关卷总是不理想。家长也发现了问题，跟我讲了孩子的变化：初一上学期刚到我班时，因为没有朋友，特别不高兴。是我的微笑、关心和鼓励让她找到了自信。慢慢地，她适应了这个新集体，她也很喜欢我这个班主任。可最近（初一下学期半期考试之前）变化挺大。做作业有些拖沓，偷偷看言情小说，老爱和姑姑吵架。听到这里，我很疑惑。看到我的表情，她的姑妈向我说明了实情。原来，这个孩子很小的时候，父母离异，自己跟着爸爸过。可后来，爸爸再婚，后妈对她不好。所以，她很敏感，也很内向。再后来，她又搬到小姑妈家住，由小姑妈照顾她的学习和生活。上了初中以后，她就更敏感了。总认为自己寄人篱下，姑妈心情不好，语气重一点，或多说她两句，她就认为姑妈嫌弃她。听了之后，我心里猛地一震。这个孩子居然经历这么多事，心思居然这么细腻。她在学习上的反常表现会不会是因为我的某些无意的言行伤害了她呢？

第二天下午放学后，她的姑妈和我一起跟刘怡心做了一次推心置腹的谈话。

她告诉我：本学期一开始，我找到她谈话，鼓励她，使她信心满怀。可一件小事使她改变了。每次做单元过关卷，不合格的我都会叫重做。但连续两个单元她都做得特别差。而且，再次做时，她仍然不合格。她告诉我，她根本没背。我很生气。无意间说了一句话：“背熟了之后再做。一定要过关。”她很紧张。可后来，因为事多，我就忘了让她重做。她难过地对我说：“刁老师，你每次从我身边走过，我都以为你要我重做。我可高兴了。可你每次总是走过去，去关心其他的同学。我很失落，以为你放弃了我。”听了她的话，我很震惊，也深深地自责：自己说过的话怎能不算数呢。我可以给自己找100个理由，可孩子的心是不能伤的呀。我诚恳地向她表示了歉意，她也敞开了自己的心扉，把自己的感受讲给我们听。她甚至把她的秘密告诉了我们：对班上某个男生有一点好感，自己因为他有些分心。她表示愿意接受我的指导。我给她讲了一些道理，并向她承诺：一定更加细心地关心她，并且继续严格要求她。她很高兴。通过交谈，她也意识到了自己对姑妈的偏见，知道了姑妈的良苦用心，表示以后要听姑妈的话。在接下来的大半学期里，我通过各种方式鼓励她。果然，功夫不负有心人。在期末考试中，她的成绩大幅度提高。尤其是英语，以前总是在九十几分，但期末考试考到了110分，她的成绩甚至超过了曾被我看好的其他学生。她的性格也变得开朗多了。

刘怡心的变化给我留下了许多思考：为什么老师的注意力之“灯”照不到中等生？教育本应是阳光普照，那怎样才能避免出现“灯下黑”？心理学认为，教师对学生诚挚热爱的情感，能够感染打动学生，转化为学生的心理动力，影响其品德的形成和个性发展的方向。中等生是一个有很大潜力的群体，他们平时默默无闻，但只要老师，尤其是班主任老师多关心了解他们，持之以恒地给予他们足够的、有效的指导和帮助，他们的潜能一定能发挥出来，取得长足的进步。

让教育的阳光照耀每一个学生吧。

案例6　用爱心、细心、耐心浇灌成长之花

杨艳华

班主任工作既是一个“师生相长”的过程，又是一门具有独特魅力的艺术。

当班主任，我的第一感觉是累，身体上累，心理上更累：总有学生会让你担心，总有学生会调皮，还有学生会时不时做错事，甚至影响班集体。每天放学的时候我都要留下几个人来处理其纠纷或者是谈心。我当班主任一年了，做起事情来不如我想得那么简单。每当看见一个个活泼可爱的学生做错事时，我

忍不住心酸，因为他们的未来掌握在他们自己手里。可是，他们自己又不甚明了，只好由老师多加提醒了。可是孩子总是贪玩好耍的，他们不一定明白老师的苦心，甚至有的明白道理却管不住自己，总要捣乱。他们的行为习惯不好，也不能一时之间就纠正过来。所以，班主任要有爱心、耐心、责任心；班主任，要爱每一个学生，要为每一个学生想办法。

班主任对学生的爱，应该是实在的、能让学生感受到的具体的言行举止。这就要求班主任心中时刻想着学生，爱护学生，不嫌弃后进生；在任何情况下不怒不慌，从容处事。简单说来，就是要用爱心去呵护学生，用细心去了解学生，用耐心去督促学生，促进学生。在我的班上，就有一些学生是这样的情况，需要老师的呵护。下面举一个例子。

一、基本情况

小 A，刚开始军训时我便注意到他：他是个个子较高的男孩，皮肤白皙，身材瘦削，一双小眼睛滴溜溜直打转；训练时从不肯听教官的话，不愿意站直，不愿意练习齐步走、正步走，一副吊儿郎当、松松垮垮的样子。开学了，他在为班里做事时好像显得很积极，但是，他却只是凭兴趣做事，也不爱学习；刚上初一的他已经 14 岁了，虽然比同龄人要显老成，并且还比较聪明，但功课掉得太多，因为他只爱玩，一点不爱学习，行为习惯也不好，经常不交作业、上课不认真听课，还打扰其他同学听课，也经常迟到，他认为学习不很重要。他在意的就一样——要面子，不服输，什么事情都不想落在人家后面。我抓住时机多和他交流，尽量多鼓励他的积极性，同时提示他，学习也应当认真。他积极地学了一阵子，但是，懒惰和随意给他的后来发展埋下了祸根。

渐渐地，他的各科成绩开始大幅度下滑。

我常常找他谈话，给他讲道理，告诉他要想不输于别人，唯有自己努力，付出比别人多一倍的精力，才可以光明正大地“傲气”，给自己面子，你有本事了，你懂事了，家长放心，老师欣慰，同学开心，和睦相处就是件容易的事了。可是，他听则听了，做起来却不是那么回事，照样缺作业，照样不遵守纪律。我始终不得要领。各任课老师也找他谈话，一样没有什么效果。我请了他的家长来学校面谈，结果家长比老师还不了解学生，只是一味地给学生零用钱。我的头开始大了……

但是我仍然不打算放弃。我知道他好面子，还知道他在意自己的容貌，他最大的愿望就是拥有一副迷人的外貌，这是他亲口告诉我的。那是一个星期三，他听写不合格，加上在放学之际心不在焉，很想回家，我让他认识到自己的错误并改了才可以回家，没想到他趁我回办公室之时自己回家了。我当时很生气，甚至想马上通知他的家长把他送回学校！可是，我又仔细想想，这个孩子是很有自尊心的，如果万一他觉得自尊心受到伤害，那可能以后更会破罐子破摔，于是我想找一个合适的契机再好好跟他谈谈。

第二天，我先观察他收体温测试表，正常。我中午把他叫到办公室，很细心地给他讲解道理，其中有谈到问他最喜欢什么？他回答喜欢他的容貌。我马上意识到这是个机会，于是告诉他“相由心生”，容貌是由气质决定的，他也认同，我又告诉他气质的培养在于自己的学习，“腹有诗书气自华”。他听明白了，后来在班会上，他主动承认了错误。我又一次当着全班同学表扬他勇于认错。现在他虽然成绩不是很好，但至少态度好许多了，我想他总会慢慢地学到一些东西。他也找回了自信，只要能把好习惯坚持下去，也是不错的。

于是，我单独指定他为班级服务，也就是每天帮班上收发体温测试表。他做得非常认真，不仅每次都整理是否全班交齐，登记哪些没交，还注意严格检查有没有没认真填写的，凡是不规范填写的他都会单独理出来汇报给老师，然后下去督促同学认真填写。

我立刻表扬他认真负责，能做好事情，这样下去，如果在学习上多花工夫，也一定会有很大的进步；还表扬他心中有他人，时时刻刻都注意关爱他人。于是他做得更加认真，几个月来没有一次松懈。在作业上，他缺交的情况也少些了。

然而正当我信心满怀时，他的坏习惯又回来了，贪玩好耍、自由散漫的性子让他怕吃苦，一件事情比一件事情做得差。我坚持鼓励他，给他介绍方法，给他介绍经验，让他知难而进。他却按捺不住，“急功近利”想要“立竿见影”的效果，可是当他没有付出努力的时候，是很难看见效果的，于是他却开始放弃自己，怎么劝都无动于衷。

明年是初二了，我会继续坚持用爱心呵护他，用细心了解他，用耐心感化他，督促他、促进他，多鼓励，这应该是一个可行的办法。

二、案例思考

事后我想，如果当时我没有捺下性子，而是对他一顿训斥，估计就没有后来认真做事的他了。如果我没有给他找到自信，他或许还是不能好好学习。通过这件事情，我深深地认识到：任何“后进生”都毕竟还是在人生的路途中，对他们来说人生才刚刚开始，或者说还没有开始，班主任负有不可推卸的教育责任。他们也是可以教育和培养好的，关键在于班主任要有一颗赤诚的爱心，爱学生，爱事业。只有爱，才能奉献，才能克服任何困难。爱心是做好班主任工作的前提。此外，办法要多，要给学生实在地想办法。批评或表扬学生要适当，给学生警醒也要给学生动力。这是爱心、细心的重要性。

发现他的问题反复后我坚持不放弃，这是耐心的重要性，它曾起到了很大的作用。只要我坚持，我想它也将在接下来的工作中起到更大的作用。

其实对于学生来说，在学校里最想得到的就是别人的关注和重视，最怕失去的就是自身原本良好的形象遭到破坏，从而让自己在其他同学眼中的位置和评价降低，所以，让他感觉到这一点远比讲大道理有用得多。

所以，我将一直关注孩子，继续用爱心呵护孩子，用细心了解孩子，用耐心感化孩子，督促他、鼓励他，让孩子们健康成长。

案例7　叶美如花

王茂春

又是教师节，又收到学生送来的一些小礼物：贺卡、笔记本、钢笔、笔筒……我正翻看，一抬眼瞥见一个男孩在办公室门口一闪，但我还是认出了他——二班一个调皮的小男孩：黄黄的头发总是乱蓬蓬的，像没人打理的秋草。因为要求严格，所以调皮的学生都怕我。一定又是来刺探“军情”的，我想。

今天正好是二班的语文早读，我带着电脑和书本向二班教室走去。虽然没有打铃，但同学们已经在课代表的带领下开始早读了。靠后门角落里的那个座位却空着，他不在教室！“看我怎么收拾你！”我正盘算着，他却赶在打铃前闪现在了教室门口。

“报告！”他怯生生的，满脸的歉意与愧疚。

“进来。”我的脸上写满了责备与愤怒。他畏畏缩缩地闪到角落里的那个座位上，拿出书展开来立在课桌上，头就埋在书后，只露出那乱蓬蓬的“秋草”。

在巡视中忽然发现那乱蓬蓬的“秋草”下面还有一双眼睛在忽闪忽闪地打量着我，被我发现后便又迅即潜伏下去，我走过去摸了摸“秋草”，轻声地说：“认真读书。”他便突然醒悟的样子，坐直了身子，放平了书，跟声朗读了起来。接下来是语文课的小组自主互助学习，几乎每个小组的提问他都举手抢着回答问题，虽然得分不高，甚至有些问题答非所问没有得分。我有些惊讶他的执着，竟像顽强的春草！

语文课结束了，带着一丝疑惑，也带着一丝惊讶我走进办公室，发现办公桌上多了一盆花，在书籍和作业本堆中是那么显眼，仿佛整个办公室都生机勃勃春意盎然了！说是一盆花，但这只是习惯的说法，那只是一盆非洲菊，真正开着的花就一朵，红红的，圆圆的，一根细细的茎将它高高地擎起，像一轮凌空的红日。绿油油的叶子们肥厚健壮密密层层紧贴着花盆的土面挤在一起，都仰面注视着那“太阳”。

仔细数了数，叶子竟然多达二十几片，而开放的花就一朵而已。认真想想，其实这才是生命的常态！

绿，才是植物生命的主旋律，姹紫嫣红的绽放不过是转瞬即逝的插曲。然而正是这些短暂的绽放与凋谢却吸引了太多的顾盼，牵惹了太多的柔情，承幸了太多的咏叹。试问文人雅士、才女怨妇，你们有几人有多少时间曾为这从不绽放的叶、默默无闻的根牵肠挂肚、浅吟低唱？但其实它们才是植物生命发荣滋长的功臣！它们才是生命旋律中最响亮的音符！

而作为教师，我们也太容易麻木，我们太容易冷漠，太容易在关照生命的过程中随波逐流！我们的目光太容易赞许那些出类拔萃的“尖子”；我们的语言太容易褒扬那些笑傲考场的“优生”，因为他们才是绽放的娇艳，他们才是那朵众叶仰慕、细茎高擎的“红日”！

或许教师更需要一份隐者的宁静淡远的心境，更需要一份君子的厚德载物的情怀，你不仅要垂青那些能够绽放的“花朵”，也要俯下身来欣赏那些绿上阶沿的“苔痕”，映青窗帘的“草色”！不要因为他们不能绽放哪怕他们也怀揣着一千个绽放的梦想就漠视了他们。就如那个调皮的小男孩，他在门口一闪而过的张望，他潜伏在书后的打量，他毫不气馁地举手抢答，这些举止不都是在努力实现自己“绽放”的梦想吗？

想到这些，我突然有些害怕！我还很庸俗，我还很浅陋！

作为教师我们是不是有责任揭开罩在教育身上那层急功近利的黑纱？是不是该站在关照生命进程的高度去重新衡定考量生命美丑的尺码？是不是该让每一个积极生长的生命都普照着欣赏与赞许的阳光？

我们需要学习：学习以人性的光辉去普照每一个普通的学生；学习以温暖的眼神去照亮每一个平凡学生的心灵；学会欣赏那些永远无法绽放的“绿叶”，学会欣赏那些“无人打理的秋草”……

花美，叶亦美！

案例8　用爱心面对课堂上的突发事件

文晓莲

星期二早上的第一节，我准时走进六班教室。正准备上课，突然发现有两个同学在吃早饭。我就招呼他们：不要吃了，上课了。然后理所当然地认为他们会停止吃东西，于是就叫起立上课。讲了几分钟后，我发现有一个同学还在明目张胆地吃包子，丝毫不加掩饰。我有一点生气，但还是心平气和地说："上课已经几分钟了，不要再吃了。"但他根本不理我，接着又咬了一口手上的食物。我生气了，但还是忍着，又招呼他："课堂上吃东西不太好，如果一定要吃，就到教室外吃完了再进来吧。"没想到他还是不理我，将手上的东西全部放在嘴里，接着拿出餐巾纸，擦擦嘴，回过身，将纸扔到教室最角落的垃圾桶里。又回过身，瞟了我一眼，好像在说"你能把我怎么样?"我气得不知所措，手都发抖了。当时差点就破口大骂，骂他没有家教，像个地痞。为了控制自己的情绪，我在讲台上来回不停地走动。教室里突然安静得可怕了，掉一根针也绝对能听见声音。过了片刻，我脑子开始清醒，迅速转过了无数个念头。破口大骂有损自己的形象，不好。而且会激化矛盾，只会使问题更不易解决。况且以他刚才挑衅的眼光来判断，骂他可能会导致口角，既会影响上课，更会降低老师的威信。叫他滚出去？不太好，现在有明确规定，课堂上不得把学生赶出教室。况且叫他出去万一他不出去，怎么办？扔下粉笔就走？我不会那样干，说不定这正是他想要达到的目的。思前想后，带着愤怒和屈辱，最后我只得违心地说："我不想因为你影响其他同学上课，下课后我再找你谈。"忍下那口难以忍下的气，我又接着上课了。

这节课学生表现得出奇地好，比这学期开学以来哪堂课都认真。看来学生并没有因为这事而认为老师软弱。他们比平时表现得更自觉，说明学生是有判断是非的能力的。这让我稍微安慰。

课后，我想了很久，怎么处理这事儿？俗话说错误的思想指导错误的行动，他这样做，肯定是故意的。这又是一个出了名的难教育的学生，我能否说服他，消除对老师的敌意？怎么谈？是先骂他一顿解除心中的窝囊气，还是心平气和地和他交换意见？若是前者，他对老师的敌意可能更严重。因为当时心情难以平静，心态难以摆正，我没有找他。

又过了一天，我把他叫到办公室，让他坐在我对面。

我问他："老师认为上课吃东西不对，你赞成吗？"他回答我："我上课没讲话，吃东西又不影响其他同学。"我说："上课吃东西不仅对自己，而且对同学都有不好的影响。我们一起来分析一下，好吗？老师在讲台上讲课，学生吃东西能否集中精力听课呢？显然不行。这样就影响了学生的听课效果，影响了自己的学习。老师看见学生没认真听课，心里自然着急，就会通过某种方式提醒你要认真听课，甚至停下来招呼你，这样势必打断课堂节奏，扰乱老师上课思路，也就影响了其他同学的听课质量。再说假设每个同学都是你这样的想法，大家都边吃东西边上课，那课堂之上还有什么纪律可言！所以老师认为上课吃东西不仅有影响，而且影响是非常大的。所以老师肯定要制止学生上课吃东西。你认同老师的分析吗？"他默默不语，似乎认同了我的观点。我又接着说："而且老师上课的内容，是老师课前花时间精心准备的，是老师的劳动成果，你这样做，是不是不太尊重人呢？其他同学也想听不受干扰的、课堂效果好的课，你这样做是不是有点不尊重其他同学的学习权利呢？"他还是不开腔，但态度有所缓和。我接着问他："你昨天的行为是不是有点欠妥？"他虽没回答，但却低下了头。我又问他："以后是不是该改变一下上课吃东西没影响的错误想法呢？"他虽然没回答我的问题，但从他的神情看，他已经认同上课吃东西不对的这个观点，那我就不必同他再谈这个问题了。

他昨天的态度表现得非常蛮横，接下来我该和他谈谈他昨天的态度问题。该怎样谈才能让他接受呢？首先要了解他的心态。我问他："我认为你昨天的态度很不好，你说说你昨天课堂上是怎么想的？"

他终于开口了："我从来都认为上课吃点东西没什么大不了的，何况是吃早饭而不是吃零食。你招呼我时我马上就要吃完了，你还叫我到教室外去吃。我想我没必要出去。"

我正想纠正他话中表现出的错误思想，他又接着说："我以前有个姐姐在你班上读书，她说你很厉害，他们班上的学生都很怕你。我想有什么厉害的，不过如此，趁着这个机会，我倒要试试你到底有多厉害。所以不仅不出教室继续吃，还故意那样，就是想气气你，看你能把我怎么样。我想要是你敢骂我，我就有机会让你更怄气。"

听了他一席话，满腔怒火倒消了一半，反而想笑了。现在的孩子，真是精灵古怪，花样百出。他居然是这样想的，而且就照着这样的想法毫无顾忌地做了。我倒不知该如何说了。

他停了停，又开始说了："没想到你很冷静，居然没骂我，跟别的老师有点不一样，出乎我的意料。今天叫我到办公室，我以为找我算账来了，没想到还是没骂我。我觉得你这个老师挺温和，一点都不厉害，倒觉得你心胸比较开阔。不是那种高高在上的老师，值得我尊敬。我以后上你的课不吃东西了，也不跟你对着干了。"

他虽然没为昨天的事道歉，但他态度是诚恳的。而且也表明了要改正错误。听这孩子说话，有股豪气，估计以后也会按说的做。难道这样就完事了？就这么简单？跟预计的差别太大了。但我转念一想，他不过是一个做事不考虑后果的孩子，没必要将昨天的事紧揪住不放。老师本就应该心胸开阔，宽宏大量，教育他们而不与之计较。但我还应该再纠正一下他的错误。

我说："其实你已认识到上课吃东西是错的，所以不仅在我的课上不该吃，在任何课上都不该吃，你说呢？"他点点头。我又接着说："老师原谅你昨天的行为。但你要知道，老师是你们的朋友、长辈，而不是敌人，不应该对老师采取敌视的态度。老师和学生从人格来看是平等的，所以应该互相尊重，老师是尊重你们的，你们也应该尊重老师。作为负责任的老师一定会严格要求学生，所以肯定要批评学生，有时还比较严厉。但那不是不尊重你们、为难你们、要与你们过不去，而是希望通过批评来促进你们改正缺点，跟你们父母的心态是一样的。所以你们要明白老师批评你们真是为你们好，更应该尊重他们而不是敌视。而且你做事是不是也有点不顾后果呢？可挽回的就不说了，万一不顾后果做了不可挽回的事，就要付出代价了。"他说："老师，我故意气你，你不但没骂我，还心平气和地讲道理，谢谢你。"然后鞠了一躬就走了。

从那次后，他上我的课表现好了很多。若有其他同学违反纪律他还会帮着招呼。

事件分析

事后我很庆幸当时没有只顾尊严而做出过激的行为，那样的话就不会有现在这种好的结局了。可能我会威信大降并且师生始终还是对立的，甚至他还可能再做出类似的挑衅行为。

据我分析，不是我说了什么让他感动的话，可能是我对他的这种师生平等的态度让他消除了对老师的敌意，使他觉得自己受到了尊重，受到的是平等对待，然后改变了对老师的态度。也有可能是虽然他犯错在前，且当时态度恶劣，但老师宽宏大量（虽然当时是为形势所逼），不与他计较，他为老师的人格魅力所感染，从而改变了对老师的态度。

这件事给了我一些启示。

一是教师遇到突发事件首先要冷静、机智，不要为解一时之气而不顾后果，要给后面处理问题留下余地。

二是老师不要让学生觉得你高高在上；要尊重学生的人格；要俯下身来，和学生做朋友，平等地对待他们。

三是教师要宽宏大量。学生是不可能不犯错的，即使有时触犯了你，甚至跟你作对，你也要大度，不斤斤计较。这样学生更钦佩你的人格魅力，就更尊重你，以后师生关系更和谐。

案例9

教师的风度

王丽荣

作为一名教师，要有威严，更要有风度！威严用以保证校纪、班规的执行；风度则是教师的人格魅力的体现。我认为，教师的风度包含雍容大度的包容性、勇于承担责任的理智性和温暖慈祥的仁爱性。我因为在一次与学生的冲突中勇于承认自己的错误，不但没有失去威信，相反却得到更多信任之后，深刻认识到教师必须拥有必要的风度！正如苏霍姆林斯基所说："学校里的学习不是毫无热情地把知识仅从一个头脑装进另一个头脑里，而是师生每时每刻都在进行心灵接触。"我认为，教师的风度就是师生心灵接触的钥匙。

座位安排和调整是每一个班主任都面临的一个不大不小的难题。我为了减少麻烦规定了调整座位的规律，而且每个人都必须遵守——每周侧后调一排。但是，偶尔，当有个别学生有些特殊要求的时候，我会以自己的权威做出调整。

有一次，有个女生因为书太多想一直坐在最后一排靠窗的角落的位置上。这就需要王×同学变更他的座位。当我对王×同学提出要求的时候，他断然拒绝！我很生气："不行，必须按照我说的去做！"王×同学摔门而去。我更是火冒三丈——我觉得又没有让他吃亏——不坐最后一排应该更好些呀。

我请来他的家长，当着家长的面，理性地分析着这次座位调整的科学性和合理性。他的家长当然按照我的意愿狠狠地批评了他一顿，并逼迫他给我认了错。事情似乎解决了，但我心里知道，那不是解决，只是平息而已。

班长悄悄地找到我，鼓起勇气说："王老师，我们很多同学都觉得你这次处理得不是很得当。你可能没有注意到，你每次需要特别调整座位的时候，都是调整的王×。他真的很委屈，觉得你每次都欺负他呢。我们也觉得这对他不公平。”她说完怯怯地看着我。我的心里“咯噔”一下，一直隐隐预感着的事情应验了——从一开始我就怀疑自己哪里出问题了。我拍了拍班长的肩膀：“谢谢你！我好好想一下。”班长如释重负地离开了。

我静下来思考这个问题该如何解决。如果我不再提起此事，其他人也一定都当这件事过去了。虽然我武断了点，但顶着班主任的权威，也没有谁来“厚非”一下。但是，良心却总有些不安——这对学生公平吗？会不会给这个学生带来心理的阴影？我决定，要对得起良心！

第二天，早读开始之前，我站在讲台上，说：“我现在需要解决一个问题。前几天，特别调整了王×的座位，这件事是我错了。现在，当着大家的面，我诚恳地向王×同学道歉，希望你原谅老师的错误！”学生们愣了一下，又激动地鼓起掌来。我看到王×的眼里有泪光在闪烁。

这件事之后，王×和我的关系竟然突飞猛进，特别信任我，愿意和我交流学习上、生活上，甚至感情上的问题，我们真的成了朋友。而他的学习态度和学习成绩都大有改观。

毕业的时候，王×同学给我的小卡片上有这样一段话：“王老师，您是我12年学生生涯里遇到的最好的老师。您还记得那次道歉吗？您用行动告诉我一个人要勇于承认自己的错误并且要有勇气去纠正它。作为老师，您教给我们知识，更以行动教会我们如何做人——这比语言更有力量！”读到这些话，我觉得自己获得了至高无上的奖励，也庆幸自己没有因为顾及自己的面子而逃避自己的错误。

在学校里班主任的权威肯定是毋庸置疑的。他（她）在学生面前扮演的是威严的角色，学生一般不敢忤逆班主任的意愿。当班主任与学生之间出现意见分歧的时候，班主任往往利用手中的权威逼迫学生就范，维护自己神圣不可侵犯的威严。但需要退步的时候，我们也应勇敢地展示应有的风度，让学生获得成长和发展的空间，而你也会发现更广阔的天空！

案例10　用鼓励和赞赏撑起学生进步的天空

陈　静

教书十三年，班主任工作十年，在这十年班主任工作中，我感触最深的便是：学生需要批评，但更需要夸。适时地给予学生鼓励、赞赏和认可会让学生认识并肯定自我，树立做人、学习的自信，积聚向上、向善的力量，从而获得自我人生的进步和成功。

美国心理学家詹姆斯认为："一个没有受过激励的人仅能发挥其能力的20% ~30%，而当他受过激励后，其能力可以发挥80% ~90%。这就是说，同样一个人，在通过充分激励后所发挥的作用相当于激励前的3 ~4 倍，因而激励的存在至关重要，尤其在学生的学习活动中任何学生都需要不断地被激励，才能巩固已有的知识水平。"我们在教育教学中要树立正确的学生观——学生是人，是发展的人，每个学生都有着自己独特的内心世界、精神生活和内在感受，有着不同于成人的观察、思考和解决问题的方式，因此作为班主任我们要根据学生的个性、水平、学习行为和教师特点等因素，灵活选择不同的方法给予学生激励，不要吝啬自己赞赏的目光和言辞，用鼓励和赞赏撑起学生进步的天空，让他们在人生的道路上健康成长。

一、激励、赞许让学生找回自我

教师要尽力与学生建立真挚、亲密的情感关系，以情育人，以情动人。要建立深厚的情感也需要爱，中外教育家一致认为：爱是教育的前提，没有爱就没有教育。这里最有效的是平等和谐的友爱，发自内心深处的真爱；而不是虚假的爱，居高临下的爱，做他们的良师益友，建立起互相信任、相互尊重、共同进步的良好关系，学生亲其师才能信其道，乐其道，才能积极地接受我们的教育。

我曾经在彭州市一所乡镇中学任教，第一次当班主任便是担任高中平行班的班主任，学生的学习成绩不理想，行为习惯更不好，刚开始时上课说话，睡觉的人特别多，还有抽烟、喝酒，甚至半夜翻墙出去上网的。撇开他们的学习先不谈，怎么管住这群散漫自由的学生便是我当时面临的最大困难。在最初的两个月里，我毫无章法，一味采用"铁血政策"，骂也骂了，打也打了，政教处也去了，家长也请了，可就是没效果。他们该闹的闹，该睡的睡，该翻墙的翻墙。后来一位有经验的老教师提醒我："这些孩子从小到大都被家长、老师骂惯了，打惯了，被学校、社会否定惯了，久而久之，他们自己都否定自己，觉得自己就是笨学生、坏娃娃，没有改变的可能，便破罐子破摔了，所以要改变他们更多要从鼓励和赞赏入手，亲近他们，关注他们，多发现他们身上的优点，并予以及时的表扬，多传递正能量给他们，让他们找回迷失的自我，学会肯定自己。这样坚持下去，学生会改变的。”听了老教师的这番话我幡然醒悟，开始检讨自己之前的做法并予以及时改正。首先，我开始减少批评的次数，尽量不用威胁、侮辱人的语句，多和他们在一起交流，讲讲家里的庄稼的收成，谈谈和父母的相处，聊聊最近看的电视剧和喜爱的明星的八卦。让他们看到班主任和他们心灵相通的一面，这样一来，果然降低了我们彼此的对抗情绪，拉近了和他们的距离，最起码他们愿意告诉我谁的父母在外地打工，谁和谁在谈恋爱，谁周末在家里割芹菜……其次，我开始细心地去发现他们身上的优点和长处，一旦有发现便毫不吝啬自己赞赏和鼓励的言辞，有同学很爱劳动，我便给他竖起大拇指，有同学跑步速度快，我会让他在运动会上大展身手，让他好好享受获胜时万众瞩目的存在感、成就感；安排声音大的同学领早读，歌唱好的每个星期班会课都请他们上台高歌一曲。渐渐地，我班上的学生发现学校教室不仅是学习考试承载压力的地方，这里还有自己的梦想和欢笑，还有属于自己的那一份被认可、被肯定的小幸福，还有同学之间、师生之间朝夕相处的真情。渐渐地，他们把在课堂上低着的头抬起来了（虽然很多都听不懂），翻墙出去上网的也少了，因为他们渴望被老师表扬。希望自己的一点点改变得到老师的认可。这样一学期下来，我们班的很多同学在激励和鞭策中变了样，曾经的“颓废男”“猥琐女”，变得积极乐观。班级风貌也改观了很多。记得有个女同学叫邝美字写得不错也很能收拾，自己课桌上的书籍、文具摆放得整整齐齐，我便当着全班的面表扬她写的字，赞许她收拾的课桌，她乐不可支，脸上露出了灿烂的微笑。因为我这看似不经意的表扬，让她找回并肯定了自我，发现自己原来也可以做得很好，那沉寂已久的小宇宙终于爆发了，字写得更好了，课桌书本收拣得更有条理了，学习也加倍努力了。看到她那么要好，我便不时鼓励她努力学习，并谈自己当初学习的一些经验和教训让她作为参考，结果她真的进步了不少，后来成为我们班为数不多的考上大学的学生。

二、参与激励让学生增加自信

任何老师教授一个班的学生，学习上肯定存在着上、中、下游群体。其实学习不好的学生比其他学生更渴望得到家长、老师、同学的尊重与爱护，更需要老师、同学的认可。对于这一部分学生班主任要积极鼓励他们参与班级的建设和管理，让他们在参与的过程中找到自己的价值，获得能力的认可，增加面对同学的自信，从而全方位地得到提高和进步。

上一届，我班上有一个学生叫程艳红，初一刚到班上便积极主动地申请当纪律委员，我在全班举手表决通过的前提下给了她这个锻炼自己的机会，对工作她认真负责、任劳任怨、一丝不苟。我便经常在全班表扬她，让她在全班树立威信的同时也增加了自己的自信，但是第一次月考成绩下来，她排在年级倒数 50 名左右，伤心的她跑到办公室来告诉我，班上有同学嘲讽她说："年级倒数还好意思来管我们。"她说自己成绩那么差实在没资格当纪律委员。我当时便对她说："陈老师选班干部的标准不是看成绩，首先是看这个同学是否有一颗为班级尽心尽责的心，你把班级管得井井有条，你最有资格。他们说你成绩不好那就加倍努力证明给他们看我程艳红有能力管理班级，也有能力把学习搞好。"有了我的激励后，她不仅工作尽职，学习也加倍努力，周末两天也不休息，排满了补习的科目，虽然累，但她却累并快乐着，证明自己的强烈冲动支撑着她前行。她的成绩真的一次比一次好，初一结束时她已经在年级排名一百名左右了，这样一来班里同学再也没有人否定她管理的能力、鄙视她的学习成绩了。她自己也在老师的鼓励与赞许、别人的认可与肯定中获得了从未有过的自信，连她自己都说小学的时候自己就像一只丑小鸭，没人关注，没人肯定，到了初中就变成了白天鹅，获得了赞许，得到了肯定。曾经自卑的程艳红现在变得自信满满。带着这份自信，再加上她的努力，她顺利地进入了通锦中学高中部，明年她就要高考了，祝愿她能实现自己的人生目标。

想一想，如果当初我以成绩作为衡量班干部的标准，不给她参与管理班级的机会，不给她发光发热的机会，不在她遇到挫折的时候给她"扎起"，不在她萌生退意的时候激励她，也许她现在仍然是一只自卑的"丑小鸭"。

美国心理学家罗森塔尔也曾指出："如果我们对孩子怀有很美好的愿望，经常给孩子积极的暗示，就能使我们的期望变成孩子的自信，转变为孩子的自我期望。"一份关怀，一份鼓励，一份赞许，足以点燃一个孩子一生的希望！

让我们每一个教育工作者用赞许和鼓励支撑起孩子进步的天空。

论文1

从管理到服务

——浅谈普通高中班级自主管理中班主任的角色变化

周广宜

内容摘要：在班级自主管理中，班主任角色应该有变化，是管理者，更应是服务者——供职学校，联系家庭，服务学生，尽责社会。班主任应该树立五种服务意识：服务班级建核心，服务同学谈爱心，服务老师讲细心，服务家长凭耐心，服务社会重正心。

班级自主管理不是新鲜事物。经过多年的实践探索，班级自主管理模式已经很成熟。结合各种论述，笔者将班级自主管理的定义确定为：以班级为教育教学管理的基本单位，通过班主任的有效组织，为了实现班级的管理自主，以充分发挥班级学生的主体参与性而形成的相对稳定的班级管理工作模式。自主管理是一种能够激发班级所有构成要素活力的一种管理模式，对于学生的成长具有积极的促进作用。教育家苏霍姆林斯基说："没有自我教育，就没有真正的教育。"笔者从2011年9月担任高2014届3班的班主任以来，有意识地开展了班级自主管理的实践工作，历经3年的实践和思考，有收获也有遗憾。最深的感受是：在班级自主管理中，班主任必须完成角色的转换，是管理者，更应是服务者——供职学校，联系家庭，服务学生，尽责社会。从管理转化为服务是班主任专业化道路上需要完成的重要一环。下面就结合自己的工作实践，谈谈自己对班级自主管理中班主任角色变化的思考。

做好班级自主管理工作，提高班级自主管理水平，班主任最根本一点是要树立"以学生为本"的理念。前几年流行一句口号"一切为了学生，为了一切学生，为了学生一切"，其实就是以学生为本的最好体现。班级是目前基础教育中对学生进行教育的基本单位，班级管理是教育的主要形式。班级管理从表面上来看是班级事务的管理，简单一点说就是"管事"。但本质上来说，班级管理说到底是对学生的教育，也就是说是"管人"。虽说"管事"与"管人"仅有一字之差，但是在实际运行中是以管事的态度还是以管人的理念管理班级，其结果却有天壤之别。以管事的态度管理班级，把班级管理当作单纯的事务，就会忽略班级管理的对象"人"，进而忽略班级管理中学生的因素，无法做到以人为本。班级管理得好不好，学生最有切身体会，因此也最有发言权。如果能够把学生满意不满意、高兴不高兴、答应不答应作为衡量班主任管理水平的唯一标准，班级管理水平必将上一个更高层次、更高水平。而建立在以学生为本的基础上的自主管理模式无疑是目前解决这一问题的有效途径。

要做到以学生为本，班主任在自主管理中必须认识到，班主任不能仅仅只是管理者，更应该是一名服务者。从教育本质层面来说，班级管理的方式不仅仅是“管理”，更应该是“服务”。更准确地说，班级管理本质上就是服务学生。完成角色转变的关键是班主任牢固树立服务意识。笔者建议，在班级自主管理中，班主任应该树立五种服务意识：服务班级建核心，服务同学谈爱心，服务老师讲细心，服务家长凭耐心，服务社会重正心。

一、服务班级建核心。在自主管理模式中，班主任为班级服务，而服务的根本是建立自主管理的核心体系。只有建立起自主管理的体系，班主任才能从“管事”的琐碎中脱身，将更多的精力投入到“教书育人”中，才能体会到教育的愉悦。根据自己的实践经验，笔者觉得，班级自主管理的体系构建至少应该包括如下几个方面。

1. 着力培养一支有责任心的班团委队伍。这是自主管理的关键一环。与很多自主管理模式中让全体学生参与，轮流做值日班长的做法不同，笔者倾向于设立固定班团委。因为人的能力有差异，兴趣有不同，而自主管理的执行力关键就在班团委。班团委不仅是自主管理的执行者，甚至可以是自主管理的决策者，至少是班主任的决策助手。如果能力不够或者不适合却担任某一职务，可能会影响管理效果。我的经验是，在高中刚入学时（自主管理动员与筹备阶段）班团委实行自荐和指定相结合的方法，然后结合工作实际，逐步调整，等到正式开展自主管理（往往是文理科分班）后，再采用民主选举和自荐相结合的方式确定班团委，明确岗位责任，确定分工，责任到人。自主管理不是一蹴而就的事，要想真正实现它，培养一支有战斗力的、有责任心的、有凝聚力的班团委队伍至关重要。

2. 着力构建一种有凝聚力的班级文化。与班团委的培养同步进行的是班级文化建设。首先是自主管理的相关制度建设，学生自主讨论制定班规，强调可操作性；其次是班级文化氛围的营造，包括班级口号、班歌、班训等；最后是班级相关活动的开展，比如分组进行的趣味运动会、歌唱比赛、演讲比赛等，系列主题班会，校级的歌咏比赛、运动会等。其目的就是增强班级的凝聚力，并将这种班级文化、班级荣辱感灌输到每个学生心中。有了凝聚力，班级自主管理才会有一个稳定、和谐的环境。这种文化建设贯穿高中三年。

3. 着力营造一种务实求真的监督氛围。班级自主管理虽然是学生自主管理，体现学生主体性的管理模式，但调控监督却必不可少。学生考虑问题毕竟不够成熟，学生个体差异也决定了学生的层次，如果没有班主任的监督调控，自主管理就会有完全自由化的趋势，不利于学生的健康成长。班主任应引入家委会、任课教师、班级学生共同组成的监督机制，着力营造一种务实求真的监督氛围，来保障自主管理的健康运行。

二、服务同学谈爱心。建立自主管理体系后，就是面对具体的学生了。学生的个体差异决定了自我教育的差异。对于无法融入班集体，无法进行自我教育、自主管理的学生，班主任应该提供帮助，做他们心灵的守护者，用无微不至的爱心和不厌其烦的耐心教育他们，帮助他们。毕淑敏有篇文章《谁是你的重要他人》，主要说自己小时候参加了一个合唱队，因为唱的走调，被音乐老师发现了，为了整个队伍的平衡，老师就让她站在队伍里，只张嘴不发声。虽然后来在比赛中取得了不错的名次，但这影响了作者一生，使她以后再也不能，或者说不敢唱歌了，甚至连站在台上发言都不敢了。一个老师的一次安排，给作者留下了不可言喻的恐惧和哀痛。在自主管理中，我们要引以为鉴。学生是成长中的人，自主管理活动是学生自我教育的重要途径。学生们在活动中自主设计、自主参与、自主总结成败得失，逐渐由他律改为自律，分析问题、解决问题和总结问题的能力得以增强，良好的道德品质逐步养成。在这个过程中，班主任老师的关怀可以温暖学生逐渐成熟的心灵。

三、服务老师讲细心。搞好班级自主管理，任课教师的协作是一个很重要的因素。学习小组的建立，学生社团的辅导，平时情况的检测都离不开任课教师的身影。俗话说“众人拾柴火焰高”，只有团结好任课教师，自主管理才会落到实处。马卡连柯说：“如果五个能力较弱的教师团结在一个集体里，受着一种思想、一种原则、一种作风的鼓舞，能齐心一致工作的话，那就比十个各随己愿单独行动的优秀教师要好得多。”团结任课教师的关键是班主任的细心：节日时的几句祝福，牢骚时的热情开解，困难时的点滴帮助，可以让任课教师感到温暖；真诚欣赏，并把自己的欣赏变成学生的欣赏，可以让教师感受被尊重、被承认的充实。同时，各种班级活动，班主任应主动邀请任课教师参加和指导，主动创造各种条件加强任课教师与班级的联系，促进班主任与任课教师的协作。

四、服务家长凭耐心。班级自主管理中，加强家校联系是必做的工作。班级管理需要家长的支持，比如请家长办讲座、协助监考、完成社会实践等；而在家庭教育中，班主任也要协助家长进行教育工作，或者提供对家庭教育的指导，耐心为家长服务好。班上曾经有一个女生，读初中时乖巧体贴（家长说），没想到到了高一下学期逆反心理开始产生，尤其和自己的母亲势不两立，母亲没办法，找到了笔者。笔者帮她仔细比较了这个学生在家（逆反）和在校（内向、师生和谐）的表现，认为问题出在家庭教育上：父母双方期望值太高且两人教育观念、方法不一致。笔者建议她在教育时先和丈夫统一意见，在和孩子交流时注意表达的语气，并注意不能用期望值给孩子太大的压力。一个学期结束后，这个孩子的逆反心理被慢慢纠正了。班主任只有做家庭教育的协助者，才能得到家长的支持，学校教育和家庭教育才能形成合力。

五、服务社会重正心。自主管理的最终目的是学生的终身成长。高中学生对社会已经有了初步认识，高中三年也正是学生人生观、世界观、价值观形成的关键时期。在他们真正踏进社会之前，班主任可以利用自己服务社会的意识去影响学生。教师的世界观、道德情操、工作态度以至日常生活的一言一行，对学生所产生的影响都是直接的、潜移默化的，也是深刻的，很难磨灭的。学生对社会的看法、对是非的辨别，常常是从家长和教师身上取得的第一印象，从而一直影响到他们成人。“其身正，不令而行；其身不正，虽令不从。”不可否认，拜金主义、享乐主义、极端个人主义的滋长，以权谋私等消极腐败现象的屡禁不止，一些领域的道德失范、诚信缺失、假冒伪劣、欺骗欺诈活动的蔓延，都给未成年人的成长带来了不可忽视的负面影响。但我们不能让学生只注意到社会的阴暗面，让他们误以为社会是黑暗的，从而变得愤世嫉俗；我们必须通过自己的努力，利用各种正面宣传资料，做社会正气的宣扬者和维护者。顾城的一首诗写道：“黑夜给了我黑色的眼睛，我却用它来寻找光明！”是的，我们作为班主任，面对即将成年、踏入社会的高中生，必须做社会正气的宣扬者和维护者。

总之，只有班主任建立全新的教育观念、教育思想，强化服务意识，依靠内驱动力，增强学生主体意识，发展学生的主体能力，培养良好的性情（如自信、自律、执着、理性、责任感、乐观、冷静、适应性、创造性、效率感等），培养独立、完美的人格，为学生自主能力提高创造氛围，提供机遇，使班级的人力资源得到充分开发与利用，学生的自主能力才会逐步提高，创新能力就会得到培养，从而使他们成为有进取意识和创造精神的社会历史活动的主体，使每一个学生都能成为优秀的自我。

论文2

心灵的沟通，筑造信赖的桥梁

赵月含

内容摘要：爱是教育亘古至今不变的主题。责任是教师永恒的承诺。有人曾经这样说过："教育学生不是演戏，贵在真诚。"真诚是内心的自然流露，如果教师戴着一副面具与孩子交流，孩子感到的只是老师和自己之间有一道无形的墙，根本无法达到心灵的沟通，所以在我看来没有爱就没有教育。短暂而充实的班主任工作让我从一个个鲜活的学生事例中感受了很多，改变了很多，成长了很多。也有许许多多的学生被我的"爱"浇灌得茁壮成长，我们彼此收获着幸福愉悦的果实，就像高尔基说过："谁不爱孩子，孩子就不爱他，只有爱孩子的人，才能教育孩子。"因此，在教育工作中，我把信任和期待的目光洒向每个学生，把关爱倾注于整个教育教学过程之中，倾听学生的意见和呼声，和学生产生思想和情感上的共鸣，让所有学生的心灵都能感受到师爱的温暖。

在这个国庆小长假的一个下午，全国各地的人们都处于全身心放松享受的时刻，而我却在这依然明媚的阳光之下享受着我那短暂而充实的教师生涯，点滴的努力，点滴的感动，林林总总都在我的脑海里生根发芽。此时此刻，我的心就如一片宁静的湖水，清澈见底而波澜不惊。忽然有种"蓦然回首，那人却在灯火阑珊处"的感觉，这种感觉似乎在被某种情愫牵动着，对了，这种感觉促使我不断地改变自己，与学生能够心与心地交流沟通；对了，这种感觉让我收获教师生涯中的点滴，让我享受着在教师生涯中的林林总总；对了，这种感觉叫作"爱"！

爱是教育亘古至今不变的主题。责任是教师永恒的承诺。有人曾经这样说过："教育学生不是演戏，贵在真诚。"真诚是内心的自然流露，如果教师戴着一副面具与孩子交流，孩子感到的只是老师和自己之间有一道无形的墙，根本无法达到心灵的沟通，所以在我看来没有爱就没有教育。广大教师爱祖国、爱人民、爱教育、爱学生，在各自的工作岗位上用心血、汗水和智慧为国家、民族培育了一代代英才。承担起振兴国家、实现社会主义小康社会的民族之梦的历史责任。教育之爱的核心是爱学生，爱学生也是师德的灵魂。用爱心抚育学生健康成长，这是教师的神圣责任，当然也是教师的庄严承诺。

作为教师，只有热爱学生，特别是尊重、爱护、信任学生，使学生真正感到来自教师的温暖和呵护，教育才富有实效。教师只有爱学生，用自己的心灵去靠近、去触摸孩子的内心，甚至设身处地地去感受他们的内心世界，才能知道他们的所思、所看、所说，才能真正地与他们的心灵相融。

高尔基说过："谁不爱孩子，孩子就不爱他，只有爱孩子的人，才能教育孩子。"师爱是教师必须具备的美德，也是教师的天职。无限的师爱，可以开启每个学生的心灵。因此，在教育工作中，我把信任和期待的目光洒向每个学生，把关爱倾注于整个教育教学过程之中，倾听学生的意见和呼声，和学生产生思想和情感上的共鸣，让一切学生的心灵都感受到师爱的温暖。

当然，其实这些道理每一个做老师的都能理解，就像每一个父母在教育自己的孩子时都会说："我也知道这样的方法对孩子的心灵没什么好处，但是我这样做不都还是为了他好！"其实我们也都知道，老师就像父母一样，都是希望眼前的所有孩子都能够成人成才，没有一个老师对于孩子的教育是没有付出"爱"的，但是付出了自己的感情，也投入了"爱"，为什么收效甚微呢？我想这也是很多老师的困惑，当然这也曾经是我的困惑，可是就在我当班主任的第二周中处理了这样的一件事情，让我好像突然感悟到了如何投入"爱"。

我们班有个男同学"网瘾"特别大，而他的性格很内向，我知道这些是因为在一次间操课间，刚刚开学，初一学生的队列还没有完全排列好，学生便只好自由活动，就在这时我们班的几个学生跑到我的办公室里对我说："赵老师，××同学他被高年级的学生围了起来，跟他要钱，说是××欠他们的钱，如果不还的话晚上就在校门口揍他！"我当时一听就急了，觉得班级怎么还会有这样的学生，我刚想带着"急躁"去他面前时，突然我的脑子里有这样的想法，既然我跟孩子们是"一家人"，为什么非要"兴师问罪"呢？我马上让自己平复了情绪，把××叫到我的面前，我感觉到了一种恐惧和不信任在他的眼神里晃动，一时间我感觉到自己平复了情绪是完全正确的，可是当我问他具体情况时他仍然是嘴巴紧闭，不能对我如实相告。我有点儿着急了，但还是按捺住自己的情绪，让他去我的办公室反省，用这个时间我马上找到了班上跟他是小学同学的学生，终于问到了一些具体情况。这个学生从小学就爱逃课上网，而且经常会跟那些"游戏伙伴"几元几元地借钱，但是没有过"借钱不还"的名声，所以一下子事情在我看来就很好办了，不就是一个爱上网的学生嘛。这时我便回到办公室告诉他："现在老师可以保护你，所以你必须要充分地信任你的赵老师，有任何事情老师会跟你一起面对，一起解决。"这个学生终于把事情的经过告诉了我，我也相应地给了他解决的办法，在他认可并放松警惕充分信任的情况下我们成功地解决了这个即将产生伤害事故的事件，本以为很复杂的事情已经在我的平静、冷静下解决了。

但是第二天早上我看到这个孩子的爸爸凶神恶煞地在班级的门口对这个孩子进行责骂，我很是纳闷，在他爸爸走了之后我便找这个学生问问情况，因为昨天的谈话让他对我已经信任并且愿意与我交流。我想如果昨天我脾气暴躁，气急败坏，那今天的事情一定无法处理。跟他聊过之后我才知道原来他的爸爸妈妈对于他上网已经打骂多次，甚至他的小学老师也是对他非打即骂，所以他便因此多次留宿在网吧里，昨天晚上因为害怕父母知道便没有回家，睡在了网吧里。原来今天早上他的爸爸是来找他的，我也通过他的描述知道了他不回家真正的原因就是怕他爸爸打他。我思考了一下，想到这个孩子的成绩还是不错的，有这样的经历还能成绩不错，而且通过我对他短期的观察，这个男孩子在班级做事情还是很踏实的，那应该是个可教之才，也应该会是个男子汉。所以我想试试，但是这样打骂的方式已经让他有了极端的想法和做法，不管是叛逆还是单纯地害怕父亲，在我看来，既然要解决那一定要从根部改变。对于他的行为我还是给予了批评，教给他如何成为一名顶天立地的男子汉，首先就要学会面对自己的错误，不能出尔反尔，言而无信，并且愿意承担自己的一切过失，即使挨打挨骂！不能自私地只考虑自己的感受，伤害自己的爸爸妈妈，并告诉他如果总是逃避，因为害怕而不回家那不仅伤了父母的心，而且没有一个男子汉是这样“顶天立地”的。当然我也允诺给他，老师一定是值得你相信的！我感觉到这样平和的方式让这个孩子在接受、在吸收，所以这一次又在他的身上很有效果。把他送回班级后我马上联系了他的父亲，因为是周五，所以我打电话便很客气地对他说：“××爸爸您好，从开学以来我对××的观察，这个孩子的身上有很多闪光处，数学老师也经常对我说××是个苗子，当然他上网不回家肯定是他的不对，根据我这两天与他的聊天，我感觉到其实他是犯了错误因为怕您所以不敢回家。这个周末我想给您个建议，你们父子找个时间坐在一起心平气和地聊，我相信他是个懂事的孩子，而我和您一切都是为了孩子好，所以我相信只要我们心平气和，他的改变一定不会让我们失望的。”他的爸爸很高兴地接受了我的意见，并且对我的教育方式给予了感谢，也向我简单地反省了自己“简单粗暴”的教育方式。

下个周一，我就发现了他的变化，上课也非常积极，完全像是变了一个孩子，我想也许真的是我们大人的所作所为可以改变孩子的内心世界。几周之后他的爸爸来学校很感激地告诉我××的变化确实很大，现在的××放学回家后愿意与他交流，而且即使是去上网也是说话算数，说玩多久就玩多久，让他做什么也是很痛快，学习也更是不用他操心，他说就是因为我让他“心平”才能换来他现在的“欣慰”。

如今的××，已经从一个“问题学生”成为一个积极向上的男子汉，成为很多老师眼中的好孩子！

通过这件事，我深刻体会到，老师解决问题运用“爱”的方式一定不能刻板教条，认为学生只要做错就应该非打即骂，当然这也是“爱”，但是这样的“爱”只能让学生逆反心理增强，甚至反其道而行之，口服心不服。所以，老师在运用“爱”时不能只用简单的说教和无休止的训斥，这只能治标不治本。在我看来，要巧妙地运用“爱”的方式，控制自己的情绪。话说“冲动是魔鬼”，情绪暴躁也会在处理问题时“适得其反”，我想只要我们运用合理的方法“爱”学生，用一颗真诚的心去融化他内心的冰雪，给他一片温暖的阳光，那么就往往能达到好的沟通效果，事半功倍！

所以，我认为教师只有真诚地热爱学生，尊重学生，学生才会把老师当成可以信赖的人，师生之间才能架起一座信任、友好的桥梁，学生才肯接受教育。合理地、巧妙地运用师爱，真正是教育者取得成功的法宝。

一枝独秀不是春，万紫千红香满园。你会看到许许多多像我这样平凡而普通的老师，他们在自己的岗位上，日复一日，年复一年，在教室里放飞希望，在黑板上写下真理，用粉笔画出彩虹，用黑板育出栋梁……我会始终牢记身上的责任，用心去做，用爱心耕耘——因为我是老师！让我们为教育之爱呼唤，把爱进行到底！

也谈创建特色学校的路径

——成都通锦中学创建特色学校实践的反思

创建特色学校是实现基础教育内涵式发展、均衡发展的有效途径。在中央教科所的大力推动下，全国的特色学校创建活动蓬勃开展起来，这其中不仅有重庆模式的区域推进，更有中央教科所特色学校科研项目旗下八仙过海式的全国普通高中特色学校创建运动。各有特点和个性的特色学校的创建实践有哪些共性的经验？我们仅从成都市通锦中学在创建特色学校的实践中获得的经验与教训来谈一些自己的粗浅认识。

一　明确定位，参照显现特色

特色必须是在具有可比性基础之上呈现出来的被社会广泛认可的办学特征。因此，它首先要有可比性。我们通常讲独特性是特色学校的重要特征，这里的独特也是在比较基础上的独特，没有比较就没有独特可言。既是比较就存在一个跟谁比较的问题。

关于独特性的比较只需在一定区域范围内就可以了，并没有必要在全国范围来进行。这个一定的区域到底是一个多大的区域，则要看学校的教育生态环境。我们这里讲的学校教育生态主要指学校的教育服务范围和基本办学政策覆盖区域，也就是影响这所学校持续发展的一些经常性因素。

政府对一所学校的资金、人事、资源调配等方面的政策支持力度是一所学校教育生态中极其重要的因素。政府是公共教育产品的提供者，每所学校则是提供给居民选择的产品。这些产品应当是各具特色，能够满足居民多样化受教育需求的学校教育。因此，学校的办学者就应当努力使自己的教育服务在本区域内具有鲜明的特色。

作为一个公共服务机构，学校的服务对象是学生家长及所在社区。因此它的服务范围应主要是它的重点生源区域。生源是影响一所学校持续发展的又一重要因素。生源区域的大小也受到教育政策的限制和约束。

一所学校特色参照系的大小跟当地居民的生活半径有关系。当地居民的生活半径越大，其子女求学范围就越大，求学选择面就越宽，因此也令更多的学校需要在相互比较中凸显出自己的特色。

一所特色学校的参照物不仅有区域范围，而且还有学校范围。在一定区域范围内，有各种层次和类别的学校。高中学校就有普通高中和职业高中两类，普通高中还有一级高中、二级高中等不同等级的高中。特色学校首先应当在本区域内同类、同级学校中有特色，其次是在同类学校中有特色。学校进行特色创建时首先要给自己一个明确的定位——我这所学校究竟要在哪个范围内哪些专业中有特色。

通锦中学是成都市金牛区的重点高完中之一。金牛区和成都市的教育政策是影响其发展的重要因素。它的生源则主要来自成都市城区及附近郊县个别城镇。因此，通锦中学在特色学校的创建中，既与金牛区其他高完中学校进行了比较，还有意识让自己区别于成都市区的高完中。在类别参照上，通锦中学给自己的定位是：在本区域内同类学校中有突出的特色。

二　确立目标，素质表现特色

办学者创建特色学校，需要回答这样两个问题：把我的学生培养成什么样的人，把我的学校办成什么水平的学校。一所学校的办学特色往往从这所学校的办学成果中表现出来。这个办学成果包括两个方面的素养，一是学校集体素养，二是学生素养。因此创建特色学校，在有了学校发展定位后，第一个要做的就是确立自己的发展目标。这个目标就是要确立自己的集体素养和学生素养。

有了目标，我们才有行动的方向。

一所学校的集体素养主要从这所学校的文化中表现出来。学校文化建设的水平有三个层次，一是校园的物质文化环境，包括视觉文化系统和听觉文化系统。如果这两大系统建设都具有整体性和对核心理念的指向性，这所学校的集体素养就比较高。二是学校制度文化的执行素养。如果学校的制度均对学校核心理念有指向性且被长期严格执行，形成了师生的行为习惯，那么它的水平就比较高，如果制度仅停留在纸上，并没有被执行，那说明集体素养较低。三是师生的精神面貌。师生的精神面貌是一所学校的精神文化的外在表现，也是一所学校氛围的重要载体。师生的精神面貌主要从师生对工作和学习任务的态度、业余时间的安排处理方式、面对重大事件的状态等方面表现出来。一个教师如果对工作任务能躲则躲、害怕进教室面对学生、感到批改作业麻烦、不愿耽误自己任何一点休息时间、面对一些重大事件时总是情绪失控，那么这所学校的集体素养就会非常差，学校的氛围就不利于学习和成长。在学校文化建设中，一些学校存在着重环境轻制度、重物质轻精神的误区，这是需要我们警惕的。

学校培养的对象是学生，学校教育“产品”即学生质量的高低才是衡量学校教育质量的重要指标。“产品”有特色，才可以说学校教育有特色。学生的素养应当包括生命素养、道德素养、科学素养三大素养。生命素养主要由学生的生存能力、生活品位、人生智慧构成；道德素养则包括个人的私德和社会公德两方面；科学素养则指我们通常所说的学生的学业水平。

学校绝大多数学生都已在自己的言行中表现了某些方面的强势自觉和强势智能才称得上特色学校。那些仅有极少数学生得到良好发展的学校，不应当是特色学校。因为学校不是为少数学生服务的。同时，只加强个别学生的发展也有悖于教育公平；那些为创学校品牌而培养少数名校人才的学校，也不应是特色学校。特色学校不是因为少部分特长学生发展而“特”，而是全校学生因自己的知识、能力、个性、意志、品质都得到卓越发展而“特”；不是因极少数高分数学生而“特”，而是因所有学生“各取所需”的进步而“特”。

通锦中学在创建特色学校的过程中，确立了自己的两大目标——“求真务实铸通锦，励精图治捍品牌”。处在办学低谷中的他们把捍卫学校品牌作为学校集体的奋斗目标，并对这个目标进行了分解。在构建学校文化中，把学校集体文化分成环境文化、制度文化、精神文化三个层面并全面推进。同时，学校把“培养智仁勇三德兼备的达德公民”作为学校的育人目标，并赋予智、仁、勇以新的内涵，即“学业优异、明理通变、科学态度；礼数周全、善良乐观、敬业报国；体魄强健、见义勇为、坚守节操”。

三　选好抓手，起点通向特色

有了目标定位后，接下来创建特色学校还要选好一个工作的突破口。以这个突破口为抓手去推动特色学校的创建工作。虽然特色学校不是指某一个特色项目，而是指学校整体特色，但整体特色需要分步实施。同时创新活动往往有不少不可预见的新情况发生，这就需要我们在创建特色学校的活动中一边探索，一边完善。在具体工作中，有一定办学历史的学校，要创建特色，会涉及学校相应的运转机制和管理制度的调整和改变，这使得学校工作的方方面面不容易在新方案中都被考虑得那么全面、细致、周密。因此，创建特色学校需要从某一点突破，然后以此为基础去衔接学校的全部工作，进而形成一个全面的、整体的特色学校。

选择创建突破口，一般有两种方式：一是以学校文化为突破口。直接从校长的办学理念出发，确定学校育人目标、办学目标。然后以办学理念为统领，全面建构学校教育、教学和行政后勤等方面的工作。二是以学校已经形成的某个教育教学特色项目为突破口。总结提炼出学校新的办学理念。再以这个理念为统领，全面建构学校教育、教学和行政后勤等方面的工作。

通锦中学在创建实践中以校长的教育服务思想为指导，立足于服务学生、服务教师、服务家长、服务社会。从本校前身所属中铁二局、中铁二院的企业文化——“开路先锋”和“设计未来，开创历史”的精神内涵出发，确立了为学生和教师双成才服务的基本办学立意。形成了“通情致和，达德立人”的核心理念，然后以党的教育方针和“达德”的内涵“智、仁、勇”为依据，明确了自己的育人目标，并在此基础上形成了自己的学校文化体系。把学校文化体系与学校的德育对接，构建起以“三生德育”为核心内容的“通达”德育体系。通锦中学追求“让生命更坚强、让生活更精彩、让人生更幸福”的教育理念，为学生的现在和未来发展服务；并以学生未来生活需要的素养为教育和教学的目标，构建学校的课程体系，开发教学资源，开展教育教学活动，提供行政后勤服务，从而逐步形成了整体的办学特色。

四　找到路径，课程培育特色

目标确定，剩下的就是行动。一所学校怎样去实现自己既培养学生，又培养学校的培养目标？无疑，学生都是由课程来培养的。作为一个专门的育人机构，学校的一切都会对学生产生影响，因此一个办学者需要把影响学生的一切因素都整合到课程体系中，才能产生最大的育人效益。从而使学生具备计划中的素养，实现育人目标。也使学生的素养特色得以养成。围绕育人目标而建立的特色课程体系是创建特色学校的基本路径。

特色课程体系应以国家课程为主体，以校本课程为支撑。特色学校一定是积极开发了校本课程，并且校本课程丰富的学校。校本课程应当是以学校需求为导向、尊重学生教育选择权的课程版块。课程既需要体现学校的整体性，又需要照顾个性差异。在众多的校本课程中，其地位并不是相同的，应该有围绕学校培养目标的全员参修的课程，也应有品类众多的适合学生个性发展的课程。在课程的开设上，应当采用学生“点菜”和“选菜”相结合的方式。“点菜”是指学生需要学什么内容，我们就开发并提供的课程；所谓“选菜”是指学生在学校备好的课程“菜单”中去选择自己喜欢的课程。

通锦中学在课程开发过程中，把国家和地方的共性需求与学生的个性需求结合起来，把学校的现实和学生的未来结合起来，在国家课程八个学习领域的基础上增加了道德与理想、生命、生活、社团、游学、活动、游戏七个校本学习领域，为学生提供了十五个学习领域的课程。通锦中学的校本课程以学生的未来生存和生活所必需的素养、能力为课程建构的基本依据，以全面提高其素质为着眼点。这些课程从开发主体上有学校开发类、家长开发类、学生开发类三大类；从内容上有学科延伸类、生存能力类、生活品质类、学生社团类、活动课程类、娱乐游戏类、国际课程类七大类。众多的校本课程，为能力、兴趣、性格差异较大的学生提供了更多的发展选项，满足了学生更多的发展需求。

学校的活动课程历来都受到学生的喜欢，但这些活动大都是学校的规定动作，被成人视为对学生有用的活动很少询问过学生是否真的需要，学生基本上是“被”参与。为解决这个问题，通锦中学在活动课程的设计中，把校园活动分为学校传统类、学校推荐类和学生自主设计类，然后把这些活动方案挂到校园网上，供学生选择。然后根据学生各个活动项目点击率的多少，最后确定活动开展项目。“青春，听我们的！”通锦中学学生骄傲地说。

随着教育国际化的不断发展，不少家长有把孩子送到国外学习的愿望。根据学生的这些需求，通锦中学设立了国际部，积极开展国际游学、出国留学服务，缔结国际友好学校等教育活动，开办国际班，为学生的发展“广开‘才’路”。

特色学校建设的具体路径很多，通锦中学的路径和我们的思考只能起到抛砖引玉的作用，我们相信，在教育工作者的努力下，中国的基础教育一定能够迎来“大家不同，大家都好”的繁荣景象。

主要参考文献

1. 范国睿：《教育生态学》，人民教育出版社，2000。
2. 时晓玲：《学情分析的误区及其对策研究》，《教师教育研究》2013 年第 2 期。
3. 钟启泉：《教学机智论》，华东师范大学出版社，2008。
4. 梁惠燕：《策略本质教学新探》，《教育导刊》2004 年第 1 期。
5. 黄高庆、申继亮、辛涛：《关于教学策略的思考》，《教育研究》1998 年第 11 期。
6. 李晓文、王莹：《教学策略》，高等教育出版社，2000。
7. 李镇西：《面对杜郎口，要有一种开放的心态》，《中国教师报》2007 年第 9 期。
8. 贾雪枫：《创造性研究型教学模式初探》，《教育探索》2004 年第 1 期。
9. 吴乐乐：《探究课堂教学时间分配的结构模型》，《内蒙古师范大学学报》（教育科学版）2010 年第 4 期。
10. 王悦：《学校教师教学方法与艺术全书》，中央民族大学出版社，2011。
11. 柏舟：《言语理解过程中的记忆》，《现代外语》1989 年第 3 期。
12. 朱金：《人的素质构成与教育机理论析》，《学术交流》2001 年第 3 期。
13. 黄颖：《素质教育研究综述》，《华章》2011 年第 18 期。
14. 钟启泉：《课程论》，教育科学出版社，2007。
15. 〔美〕艾伦·C. 奥恩斯坦：《课程论：基础、原理和问题》，中国人民大学出版社，2010。
16. 汪霞：《课程开发：含义、性质和层次》，《教育探索》2003 年第 5 期。
17. 张志勇：《教育应远离功利回归本源》，《中国教育报》2008 年第 3 期。
18. 〔美〕纽曼：《发展心理学》（下册），白学军等译，陕西师范大学出版社，2005。
19. 王殿卿：《东方道德研究》，中国人事出版社，2003。
20. 恩格斯：《反杜林论》，人民出版社，1972。
21. 中国新闻网，http：//www. chinanews. com/gn/news/2008/09 – 25/1394600.

shtml。
22. 新华网，http：//news. xinhuanet. com/society/2009 - 06/05/content_ 11492240. htm。
23. 刘晓阳：《87. 7% 猝死发生在医院外　急救知识亟待普及》，《烟台晚报》2012 年 9 月 9 日。
24. 郭长伟：《人的全面发展视野中的生命教育缺位与构建》，《沈阳工程学院学报》2010 年第 4 期。
25. 吴庶深、黄丽花：《生命教育概论》，台北学富出版社，2001。
26. 孙国宽：《德育视野下学校仪式的实效性思考》，《教学与管理》2013 年第 16 期。
27. 平章起、刘爱玲、王贵菊：《学校仪典活动的德育功能研究》，《思想教育研究》2012 年第 4 期。
28. 张易：《浅析学生社团建设对学生成才的作用》，《华章》2011 年第 31 期。
29. 李晓文：《学生自我发展之心理探究》，教育科学出版社，2003。
30. 朱永新：《我的教育理想》，南京师范大学出版社，2000。
31. 肖川：《教育的视界》，岳麓书社，2003。
32. 葛孝亿：《教师精神生态论的理论旨趣与学术意蕴》，《现代教育管理》2012 年第 3 期。
33. 王菲菲：《试论新课程视野下教师文化的反思与重建》，《教育探索》2012 年第 4 期。
34. 杨小敏：《我国教师文化研究综述：现状、问题及展望》，《唐山师范学院学报》2012 年第 6 期。
35. 秦岭：《学校环境文化建设》，北京工业大学出版社，2009。
36. 项红专：《学校文化建设的理论》，浙江大学出版社，2010。
37. 卢元锴：《学校文化建设优秀成果汇编》，北京日报报业集团同心出版社，2010。
38. 中华人民共和国教育部：《中学教师专业标准（试行）》，2011 年 12 月。
39. 肖红：《如何调动教师积极性与主动性》，《教育界》2012 年第 3 期。
40. 魏艳艳：《如何调动教师积极性》，《陕西教育》（综合版）2012 年第 6 期。
41. 刘英陶：《教师职业技能》，教育科学出版社，1996。
42. 余文森、连榕：《教师专业发展》，福建教育出版社，2007。
43. 余新：《国际理解教育发展的研究》，《外国教育研究》2002 年第 8 期。

44. 〔美〕戴维·奥苏贝尔：《教育心理学：一种认知观》，人民教育出版社，1994。
45. 熊川武：《反思性教学》，华东师范大学出版社，1999。
46. 翁文艳：《国际理解教育课程的构建》，《课程·教材·教法》2004 年第 11 期。

后　记

一所薄弱学校，怎样实现优质化？揣着这个问题，我们在追求优质教育的路上一路求索。

一次会议、一个课题让我们拨云见日，看到了希望的光芒，明确了前进的方向。

“中美特色高中办学高峰论坛”给在黑暗中摸索的我们点亮了明灯。个性化的学生、多样化的社会、多元的价值取向，都要求教育不能搞同质竞争。以招生分数线为标志的依赖生源的掐尖教育并不等于优质教育，升学力强也不等于优质教育，它是一种以牺牲学生青春幸福和创新活力为代价的失败教育。“和而不同，各美其美”“大家不同，大家都好”才是真正的百花齐放，百花争艳。我们认为特色办学才是当今中国基础教育回归教育本真的有效途径。

在中央教科所的指导下，我们以特色办学科研课题为抓手，在特色发展上坚定不移地探索前进，在探索中破译优质教育的密码，在探索中修正前进的方向，也在探索中不断地积聚学校发展的能量。几年来，尽管步履蹒跚，经历了许多的艰难和曲折，留下了许多的经验和教训，但我们依然一步一个脚印，始终朝着一个方向不懈奋进。虽然不敢说破解了教育密码，但我们在这一过程中增长了教育见识，在一定程度上实现了学校的持续进步和发展。

在编写这部教育反思录的过程中，我们遇到了许多困难。幸好有学校领导和全校教职工的大力支持。在困难时刻他们给了我们及时的指导，提供了大量的案例和素材。刘凤安、宋淑平、王申金、张深等老师还亲自撰写了一些文字。宋淑平、寇艳、赵月含、赵小露等老师还牺牲休息时间仔细地校对文稿。西部教育中心也给予了我们热情的帮助，更有幸的是，我们得到了吴景松博士的多次指导，才使得这个反思能够最终与大家见面。

接到这个任务时，由于我们水平有限，备感惶恐，在编写的过程中，也总是感到词不达意。不仅多次推翻了成书体例来重新架构，而且还多次返工重写。就连一个书名也是经多次讨论后才迟迟确定。尽管费了不少的力气，但书中的错误、遗漏在所难免，还需要大家谅解包容。

编写这本书，是为了记录下我们前面走过的这一串足迹，记录我们这一路的经历和思考。有人说，反思是教师成长的助推器，其实反思也是学校发展的翅膀。这本书的实质就是我们的反思。希望它能够照亮我们脚下未来的路。

这里，不是我们努力的终点，这里，是我们再次起航的码头。

图书在版编目（CIP）数据

通情致和　达德立人：通锦中学特色发展之路／谭六三等著．
—北京：社会科学文献出版社，2014.9
（教育强国基线行动丛书）
ISBN 978-7-5097-6118-2

Ⅰ.①通…　Ⅱ.①谭…　Ⅲ.①通锦中学-校史　Ⅳ.①G639.287.11

中国版本图书馆CIP数据核字(2014)第124079号

·教育强国基线行动丛书·
通情致和　达德立人
——通锦中学特色发展之路

著　　者／谭六三　郝东升　杨　静　唐吉平

出 版 人／谢寿光
项目统筹／陈晴钰
责任编辑／陈晴钰

出　　版／社会科学文献出版社·皮书出版分社（010）59367127
地址：北京市北三环中路甲29号院华龙大厦　邮编：100029
网址：www.ssap.com.cn
发　　行／市场营销中心（010）59367081　59367090
读者服务中心（010）59367028
印　　装／北京鹏润伟业印刷有限公司

规　　格／开　本：787mm×1092mm　1/16
印　张：21.75　字　数：391千字
版　　次／2014年9月第1版　2014年9月第1次印刷
书　　号／ISBN 978-7-5097-6118-2
定　　价／69.00元